高等法律职业教育系列教材
审定委员会

高等法律职业教育系列教材

警用枪械教程

JINGYONG QIANGXIE JIAOCHENG

主　　审 ○ 刘晓晖

主　　编 ○ 陈忠旭　　林柔伟

副主编 ○ 程孟良　　李志雄　　李雄飞
　　　　　杨才军　　黄炽球

撰稿人 ○ 陈忠旭　　林柔伟　　程孟良
　　　　　李志雄　　李雄飞　　黄炽球
　　　　　许余有　　李　畅　　杨才军

中国政法大学出版社

2019 · 北京

　　高等法律职业化教育已成为社会的广泛共识。2008 年，由中央政法委等 15 部委联合启动的全国政法干警招录体制改革试点工作，更成为中国法律职业化教育发展的里程碑。这也必将带来高等法律职业教育人才培养机制的深层次变革。顺应时代法治发展需要，培养高素质、技能型的法律职业人才，是高等法律职业教育亟待破解的重大实践课题。

　　目前，受高等职业教育大趋势的牵引、拉动，我国高等法律职业教育开始了教育观念和人才培养模式的重塑。改革传统的理论灌输型学科教学模式，吸收、内化"校企合作、工学结合"的高等职业教育办学理念，从办学"基因"——专业建设、课程设置上"颠覆"教学模式："校警合作"办专业，以"工作过程导向"为基点，设计开发课程，探索出了富有成效的法律职业化教学之路。为积累教学经验、深化教学改革、凝塑教育成果，我们着手推出"基于工作过程导向系统化"的法律职业系列教材。

　　《国家中长期教育改革和发展规划纲要（2010～2020 年)》明确指出，高等教育要注重知行统一，坚持教育教学与生产劳动、社会实践相结合。该系列教材的一个重要出发点就是尝试为高等法律职业教育在"知"与"行"之间搭建平台，努力对法律教育如何职业化这一教育课题进行研究、破解。在编排形式上，打破了传统篇、章、节的体例，以司法行政工作的法律应用过程为学习单元设计体例，以职业岗位的真实任务为基础，突出职业核心技能的培养；在内容设计上，改变传统历史、原则、概念的理论型解读，采取"教、学、练、训"一体化的编写模式。以案例等导出问题，根据内容设计相应的情境训练，将相关原理与实操训练有机地结合，围绕关键知识点引入相关实例，归纳总结理论，分析判断解决问题的途径，充分展现法律职业活动的演进过程和应用法律的流程。

　　法律的生命不在于逻辑，而在于实践。法律职业化教育之舟只有驶入法律实践的海洋当中，才能激发出勃勃生机。在以高等职业教育实践性教学改革为平台进行法律职业化教育改革的路径探索过程中，有一个不容忽视的现实问题：高等职业教育人才培养模式主要适用于机械工程制造等以"物"作为工作对象的职业领域，而法律职业教育主要针对的是司法机关、行政机关等以"人"作为工作对象的职业领域，这就要求在法律职业教育中对高等职业教育人才培养模式进行"辩证"地吸纳与深化，而不是简单、盲目地照搬照抄。我们所培养的人才不应是"无生命"的执法机器，而是有法律智慧、正义良知、训练有素的有生命的法律职业人员。但愿这套系列教材能为我国高等法律职业化教育改革作出有益的探索，为法律职业人才的培养提供宝贵的经验、借鉴。

2016 年 6 月

前 言
Foreword

　　在新的历史条件下，围绕实现中华民族伟大复兴的中国梦，围绕加强国防和军队建设同我国国际地位相称、同国家安全和发展利益相适应，巩固国防和强大军队，是我国社会主义现代化建设的战略任务。当今世界正发生前所未有之大变局，国际战略格局、全球治理体系、全球地缘政治棋局、综合国力竞争正发生重大变化。国内外各种暴力事件、突发事件、恐怖袭击事件时有发生，警察的执法环境变得越来越复杂，形势严峻。警察作为维护国家利益的重要力量，肩负着维护社会治安、打击违法犯罪的责任，在执法过程中，依法有效地使用枪械制止暴力犯罪行为是警察必须掌握的技能。

　　警官院校是培养合格人民警察的摇篮，在枪械课程的设计、编排上紧紧围绕警校学生将来工作的实际需要，保证枪械课内容的实效性。本教材分理论与实战两个部分，理论部分详细地注明枪械的保管、运输、人员使用的原则、法律条文，子弹的购置，枪伤急救和处理，为各公安司法行政系统保管和使用枪械提供法律基础，为警务人员依法使用枪械提供法律依据。实战部分包括枪械结构的分解和结合到枪械的基础训练、实战训练及警察的心理素质培养，满足警官院校和公安司法警务工作枪械使用的实际需求。本教材在体系结构上按司法警官院校枪械教学工作的实际进程和组织内容来编排，使教材既有利于教官的教学和学生的学习，也有利于受训者掌握警察使用枪械射击的基本技术技能。在编写指导思想上，突出教材的针对性、实用性，做到通俗易懂，便于教学。力求结合当前的公安司法警务工作实际，将枪械的理论知识、实用的射击技能和正确的实战意识有机地结合起来，注重受训者实战能力的培养，吸收了一些反映近年来警用枪械训练方法的新成果，力求体现教材的先进性。

本教材主审刘晓晖，主编陈忠旭、林柔伟，副主编程孟良、李志雄、李雄飞、杨才军、黄炽球。各单元撰稿人分工如下：

第一单元和第八单元和由陈忠旭编写；第二单元、第三单元和第七单元由程孟良编写；第四单元、第五单元由杨才军、许余有、李畅共同编写；第六单元、第十三单元和附录由林柔伟编写；第九单元、第十单元由李志雄编写；第十一单元、第十二单元由李雄飞编写；黄炽球负责枪械的技术指导。

本教程在编写过程中，参考了大量教材、著作和资料，在此，向有关作者表示诚挚的感谢。在教材编写中难免有些疏漏，不妥之处，敬请读者批评指正。

《警用枪械教程》编写组

2018 年 10 月 8 日

目 录
Contents

单 元 一

枪械的种类和基本常识

知识目标

1. 常见警用枪械的种类。

2. 手枪的五大部件。

3. 枪械击发的原理。

能力目标

1. 掌握国内枪械的种类。

2. 手枪的构造，五大部件的作用和零件名称。

3. 枪械击发的原理。

项目一　枪械的种类

目前我国使用的警用手枪有五四式手枪、六四式手枪、七七式手枪、警用九二式手枪、转轮手枪、七九式微型冲锋枪、QBZ95 式自动步枪、九七式防暴枪等

枪的世界五彩缤纷，而枪的分类又有很多种。

1. 按用途分类，分为军用枪械、民用枪械和警用枪械三大类。军用枪械（图 1 - 1），泛指军队装备的各种枪械。包括军用手枪、冲锋枪、军用步枪、机枪等。民用枪械主要有猎枪和运动枪，常见的是各城市的射击队所使用的枪械。警用枪械（图 1 - 2）主要是政法系统所使用的枪支等。

图 1 - 1　军用枪械

图 1 - 2　警用枪械

2. 按口径分类：可分为小口径枪（图 1 - 3）、大口径枪和普通口径枪。一般口径小于 6mm 的枪称为小口径枪；口径大于 12mm 的枪称为大口径枪（图 1 - 4）；口

径为 6～12mm 的枪称为普通口径枪（图 1－5）。在我国，一般将口径超过 20mm 的称为炮。

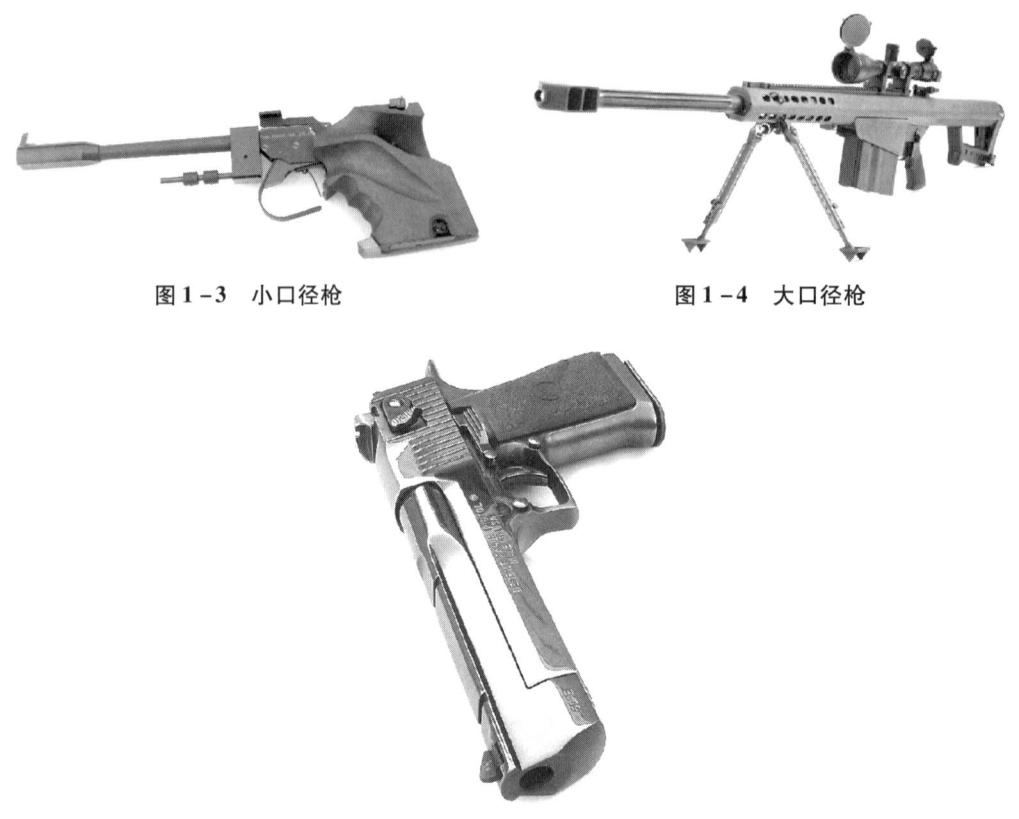

图 1－3　小口径枪　　　　　　　　　图 1－4　大口径枪

图 1－5　普通口径枪

3. 按有无膛线分类：可分为滑膛枪和线膛枪。滑膛枪，枪管内膛无膛线的枪械，早期的枪械都是滑膛枪（图 1－6），现在的滑膛枪主要发射霰弹、箭形弹等；线膛枪（图 1－7），枪管内膛有膛线的枪械。枪管的膛线使弹头产生旋转，从而保证了弹头飞行稳定性，因而比滑膛枪有更优异的射程和射击精度。

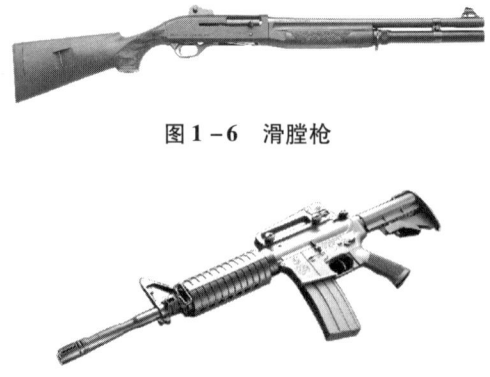

图 1－6　滑膛枪

图 1－7　线膛枪

4. 按填弹药的方位分类：分为前装枪和后装枪。从枪口装填发射药和弹丸的枪械称为前装枪。从枪管后方装填发弹药的枪械称为后装枪。由前装枪发展为后装枪是枪械发展史上一个重大转折。后装枪比前装枪具有更高的可靠性、安全性、装填速度和射击威力。

5. 按弹膛的数目分类：分为单膛枪，单管多枪，联装枪和组合枪。一支枪上，只有一个固定弹膛的枪械为单枪，一般的枪械都是这样的；一支枪上，有一个固定枪管、并具有多个弹膛的枪械称为单管多膛枪，如转轮手枪（图1-8），由多个独立的、同样的枪管组织而成的枪械称为联装枪（图1-9），由两种或两种以上不同的枪管组合而成的枪械称为组合枪。

图1-8　单管多膛枪

图1-9　联装枪

6. 按自动机工作的能源分类：分为内能源枪和外能源枪。利用部分火药燃气能量实现自动装填的枪械称为内能源枪。现代枪械绝大多数采用内能源式，具体形式有许多种，最常见的有导气式、枪管后坐式、枪机后坐式等。利用电动机等外部能源实现自动装填的枪械称为外能源枪，如美国 MMI34 六管 7.62mm 加特林式旋转机枪

7. 按枪械的工作的方式又可分为非自动枪械、半自动枪械、全自动枪械。非自动枪械多数是高精度狙击枪、比赛专用的运动型手枪（图1-10），运动型长枪。半自动枪械多以手枪为主，也有部分的霰弹枪和狙击枪。全自动的枪械常见的有冲锋枪，机关枪等。

8. 按枪托结构分类：枪械按有无枪托，分为有托枪和无托枪。迄今为止的大部分枪械都是有枪托的，有托枪最大的优点是便于战场上的刺杀，卧姿射击时便于射手贴腮射击。无托枪，目前有日益增多的趋势，其主要特点是，机匣尾部与枪托底钣重合，扳机和小握把置于弹匣前部。这种结构可使全枪长度减小，便于机动作战。

图 1 - 10   非自动枪械

9. 按使用弹药分类：枪械弹药有两种：一种是通常使用的有壳弹药；另一种是无壳弹药。几乎所有的枪械基本上都使用有壳枪弹，故无特殊声明，通常所说的枪械都是指使用有壳弹枪。无壳弹枪，所使用的枪弹是无弹壳的枪弹，严格来讲，并不是火药不需要外壳来包装，而是这种外壳是一种特殊材料，可以燃烧，发射时无须退壳。

10. 按杀伤目标分类：现代枪械按其对目标的杀伤方式分为点杀伤武器和面杀伤武器。一般的枪械如手枪、冲锋枪、步枪、轻机枪、高射机枪、重机枪均属于点杀伤武器。点杀伤武器，每发射一发枪弹通常只能杀伤或摧毁单个目标。面杀伤枪械如榴弹枪、霰弹枪等。面杀伤枪械每发射一发枪弹可以杀伤或摧毁多个目标，其杀伤或摧毁目标的威力自然比点杀伤枪械要大得多。

项目二　枪械的基本常识

【案例 1 - 1】

地点广州，押运员俯身捡手机时枪支走火被打中头身亡。据警方介绍，2014 年 2 月 8 日上午 9 时许，广州某安全押运公司一车组执行例行银行清机押运任务，途经该市内环路恒福路段时，押运人员邓某因手机滑落，就在其俯身捡拾手机时，其手持的枪支不慎走火，致邓某头部受伤。伤者邓某随后被迅速送往附近医院抢救，后因抢救无效身亡。在此过程中，没有其他人员伤亡。

【案例 1 - 2】新闻通报会响起枪声

"当时公安局一名干警正在展示收缴的枪支，突然就听到一声枪响，苏老师就倒在了地上！"据伤势最重的《华西都市报》记者苏某的实习生小林称，2008 年 7 月 17 日上午，她和苏老师一同前往南充市公安局，参加该局 2008 年"治爆缉枪专项行动"新闻通报会，在该局 12 楼听完新闻通报后，13 家媒体的记者与公安局的有关人员一起，下到该局 2 楼一房间内，查看此次专项行动缴获的枪支。

"公安局一位民警从地上摆放的枪支中拿出一支枪，向在场的媒体展示，不知道为什么，突然枪就响了！"小林说，枪声响起后，屋内冒起一股白烟，一个鸡蛋大小的白色东西弹到地上，然后弹起一些碎石状的东西，紧接着，离他不远的苏老师便倒在了地上，同时被碎石击中的还有四川新闻网的记者王某，以及《南充日报》的记者张某。三记者不同程度受伤。"那两名记者伤得不重，还能走路，苏老师当时就倒在地上了！"

小林称，苏老师脚上、腿部以及胸前都被碎石击中，伤势较重。事发后，南充市公安局的民警立即拨打了 120 急救电话，为了不延误救援，该局立即派出警车将伤者送往川北医学院附属医院治疗。

记者 2008 年 7 月 17 日晚从医院获悉，王某和张某受了轻伤，苏某身上被 20 余颗碎"砂子"击中，已成功实施了手术。

事故发生后，南充市公安局立即将伤员送至医院治疗，并对事发过程展开了调查，目前事件原因初步确定是枪支意外走火。

问题思考

1. 为什么枪支会走火？
2. 枪械的哪些结构造成了击发？

一、五四式手枪基本常识

（一）产生、发展与战斗性能

五四式手枪是在 1930 年由苏联设计的。原称 TT1930 式自动手枪。1933 年在发射机等方面做了些改进，改称为 1930/1933 年式手枪，代号为 TT。

我国于 1951 年引进生产，定型为 1951 年式 7.62mm 手枪，简称五一式手枪。该枪装备用于我国人民志愿军赴朝作战。1954 年，我国在五一式手枪的基础上对该枪的大部分机件的制造材料进行了改进，在钢材质量和表面光滑度上也都有所提高，生产了全称为 1954 年式 7.62mm 手枪，简称五四式手枪（图 1 - 11）。

五四式手枪是供军队指挥员、特种兵及人民警察在近距离使用的自卫武器，可杀伤 500m 以内的有生目标。它的握把较大易于握持，与六四式、七七式、九二式手枪相比，瞄准基线最长，弹着点偏差量最小，枪的准确性最好，初速可达 400m/s，杀伤力最强，是一支军用手枪。五四式手枪在香港澳门被称为"黑星"手枪，威力大，杀伤距离远，价格便宜。五四式手枪最大的缺点是它的保险机构很不完善，上膛后锁上保险很容易发生枪支走火现象，所以携带五四式手枪不允许枪支上膛后锁上保险佩带身上。五四式手枪虽然使用多年，但现在已渐渐淡出我国人民警察的武器装备。

图 1 - 11　五四式手枪

战斗技术性能：口径：7.62mm

射击方式：半自动

供弹方式：弹匣

容弹量：8 发

全枪重：0.85kg（带一个空弹匣），装满弹匣枪重约0.94kg

长、宽、高：195×30×128.5mm

枪管长：116mm

膛线条数及旋向：4 条右旋

准星：固定式矩形

缺口：方形

枪管使用寿命：3000 发

瞄准基线长：156mm

初速：420～440m/s

战斗射速：30 发/分

有效射程：50m

使用弹种：1951 年式 7.62mm 手枪弹

（二）主要机件名称与用途

五四式手枪由枪管、套筒、复进机、套筒座、击发机和弹匣六大部件组成，另外还有一套附品。

1. 枪管（图1－12）：用以规正弹丸的飞行方向。由枪膛（弹膛和线膛）、闭锁凸榫、绞链等部件组成。

图 1－12　枪管

枪管内部是枪膛，枪膛又分为弹膛和线膛。弹膛是用以容纳子弹的，线膛的作用是保证弹丸在飞行中向右做旋转运动，以增强飞行的稳定性。线膛是由 4 条凸起的膛线组成，凹下去的部分叫阴膛线，凸起的部分叫阳膛线。两条相对阳膛线之间的距离是枪的口径。

枪管外部有闭锁凸榫，用以闭锁枪膛，绞链在连接轴的作用下能使枪管上、下活动，形成闭锁和开锁。

2. 套筒（图1－13）：用以容纳枪管和复进机。套筒外面有准星、缺口和枪管套。准星与缺口用以瞄准，枪管套用以规正枪管及抵住复进机的前端。

套筒内有枪机、闭锁凸榫槽、导槽和复进机巢。枪机用以送弹、击发和退壳，并能使击锤向后呈待发状态，枪机上有击针和抓弹钩。闭锁凸榫槽用以容纳枪管上的闭锁凸榫。导槽用以与套筒相连接。复进机巢用以容纳和规正复进机。

3. 复进机（图1－14）：用以使套筒回到前方位置。它由复进机簧、复进机簧导杆和复进机簧帽组成。

图1-13　套筒

图1-14　复进机

4. 套筒座（图1-15）：用以连接套筒和枪管，容纳弹匣和击发机，使用时便于握持。

图1-15　套筒座

套筒座上有连接轴、卡簧、导棱，还有弹匣卡榫、扳机护圈和握把。连接轴用以通过绞链将枪管、套筒与套筒座连接起来；连接轴上有套筒阻铁，能使套筒停在后方位置上（射击时可以预示弹匣内有无子弹）。卡簧用以固定连接轴。导棱用以连接套筒。

5. 击发机（图1-16）：用以与套筒相互作用形成待发和击发。它由击锤、击发阻铁、压杆、扳机和击发机座组成。

击锤用以借簧力的作用打击击针。击发阻铁用以使击锤呈保险或待发状态。压杆用以使扳机与击发阻铁脱离，形成半自动和在套筒未前进到定位时防止击发。扳机用以击发。击发机座上还有拨壳凸榫。

图1-16　击发机

6. 弹匣（图1-17）：用以容纳和托送子弹。托弹钣上有弯曲部，当弹匣内无子弹时，能抬起套筒阻铁，使套筒停在后方位置。

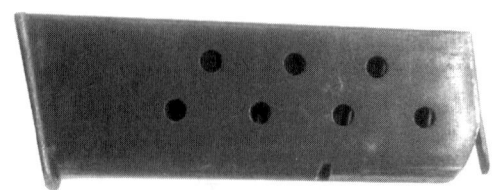

图 1－17　弹匣

附品包括：通条、保险带、背带和枪套。这些是用以分解结合、擦拭上油和携带的。

半自动原理：所谓半自动，就是扣动一次扳机手枪完成一次击发，利用击发时火药气体产生的部分能量，自动完成部分射击动作。

五四式手枪半自动过程是：击发时火药气体一面推动弹丸沿枪管前进，一面通过弹壳衣部推套筒带动枪管共同向后运动，同时压缩复进机簧。当弹丸飞出枪口后，套筒继续向后运动，完成开锁动作，借气体力量把弹壳从枪膛内抛出去，向后运动中止。在复进机簧的伸张作用下，套筒向前运动将弹匣内托弹钣顶上的下一发子弹推进枪膛内，完成闭锁。当套筒后座到位时，击锤被撞至待发状态，只要再扣动扳机，就会形成再次的击发。

射击时各部机件的相互作用：击发时手扣扳机，扳机架推击发阻铁下端向后，使其尖端向前回转，解脱对击锤的控制，击锤在簧力的作用下向前回转打击机针，使枪弹发火。

发射后，火药气体的压力一面推弹丸向前，一面通过弹壳底部使套筒与枪管一同后退，压缩复进机簧。当枪管与套筒后退一段距离后，由于绞链后倒，使枪管的闭锁凸榫与套筒闭锁凸榫槽脱离，枪管被套筒座顶住，后退终止。套筒则借惯性继续后退，完成开锁动作。抓弹钩从膛内抓出弹壳，并在后退过程中与退壳突起相配合，将弹壳抛出。然后托弹簧伸张，将下一发子弹托送到预备进膛位置。套筒后退时压倒击锤，压杆斜面压下压杆，使扳机架与击发阻铁脱离，击发阻铁在簧力作用下恢复原位。当击锤的待发卡槽滑过阻铁时，其尖端进入卡槽内，套筒继续后退，直到复进机簧的后壁撞击复进机簧导杆时，后退终止。

复进机簧伸张推套筒向前，击锤稍向前转即被阻铁扣住，停在后方；推弹平面将预备进膛位置的枪弹推进弹膛，同时枪弹底缘逐渐升入抓弹钩内。当弧形突起顶住枪管时，便推枪管一同复进，绞链使闭锁凸榫逐渐上移，进入闭锁凸榫槽并抵住枪管，完成闭锁。当绞链座弧面顶住枪管边连接轴时，枪管与套筒便复进到位。手放扳机，扳机和压杆在扳机簧的作用下恢复原位，扳机架后端重新对准击发阻铁。再扣扳机，动作同上。

弹尽时，套筒后退到其推弹平面脱离装弹口后，托弹钣叉便在托弹簧的作用下，上抬传动榫，使套筒阻铁向上，套筒再复进时便被套筒阻铁扣住，形成空匣挂机。

二、六四式手枪基本常识

（一）产生、发展与战斗性能

六四式手枪是我国自行研制，并于 1964 年定型生产的半自动手枪，简称六四式手枪（图 1 - 18）。

图 1 - 18　六四式手枪

该枪与五四式手枪具有相同的用途，更具体积小、重量轻、便于携带、易于隐蔽等特点，是供人民警察、安保人员和部队指挥员使用的近距离自卫武器。它在 50m 内的射击效果最好，并具有联动击发（击锤在前方时不用扳下击锤即可扣动扳机击发）的功能和弹匣回闩机构，在空匣挂机情况下，装上有子弹的弹匣时套筒能自动还原到前方，这样可以迅速射击和补火。

战斗技术性能：

口径：7.62mm

射击方式：半自动

供弹方式：弹匣

容弹量：7 发

全枪重：0.56kg（带一个空弹匣），装满弹匣枪约重 0.62kg

长、宽、高：155 × 25 × 103mm

枪管长：86.5mm

膛线条数及旋向：4 条右旋

准星：矩形

缺口：方形

枪管使用寿命：1500 发

瞄准基线长：117.2mm

初速：300 ~ 320m/s

战斗射速：30 发/分

有效射程：50m

使用弹种：1964 年式 7.62mm 手枪弹

（二）主要机件名称与用途

六四式手枪由枪管、套筒、复进机、套筒座、击发机和弹匣六大部件组成，另外还有附品。

1. 枪管（图 1 - 19）：用以赋予弹丸的飞行方向。枪管内部是枪膛，枪膛分为弹膛和线膛。弹膛用以容纳子弹。线膛能使弹丸在前进时旋转运动，以保持飞行的稳定性。线膛有 4 条右旋膛线，膛线的凸起部分是阳膛线，凹下部分是阴膛线。六四式手枪的枪管与套筒座是铸在一起的，不可以单独取下。

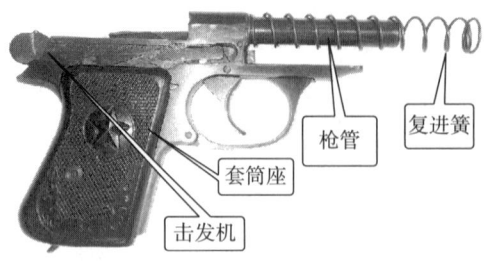

图1-19　击发机

2. 套筒（图1-20）：用以容纳枪管和复进机簧。套筒外有准星和缺口，用以瞄准；保险机，限制套筒在套筒座上滑动和击锤打击击针，扳到上方位置为保险。

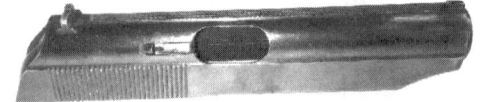

图1-20　套筒

套筒内有枪机，用以送弹、击发和退壳，并能使击锤向后呈待发状态；枪机上有击针和抓弹钩。导棱用以与套筒座相连接。复进簧巢，用以容纳和规正复进簧。

膛内指示器由指示杆套、指示杆簧组成，装在击针孔上方，用以指示膛内有无子弹。

3. 复进机（图1-19）：用以使套筒回到前方位置。

4. 套筒座（图1-19）)：用以连接枪管和套筒，容纳击发机和弹匣，使用时便于握持。

套筒座上有抛壳挺，与抓弹钩配合抛出弹壳；抛壳挺上有阻铁齿，能使套筒停在后方位置，射击时可以预示膛内有无子弹。导槽用以连接套筒。套筒座上还有枪管固定座、弹匣卡榫、扳机护圈和握把等。

5. 击发机（图1-19）：由击发阻铁、扳机、扳机拉杆、击锤、击锤簧、击锤簧杆、击锤簧座等组成。

击发阻铁用以使击锤呈待发状态；击发阻铁上有解脱凸榫，在击锤呈待发状态时，关上保险能使击锤向前呈保险状态。扳机用以击发。扳机拉杆拉击发阻铁向前回转，脱离击锤形成击发。当击锤位于前方位置时，可直接扣引扳机，击锤在拉杆后钩牵引下向后回转，使拉杆的圆形弧面在套筒座圆弧凸起作用下，逐渐减少与击锤的啮合量，当击锤解脱时，在其簧作用下就会向前回转形成再击发。

6. 弹匣（图1-21）：用以容纳和托送子弹，可装7发子弹托弹钣上有侧齿，当弹匣内无子弹时，能顶起抛壳挺，使套筒停在后方位置。

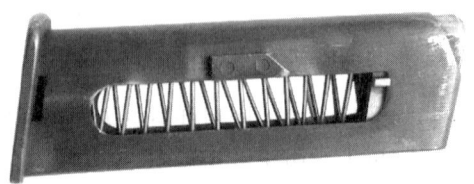

图1-21　弹匣

附品：用以分解结合、擦拭上油和携带。附品包括通条、尖琉、保险带和枪套。

（三）半自动原理

射击时，扳机向后，扳机拉杆拉击发阻铁向前回转，脱离击锤形成击发。火药气体推送弹丸沿膛线向前运动的同时，也向后通过弹壳底部推压套筒后退，完成开锁、抛壳并压缩复进簧和压击锤向后，套筒后退终止后即在复进簧的伸张作用下向前运动，推下一发子弹入膛、闭锁，再扣扳机动作同前。当击锤位于前方位置时，可直接扣引扳机，击锤在拉杆后钩牵引下向后回转，此时拉杆的圆弧面在套筒座圆弧凸起作用下，使拉杆逐渐减小与击锤的啮合量，当击锤回转到一定角度时，拉杆与击锤解脱，击锤在其簧力作用下向前形成再击发；若不松开扳机，扳机拉杆不能回原位，就不能实施再击发。

三、七七式手枪基本常识

（一）产生、发展与战斗性能

七七式手枪是我国自行研制，并于 1981 年定型生产的半自动手枪，简称七七式手枪（图 1 - 22）。

图 1 - 22 七七式手枪

该枪是供人民警察、保卫人员、部队指挥员和驻外武官在近距离内使用的自卫武器。可杀伤 50m 内有生目标，弹丸飞行 305m 仍具有杀伤力，并有单手装填机构，可迅速完成装填枪弹和瞎火排弹动作。

战斗技术性能：

口径：7.62mm

射击方式：半自动

供弹方式：弹匣

容弹量：7 发

全枪重：0.5kg（带一个空弹匣），装满弹匣枪约重 0.56kg

长、宽、高：148.5 × 25 × 100mm

枪管长：86.5mm

膛线条数及旋向：4 条右旋

准星：矩形

缺口：方形

枪管使用寿命：1500 发

瞄准基线长：127mm

初速：300～320m/s

战斗射速：30 发/分

有效射程：50m

使用弹种：1964 年式 7.62mm 手枪弹。

（二）主要机件名称与用途

七七式手枪由枪管、套筒、复进机、套筒座、击发机和弹匣六大部分组成，另外还有附品。

1. 枪管（图 1-23）：用以赋予弹丸的飞行方向。枪管内是枪膛，枪膛分为弹膛和线膛。弹膛用以容纳子弹，线膛能使弹丸在前进时旋转，以保持飞行的稳定性。线膛有 4 条右旋膛线，膛线的凸起部分是阳膛线，凹下部分是阴膛线，两条相对阳膛线之间的距离是枪的口径。

2. 套筒（图 1-23）：用以容纳枪管和复进簧。

套筒外有准星和缺口，用以瞄准。

套筒内有枪机，用以送弹、击发和退壳，并能使击针向后呈待发状态；枪机上有击针、击针簧、簧杆和抓弹钩。导槽用以与套筒相连接。复进簧巢用以容纳和规正复进簧。

3. 复进机（图 1-23）：用以使套筒回到前方位置。

4. 套筒座（图 1-23）：用以连接套筒和枪管，容纳击发机和弹匣，使用时便于握持。

套筒座上有拨壳凸笋，用以拨壳。导棱用以连接套筒。保险机用以保险。扳机活动护圈用以扣压套筒向后和击发。套筒座上还有枪管固定座、弹匣卡榫和握把等。

5. 击发机（图 1-23）：用以与套筒相互作用形成待发和击发。由击发阻铁、单发压铁、扳机、扳机连杆等组成。

击发阻铁用以使击针呈待发状态；在击针呈待发状态时，关上保险，击针不能向前，呈保险状态。单发压铁用以使扳机与击发阻铁脱离形成半自动。扳机用以击发。扳机连杆用以使击发阻铁向下脱离击针凸笋，形成击发。

6. 弹匣（图 1-23）：用以容纳和托送子弹（可装 7 发子弹）。

附品：用以分解结合、擦拭上油和携带。附品包括通条、保险带和枪套。

（三）半自动原理

七七式手枪是采用枪管短距离后退形成半自动的。

扣扳机后，扳机连杆推击发阻铁向下脱离击针，击针撞击子弹底火，点燃发射药，产生火药气体。火药气体一面推弹丸旋转前进，一面通过弹壳底部压套筒向后，使枪机与枪管脱离，套筒后退，压缩复进簧，同时抓弹钩抓出膛内弹壳，在后退中与拨壳凸榫共同作用下，抛出弹壳。托弹钣簧伸张，将下一发子弹送到预备进膛位置。套筒继续后退，使击针向后呈待发状态（此时被击发阻铁卡住），后退到定位时，复进簧伸张，推套筒向前，完成送弹、闭锁，但不能发射。若要再次发射，必须放松扳机，使扳机回到原来位置，再扣扳机，才能再次发射。

以此反复，直至弹匣内的子弹发射。

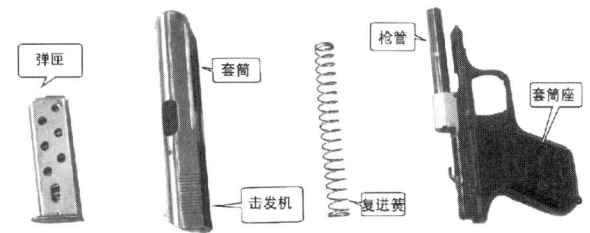

图1－23　七七式手枪零件摆放

四、九二式手枪基本常识

（一）产生、发展与战斗性能

QSZ92式手枪是我国最新研制的军、警用战斗手枪系列之一，它由5.8mm口径的军用手枪和9mm口径的警用手枪组成。

QSZ92式9mm手枪于1992年开始论证，1994年正式立项并开始研制，1998年设计定型，1999年通过批量试生产鉴定，并装备于驻港、驻澳部队，2002年批准生产定型，并广泛装备于全国公安系统，简称九二式手枪（图1－24）。该枪可使用DAP92式9mm普通弹，也可使用9×19mmPBL巴拉贝鲁姆手枪弹。

图1－24　九二式手枪

九二式9mm手枪是我国首次为人民警察研制的警用手枪，它与装备给军队的5.8mm口径的九二式手枪有所不同，其特点是：

1. 九二式9mm手枪采用枪管回转式闭锁机构，枪机运动平稳，射击精度高。

2. 该枪采用双排单进供弹形式，使弹匣容弹量达到最大15发（五四式手枪的弹匣容弹量为8发；六四式、七七式手枪的弹匣容弹量为7发），战斗射速得到很大提高。

3. 九二式9mm手枪具有单动和联动双重功能。单动功能是：首发子弹射击后，击锤就已经形成待发状态，若扣动扳机便可释放击锤。此时，扳机力小，行程短，射击准确度高。联动功能是：首发子弹射击时，射手不用预先扳动击锤，击锤在击发位置时也能扣动扳机射击，即射击时扣动一次扳机就可完成从待击和到击发。

4. 该枪采用模块化的设计理念，简化了结构，减少了全枪的零件数量；该枪各机构部件化、组件化，如击锤部件、拉杆部件、发射机组件、握把组件（图1-25）、弹匣组件等，在不需要任何工具的情况下就可以进行分解结合，勤务性好。

图1-25　九二式手枪握把

5. 九二式9mm手枪采用整体注塑握把代替传统的枪体把，体现了世界新潮流和手枪的发展方向。该握把采用的新型工程塑料，实现了增大不增重，其握围设计很适合我国人的手型，握持舒适，手感好。握把两面及后侧还铸有网状方格花纹，增大了射击时射手手掌与握把的摩擦系数，起到了减振的作用，握把造型做到了举枪指向性好，满足快速射击的要求。为了便于左右手都能使用，不仅保险扳把在握把两侧都可以操作，弹匣扣也可以根据使用者需要更换安装方向，便于操作使用。

6. 该枪保险功能齐全，设有手动保险、不到位保险和击针保险（图1-26）。

图1-26　九二式手枪

手动保险装在发射机座上，左右扳把外露在握把两侧，左右手均可操作。扳把置于保险位置时，可同时锁住击锤和枪机，这时击锤压不动、扳机扣不动、枪机拉不动。手动保险还设计有待发解脱功能，可使全枪从待击发状态直接转换到保险状态，转换中击锤在其簧力作用下回转，作用在保险上，绝对打不到击针，保证使用安全。

击针保险是利用击针保险轴锁定击针来实现的。击针处于保险位置时，只要不扣动扳机，不论哪种意外事件发生，即便手枪受到严重碰撞或从射手手中脱落，都不能使击针向前运动，只有在扣动扳机时，才能释放击针完成击发，杜绝了意外伤害的发生。

不到位保险是为保证每一发枪弹的发射都必须控制在枪机复进到一定的位置之内

时才能进行，复进不到位时即使扣动扳机也不能发射的又一种保险方式。

7. 九二式 9mm 手枪设有弹膛有弹显示和弹匣余弹显示：即使是在闭锁情况下，也可向射手提示膛内有无实弹。该枪还设有空仓挂机装置：射击弹尽时，枪机停在后方位置，既可避免射手在无弹情况下仍瞄准击发贻误战机，又使射手重新装弹迅速，为赢得战机和争取主动创造了条件。

8. 该枪的瞄准具（缺口和准星）上都装有荧光点（图 1 - 27），便于警察夜间射击；另外，它除配有简单可靠的机械瞄具以外，还在枪两侧设置了凹槽，设有激光瞄具接口，可配装激光瞄准具，开创了国产手枪可实施激光瞄准的先例。

图 1 - 27　九二式手枪激光瞄具

9. 9mm 口径子弹的弹头结构设计合理，停止作用好，该枪配备的 9mm 低侵彻杀伤手枪弹，能防止过分穿透。该枪使用的 DAP92 式 9mm 普通弹的侵彻力和杀伤力更加优于 9mm 普通巴拉贝鲁姆手枪弹。

10. 九二式 9mm 手枪通过了各种环境（扬尘、淋雨和扬尘后淋雨、浸河水等）模拟试验与考核，使用的极限温度为 +50℃ 和 -45℃，目前，在国内外手枪中极其少有。所以，该枪故障率低，其使用故障率低于 2‰，可靠性好。

因此，有专家评价九二式 9mm 警用手枪设计合理、性能先进、结构简单新颖、可靠性高、造型美观大方、操作方便、人机工效好，广泛采用了新技术、新工艺、新结构、新材料、新设计，已具备了一支高质量战斗手枪所需的功能，其枪支重量、射击精度、侵彻力、杀伤力、可靠性、机动性、勤务性等主要性能，都处于 20 世纪 90 年代国际同类武器的世界领先水平。

战斗技术性能与主要诸元：

有效射程：50m

战斗射速：40～50 发/分

供弹方式：双排单进大容量弹匣供弹，每支枪配备两个弹匣

弹匣容弹量：15 发

使用弹种：DAP92 式 9mm 普通弹，或 9x19mmPBL 巴拉贝鲁姆手枪弹

射击方式：半自动

使用环境温度：-40℃ ～ +50℃

口径：9mm

全枪重：带一个空弹匣重 0.76kg，装满 15 发枪弹约重 0.9445kg

长、宽、高：190×35×135mm

枪管长：111mm

膛线条数及旋向：6条右旋

枪口动能：钢芯弹545J，铅芯弹520J，PBL9mm手枪弹500J

初速：350m/s

瞄准基线长：152mm

自动方式：枪管短后坐式

闭锁方式：枪管回转

发射方式：单动、并能联动击发

击发方式：击锤式

故障率：<2‰

枪管使用寿命：≥3000发

（二）主要机件名称与用途

九二式9mm手枪由以下机件组成：

1. 枪管（图1-28）：提供火药燃烧场所，与火药气体配合，赋予弹丸一定的初速及飞行方向。整个枪管镀铬，膛线采用宽阴线结构，增加了枪弹飞行的平稳性。枪管上的闭锁齿与中心线对称，保证受力均衡，使枪管与枪机的配合运动平稳，有利于射击精度的提高。

图1-28 枪管

2. 枪管套（图1-29）：安装在枪的前端，用于规正枪管方向，同时作为复进机的前支座。

图1-29 枪管套

3. 复进簧导管（图1-30）：规正复进簧，缩、伸展提供路径。

4. 复进簧（图1-31）：完成复进机复进和闭锁，同时完成枪机后坐过程中的降速，另外，作为空仓挂机的复位簧，完成空仓挂机。

图 1 - 30 复进簧导管

图 1 - 31 复进簧

5. 联接座（图 1 - 32）：完成枪管的开、闭锁回转，并作为枪机后坐到位的撞击体。

图 1 - 32 联接座

6. 挂机扳把（图 1 - 33）：完成枪弹射击完以后的空仓挂机，并作为全枪的连接件。

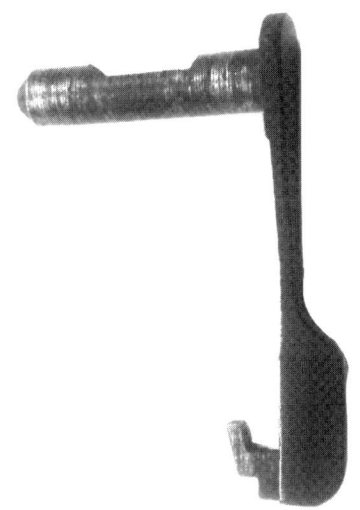

图 1 - 33 挂机扳把

7. 握把组件：

（1）握把（图 1 - 34）：手枪的核心部件之一，是其他部件的载体。

（2）弹匣扣：定位弹匣。

（3）弹匣扣簧：完成弹匣扣的复位，并作为弹匣扣的定位轴。

图 1 – 34　握把

8. 枪机部分（图 1 – 35）

图 1 – 35　套筒

（1）枪机：枪管和击发机构的载体，作为闭锁机构的支撑体完成枪弹的发射。

（2）缺口：与准星配合瞄准目标，赋予手枪一定的射向和射角。该枪缺口与准星都设计了荧光点，便于射手在光线不足时瞄准。

（3）击针保险簧：击针保险簧作用于击针保险轴，使其将击针卡在后方，不能再向前运动。

（4）击针保险轴：通过击针保险簧的作用卡入击针横槽内，将击针锁在后方，完成击针保险。

（5）回针簧：击针完成一次击发后在回针簧的作用下，自动返回待机位置，完成击针击发后的复位。

（6）击针：在击锤的打击下前冲，撞击枪弹底火，击发枪弹。

（7）拉壳钩簧：赋予拉壳钩一定的抱弹力，保证拉壳钩可靠抱弹，完成抽壳、抛壳等动作。

（8）拉壳钩顶销：规正拉壳钩顶销簧簧力的方向。

（9）拉壳钩：其作用是将弹壳可靠地从枪管弹膛中抽出，并起击针限位作用。

（10）指示杆：射手通过指示杆可以准确地判断膛内是否有弹。

9. 发射机组件（图 1 – 36）：

图 1 – 36　发射机组件

（1）阻铁轴：定位阻铁。

（2）扳机击锤轴：定位击锤部件和拉杆部件。

（3）保险：锁住击锤、扳机和枪机，从而使操作安全可靠。

（4）发射机座：是射击机构、保险机构的机体，也是运动部件的机座。它将发射机构各组装件融于一身，完成总体结合，部件拆装不需要专业工具。

（5）单发杠杆：使阻铁复位，使击锤呈待发状态。

（6）击发杠杆：在拉杆的作用下，解脱击针保险、阻铁，释放击锤，完成射击。

（7）击锤：其作用是打击击针，完成击发。

（8）击锤簧：为击锤回转提供能量，击锤簧又是保险定位簧。

（9）击锤簧顶销：击锤与击锤簧之间的传力键，规正击锤簧能量的作用方向。

（10）击锤簧座：完成击锤簧能量转换，并作为保险定位键。

（11）套管：连接阻铁和阻铁簧，连接击锤和击锤簧座。

（12）阻铁：通过阻铁簧完成击锤待击发状态的实现。

（13）阻铁簧：赋予阻铁一定的复位能量。

（14）拉杆：在外力的作用下，解脱阻铁，释放击锤，完成枪弹射击。

（15）拉杆轴：连接拉杆和扳机。

（16）扳机簧：完成扳机和拉杆复位。

（17）扳机：人与发射机构的接触点，射手通过扣扳机完成射击。

10. 弹匣组件（图 1 - 37）：

图 1 - 37　弹匣组件

（1）弹匣体：是弹匣的主体。弹匣两壁的内侧采用前后导弹筋设计，以减小供弹过程中的摩擦力，压弹方便迅速。

（2）托弹钣（图）：是枪弹支撑件。确保枪弹在弹匣中的正确排列，并具有空仓挂机功能。

（3）托弹簧：赋予枪弹一定的作用力，确保射击过程中的供弹可靠性。

（4）托弹簧底板：定位托弹簧，定位弹匣盖。

（5）弹匣盖：封闭弹匣体底端。

另外，九二式9mm手枪还配有一套附品，用以分解结合、擦拭上油和携带。附品包括：激光瞄准器、通条、保险带、枪套和枪纲。

（三）半自动原理

九二式9mm手枪采用枪管短后坐式自动方式，非自锁式枪管回转闭锁机构，该机构还兼作加速机构。其原理是：发射后，火药气体通过弹壳底部将能量传递给枪机，枪机通过其螺旋闭锁槽带动枪管一同后坐。当共同走完自由行程后，枪管上开闭锁凸起与联接座的开锁螺旋面作用，迫使枪管产生回转，使枪管螺旋闭锁齿与枪机螺旋闭锁槽解脱扣合状态，实现开锁。在枪管上开闭锁凸起与联接座开闭锁槽后壁相撞后，枪管停止运动，枪机依靠其惯性继续后坐，完成抽壳、抛壳、压倒击锤等自动动作。由于枪管螺旋闭锁齿与枪机螺旋闭锁槽二者的螺旋角大于运动摩擦角，属于非自锁，在开锁过程中，枪管的开锁动作能使枪机加速，使枪机获得更多的后坐能量，因此，这种闭锁机构又具有加速机构的作用。

闭锁时，枪机上的拉壳钩预转面推动枪管产生预转，克服枪管开始闭锁时的自紧。在枪机推动枪管继续向前复进过程中，枪管上开闭锁凸起与联接座开闭锁槽内的闭锁螺旋面作用，迫使枪管产生回转，使枪管螺旋闭锁齿与枪机螺旋闭锁槽达到扣合状态，实现闭锁。此后，枪机与枪管共同走完自由行程，复进到位。

五、警用转轮手枪基本常识

（一）产生、发展与战斗性能

2005式9mm警用转轮手枪武器系统，是公安部根据公安机关实战需要，首次自主组织研制开发的新型武器系统，该系统2001年6月开始研制，于2005年底完成技术鉴定，并于2006年6月开始在公安队伍中试用，2008年7月正式列入警用装备序列。

2005式9mm警用转轮手枪武器系统由"2005式9mm警用转轮手枪""2005式9mm警用转轮手枪普通弹""2005式9mm警用转轮手枪橡皮弹"和配套器材等组成。2005式9mm警用转轮手枪简称警用转轮手枪，代号为GA/WQZ 2005－9。该枪可根据不同需求发射代号为GA/DZZ 2005－9的2005式9mm警用转轮普通弹，或代号为GA/DXX 2005A－9的2005式9mm警用转轮手枪橡皮弹。它所执行的战术任务主要是：制服50m内的犯罪嫌疑分子；驱散50m内非法聚众闹事的人群；杀伤50m内有生目标（图1－38）。

图1－38　警用转轮手枪

2005 式 9mm 警用转轮手枪具有以下特点：

1. 具有先进的以线膛枪管发射两种子弹的功能：该枪可以装配的两种子弹一种是低侵彻杀伤功能的平头普通弹，该弹属于杀伤性子弹；另一种是非致命功能的圆头橡皮子弹，该弹属于伤性子弹。在一种武器上发射两种性质不同的枪弹，满足不同的战术使用，是这款 9mm 警用转轮手枪的独特之处。非致命子弹的使用，能够有效保护人的生命不受伤害，防止使用武器不当带来民众谴责、诉讼缠身、"英雄气短"等后果，同时还可减少枪弹伤及无辜的事故发生，在警务实战中具有划时代的意义，很好地体现了警用枪支扩大震慑作用、控制杀伤力度的特点。

2. 机械性能可靠、故障率低、机动性好。

3. 该枪保险齐全，设有操作方便的强制保险、跌落惯性保险，以及转轮不到位保险，安全性好。

4. 可联动快速击发，不会因哑弹的出现影响机械正常操作；该枪遇到子弹哑火即手枪击锤撞击在底火上而子弹没有打出去的话，马上就可以联动击发第二发子弹，可靠性高。

5. 设有余弹观察孔及附件接口，可连接激光瞄准器、枪纲等外接附件，有利于充分发挥武器系统的战术功能。

6. 该枪的瞄准具上都装有荧光点，提高了人民警察夜间射击的准确性。

7. 外形舒展流畅、庄重大方；9mm 口径的枪管看上去很有威慑力；握把的曲线设计更符合人体力学原理，握持舒适；射击过程中准星缺口平正时，手腕角度自然，易于射击技术的发挥与射击精度的提高。

主要技术参数：

口径：9mm

全枪质量：670g（木质握把：670g，塑料握把：650g）

全枪长：190mm

枪管长：80mm

膛线条数及旋向：6 条右旋

弹仓容量：6 发

使用弹种：2005 式 9mm 警用转轮手枪普通弹和 2005 式 9mm 警用转轮手枪橡皮弹

射发方式：单动、联动

扳机引力：单动时 1.5kg 左右，联动时 5kg 左右

有效射程：350m

初速：220m/s（普通弹），200m/s（橡皮弹）

瞄准基线长：108.5mm

射击精度：R50≤65.0cm（普通弹）

R100≤12.5cm（普通弹）

R50≤12.5cm（橡皮弹）

故障率：≤1‰

全枪寿命：≤3000 发

使用环境温度：－45℃ ~ ＋50℃

（二）主要部件构成

全枪由下列可拆卸的零部件：枪身部件、转轮部件、发射机构、保险装置、握把等组成（图1－39）。全枪共有67个零件，见转轮手枪零件表。

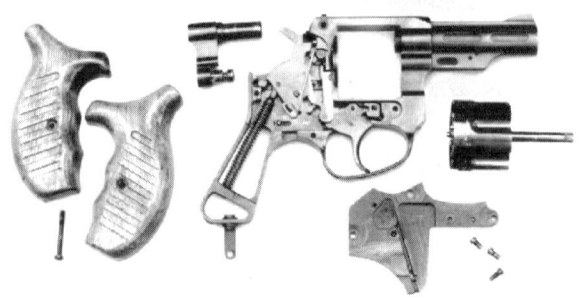

图1－39 转轮手枪零件

（三）9mm 警用转轮手枪的附件

9mm 警用转轮手枪的附件是 9mm 警用转轮手枪武器系统的重要组成部分。9mm 警用转轮手枪的附件主要包括：装弹器、激光照准器、辅助工具、枪套及枪纲等。

1. 装弹器。为执行紧急任务时节省时间，为快速高效地完成装弹，9mm 警用转轮手枪配有装弹器（图1－40）。装弹器由装弹器体、装弹器旋钮、定位簧、装弹孔等构成。

图1－40 装弹器

使用方法：装弹器上有6个装弹孔，装弹时先将手柄旋转到"开"的位置，将6发子弹弹底朝下放入装弹孔内，然后旋转手柄至"关"的位置，枪弹即被固定在装弹器内。在需要装弹时，对准转轮弹膛，再将手柄旋转至"开"的位置，6发子弹被释放，同时装到弹膛里。

除以上介绍的可反复多次使用的装弹器外，随枪弹一起出厂的还有一次性使用的装弹器。当采用一次性使用的装弹器时，装弹器内已在出厂时装满枪弹，使用方法同可反复使用的装弹器相似，只是将手柄旋转改为按压。

2. 激光照准器。激光照准器除了指示目标外，还能对犯罪嫌疑人起到威慑作用。该照准器发射的激光功率较小，不会对人体产生危害。

主要技术参数：

激光波长：650nm

激光窗口光功率：0.5mw～1mw

调节范围：±15密位

零位走动（含重复装夹）：＜2密位

连续工作时间：3小时后窗口功率多0.5mw

重量：备60g

使用与维护：

（1）安装：照准器通过安装导轨安装在转轮手枪相应的导轨槽中，夹紧便可使用。接通电源，照准器发出红色激光，照准目标时，在目标体上产生红色激光点。射击时，弹着点与红色激光点一致。

（2）调节：照准器装有方向、高低调节装置，实现两个方向的精确调节，调节精度高并有防止零位走动的措施。

（3）保养：照准器是精密的光学仪器，使用时应轻拿轻放，若外露玻璃表面有灰尘，应用柔软布擦拭干净；不用时应保持清洁，关闭开关电源，若长期存放，应将电池取出。

3. 辅助工具。辅助工具由冲头、通条头、通条杆、毛刷、小榔头、板式改锥、击针专用工具、油壶及棉纱条等组成所有的工具都可放置在方便携带的专用布袋内。

（1）冲头的使用。由于该枪所用联结销轴较多，销轴粗细不同，因此配有两种规格的冲头，一种直径为1mm，另一种直径为2mm，它与小榔头配用，可拆卸枪支零件。

（2）通条杆的使用。通条杆可联结铜毛刷头、尼龙毛刷头和小榔头，通条头和尼龙毛刷头可对枪管内膛（含转轮弹膛）、枪管尾端和转轮体前端的火药残渣堆积物进行清除；通条头用于固定棉纱条，带动棉纱条擦洗枪管内膛和转轮弹膛，并为枪管和转轮弹膛涂油。

（3）击针专用工具的使用。拆卸和安装击针等零件时须用击针专用工具。

（4）板式改锥的使用。板式改锥可用来拆装转轮手枪上所有的螺钉，还可用来拧紧或拆卸通条杆上的刷头和通条头。

4. 枪套。用皮革或其他坚韧材料制成的套子，可以装手枪或转轮手枪，便于射手携带并保护枪支不被抢走。手枪套通常挂于腰带或肩带上。

5. 枪纲枪纲是9mm转轮手枪的标准配置附件。枪纲由皮带卡扣、枪纲线以及枪纲扣组成。手枪通过枪纲与持枪人员联结，可有效保证持枪人员对枪械的控制，防止枪械丢失以及受到劫抢。

（四）使用方法

1. 验枪：右手持握枪支，食指置于扳机护圈外面。右手拇指关闭保险，然后向前推压推柄，左手从下面握住转轮，向左侧推出转轮并查看弹膛内有无子弹。验过后，推回转轮，将枪装入枪套。

2. 强制保险的使用：该枪设有强制保险，在保险状态时，击锤打击不到击针，保证携行及训练的安全。扳动强制保险扳把，保险扳把指向红色圆点标志时，为击发状态，指向白色圆点标志时，为保险状态。

3. 枪弹的装填：将推柄向前推，将转轮向左转出，枪口向下，大约45°，将枪弹装入转轮弹膛中，然后将转轮转入就可完成枪弹的装填工作。

4. 退弹壳：将推柄向前推，将转轮向左转出，枪口向上，大约45°，按压退壳轴即可退出弹壳或枪弹。

5. 单动射击：将击锤向后扳动到定位，然后扣动扳机即可进行射击。值得注意的是：向后扳动击锤时一定要使击锤呈卡滞状态，非卡滞状态时不得松开压下的击锤。

6. 联动射击：直接扣动扳机就可实现联动射击。这里需要注意的是：扣动扳机应到位，初次使用时应体会扳机的击锤呈解脱状态时的感觉。

7. 余弹显示：该枪右侧设有两个余弹观察孔，通过观察孔观察子弹底缘是否有击发的痕迹，确定下一发子弹和再下一发子弹能否击发。有击发痕迹的不能击发，没有击发痕迹的则可以击发。

8. 瞄准：该枪的瞄准机构是根据射击距离为25m时9mm警用转轮手枪弹的弹道参数设计的，橡皮弹的弹着点低于金属手枪弹，一般都呈负弹道，因此，使用橡皮子弹射击时的瞄准区域应适当抬高。

该枪在出厂时两种子弹的弹道高如图（图1–41）所示，9mm转轮手枪普通弹的弹道高在15m时是9cm，25m时为13cm，35m时为14cm；9mm转轮手枪橡皮弹的弹道高在15m时为–8cm，25m时为–13cm，35m时为–26cm，射击时应根据枪内弹种和射击距离确定瞄准点（区）的高低位置。

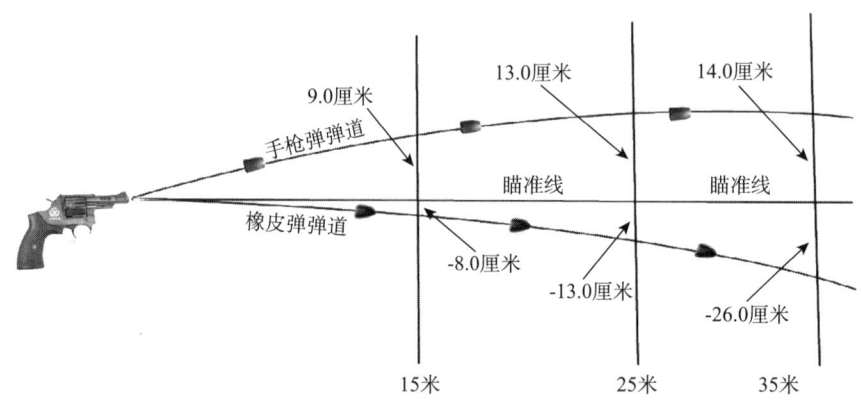

图1–41　警用转轮手枪普通弹与橡皮弹弹道高

9. 校枪：该枪的缺口可左右移动，弹着点偏左或偏右时，可敲动缺口进行调整。25m射击距离时，缺口每移动1mm，弹着点移动23.4cm；弹着点偏左时应向右移动缺口，反之则向左移动缺口。

该枪的瞄准机构，高低不能调整。

六、七九式微型冲锋枪基本常识

冲锋枪是一种短枪管、发射手枪弹的抵肩或手持射击的可连发轻武器。具有体积小、重量轻、灵活轻便、携弹量大、火力猛烈等特点。但由于冲锋枪枪弹威力较小，有效射程较近，连发射击精度较差，因而在警务射击中应特别注意控制射弹散布范围。

目前，我公安部门装备的主要有七九式和八五式两种轻型冲锋枪和五六式冲锋枪。

1979年式7.62mm冲锋枪，是我国自行设计的一种轻型自动武器，于1979年9月设计定型，1984年5月生产定型，简称"79轻冲"，是我军特种部队和武装警察、公安民警使用的近战和自卫武器，火力可杀伤200m距离内的有生目标。（图1-42）

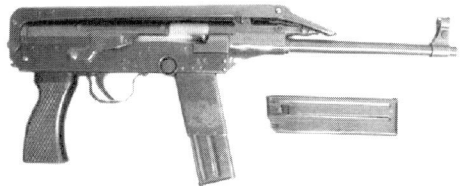

图1-42　七九式微型冲锋枪

（一）战斗性能和主要诸元

1. 战斗性能：

有效射程：200m

射击方法：短点射（2~5发）和单发射，必要时才实施长点射（6~10发）。

战斗射速：单发40发/分钟；短点射时70~100发/分钟。

供弹方式：弹匣供弹，弹匣容量为20发。每支枪配弹匣5个。

弹头侵彻力：使用五一式手枪弹在200m距离上能击穿130mm厚的均匀松木板，在100m距离上能击穿4mm厚的普通钢板、120mm厚的砖墙和300mm厚的木板。弹头在300m距离内对人员有足够的杀伤力。

2. 主要诸元：

口径：7.62mm

初速：515m/s

打开枪托全枪长：740mm

折回枪托全枪长：470mm

枪宽：53mm

枪高：180mm

带1个空弹匣全枪重：1.9kg

带1个实弹匣全枪重：2.1kg

空弹匣重：0.15kg

实弹匣重：0.35kg

瞄准基线长：215mm

枪管长：240mm

准星宽：22mm

扳机力：1~2kg

枪口动能：726J

理论射速：100 发/分钟

寿命：5000 发

平均最大膛压：193MPa

（二）各部件的名称和用途

七九轻冲由枪管、机匣、导气装置、枪机和枪机框、复进机、弹匣、击发发射机构、瞄准具及枪托 9 大部分组成。

（三）使用弹种

1951 年式及 1951 年 − 1 式 7.62mm 手枪弹。

七、QB95 式 5.8mm 自动步枪基本常识

QB95 式 5.8mm 自动步枪武器系统是由 QB95 式 5.8mm 自动步枪下排式防暴榴弹发射系统、QNL95 式 5.8mm 班用枪族刺刀、八七式 5.8mm 普通弹、5.8mm 班用枪族白光瞄准镜和 5.8mm 班用枪族微光瞄准镜组成的。该武器系统是我国自行研制、生产定型的小口径自动步枪武器系统。它于 1987 年开始研制，于 1995 年设计定型，于 1997 年首批装备驻香港部队。

QB95 式 5.8mm 自动步枪又是我国九五式 5.8mm 班用枪族成员之一。该枪采用无托型结构，具有长度短、重量轻、射击精度好、造型美观、防腐性能好、便于携行及操作等特点。

（一）战斗性能与主要诸元

本枪是步兵单兵使用的自动武器，主要以火力杀伤敌人，发射枪榴弹，可杀伤集团有生目标、毁伤轻型装甲目标及野战掩体，必要时可安装刺刀进行格斗。其还可配置防暴榴弹发射器发射防暴榴弹，适用于公安民警处置重大暴力性案件和突发性群体治安事件。

1. 战斗性能：

射程：发射枪弹时，有效射程为 400mm；发射 35mm 枪榴弹系列，最大射程可达 400m。

供弹方式：弹匣供弹，容弹量为 30 发，每支自动步枪配弹匣 5 个，必要时，也可使用班用机枪的弹鼓。

战斗射速：单发时 40/分钟，连发（3~5 发短点射）时 100 发/分钟。

弹头侵彻力：使用八七式 5.8mm 普通弹，在 100m 射击距离上，能穿透 8mm 厚的普通钢板，或 9cm 厚的砖墙，或 30cm 厚的土层，或 35cm 厚的松木板。

2. 主要诸元：

口径：5.8mm

初速：920m/s

表尺最大射程：：500m

表尺分划：0、1、3、5

全枪重：3.3kg

枪全长：743mm

弹匣重：空弹匣 0.16kg；装 30 发枪弹 0.54kg

瞄准基线长：325mm

全枪寿命：10 000 发

理论射速：650 发/分钟（小气孔）

（二）主要构件的名称

QBZ95 式 5.8mm 自动步枪全枪由枪管、机匣、枪机、枪机框、复进簧、击发发射机构、弹匣、瞄准装置、枪托等部分组成。QBZ95 – 1 式 5.8mm 自动步枪（图 1 – 43）。

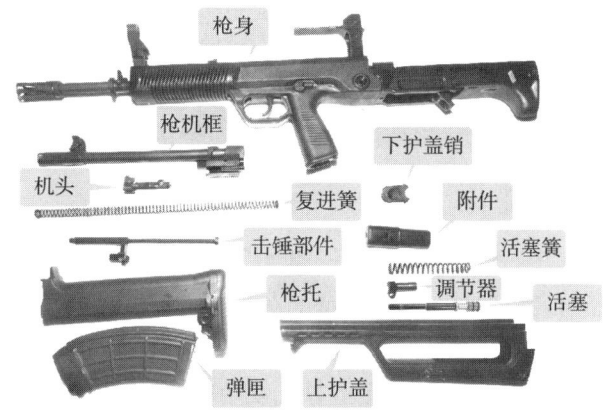

图 1 –43　QBZ95 –1 式 5.8mm 自动步枪

（三）QBZ95 式 5.8mm 自动步枪使用弹种

1. 枪弹：1987 年式 5.8mm 普通弹（DBP87 – 5.8）；1988 年式 5.8mm 曳光弹（DBX88 – 5.8）；必要时也可使用 1988 年式 5.8mm 机枪弹（DBP88U – 5.8、DBX88U – 5.8）。

2. 枪榴弹：40mm 枪榴弹系列。

3. 防暴榴弹：35mm 防暴榴弹。

八、九七式 18.4mm 防暴枪

（一）主要性能指标口径：18.4mm

配用弹种：九七式 18.4mm 杀伤弹、九七式 18.4mm 动能弹、九七式 18.4mm 痛块弹、九七式 18.4mm 催泪弹及 18.4mm 布袋弹

全枪质量：2.75kg

全枪长：660mm

枪管长：425mm

有效射程：50m

自动方式：非自动

闭锁方式：卡块起落式

供弹方式：唧筒式

容弹量：5 发（筒式弹仓）

扳机引力：15 ~ 30N

保险方式：手动保险、到位保险

全枪寿命：≥3000 发

散布密集度：≥35%

（二）战斗性能

九七式 18.4mm 防暴枪（图 1 - 44）是手动供弹的滑膛武器，可以配备多种弹药，目前定型和生产的有九七式 18.4mm 杀伤弹、动能弹、痛块弹和催泪弹等，18.4mm 染色弹和 40mm 枪榴催泪弹等新品种正在研制试验中。该枪用于在 50m 距离内制服隐藏在建筑物内的暴力分子，驱散 35 ~ 100m 距离内非法聚众的骚乱人群。

图 1 - 44 九七式 18.4mm 防暴枪

九七式 18.4mm 防暴枪在基本结构不变的前提下，可有多种变换的外形，这种外形的变换是通过更换前握把、护手、后握把、固定托和折叠来实现的。由于不同的外形结构使防暴枪的外部尺寸发生变化，握持方式发生变化，因而也就更加适合在不同的环境、场合下执行任务的配枪人员使用。

（三）主要机件名称

1. 机匣组件。机匣组件是防暴枪的主体，由 25 种共 26 个零件组成。机匣组件又分为机匣部件、弹仓部件、后手柄部件和照门部件四部分。

机匣部件是机匣组件的主体，是其余部件的装配基础；弹仓部件是防暴枪的储弹部分，后端通过焊接与机匣连在一起；后手柄部件是持枪时的主要支撑部件，射击时承受枪的后坐力，通过螺钉与机匣连接在一起；照门部件是全枪瞄准系统的一部分，通过螺钉与机匣连接。

（1）机匣部件（图 1 - 45）。机匣部件由 8 个零件组成。枪托拉杆座通过螺纹与机匣尾端连接，在机匣的内部下方两侧槽内铆有左、右开关片簧，工作时，在游体支杆的作用下有序地开、闭弹仓进行供弹；在机匣前中部抛壳窗的对面内侧，铆接着退壳挺和退壳挺座，其作用是通过片簧的弹力进行抛壳、推动枪机向右使其处于正常工作位置，退壳挺座前端的凸榫是枪管在圆周方向的定位基准。

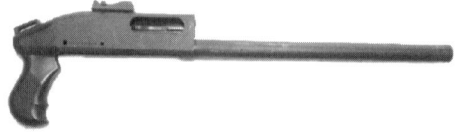

图 1 - 45 机匣部件

（2）弹仓部件（图1-46）。弹仓部件由5个零件组成。弹仓座与弹仓通过焊接连接，弹仓与机匣焊接在一起。弹仓座有三个作用：一是挡住输弹帽，使之不会在弹仓簧的作用下从弹仓后端弹出，二是它的上面在结合时作为枪管定位基准，三是它的两侧面与机匣共同构成导向槽，使游体左、右支杆能可靠地进行往复运动。输弹帽为橘红色工程塑料制成，在检查弹仓中是否有弹时便于观察，它的作用是在弹仓簧的作用下推弹向出仓方向，保持供弹状态。弹仓簧的作用是向后推压保证正常供弹，向前推压弹仓帽，通过弹仓帽前端圆周方向的锯齿形凸起，防止枪管固定螺帽的松动。弹仓帽靠弹仓管前端的两个向内的凸榫定位，当用起子将弹仓帽压入弹仓内旋转90°时就可将它从弹仓中取出。

图1-46 弹仓部件

（3）后手柄部件。后手柄部件由后手柄、枪托垫板、垫圈、螺钉、手柄堵5个零件组成。后手柄通过螺钉、垫圈、枪托垫板与机匣紧固地结合在一起，枪托垫板是调整垫，有利于后手柄（或枪托）前端与机匣的大面积接触，避免周边接触受力后损坏。

（4）照门部件。照门部件由9种10个零件组成。照门座是照门部件的装配主体，通过螺钉与机匣连接，片簧的作用是靠其弹力保持照门板的工作位置，照门板通过铆钉与照门座连接，可以灵活地在轴上摆动，便于照门缺口的上下调整。游标孔骨装有游标卡、游标卡簧和销，当用手指压下游标和游标卡的两端时，即可在照门板上前后移动，松手后，在游标卡簧的作用下，游标卡在照门板上的V形槽内以固定照门缺口的高度。照门板上刻有3个标志，以满足发射不同弹药的需要。

2. 枪管组件。枪管组件由枪管、准星、枪管固定座焊接而成。枪管是防暴枪的关键零件，采用优质钢材制造，内表面经过镀铬处理，可以承受火药产生的高压气体并将弹丸发射到目标。准星为固定准星，不可调整，它与照门部件构成防暴枪的瞄准系统。

在枪管前端下方的枪管固定座，装配时套在弹仓前端，用枪管固定螺帽固定在机匣组件上。另外，在枪管上方可安装防护罩，以防止射弹过多后携行时对手造成烫伤。

3. 游体组件（图1-47）。游体组件由游体管，游体左、右支杆，前手柄和护木定位帽等5个零件组成。游体左、右支杆与游体管通过焊接连接，前手柄靠护木定位帽固定在游体管上。工作时，游体组件沿弹仓轴向前后移动，带动枪机完成开闭锁、供弹等一系列动作。

4. 枪机组件（图1-48）。枪机组件由16个零件组成，它又分为3个部件：卡铁部件、卡铁驱体部件和枪机部件。

卡铁部件由闭锁卡铁和卡铁销组成，卡铁销压入闭锁卡铁侧面孔内，使卡铁部件在卡铁驱体部件的作用下完成开、闭锁动作。闭锁卡铁前端上面的凸榫和枪机结合后与枪管构成后端封闭的枪膛。

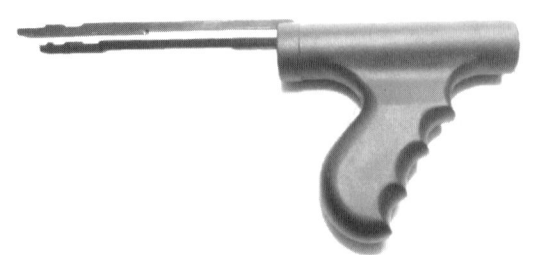

图 1-47　游体组件

卡铁驱体部件由驱体底板、卡铁驱体、顶销簧、顶销、限位销和铆钉等 7 个零件组成。结合后，卡铁驱体部件与游体组件带动枪机部件的前后移动，通过卡铁驱体使闭锁卡铁上下摆动来完成闭锁和开锁。卡铁驱体部件前面的顶销在顶销簧的作用下始终在极前位，闭锁后在膛中无子弹的情况下凸出枪机前端约 2.5mm，用来防止该防暴枪发射普通猎枪弹，在发射防暴弹时，由于弹壳形状有别于猎枪弹，使顶销被抵压入部件中。

枪机部件是枪机组件的主体，由枪机、击针、击针簧、击针销、拉壳钩、拉壳钩顶销、拉壳钩簧等 7 个零件组成。枪机部件装配后，击针在击针簧的作用下始终向后被击针销定位在枪机中。在非击针状态下，击针前端凹入枪机前端面，击针后部凸出枪机组后端面，当击针时，击锤打击击针，击针克服击针簧的作用向前移动冲出枪机前端面击发底火，然后在击针簧的作用下复位。由于击针的长度小于枪机的长度，靠惯性向前冲击击发底火，这种方式通常被称为惯性击发。枪机通过闭锁卡铁与枪管构成枪膛的半封闭状态，承受发射子弹时的膛内火药气体的压力。拉壳钩在拉壳钩簧的作用下能够可靠地从弹膛中抽出弹壳（或子弹）。

图 1-48　枪机组件

5. 击发发射机组件（图 1-49）。击发发射机组件是九七式 18.4mm 防暴枪的控制部分，不仅承担着打击击针的任务，而且具有保险、到位保险、锁定游体支杆和控制上弹等多项功能。击发发射机组件由 32 个零件组成。

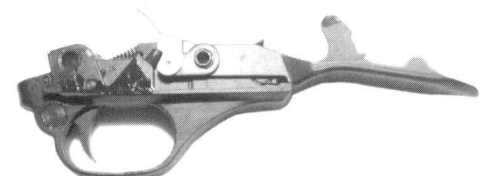

图 1-49　击发机组件

九七式霰膛枪五大组件（图 1-50）。

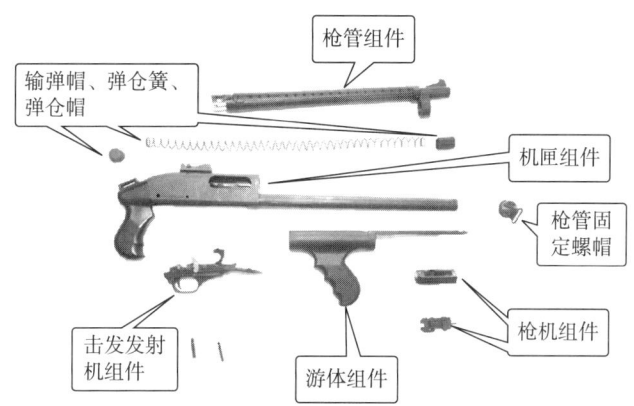

图 1-50　九七式霰膛五大组件

项目三　当代世界著名枪械简介

一、当代世界著名手枪

（一）美国 11.43mmM1911A1 手枪（图 1-51）

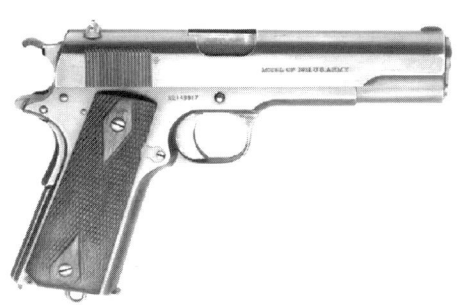

图 1-51　美国 M1911A1 手枪

该枪原为美国制式装备，在军中服役 70 年，直到最近才被 9mm 手枪取代。其原型枪为勃朗宁设计的 M1905 式手枪，于 1911 年定型装备美军，称为 M11911 式手枪。1923 年美军斯普林菲尔德工厂为了改进枪的瞄准系统和便于在射击过程中有效地控制住枪，又对 M1911 作了改进，于 1926 年起开始列装，称 M1911A1 枪。

M1911A1 自动方式为枪管短后坐，闭锁方式为枪管摆动式（枪管绕铰链摆动）。

M1911A1 的发射机构位于套筒内，由击锤、阻铁、扳机、扳机连杆、单发杆、握把保险等组成。击锤上有一个半待发卡槽，它能使手枪在膛内有弹的情况下正常携带。

M1911A1 手枪发射 11.45mm 柯尔特手枪弹，弹匣容弹 7 发，枪全重（不带弹匣）1.13kg，枪全长 219mm，初速 252m/s，有效射程 50m，瞄准具由缺口照门和刀状准星组成。

（二）美国 9mmM9 手枪（图 1-52）

图 1-52　美国 M9 手枪

该枪也叫伯莱塔 92F 手枪，是意大利伯莱塔公司于 20 世纪 70 年代初开始研制的。美国 1985 年第一次手枪选型时选中 92F，定名为 M9，现在美军已大量装备该枪。海湾战争时，美军总司令施瓦茨柯普夫将军腰间佩带的就是这种手枪。

M9 手枪的自动方式为枪管后坐式，闭锁方式为闭锁卡铁摆动式，击发机构为击锤回转式，发射机构为联动式，保险机械由手动保险、击针自动保险、阻隔保险、不到位保险、击锤保险等机械组成。

M9 手枪套筒座包括握把全由铝合金制成，减轻了重量，握把外层包有木质护板。全枪外表面喷涂聚四氟乙烯，不仅耐腐蚀，而且手感好。

M9 手枪使用 9mm 帕拉贝鲁姆弹，采用双排供弹、大容量弹匣，容弹 17 发，自卫火力强，火力持续时间长，可有效压制和对付敌人。

M9 手枪的命中概率优于 11.43mm 柯尔特手枪。该枪可靠性高，主要表现在：一是全枪使用寿命长，达 1 万发之多，超过军方 5000 发的要求；二是故障率低，为 0.5‰；三是在风沙、河水、泥浆等恶劣环境下适应性强；四是抗撞击性能好，自 1.2m 高处落：在坚硬地面不会偶发火。

另外，M9 手枪可维修性、操作简便性、使用勤务性、人机工效性等均比较好，堪称当代世界上较为先进的手枪。

枪全长 217mm，高 137mm，宽 35mm，枪全重（含空弹匣）0.96kg，枪管长 125mm，初速 333.7m/s，有效射程 50m。

（三）俄罗斯 9mm 马卡洛夫手枪（图 1-53）

该枪是一种采用枪机自由后坐的半自动手枪。该枪外形较小，重量较轻，既可单发又可联动击发。虽然它所使用的 918mm 马卡洛夫手枪弹的威力比不上 919mm 帕拉贝鲁姆弹，但仍具有较大的杀伤力，因此是一种较好的自卫手枪。

图1-53 俄罗斯马卡洛夫手枪

马卡洛夫手枪的主要部件是枪管、套筒座、套筒、击发和发射机构等。

该枪的自动原理为枪机自由后坐式，即在枪弹击发后，火药气体压力通过弹壳底部作用于套筒的弹底窝平面，使套筒获得后坐能量。该枪击锤回转式击发机构由击针、击锤簧等组成。联动击发式发射机构由扳机、扳机连杆、拨动子簧、阻铁、阻铁簧等组成。

该枪保险机构有不到位保险、击锤前方保险、手动保险三种。枪全长163mm，枪管长93.5mm，不带弹匣枪全重0.66kg，枪全重带实弹匣0.81kg，弹匣容量8发，射击方式为半自动（联动击发），使用枪弹为918mm马卡洛夫枪弹。

（四）俄罗斯5.54mmPSM手枪

该枪是1983年首次公开露面的。该枪自动方式为自由枪机式，击发机构为击锤式，发射方式为半自动。

PSM手枪发射的5.54mm枪弹弹心前半部是钢心，后半部是铅心，侵彻力比一般铅弹要大。这种枪后坐力小，有利于提高精度。

枪全长155mm，高105mm，宽17.5mm，不带弹匣全重0.46kg，枪全重带实弹匣0.5kg，枪管长85mm，弹匣容量8发，初速125m/s。

（五）比利时9mm勃朗宁大威力手枪（图1-54）

图1-54 比利时勃朗宁手枪

该枪于1925年在美国设计定型，1935年在比利时投产。在1940年比利时被德国占领之前，工厂撤往加拿大并由约翰英格利斯公司继续生产。它是当前世界上广泛使用的军用手枪之一，它的设计思想也一起影响着美国等国家后来的手枪设计。

使用枪弹为919mm派拉贝姆手枪弹，自动方式为管退式（枪管短后坐），供弹具为13发弹匣，射击方式为半自动，枪全重（空）0.88kg，初速335m/s，枪全长196mm，枪管长112mm，有效射程45m。

（六）奥地利9mm格洛克17手枪（图1-55）

图1-55 奥地利格洛克17手枪

20世纪80年代初期，奥地利一家鲜为人知的公司格洛克（GLOCK）应奥地利陆军的要求研制成功一种独特的9mm手枪，这种手枪采用合成的套筒座，结构简单、重量轻，不久就引起枪械界人士的极大关注，1983年奥地利军队正式列装这种手枪，命名为M80式。目前，格洛克手枪已经被40多个国家的军队和警察采用，尤其是美国，它占据了40%的警用自动手枪市场，是现代名枪之一。

格洛克17手枪发射919派拉贝姆手枪弹，枪全长188mm，高131mm，宽30mm，枪全重不含弹匣0.62kg，枪管长114mm，弹匣容量17发，初速350m/s，有效射程50m。

格洛克枪族除17型外，目前还有17L、18、19、20……28等多种型号，它们基本结构大致相同，只是口径、体积有所区别。

（七）英国9mm"布什曼"冲锋手枪

1990年，英国向世人展示了一种新研制的9mm"布什曼"冲锋手枪。该枪的突出特点是采用电子技术降低射速，以提高命中率。这一新颖独特的做法，引起了各国军、警界的关注。"布什曼"能够连发射击，采用开膛待击方式。该枪重（不含弹匣）2.92kg，配有83mm、152mm、254mm3种不同长度的枪管，由可容弹20发、28发、32发的三种弹匣供弹。采用83mm标准枪管时，枪全长仅276mm，枪机重0.227kg。该枪的快慢机很普通，设有保险、半自动和全自动3种位置。该枪由标准件组成，分解十分方便。分解时，只要拔掉一个销子就可解脱机匣盖，向上偏移取下机匣盖，并分解扳机柄和带双簧的枪机构件。该枪的瞄准具可采用常规手枪的瞄准具、光学瞄准具或用于腰际射击的激光瞄准指示器。采用电子技术来控制射速，利用放置在握把内的电子装置（由电池供电）调节射速。射击时，将扳机向后扣6mm，射速调节器就会解脱阻铁，以450发/分的射速进行射击。射速调节器的使用寿命可达3万发。采用较长的枪管射击，其精度更佳。采用83mm枪管对7m的目标无肩托射击时，连续点射20发弹，弹着点全部落在直径 120mm 的圆内。

（八）德国 9mmP8 手枪（图 1 - 56）

图 1 - 56　德国 P8 手枪

该枪是德国联邦国防军装备换装的新手枪，它被认为是当前最热门的新型手枪之一。该枪是德国 HK 公司研制的，工厂称之为 USP 手枪，可以使用 10.16mm 口径和 9mm 口径两种枪弹。从结构上看，该枪有以下一些独到之处：采用了改进的勃朗宁无链系统。套筒座是一种专用的玻璃纤维聚合物制成的，导轨槽里嵌入金属加固。弹匣也是由聚合物制成，但是用不锈钢嵌入物进行加固。它可容纳 13 发 10.16mmS&W 弹或 16 发 9mm 手枪弹，也可选用两种口径的 20 发作战弹匣。

瞄准具为固定式，有三个快速捕捉目标的光点，表尺可以进行风偏调整，准星可取下。

保险系统采用了标准组件，可以使用各种类型的扳机，包括双动扳机、单动扳机和纯双动扳机共三种。此外，该枪可以防尘、防腐蚀和磨损，其工艺包括对套筒进行硬化回火处理和适当的氢碳处理，而且它所有的部件涂有一层独特的二硫化钼润滑剂表层，不仅具有极佳的防腐蚀性能，而且还有磨擦阻力的优良特性。

枪全长 194mm，枪全重 0.78kg（10.16mm 口径）、0.753kg（9mm 口径），枪管长 105mm，初速 285m/s。

（九）捷克 CZ83 型手枪（图 1 - 57）

捷克人对枪的钟爱，造就了一对枪械设计天才，他们便是"KOUCky"兄弟。20 世纪 70 年代"KOUCky"兄弟推出了一支集其他世界名枪优点于一身的 CZ75 型 9mm 双动手枪。CZ75 手枪精巧的布局，合理的人机工效及能够实施转换套件的设计思想，令其一发而不可收，此后又出现了 CZ85、CZ97B、CZ85B、CZ83、CZ100 等各种型号，而其中的 CZ83 是最具有代表性的产品。CZ83 手枪采用的是转换套件，它可使 CZ83 既可使用 7.65mm 勃朗宁枪弹，又可使用 9mm 勃朗宁短弹，还可使用苏联马卡洛夫枪弹。CZ83 手枪的全长 172mm，枪管长 97mm，发射 7.65mm 枪弹时空枪重 0.75kg，发射 9mm 枪弹时空枪重 0.8kg。采用 10 双排弹匣供弹机构，有效射程 50m。

特点：一是人机工效好。该枪的握把设计以人体工程学为基础，发射机构采用的是双动原理，使用简便快捷。二是弹药通用性好。转换套件的设计思想，使该枪能够发射多种型号的枪弹，简化了后勤保障及武器对枪弹口径的依赖性。

图 1 - 57　捷克 CZ83 型手枪

（十）德国 HKP7 型手枪（图 1 - 58）

如今，德国的华尔特公司已成为"世界顶级半自动手枪"的代名词，在其众多产品中，20 世纪 70 年代生产的 HKP7 型手枪非常具有代表性。该枪使用 9 毫米巴拉贝鲁姆弹，全长 171mm，全重 0.78kg，枪管长 105mm，初速 351m/s，配用 8 发弹匣供弹、有效射程 50m。

P7M8 9mm

P7M13 9mm

P7M13 9mm
Nickel Finish

图 1 - 58　德国 HKP7 型手枪

特点：一是后坐力小。该枪采出气体延迟式开闭锁机构，击发后，部分火药燃气从枪管弹膛前方的小孔进入枪管下方的气室内，当套筒开始后坐时，作用在与套筒前端相连的活塞上的火药燃气给套筒一个向前的力，这样就延迟了套筒的后坐，从而减轻了后坐震动，使工作更加平稳。二是安全性好。该枪在弹膛有弹的情况下也可以安全携带，在需要快速出枪时又可以立即解除保险进行射击。三是精度好。试验表明：

与华尔特公司生产的其他型号手枪相比，HKP7 型手枪快速射击时的精度和射程都是最优的。

（十一）德国 P229 型手枪（图 1-59）

1991 年，德国 SIG 公司（此前为 SIG 瑞士工业公司，现被德国收购）将 P220 型手枪的碳钢冲压套筒改用不锈钢切削加工，并将原 P228 型手枪的口径改为 11.43mm，制成了 P229 型手枪，这种看似简单的改进，却使 P229 型手枪在原枪基础上性能大增，并成为一代名枪。该枪发射 11.43mm 史密斯·韦森手枪弹，枪全长 180mm，全重 0.905kg，枪管长 98mm，初速 309m/s，弹匣容量 12 发，有效射程 50m。

图 1-59　德国 P229 型手枪

特点：一是结构紧凑。该枪的解脱杆安装在套筒座上，精巧的布局，使之操作简单，再配备有精良的瞄具，使人机工效更加合理。二是精度好。试验表明：在 14m 距离上发射 10 发弹的散布仅为 2.8 ~ 3.5cm。在与美国史密斯·韦森公司制造的世界名枪 M4006 对比射击中，命中率要优于 M4006。

（十二）美国柯尔特 M2000 型手枪（图 1-60）

提起美国柯尔特公司，几乎无人不知，早在 1911 年美国柯尔特公司就生产出了 M1911 型手枪，不久便在美军列装，并经受一战考验。一战结束后，在 M1911 的基础上，经精心改进，又研制成功了 M1911A1 型手枪，此枪一直在美军中列装长达 70 年，直到 1985 年美军重新选枪时，意大利伯莱塔公司研制的伯莱塔 92F 型手枪才夺走生产权。蒙羞的柯尔特公司并未因此而消沉，于 1991 年 4 月，柯尔特公司购买了由著名枪械设计师里德·奈特和尤金·斯通纳领衔研制设计的新式手枪，并命名为柯尔特 M2000 型手枪。该枪发射 9mm 巴拉贝鲁姆弹，枪全长 190.5mm，枪全重约 0.82kg，枪管长 114.3mm，弹匣容量 15 发，有效射程 50m。

特点：一是射击精度好。该枪采用枪管回转式开锁原理，当枪弹击发后，枪管和套筒锁在一起，作为一个整体向后运动，这样不但减少了后坐力，而且会一发一发地高一致性射击，可达到高射击精度的要求。二是操作简单，弹匣卡笋可双向推动，适合于左右手操作。此外，在扳机护圈前方和提把处刻有花纹，射手在射击时便于握持和瞄准。三是通用性强。该枪的枪管可与标准的 11.43mm 枪管实现互换，而无需更换其他部件，且不需要任何特殊工具。

图 1 – 60　美国柯尔特 M2000 型手枪

（十三）美国鲁格 P85 式手枪（图 1 – 61）

20 世纪 80 年代末，被吵得沸沸扬扬的美军新手枪选型会第二轮竞争中，除伯莱塔公司、史密斯·韦森公司产品外，鲁格公司的 P85 手枪也在竞争之列，虽然此枪最终败北，但对喜爱鲁格公司产品的人来说一直耿耿于怀。鲁格 P85 手抢发射 9mm 巴拉贝鲁姆弹，枪全长 198mm，空枪重 0.934kg，枪管长 114.3mm，使用 15 发弹匣供弹，有效射程 50m。

图 1 – 61　美国鲁格 P85 式手枪

特点：一是结构简单。全枪只有 56 个零件；而且没有复杂的零件，分解结合十分方便。二是瞄准具设计独特。准星为刀形，外形低，靠两个横销固定在套筒上，方形缺口照门与套筒滑动过盈配合，如遇风偏影响，照门可作横向移动进行修正，射手可快速发现目标。并获得正确的瞄准图像。三是耐用性好。该枪的套筒与不锈钢枪管牢固地结合在一起，然后两者一起后坐，后坐一段距离后，枪管从其锁定位置开始向下浮动，而套筒继续后坐并完成抽壳和抛壳过程。经测试：使用该枪发射20 000 发子弹，枪械受力件没有出现破损，同时结构内部的运动件也没有出现明显的磨损痕迹。

二、当代著名冲锋枪（图1-62）

（一）德国9mmMP5冲锋枪

图1-62 德国MP5冲锋枪

该枪是当代使用最广泛的冲锋枪之一，自诞生以来其优良的性能已经博得20多个国家特种部队的青睐，是公认的世界名枪。

MP5冲锋枪是德国HK公司研制的，这个公司由毛瑟兵工厂的三名雇员创建于1949年。MP5冲锋枪的突出特点是动作可靠，射击精度好。

MP5冲锋枪的常规型配木质枪托，也有大量带金属伸缩托的型号，此外还有带前握把的型号。大部分MP5冲锋枪发射9毫米帕拉贝鲁姆弹，可以实施单、连发和3发点射射击。

为满足特种部队和警察需要，近来公司还研制生产了6种微声系列变型枪（MP5SD1、MP5SD2、MP5SD3、MP5SD4、MP5SD5、MP5SD6）以及超短系列变型枪（MP5K、MP5KA1、MP5KA4、MP5KA5和10mm口径MP5/10型冲锋枪等）。

MP5冲锋枪枪托展开全长680/660mm（MP5A2/MP5A3），枪托缩入490mm（MP5A2/MP5A3），枪管长225mm，不带弹匣枪全重2.45/2.55kg（MP5A2/MP5A3），弹匣容量10发、15发或30发，初速400m/s（MP5A3），理论射速650发/分（MP5A3），有效射程200 m（MP5A2、MP5A3）。

（二）以色列9mm乌齐冲锋枪（图1-63）

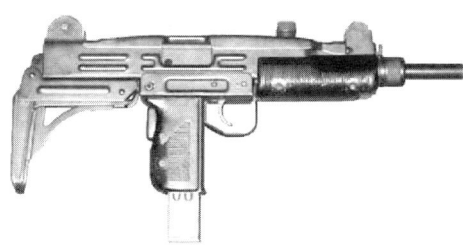

图1-63 以色列乌齐冲锋枪

该枪自诞生以来，经过中东战争的多次考验，其优良性能已经远近闻名，是举世公认最可靠的冲锋枪。

乌齐冲锋枪是1948年，一名叫乌齐·加尔的以色列陆军中尉潜心研制的。它主要有以下三个突出特点：

1. 结构紧凑，布局合理。

2. 动作可靠，携带安全。

3. 结构简单，成本较低。

以色列军事工业公司为满足治安部队要求已研制出两种缩小型冲锋枪——小型乌齐和微型乌齐。这两种小型冲锋枪保留了普通乌齐结构简单、坚固耐用等特点，外形更加紧凑，有人称其为冲锋手枪。它们都配有向侧面折叠的金属枪托，由于枪管缩短，初速有所降低。小型乌齐冲锋枪管口部右上方开有两个侧喷气口，起到防跳器作用，用来抑制连发时枪口的向右摆动。

乌齐冲锋枪普通型使用 919mm 派拉贝姆枪弹，初速 400m/s，自动方式为自由枪机式、发射方式为单、连发，供弹方式为 25 发或 32 发直弹匣，枪全重 3.7kg，枪全长 650 mm（枪托折叠 470mm），枪管长 260mm，射速 600 发/分。

（三）美国英格拉姆 M10 式冲锋枪（图 1-64）

图 1-64　美国英格拉姆 M10 冲锋枪

1964 年 8 月，美国枪械设计师戈登・B. 英格拉姆研制出时 M10 式 9mm 原型样枪，1965 年，英格拉姆接管埃尔基亚加兵器公司后，又在 M10 原型样枪基础上研制开发了两种样枪：一种为标准型 M10，另一种为 M11。标准型 M10 有 9mm 和 11.43mm 手枪弹，M11 发射使用柯尔特 9.652mm 短弹。两种枪结构原理完全一样，只是使用枪弹、外廓尺寸和质量上有所不同。其结构紧凑、质量轻、制造工艺简单，射击容易控制，性能比较好，是飞行员、坦克和装甲车乘员、重型武器射手等人员的理想武器，也是保安人员和反恐怖人员得心应手的武器，深受世界许多国家的普遍欢迎。除美军装备外，大部分武器被其他国家所购买，如阿根廷、玻利维亚、哥伦比亚等。

M10 冲锋枪口径 9mm（11.43mm），全枪空重 2.48kg（2.84kg），全枪长不带枪托 267mm，枪托缩入 269mm，枪托拉出 548mm，表尺射程 100m，初速 280m/s（366m/s）瞄准具为刀形准星，觇孔照门。

（四）意大利 9mm "幽灵" 冲锋枪（图 1-65、66）

该枪在 1983 年的美国战备会年会上首次露面。"幽灵" 冲锋枪在某些结构上可以说是一次设计上的革新，具有多方面的优点。

1. 为克服闭膛射击带来的枪管过热问题，采用 "正弦曲线" 膛线。

图 1 - 65　意大利"幽灵"冲锋枪 1

图 1 - 66　意大利"幽灵"冲锋枪 2

2. 装配获得专利的四排 50 发或 30 发弹匣。

3. 采用钢制折叠枪托,体小轻便,适于在车内或狭小的空间内使用。

4. 武器设计对称,可左右手使用,也可单手持枪射击。

从上述特点不难看出,"幽灵"冲锋枪具有本能反应射击的优良性能,因此是近距离、非常规作战中的理想武器。"幽灵"冲锋枪发射 919mm 帕拉贝鲁姆弹,自动方式为自由枪机式,枪重 2.90kg(空枪),枪全长 580mm(枪托折叠 350mm),枪管长 130mm。

(五)捷克 7.62mmM61 式"蝎子"微型冲锋枪(图 1 - 67)

图 1 - 67　捷克 M61 式微型冲锋枪

从 20 世纪 50 年代末开始,捷克对第二次世界大战后的第一代轻武器进行了更换,M61 微型冲锋枪(又称"蝎子")便是新换装的武器之一。该枪取代 M52

7.62mm 手枪，主要装备特种部队和保安部队。由于 M61 发射西方国家普遍采用的美国 8.128mmACP 手枪弹，故能在国外大量出售，一些非洲国家的军队或警察也装备该枪。

M61 既可单手射击，用作手枪，也可打开枪托抵肩射击，作冲锋枪使用，还可配装消音器，供执行特殊任务时使用。该枪重量较轻、重心位置合适，加之 8.128mm 枪弹的枪口动能比 5.588mmLR 枪弹的小，因此无论是单手射击还是抵肩射击，精度都比较好。另外，该枪制造精良、结构简单坚实、动作可靠、零部件互换性好，这些都是比较突出的优点。缺点是向上抛壳，俯射时不安全；配装消音器后枪的后坐猛烈，而且使弹丸的威力急剧下降。

该枪供弹具为 10 发或 20 发弹匣，枪全重（空）1.59kg，枪全长 522mm（枪托折叠 269mm），枪管长 112mm，消音器长 222mm，初速 316m/s，托折时有效射程 50m，托伸时 200m。

（六）比利时 5.7mmP90 冲锋枪（图 1-68）

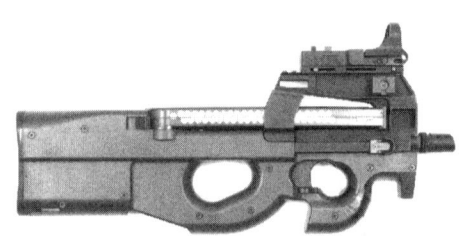

图 1-68 比利时 P90 冲锋枪

该枪给人的第一印象就是充满未来主义色彩，外观上看它圆乎乎的，没有"标准的"握把，弹匣的形状和位置不同一般，然而，当你把它拿在手里摆弄一番的时候，就觉得它整个结构是完全合适的。据此，姑且称它为"带拇指孔枪托的微型冲锋枪"。射击的那只手的拇指伸进后面的孔、而其他手指则正好抓握住平滑的小握把。

弹匣的上部安装了不放大的光学瞄具，使用者可双眼睁着瞄准，这样在危急情况下也能获得较好的视界。瞄具内部安装有氚元件，供射手夜间瞄准用。

考虑到特种部队的需要，P90 上也装有激光瞄具，完全与枪成一体。它的开关固定在握把的后面，射手要打开激光瞄具只需用中指稍稍撅一下开关就行。

另外还可以得到可见红外激光夜视仪、带亚音速弹的消音器，以及供安装 SURE-FIRE 瞄准具或夜视仪的螺纹连接的韦弗式导轨。

该枪全长 500mm，宽 55mm，高 210mm，枪管长 263mm，枪全重（含 50 发枪弹）3kg，弹匣容量 50 发，理论射速 900 发/分，有效射程 200m，使用枪弹为 5.7mm 新枪弹，初速 715m/s。

（七）中国 7.62mm 七九式轻型冲锋枪（图 1-69）

该枪是 20 世纪 70 年代末 80 年代初定型投入批量生产的新型单兵自动武器。

20 世纪 60 年代的越南战争提供了在山岳丛林条件下作战的大量经验，七九式轻型冲锋枪的设计就是在研究山岳丛林战的基础上进行的，它集各种先进技术于一身，具有如下特点：

1. 重量轻、体积小。全枪重量仅为 1.9kg，枪托为折叠式，枪托折叠时枪全长 470mm，枪托展开时为 740mm。

2. 采用枪机回转式闭锁机构。这是目前世界上较先进的闭锁机构，被广泛用于导气式武器上，但在使用手枪弹的轻型冲锋枪中采用此种方式尚属首例，是设计上的一项突破。

3. 瞄准机构采用回转表尺和圆柱准星。

4. 供弹机构采用 20 发直弹匣。

5. 击发机构采用回转击锤式，击发时武器的撞击小，动作平稳。

6. 没有安全保险和不到位保险。

7. 勤务性好，分解结合擦拭方便，仅一分钟即可完成。

8. 工艺先进，大量采用冲压件、精铸件、塑料件、玻璃钢件。

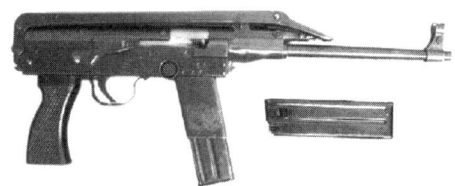

图 1-69　中国七九式轻型冲锋枪

由于七九式轻型冲锋枪在结构上具有以上特点，所以其精度好、故障率低。七九式冲锋枪配用 51-1 式枪弹，在 300m 距离上能穿透 2.5mm 厚的钢板，有足够的杀伤威力。

该枪自动方式为导气式（活塞短行程），发射方式为单、连发，枪全重（带一个空弹匣）1.9kg，枪全长 740mm（枪托折叠 470mm），枪管长 250mm，弹匣容量 20 发，战斗射速：单发 40 发/分、连发 100 发/分，有效射程 200m。

（八）美国 9mm 卡利科 M960-A 冲锋枪（图 1-70）

图 1-70　美国卡利科 M960-A 冲锋枪

该枪是美国卡利科公司研制的，目前已出口到 17 个国家。卡利科 M960-A 冲锋枪的特点是结构非常巧妙，有许多不寻常之处。主要特点是：

1. 采用圆柱形螺旋式弹匣。

2. 弹匣容弹量大，配有 50 发和 100 发两种弹匣。

3. 结构紧凑，重量轻，人机工程佳。

4. 零部件寿命长。

机匣和枪机组件在射击7万发枪弹后仍能正常工作。击锤、击针簧和缓冲器腕力件经改进后，使用寿命至少为5万发。连续射击10个100发弹匣膛内枪弹不自燃。小握把内装有采用非石油基液体减速器。新枪出厂前，按用户要求可将射速预先调在2000发/分之内，一般采用600～700发/分。装有容量为150发弹壳的弹壳收集器用途很大，如在路障左、右侧射击及在毒气室内射击时可防火，否则灼热的弹壳可能引燃挥发化学物品，破坏取证，在直升机内可保证射击安全，避免转动叶片使弹壳反跳，伤害射手，减少发射痕迹。

目前卡利科冲锋枪已经形成系列，有8种可选择火力，发射919mm派拉贝姆枪弹的卡利科型号，其中包括冲锋手枪、冲锋枪和卡宾枪3种9mm半自动枪，3种发射5.56mm步枪长弹的枪械。

三、当代著名突击步枪

（一）俄罗斯5.45mmAK74突击步枪（图1-71）

图1-71 俄罗斯AK74突击步枪

该枪是以7.62mmAKM突击步枪为基础设计的，采用相同的导气式自动原理、枪机回转闭锁机构、弹匣供弹方式和击发发射机构等。主要区别在于：AK74枪机重量有所减轻，拉弹钩和弹匣材料有所改进。最重要的是增加了一个高度有效的枪口装置。除基本型以外，还有折叠托型AKS74、短管型AKS74U和改进型AK74M。其主要特点概括如下：

1. 枪机框较大，而枪机较小，两者重量之比为6:1。

2. 枪管口径减小，缠距缩短，内壁镀铬。

3. 弹匣由金属制品改为玻璃钢，强度高，坚实耐用，外表平滑，曲度减小，侧面无突筋和凹槽，模压成型，易于大量生产，但重量不轻。

4. 枪托用钢板冲压点焊而成，结构简单，制造方便，工艺性好。

5. 枪口装置结构复杂，呈圆筒形，前端两侧各铣有一直切缺口，后端右上方开有三个小孔。具有制退、消焰和减震的综合作用，利于提高射击精度。

AK74M是20世纪80年代末期研制成功的，已于1991年大量装备部队，它将逐步替换AK74。AK74M继承了原型枪可靠性好，精度高，重量轻等优点。

武器重量、尺寸、结构、射速、精度、有效射程、侵彻力、创伤效应等，是考察其战术技术性能的重要参数。5.45mm枪族与5.56mm枪族同享盛誉，二者战术技术性能大体相当，而从弹药性能方面考察，5.45mm小口径枪弹比北约标准弹SS109略胜一筹。美国轻武器专家M16自动步枪的设计者尤金·M.斯通纳，有一年访华时曾以赞赏的口吻说，目前可以列人世界名枪之林的首推苏联的5.45mmAK74突击步枪。其主要诸元：初速 900m/s，空枪重 3.4kg，枪长（固定托）930mm，（折叠 930 ~ 960mm），枪管长 400mm，膛线缠距 196mm，弹匣容量 30 发，自动方式为导气式，理念射速 650 发/分，有效射程约 400m。

（二）美国 5.56mmM16A2 突击步枪（图 1 – 72）

图 1 – 72　美国 M16A2 突击步枪

众所周知，早在 20 世纪 60 年代，美国就率先研制了 5.56mmM16 小口径步枪，经过改进后称为 M16A1，发射美国 5.56mm 如 93 枪弹。为了统一到北约口径，并进一步提高步枪的作战性能，满足现代战争的需要，柯尔特公司根据美国三军轻武器规划委员会所提出的步枪作战使用性能要求，1984 年后对 M16A1 作了改进而称为 M16A2。

M16A2 的基本结构与 M16A1 差不多，但轻便、可靠、通用，并加大了有效射程和侵彻力。其主要特点是：

1. 护木乃圆形，改进了散热器，上有肋条，便于握持。枪管力口重，钢度增大，能较好握持并有利于持续射击。

2. 增加了膛口装置，既消焰又减震，卧姿射击时可消除枪口区飞扬尘土。

3. 枪托和小握把采用了新的超高强度尼龙材料。

4. 提把兼作光学瞄准镜、夜间瞄准镜和激光瞄准镜座。

5. 枪管缠距由 M16A1 的 305mm 改为 178mm，可以发射全系列 5.56mm 枪弹。

6. 不需任何附件，可以发射所有制式的北约枪榴弹。同 M16A1 一样，枪管下可挂装 M203 榴弹发射器，能发射任一种制式 40mm 榴弹。

7. 枪上有空包弹发射装置，可以在半自动、3 发点射和全自动情况下发射北约任一种 5.56mm 口径的空包弹。

8. 备有轻便且可迅速装拆的两脚架，用以提高卧姿射击时的稳定性。

9. M16A2 瞄准用的觇孔有两个，大孔用于 200m 以内的近程射击，小孔用于远程射击。

该枪标准型初速 948m/s，理论射速 700 ~ 900 发/分，发射方式为单、连发和单发、3 发点射，供弹方式为 20 或 30 发弹匣，枪全长 1000mm（带消焰器），枪管长 510mm（不带消焰器），枪全重（空）3.4kg，有效射程 600m，配用弹种 5.56mmM855，即 SS109 北约弹。

（三）奥地利 5.56mmAUG 突击步枪（图 1 – 73）

AUG 意为"军用通用枪"。它是世界上较早出现的无托枪之一，也是世界著名的枪族之一。现在 AUG 枪族包括步枪、卡宾枪、伞兵型冲锋枪和轻机枪。国外一些专家认为这是一种外观新颖、性能优良的突击步枪。

图 1 - 73   奥地利 AUG 突击步枪

AUG 也是一种结构紧凑、携行方便的无托步枪。该枪被沙特、阿曼军队用于1991年的海湾战争，经受了实战的考验。

AUG 步枪的结构有三个主要特点：

1. 全枪为"无托"结构，从而在保证枪管长度不减的情况下使全枪长比同口径步枪短约20%，外观上显得短而粗壮。

2. 采用积木式结构，全枪由六大部件组成，枪管可以在几秒钟内取下。

3. 采用了大量塑料件，约占全枪零件的20%，不仅枪托、握把和弹匣采用工程塑料，就连频繁受力的击锤、扳机、阻铁也是用塑料制成。

该枪使用 5.56mm×45mmSS109，初速 970m/s，理论射速 650 发/分，自动方式为导气式，闭锁方式为枪机回转，发射方式为单、连发，供弹具为 30 发或 42 发塑料弹匣，枪全长 790mm，枪管长 508mm，枪全重（空）3.6kg，瞄准装置为 1.5 倍光学瞄准镜。

（四）法国 5.56mmFAMAS48 突击步枪（图 1 - 74）

图 1 - 74   法国 FAMAS48 突击步枪

FAMAS 是继美国 M16 自动步枪之后出现的第一种无托型小口径步枪。该枪 1967 年开始研制，主设计师是轻武器专家保罗·泰勒。

FAMAS 是一种结构紧凑、加工精细、携行方便的自动步枪。此枪曾参加乍得和海湾战争，经受考验。

该枪初速 960m/s，理论射速 900~1000 发/分，自动方式为枪机延迟后坐，延迟方式为延迟杠杆，发射方式为单、连发、3 发点射，供弹方式为 25 发弹匣，枪全长（不带枪刺）757mm，是目前世界上现装备步枪中长度最短的，枪管长 488mm，枪全重（空）3.61kg，有效射程 300m。

（五）英国 5.56mmL85A1 突击步枪（图 1-75）

图 1-75 英国 L85A1 突击步枪

L85A1 突击步枪也叫单兵武器，又叫 SA80。英国已列入正式自动装备，替换 7.62mmL1A1 式自动步枪和斯太令冲锋枪。L85A1 既具有老式步枪精确瞄准射击的特点，又汲取冲锋枪火力炽烈、灵活机动的优点，是一种性能优异的现代步枪。其结构特点是：

1. 枪口部装有消焰器，其外径 22mm，能发射西欧各国的枪榴弹，也能当刺刀座。机匣上方的滑座，既可装带照门的提把，又可装光学瞄准镜。

2. 弹匣容量 30 发，能与美国的 M16A2 弹匣通用。

3. L85A1 步枪为无依托结构。枪管长 518mm，与美国 M16A2 的枪管相当，且全枪长只有 785mm，比 M16A2 短 215mm。

4. L85A1 步枪的多功能刺刀用不锈钢铸成，中空刀柄可以插在消焰器上，拿下来就是格斗用的匕首。刀刃后部有排齿，用以切割绳索，刺刀与刀鞘配合，还可以做电线剪子用。多用刀鞘内装有镶嵌碳化钨的锯条，锯刃坚硬，能锯包括钢铁在内的各种材料。鞘背上还有供磨削刺刀刃的磨刀石。

5. L85A1 上的多用背带可使士兵将枪横挂在胸前，竖挎身边或扛上肩头，并可以立即转入战斗状态而不必解开吊索，甚至可以像背帆布背包那样把全枪侧挂在后背上，以便攀高。

6. L85A1 的瞄准装置别具特色，它采用了气光瞄准镜，其瞄准分划用氚光照明，无须电池供电，放大率为 4 倍。

该枪初速 940m/s，理论射速 650~800 发/分，供弹方式为 30 发弹匣，发射方式为单发、连发，枪全重（空）3.8kg，配用弹种为普通弹、曳光弹、空包弹、教练弹。

（六）比利时 5.56mmFNC 突击步枪（图 1-76）

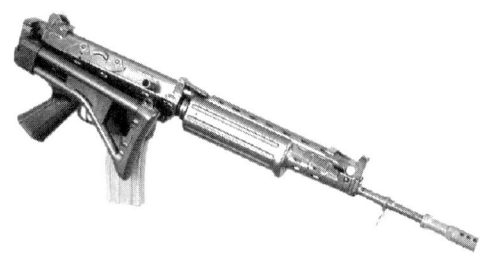

图 1-76 比利时 FNC 突击步枪

1963 年，几乎在美军装备 M16 小口径步枪的同时，比利时赫斯塔尔 FN 公司就开始研制 5.56mm 小口径步枪，于 1967 年研制出了 FNCAL 步枪。由于该枪缺点比较多，所以在 1975 年又推出了一种新的 5.56mm 自动步枪即 FNC，其外形与 FNCAL 步枪基本相同。1978 年 5 月，该枪开始批量生产，有两种型号：一种采用标准长度的枪管，折叠管状铝合金枪托；另一种采用缩短的枪管。两种型号都可选用塑料固定枪托。该枪还可采用两种膛线的枪管，一种是 305mm，发射美国 M193 弹，另一种是 178mm，发射 SS109 弹。这种枪除比利时本国军队装备外，还被印度尼西亚、汤加王国和扎伊尔的军队采用。

FNC 的发射机不仅能单、连发射击，还可以实施 3 发点射。其实质是增加了一个简单的三齿棘轮和棘爪，由它控制，射击时扣一次扳机不放，只射击 3 发子弹，但点射中任一瞬间松开扳机后即可回到待发状态，亦即可由手控制进行 1~3 发射击。

该枪采用导气式自动原理，枪机回转闭锁方式。

FNC 的枪管由高级优质钢制成，除含有硅、铬、锰、钒、镍、铅等合金元素，加之内腔精炼成型，故强度、硬度、韧性都较好，耐蚀抗磨。

FNC 采用钢制弹匣，也可用美国 M16A1 弹匣。该枪初速 965m/s（M193 弹），915m/s（SS109 弹），理论射速 625~750 发/分，供弹方式为 30 发弹匣，枪全长 766/997mm（托折/托伸），短型 680/911mm，枪管长 449/363mm（标准型/短型），枪全重（空）3.8kg，有效射程 300m。

（七）意大利 5.56mm70/90 突击步枪（图 1-77）

图 1-77 意大利 70/90 突击步枪

70/90 是个系列，它包括 AR70/90 步枪、SC70/90 卡宾枪、SCS70/90 短卡宾枪和 AS70/90 轻机枪。该枪 1990 年 7 月装备部队。

70/90 步枪系列全枪零部件较少，只有 105 个，易于分解、结合和维护、保养，野外分解时无需工具，具有坚固耐用和可靠的特点。

70/90 系列步枪的零部件有 80% 可以互换。

AR70/90 初速 950m/s，理论射速 650 发/分，自动方式为导气式，闭锁方式为枪机回转式，发射方式为单、连发、3 发点射，供弹方式为弹匣，弹匣容量为 30 发，枪全长 988mm，枪管长 450mm，枪全重（空）3.99kg，发射 5.56 北约弹。

（八）德国 473mmG11 无壳弹突击步枪（图 1-78）

图 1-78 德国 G11 无壳弹突击步枪

　　G11外形独特，结构紧凑，原理新颖。枪上既无凸起的零部件，也没有敞口的孔眼，具有许多常规步枪所没有的特点。

　　G11采用的是准星直式瞄具，环形分划清晰，视野开阔，射手可睁着眼睛两眼瞄准，捕捉目标快，一般不会出现误差。

　　G11采用4.73mmDM11式无壳弹，全弹长33mm。发射药柱8mm正方，系压制而成，内嵌全被甲弹头，此弹在300m射程上的散布圆直径约为0.3~0.45m，在600m距离上能穿透德国头盔一侧，30m距离上能顺利穿透5mm厚硬质防盾钢板，而且板背面不易产生碎裂现象。

　　该枪初速930m/s，理论射速（自动方式）600发/分，（3发点射）2000发/分，发射方式为单、连发、3发点射，供弹方式为杆式弹匣，弹匣容量为50发，枪全长752.5mm，宽71.2mm，高317.5mm，枪管长537.5mm（不含弹膛），膛线为多边形，右旋，29倍于口径，枪全重（空）3.65kg，有效射程300m。

四、当代著名狙击步枪

　　（一）俄罗斯7.62mmSVD狙击步枪（图1-79）

图1-79　俄罗斯SVD狙击步枪

　　1963年被命名为德拉戈诺夫SVD的击步枪装备了苏军。除苏军和原华约国家的军队装备SVD以外，其他一些国家的军队也采用，例如埃及、南斯拉夫、罗马尼亚等。到了20世纪90年代，出现了SVD狙击步枪的改进型SVD-S。

　　与SVD相比，SVD-S的主要改进之处是：枪管壁有所加厚，以增加长时间射击的可靠性和稳定性；机匣强度增加，以便更好地固定光学瞄具；枪托改为折叠式，其上装有塑料侧板和抵肩肩板；前护木由两块对称的枪管护板组成，其上有散热孔。

　　狙击步枪上配有普通瞄具和PSO-1型4倍瞄准镜，其上装有电池，供分划板照明之用。瞄准镜全长375mm，视场6度。

　　SVD狙击步枪使用7.62×54R有底缘枪弹。供弹方式为10发弹匣，固定托型枪全长1225mm，折叠枪托型托折时长890mm，打开时1225mm，枪管长547mm，枪重4.3kg，不带瞄准镜重3.7kg，最大有效射程1300m。

（二）美国 7.62mmM24 狙击步枪（图 1-80）

图 1-80　美国 M24 狙击步枪

1988 年 11 月，M24 狙击步枪开始在陆军步兵营、特种部队和别动队服役。

M24 是美国第一种专门研制的狙击步枪武器系统，它采用直动式枪机，闭锁稳定性好，结构简单，枪体与枪机配合紧密，因而精度较好。

M24 狙击步枪采用刘坡尔德"超级"M3 型 10 倍望远式瞄准镜，该瞄准镜有测距分划，一个点对应 0.75 密位。用六角头可调整风偏和高低，主要用于校正归零。另外还备有成套机械瞄具，以备瞄准镜损坏时使用。

M24 使用 7.62×51mmM118 特种弹头比赛弹，弹头重 10.9g。

该枪初速 792.5m/s，枪全长 1092～1161mm，枪管长 610mm，枪全重（空）5.27 kg。

（三）法国 7.5mm 和 7.62mmFR-F1（FR-F2）式狙击步枪（图 1-81）

图 1-81　法国 FR-F1 狙击步枪

FR-F1 是一种枪机直动式狙击步枪，其闭锁装置承袭了 MAS36 步枪的结构。

FR-F2 是 FR-F1 的改进型，其主要改进之处是：前托改成了金属，外包一层塑料材料；两脚架更加粗壮结实，并由前托的前端移到了机匣的前面，这样射手易于调整。同时，这种两脚架由环绕枪管后端的支撑支柱，有利于提高射击时的稳定性；枪管外面增加了薄薄的塑料隔热层，既可以减少热气对瞄具的干扰，又可能降低武器的红外特征。

FR-F1 式狙击步枪发射，7.5mm 枪弹或 7.62mm 北约弹。ER-F2 只使用 7.62 mm×51mm 北约弹，其他诸元与 FR-F1 相同。

FR-F1 狙击步枪上配用 53 型瞄准镜，放大倍率为 4 倍，携行状态时连同调节工具一起单放一处。另外，还备有像增强夜视瞄准具，如果光学瞄具不能用，则可使用枪上的普通机械瞄准具。

该枪供弹方式为 10 发弹匣，枪全长 1138mm，枪管长 552mm，枪全重（空）5.2kg，瞄准装置为 4 倍瞄准镜，前瞄具是带光点的顶锥形准星，后瞄具是带发光点的缺口，有效射程 800m。

（四）英国 7.62mmPM 和"隐形 PM"式狙击步枪（图 1-82）

图 1-82 英国 PM 式狙击步枪

PM 式狙击步枪系统是英国精密仪器制造公司为执行狙击任务而研制的步枪，其设计思想是：不管枪管清洁与否，都要做到首发命中。

英国陆军对军用型的要求是：600m 射程首发命中率达 100%，1000m 射程内可实施准确的扰乱射。目前，军用型 PM 已达到上述指标，精度值高于 0.75 弧分。

"隐形 PM"是 PM 步枪系统的最新型号，这种枪平时装在手提箱里携行。手提箱的提手是伸缩式的，箱内衬有特制的模压塑料衬垫。还有一种带消声器的 PM 步枪，发射特种亚音速弹。这种枪在 300m 射程上无过高的弹道或风偏的情况下，命中率较高，至少在 100m 距离上能超过正常水平。正在研制 8.6mm 口径的弹，用于 1000m 以外的射程。

PM 狙击步枪的枪托由高强度塑料做成，内嵌铝制机匣，与其他零部件配合牢固。警型 PM 上装有弹力支架，隐藏在枪托内，可以放低和调整。

军用型 PM 狙击步枪上装有可调式机械瞄具，用于 700m 射程上的射击。此外还配有专门设计的施密特本德 6×42 光学瞄准镜，名为 L1A1。警用型 PM 除可配 6×42 瞄准镜外，还可配 10 倍瞄准镜或 2.5~10 倍的变倍瞄准镜。隐形配用 PM6×42、10×42 或 12×42 施密特本德军用瞄准镜。

军、警型 PM 狙击步枪采用 7.62mm×51mm 北约弹，隐形 PM 狙击步枪使用 7.62mm×51mm 亚音速弹。

枪全长 1124mm，枪管长 655mm，枪全重（空）6.5kg，初速 314~330m/s，弹匣容量 10 发。

（五）德国 7.62mmSP66 毛瑟狙击步枪（图 1-83）

图 1-83 德国 SP66 狙击步枪

SP66 毛瑟式狙击步枪是专门为军队狙击手和治安部门设计的单发装填步枪，其外形与运动步枪相似。该枪不仅被德国军队和治安警察装备，而且被至少 12 个国家所采用。实践证明，该枪完全达到使用要求，可以对付各种低强度突发事件。

SP66 上备有光学瞄准具座，配备有蔡斯公司的 ZA1.5 - 6 ×42mm 变焦距望远镜，还配有另一种底座，用于安装夜间瞄准具。

枪全长 1110mm，枪管长 650mm，不带枪口消焰器枪全重（空）5.5kg，初速 850m/s 射方式为手动单发，弹仓容量 3 发，有效射程 800m，配用弹种为 7.62mm × 51mm 狙击步枪弹。

（六）奥地利 7.62mmSSG69 狙击步枪（图 1 - 84）

SSG69 狙击步枪是 1945 年奥地利自己研制的第一种武器。该枪在 400m 距离上对头靶，在 600m 距离上对胸靶，在 800m 距离上对跑步靶有至少 80% 的命中率，奥地利联邦军用 SSG69 式狙击步枪射击，创造了军用步枪射击的世界纪录。

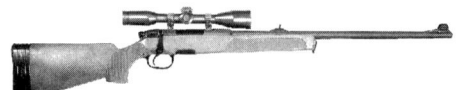

图 1 - 84　奥地利 SSG69 狙击步枪

该枪采用的瞄准镜放大倍率为 6 倍，刻度分划到 800，内部可以调整。还可配装红外夜视瞄准具或像增强瞄准具。另外，枪管上还铜焊有普通机械瞄具，供紧急情况下使用。

该枪使用 7.62mm 北约弹或 243 温彻斯特弹，初速 860m/s，供弹具为 5 发或 10 发弹匣，枪全长 1140mm，枪管长 650mm，枪全重（不带弹匣）3.9kg 有效射程 800m。

（七）美国 12.7mm 巴雷特 M82A1 狙击步枪（图 1 - 85）

图 1 - 85　美国巴雷特 M82A1 狙击步枪

该枪主要是为狙击和远射程袭击敌人而设计的，现在已被美国陆军爆炸器材处理分队、空军、海军陆战队和特种部队采用。该枪也可作为轻型远洋舰艇的防卫武器，还可供警察使用。

继 M82A1 以后，巴雷特公司又推出了 M82A2 和 M90 大口径狙击步枪 M82A1 的枪管上配有高效的枪口制退器，可减少 65% 的后坐力。枪上装有可调节式两脚架，也可配化 M82 制式三脚架或 M60 机枪的各种枪架。

M82A2 步枪的结构与 M82A1 一样，但比 M82A1 轻而小，小握把和扳机组件作了改动。另外，M82A2 改为无托结构，肩撑前移至弹匣的后方，因而便携性更好。M90 比 M82A1 半自动型较短些、轻些，同 M82A2 一样，也是无托型结构。

M82A1 狙击步枪初速 853m/s（M33 普通弹），发射方式为半自动，供弹方式为 10 发弹匣，全枪长 1448mm，枪管长 737mm，枪全重（空）12.9kg，使用 12.7mm×99mm 勃朗宁弹。

（八）奥地利 15mmAMR5057 反器材步枪（图 1 – 86）

该枪是施泰尔·曼利夏公司于 20 世纪 80 年代末推出的一种高精度大口径步枪，其主要战术使命是袭击诸如轻型装甲车辆、直升机、停机坪上的飞机、油罐、雷达、监测系统、班用武器和机场设施等。

图 1 – 86　奥地利 AMR5057 反器材步枪

15mm 专用弹全重 150g，弹头重 36g。弹壳上部分由合成材料制成，弹壳口部为瓶颈式。弹头内装有直径为 5.5mm 的尾翼稳定钨合金箭形弹心。已经证明，现在的钨心箭形弹能在 800m 距离上穿透 40mm 厚的轧制均质装甲钢板，并且穿透后的继发破片数量可观。在 1000m 的距离上最大弹道高不超过 80cm。

该枪初速 1500m/s，自动方式为枪管后坐式，射击方式为半自动，闭锁方式为枪机回转，供弹具为 5 发弹匣，枪全长 1800mm，枪管长 1200mm，枪全重（空）18kg，瞄准镜放大倍率为 10 倍。

（九）奥地利：斯太尔—曼立夏 IWS2000（图 1 – 87）

图 1 – 87　奥地利斯太尔—曼立夏 IWS2000 步枪

奥地利军火公司斯太尔—曼立夏用 IWS2000（IWS 是 Individual Weapons System 的缩写）跻身大口径步枪界，IWS2000 也被称为反物资步枪（AMR）。该武器射击时从滑膛（即无膛线的）枪管里射出 15.2mm 的特种尾翼稳定脱壳穿甲弹。这种子弹比一般使用的 0.50 勃朗宁机枪弹（12.7mm）稍微大些，但是现在已经被装 20mm 子弹的肩扛式武器超过了。超过它的武器有以下几种：

IWS2000 及其子弹，可以毁灭战场上除了主战坦克之外的一切，已经发展成为极具破坏性的武器系统。308 grain 尾翼稳定脱壳穿甲弹钨急射会在 1000 米以外穿透滚轧均制装甲近40mm，据称能够透过任何现代步兵战车的侧装甲。

型号：斯太尔 IWS2000 AMR

口径：15.2mm

枪口初速：1450m/s

重量：18kg

枪管：1200

弹夹：5 发

五、当代著名霰膛枪

（一）美国：伊萨卡 37 型霰膛枪（图 1 - 88）

图 1 - 88　美国伊萨卡 37 型霰膛枪

1937 年，纽约州的伊萨卡枪械公司首次推出一种优质的滑膛枪。这种枪以"轻如羽毛"而闻名，即使它仍然用坚硬的金属做套筒座，但它还是比同时代其他型号轻0.45kg。"轻如羽毛"也被称作伊萨卡 37 型，伊萨卡现在已经被广泛用于警察部队。

"轻如羽毛"看起来比其他泵动枪更轻巧，有光滑的木制枪托和前把手，在枪管下面有一个管状弹匣。仔细观察，就会发现它有一个比起类似武器来更短的机匣，而且没有明显的退弹口，取而代之的是，它的进弹口被设计为既可进弹也可抛出废弹壳的装置，这个进弹口位于机匣的下面，这样的结构在减小枪的长度和重量的同时，也可以使枪支在雨雪、风沙中受到更好的保护；它也使得持枪者在发射子弹时受到更好的保护，而且使得枪支对于左手或右手持枪的人来说都是安全的。

伊萨卡有许多种不同的标准单位，但实际上所有的军队和警察都用 12 孔枪。这些不同的型号都有不同的弹匣、枪管和枪托，每种的性能都有略微的差别。一般的弹匣有5 发子弹，但是大部分战斗用的是特殊扩大的装 8 发子弹的弹匣。为了能使用坚硬的子弹和特殊的弹药，许多枪的枪管都是圆柱形的（一般被称作"温柔杀手"）而不是一般的椭圆形。"伊萨卡监视"是经特殊设计的改进型，适用于警察部队和特种部队，它是一种相对较短的武器，可以藏在外套下面或汽车里。"监视"没有枪托，只在机匣后部有一个很重的手枪握把和一个与辅助皮带相连的前把手。336mm 的枪管仍然比标准枪型（280mm）的要短，而且弹夹只装有 4 发子弹。"监视"要求持枪者必须熟练操作，才能在没有肩用枪托的情况下能抵抗枪的后坐力。事实证明，它是一种非常有效、杀伤力很强、可隐藏并能用于短距离搏斗的武器。

伊萨卡 37 型：

口径：12 个标准单位

重量：3.06kg

长度：508mm

有效射程：40m

射速：单发

进弹装置：5 发装管状弹匣

子弹初速：400m/s

（二）美国：雷明顿 M870（图 1 - 89）

图 1 - 89　美国雷明顿 M870 霰膛枪

1966 年，当美国海军陆战队选择一种代替它们的 M12 近战枪的武器时，它们选择了一种泵动滑膛枪，这种枪就是雷明顿 870，它在 1950 年问世，从那以后不同型号不同外形的改进型都相继出现了。众所周知，美国海军陆战队用的武器就是 M870 马克 1 型，它有一个 12 个标准单位的枪管，大约 533mm 长，有可装 7 发子弹的管状弹夹。M870 还有一个装有击铁的金属机匣，在其下面和右边分别是进弹口和退弹口。它有传统的木制枪托，在木制前把手上有一个手指大的空隙用于扣动扳机。为了适应传统的军事用途，管状弹夹的前面被设计成可配置标准 M7 刺刀的形状，但事实上，这样的构造没有多大的战斗实用性。陆战队使用的是普通的步枪瞄准器，在枪管中线上有一个可调的倾斜式后瞄准器和一个可调的刀片式枪口瞄准器。

其他武装部队使用不同配置的雷明顿枪，有的采用较长的枪管和马格南弹药筒，有的采用不同的弹夹和瞄准器，有的甚至用折叠式枪托。折叠式枪托兼有警用武器的可隐蔽性和肩扛武器的可控性及准确性。雷明顿常被用于英国空中特种部队，用于他们的密林地带巡逻或者反恐怖活动，也可以装上特殊的子弹来爆破门锁和栅栏门。这种古老的步兵武器被广泛使用，它的可靠性和威力将使得它继续风行于军队中，即使在采用新材料和新技术的更先进的武器不断出现的情况下，它也一样风行。

没有枪托、枪管较短的简易型已经被设计出来用于安装在一支突击型步枪的枪管下面，"西尼尔极限"组合枪就是一个成功的例子，就是将滑膛枪夹在 M16A1 枪的下面。两种武器互相独立并且保留各自的弹夹和扳机机构，尽管在使用滑膛枪时，持枪者必须紧握来复枪的弹仓口，并把枪托和枪把手夹在手臂下，同时握住雷明顿枪的前把手才能发射。这种组合枪在城市战斗中是很有用的，在那里，在射手转用步枪之前滑膛枪能发射像穿甲弹这样的特殊弹药，能穿透门和墙壁，甚至可发射 CS 弹和爆炸威力较大的枪榴弹。

雷明顿 M870

口径：12 个标准单位

重量：3.6kg

全枪长：1060mm

枪管长：533mm

有效射程：40m

射速：单发

进弹装置：7 发装管状弹匣

子弹初速：400m/s

瞄准装置：步枪瞄准具

（三）美国：莫斯伯格 500 系列 ATP8（图 1－90）

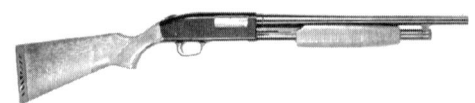

图 1－90　美国莫斯伯格 ATP8 霰膛枪

莫斯伯格 ATP8 是一种简易的泵动枪，在机匣的左边也有一个退弹口。这种武器非常结实可靠，所有的枪管都能耐得住高能的马格南子弹，双向操纵的连杆系统减小了枪机堵塞的危险，此外，还有两个退弹器来进一步确保枪机不被堵塞。这种武器已经出现了多种不同的型号，包括不同长度，不同形状的枪管和枪托。有些是木制枪托（通常配有橡皮的反弹垫），有些没有枪托而只有一个枪把手，还有的是简易折叠式金属托。大部分士兵和警察更喜欢多功能的圆柱形枪管，因为它可以适应很多特殊弹药。最新的改进包括在枪口的上表面刻上狭槽用作补偿器和帮助控制枪口跳动，还有一个更大胆的设计，是把莫斯伯格 500 的机构安装在一个大型塑料发射器上，这也许是下一代战斗滑膛枪的前身。莫斯伯格系列并没有雷明顿应用的广泛。

莫斯伯格 500 ATP8

口径：12 个标准单位

自动方式：导气式

供弹方式：弹匣

重量：3.06kg

长度：1009mm

有效射程：40m

射速：单发

进弹装置：8 发装管状弹匣

子弹初速：400m/s

（四）意大利：卢吉－弗朗奇 SPAS12（图 1－91）

图 1－91　意大利卢吉－弗朗奇 SPAS12 霰膛枪

卢吉－弗朗奇是意大利一个历史悠久的设计和制造军用轻型武器的公司。在 20 世纪 70 年代，该公司调查了部队和警察对于滑膛枪的需求，开始设计一种全新的武器，与其他的滑膛枪不同的是，它并不是某种运动用的或打猎用的滑膛枪的改良品。该公司的 12 个标准单位的 SPAS（特殊目的自动滑膛枪）在 1979 年问世，经过了一些必需的微小改善后，成为应用广泛的 SPAS12。

SPAS 给人的第一印象就是它不是一般的滑膛枪。从它特殊的外形看起来，它是一种很凶猛的武器，黑色的铝合金机匣，厚重的枪管上刻着密纹，大大的墨绿色塑料前把手。枪上还装有深绿色的塑料把和两个不寻常的折叠金属枪托，枪托上有一个特殊的支架，它可以用来固定射手的胳膊，以便能进行单手射击（不过这需要射手很强壮才行）。SPAS12 采用气体制的方法，位于同侧的活塞和汽缸作用于枪机，其工作原理与采用气体制动方式的步枪相同：它利用封闭的枪机来点火射击，向后拉动枪机使子弹进膛，然后扳动一个手柄（伸出于机匣右边的弹壳出口）使击铁处于击发状态。在管状弹匣中装有 7 发子弹，扣动一次扳机就会在 1 秒钟内发射 4 发子弹。如果使用大型铅弹，那么射手可将 48 个 7.62mm 的小弹丸射入 40m 以外的人形靶上，所有这一切都发生在 1 秒钟之内。它还配有两个手控的安全装置一个是为了存放和运输而设置的拇指操作安全杆，一个是位于扳机保护器正前方的滑动安全扣。

很多特殊弹药经常难以产生足够的后坐力或气体压力来运行其自动式制动机构，SPAS12 因为被改装成泵动的方式而轻易解决了这个问题。如果枪管下方一个销钉被压下，它将使气塞被分离从而使自动系统不能运行，然后，像其他滑动操作式武器一样，前把手被用于移动枪机。SPAS 可使用大多数类型军用滑膛枪弹药，包括穿甲子弹，CS 气弹，无杀伤力的子弹和燃烧弹。它很容易被改装可发射高爆炸力弹药的武器，而且可以选择不同的枪口以控制子弹的扫射范围。因火力强大，可靠、易于改装，SPAS12 很受军队、警察和特种部队的青睐，当然，也正是他们才促成了 SPAS 12 在全球范围内的使用。

弗朗奇 SPAS12

口径：12 个标准单位

重量：4.2kg

长度：930mm（枪托伸展）；710mm（枪托折叠）

有效射程：40m

射速：单发

进弹装置：7 发装管状弹匣

子弹初速：400m/s

（五）意大利：卢吉 – 弗朗奇 SPAS 15（图 1 – 92）

到 20 世纪 80 年代，美国一直都在为其常规部队和特种部队寻求一种具有一定范围的扫射能力的滑膛枪。许多不同的设计思想都被测试过，但一直没有选出一种能够进行推广的武器。不过，这种非常巨大的军事需求成为设计者们设计出一系列高效力战斗武器的动力。这些武器适应军事的各种需要，还有许多是先进科技实验品，这些实验品现在已经被士兵们拿在手中了。

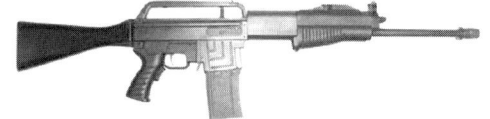

图 1 – 92　意大利卢吉 – 弗朗奇 SPAS15 霰膛枪

　　弗朗奇为迎接美国人的挑战，将SPAS12的弹匣改制成一个可拆卸的盒状弹匣，这样就产生了更先进的弗朗奇SPAS15，虽然SPAS15看起来更像大型的突击型步枪而不是滑膛枪，但它显然是由滑膛枪演变而来。SPAS15有一个长方形的铝制机匣，在它的上面是把手和瞄准系统，瞄准系统也采用夜视准星、镭射准星和单点准星。在枪的前端仍然保留着大塑料把手，虽然它位于枪管的稍高部位。在把手上有气体推进器、汽缸和活塞，而在它的下面却没有管状的弹匣。一个更普通的管状折叠式金属枪托取代了SPAS12上特殊的枪托。SPAS15也有一个塑料枪握把，扳机装置和弹匣室位于这个握把前面。

　　SPAS的弹药被装在一个大的能容纳6颗子弹的弧形盒式弹匣中，该弹匣可以卡人位于把手和扳机前面的一个大弹匣室中。枪机是典型的双片装置，通过旋转枪管节套后面的前片枪机可以将整个枪机锁定；但其击发手柄很不协调地安装在机匣顶部，也正好位于枪提手的下面。手控安全装置包括一个位于扳机正上方的拇指操纵杆和在把手前面的一个按钮，只有压下该按钮，枪机和扳机才能运行。它还保留了SPAS12可改装成泵动的能力，但它的大型盒状弹匣使得这个改装过程变得比较复杂。SPAS15可以使用多种特殊的12孔军用和警察用的弹药，也能使用各种枪口附件、阻塞器和其他附件。

意大利卢吉－弗朗奇SPAS15

口径：12个标准单位

重量：3.9kg

长度：915mm（枪托伸开）；696mm（枪托折叠）

有效射程：50m

射速：单发

进弹装置：6发装可拆卸弹盒

子弹初速：400m/s

（六）美国：潘科·杰克·哈默3－A2式12号霰弹枪（手提钻）（图1－93）

图1－93　美国潘科·杰克·哈默3－A2式霰弹枪

　　潘科·杰克·哈默3－A2式12号霰弹枪是美国潘科公司近年来一直在研制的战斗霰弹枪的最新型号（称为试制型），同原型枪比，在外观、枪托组件、机匣、提把、握把等方面进行了较大改进和重新设计。1987年又一次改进了机匣以便配用新弹种。该枪可供警察和军事人员用于杀伤有生目标。

　　它有一个包住枪管和机械装置的保护性塑料外套，这个塑料外套也包住了把手和扳机，这是正在发展的军用武器中形状最怪异的一种。旋转的鼓式大弹匣位于手枪握下面，能装10发12孔子弹，其后面是一个具有特定断面形状的塑料枪托，这种弹匣可根据要求使用任何类型的弹药，一旦子弹用完，鼓型弹匣很容易被卸掉。

最初出现的手提钻，只要扳动枪前托，它就处于击发状态，但后来出现新的版本可以利用一个金属杆来控制击铁的状态。枪管紧靠着弹匣，被气体密封，一旦发射子弹，气体冲向枪口帽，迫使枪管向前滑动，进而吸收了大部分的后坐力；枪管的这种运动释放弹匣，与此同时，制动杆把枪管产生的机械能量传递给弹匣外面的凸轮凹槽，引起凸轮转动，从而使弹匣转动到下一个子弹的位置。这种武器相当轻，一秒钟可发射4发子弹。此外，它有一个由压力操作的起爆装置，该装置被卡在装满子弹的弹匣上，它既可平放在地上，又可垂直部署在伏击阵位里，这样，它就成为反步兵的地雷。

该枪枪管、消焰器、复进簧和枪机采用优质钢制成，机匣、发射机构、转轮等其他部件均用美国杜邦公司生产的玻璃纤维增强塑料制成。

该枪发射普通的12号霰弹和潘科公司研制的杰克霰弹。杰克霰弹用杜邦公司的玻璃纤维增强塑料做弹壳，可在战场上装填各种特殊弹头，如穿甲弹、箭形弹、杀伤弹、榴霰弹、液体或固体化学弹、大号硬铅弹头等。

由于手提钻是革新型的武器，所以这些采用新技术的设计不大可能最终超过突击步枪而成为标准的步兵武器。一方面，它的大体积和有限的弹药量是一个需要解决的难题，为了说明这一点的重要性，一位权威人士谈道：50发的10孔滑膛枪子弹和600发9mm帕拉伯鲁姆弹占据的空间一样大。另一方面，它有限的杀伤范围是个最棘手的问题，这种滑膛枪子弹的最大有效范围仅50m，这在战斗中是不能很好地完成任务的，通过改善材料和推进剂的设计能提高其杀伤范围，但是这种设计是否能符合要求仍要拭目以待，因为它既要易于包装和携带运输，又要有足够的牢固性以经得起普通战士在战斗中的使用。

潘科·杰克·哈默3－A2式12号霰弹枪（手提钻）

口径：12号

自动方式：导气式

供弹方式：转轮

容弹量：10发

全枪高：230mm

全枪宽：125mm

长度：787mm

枪管长：525mm

全枪质量：4.57kg

瞄准装置：桥式瞄准具

配用弹种：12号×70mm霰弹和杰克霰弹

有效射程：50m

射速：240发/分钟

子弹初速：400m/s

单元思考

1. 武器的种类有哪些？

2. 各种手枪的分解和结合的方法是怎么操作的？

3. 各种枪械的保险在哪个位置？怎么锁保险？

4. 什么样的枪是半自动，什么样的枪是全自动？

5. 枪支的重量是越重越好吗？为什么？

6. 枪支都有击锤吗？为什么？

7. 警用枪支和军用枪支有什么区别？

8. 枪管的长度在合理范围内是越长越好吗？为什么？

单 元 二

警用枪械的配备

📖 **知识目标**

1. 配枪人员的条件和枪械的使用范围。
2. 取消配枪资格的条件和依据。

📖 **能力目标**

1. 掌握配备枪支应具备的条件。
2. 掌握取消配枪资格的条件。

【案例 2 - 1】丹东元宝警方破获一起非法持有枪支案件

中国警察网讯：2017 年 12 月 12 日，辽宁省丹东公安元宝分局广济派出所着重收集涉枪案件线索，加大对涉枪案件的查处力度，近日，警方成功破获一起非法持有枪支案件，并抓获违法嫌疑人 1 名。

10 月 25 日，广济派出所接到群众举报，元宝区朝凤街道的商户老板杨某经常在网上购买钢珠。得此线索后，所领导高度重视，立即组织警力对该线索展开走访调查。前不久，经大量工作，民警发现其曾经在元宝区购买的疑似枪支已经转移到了振安区同兴镇，经过一天一夜的蹲守，民警在元宝区一街道附近将其抓获，并在杨某的家中搜查到疑似枪支一把。经询问，违法嫌疑人杨某对其购买疑似枪支违法事实供认不讳，并且承认，其还出售给朋友于某一把同样的疑似枪支。民警立即赶赴于某家中，经过做工作，于某承认杨某曾经在 2016 年出售给他一把疑似枪支。

经鉴定，两把疑似枪支经检测确定为以火药为动力的枪支。目前，嫌疑人杨某、于某已经被依法采取取保候审的强制措施，案件正在进一步审理中。

📖 **问题思考**

1. 具备合法配枪资格的条件是什么？
2. 哪些人员可以配备枪支？

项目一　警用枪械配备的范围

根据枪支管理法规定的公务用枪的配备机关和人员的范围以及"在依法履行职责

时确有必要使用枪支的，可以配备公务用枪"的配备原则，结合有关机关具体岗位的工作性质和任务特点，确定下列人员可以配备公务用枪：

一、人民警察

1. 各级公安机关以及铁路、民航、港航和森林公安机关的政保、经保、治安、刑侦、警卫、预审、技侦、文保、森保、缉毒、巡警队、乘警队、防暴队、交警公路巡逻队、看守所、拘留所、派出所、治安检查站、出入境边防检查站等部门的人民警察。

2. 各级国家安全机关的侦查、拘留、逮捕、预审、羁押、看守所、拘留所以及边境口岸站所等部门的人民警察。

3. 各级监狱、劳动教养管理机关以及监狱和劳动教养场所的狱政、狱侦、管理教育和警戒保卫等部门的人民警察。

4. 各级人民法院、人民检察院，以及各专门法院、专门检察院的司法警察。

二、检察官

地方各级人民检察院和专门检察院的刑事检察、反贪污贿赂检察、法纪检察、监所检察等部门负责案件侦查任务的检察官。

三、沿海、沿边地区海关的缉私人员（略）

四、专职守护、押运人员

1. 军工系统下列单位的守护、押运人员：
（1）国防武器装备生产、科研、储存单位的保卫部门和守护、押运队。
（2）国家核原料等重要资源勘探单位的保卫部门和守护、押运队。
（3）国防和民用核设施以及核材料生产、储存、科研单位的保卫部门和守护、押运队。

2. 金融系统下列单位的守护、押运人员：
（1）中国人民银行、国家政策性银行、商业银行以及保险、邮政储蓄汇兑等重要金融单位所属县级以上机构的专用运钞车和金库的守护、押运岗位。
（2）中国农业银行、农村信用合作社所属的乡（镇）金融机构的专用运钞车和金库的守护、押运岗位。

3. 国家重要仓储系统下列单位的守护、押运人员：
（1）火（炸）药生产厂及大量储存使用单位的保卫部门和库区警卫岗位。
（2）1万立方米以上燃料储存单位的保卫部门和库区警卫岗位。
（3）剧毒物品生产及大量储存使用单位的保卫部门和库区警卫岗位。
（4）1000吨以上其他危险品储存使用单位的保卫部门和库区警卫岗位。
（5）国家稀有、贵重金属储存使用单位的保卫部门和库区警卫岗位。
（6）国有金矿黄金储存库的保卫部门和库区警卫岗位。
（7）边远地区国家地质勘探、科研单位的保卫部门。

（8）国家海洋局系统所属调查船、考查船、中国海监船以及机要通讯部门和武器库的警卫岗位。

4. 大型水利、电力、通讯工程下列单位的守护人员：

（1）大型水库、水闸、大坝以及大、中城市主要供水工程的保卫部门。

（2）20万千瓦以上的火（水）力电厂，重要电力网枢纽型变电站、调度中心站的保卫部门。

（3）省级以上重要的通讯枢纽站（场）的保卫部门。

5. 机要交通系统下列单位的守护、押运人员：中共中央办公厅机要交通局，省、自治区、直辖市及计划单列市机要交通处，以及地、市级机要交通站的保卫部门。

6. 经省、自治区、直辖市人民政府公安机关批准，提供武装守护、押运服务的保安服务公司专职守护、押运人员。

项目二　警用枪械配备的品种和数量

根据国务院《公务用枪配备办法》的规定，目前，配备的公务用枪有：

手枪：五四式、六四式、七七式、九二式 9mm 手枪二零零五式 9mm 警用转轮手枪。

冲锋枪：七九式 7.62mm 轻型冲锋枪、八五式 7.62mm 轻型冲锋枪。

突击步枪：五六式 7.62mm 突击步枪。

自动步枪：八一式 7.62mm 自动步枪、九五式 5.8mm 自动步枪。

狙击步枪：八五式 7.62mm 狙击步枪、八八式 5.8mm 狙击步枪。

班用机枪：八一式 7.62mm 班用机枪、九五式 5.8mm 班用机枪。

防暴枪：警用 38mm 防暴枪（长枪、短枪）和九七式（九七－1式）18.4mm 防暴枪两种。具体的配备根据配枪岗位的工作性质、特点和实战需要，结合不同枪种的性能确定。对配备杀伤力较小的枪种可以满足需要的，不配备杀伤力较大的枪种。执行守护、押运任务的专职守护、押运人员以配备防暴枪等长枪为主。

公务用枪既要严格控制数量，又要保证工作需要，应当尽量减少机关配枪数量，保证基层一线岗位的需要。各用枪岗位按照规定配备后，允许地、市级以上的人民政府公安机关、国家安全机关和监狱、劳动教养场所储备合理数量的机动枪，以调剂其下属单位可能出现的枪支短缺和满足执行紧急任务、处置突发事件的需要。公安、国家安全、司法行政、人民法院、人民检察院以及海关缉私系统的教学、科研和鉴定机构，可以配置少量教学、科研、鉴定工作所需教学用枪和样品枪，具体数量由国务院公安部门确定。

配备公务用枪的具体岗位、品种和数量按照《公务用枪配备办法》附表列明的标准执行。

法律责任：公安机关工作人员有下列行为之一的，依法追究刑事责任；未构成犯罪的，依法给予行政处分：①向不符合配枪条件的单位和个人配备、配置枪支的；②违法发给枪支管理证件的；③将没收的枪支据为己有的；④不履行枪支管理职责，造成后果的。

公务用枪配用的弹药有：

1. 手枪配用弹药：五四式手枪配用五一式 7.62mm 手枪弹。六四式、七七式手枪配用六四式 7.62mm 手枪弹。九二式 9mm 手枪配用 DAP92 式 9mm 普通弹，也可发射 9mm 巴拉贝鲁姆手枪弹（注：北约制式 9mm 手枪弹）或 9×19mm 低彻枪弹。9mm 警用转轮手枪配用 9mm 警用转轮手枪弹和 9mm 警用转轮橡皮弹。

2. 冲锋枪配用弹药：七九式冲锋枪配用五一式 7.62mm 手枪弹。八五式冲锋枪配用五一式 7.62mm 手枪弹或六四式 7.62mm 手枪弹。

3. 五六式突击步枪配用弹药：配用五六式 7.62mm 步枪弹。

4. 自动步枪配用弹药：八一式自动步枪配用五六式 7.62mm 普通弹、穿甲燃烧弹、曳光弹、空包弹。九五式自动步枪配用八七式 5.8mm 步枪普通弹、八八式 5.8mm 机枪弹及步枪曳光弹、40mm 系列枪榴弹及 35mm 防暴榴弹。

5. 狙击步枪配用弹药：八五式狙击步枪配用五三式 7.62mm 钢心弹。八八式狙击步枪配用 5.8mm 机枪弹和 5.8mm 机枪曳光弹、必要时可使用 5.8mm 普通弹、5.8mm 普通曳光弹。

6. 班用机枪配用弹药：八一式班用机枪配用五六式 7.62mm 步枪弹。九五式班用机枪配用八七式 5.8mm 步枪普通弹，八八式 5.8mm 步枪曳光弹，八八式 5.8mm 机枪弹。

7. 防暴枪配用弹药：38mm 防暴枪配用 38mm 催泪弹。九七式（九七－1式）18.4mm 防暴枪配用 18.4mm 催泪弹、痛块弹、动能弹、杀伤弹。

项目三　配备公务用枪人员应具有的条件

一、公安机关配备公务用枪人员应具有的条件

1. 符合《枪支管理法》的规定，政治可靠，工作负责，遵纪守法，身体健康，心理素质好，无酗酒习惯。

2. 经过专门培训，掌握枪支的性能和使用、保养规定，年度射击、保养技能考核合格。

3. 熟悉《枪支管理法》《中华人民共和国人民警察使用警械和武器条例》等法律法规。

4. 无违反枪支管理规定受处分记录。

5. 参加公安工作 1 年以上，并正式授予警衔。

二、配备公务用枪的专职守护、押运人员必须符合下列条件

1. 年满 20 周岁的中国公民，身心健康，品行良好。

2. 没有精神病等不能控制自己行为能力的疾病病史。

3. 没有行政拘留、收容教育、强制戒毒、收容教养、劳动教养和刑事处罚记录。

4. 经过专业培训，熟悉有关枪支使用、管理法律法规和规章的规定。

5. 熟悉掌握枪支使用、保养技能。

三、保安服务公司的专职守护、押运人员配枪条件

1. 年满 20 周岁的中国公民，身心健康，品行良好。

2. 没有精神病等不能控制自己行为能力的疾病病史。

3. 没有行政拘留、收容教育、强制戒毒、收容教养、劳动教养和刑事处罚记录。

4. 经过专业培训，熟悉有关枪支使用、管理法律法规和规章的规定。

5. 熟悉掌握枪支使用、保养技能。

6. 经县以上公安机关培训考核合格取得《保安人员资格证书》，并由保安服务公司留取指纹档案后到公安机关主管部门备案。

对于有不符合《专职守护押运人员枪支使用管理条例》规定的要求、自身心理素质差、家庭矛盾突出、债务纠纷缠身、有酗酒恶习等情况的保安人员，一经发现，要立即取消其配枪资格，收回持枪证件并调离管枪、用枪岗位。

四、提供武装守护、押运服务的保安服务公司申请配枪，必须符合以下条件

1. 经省、自治区、直辖市公安厅、局批准并经所在地工商行政管理部门注册登记取得营业执照。

2. 与经省、自治区、直辖市公安厅、局批准的武装守护、押运服务范围内的单位直接签订了武装守护、押运服务合同。

3. 有固定的经营场所，安装了必要的报警、监控等安全防范设施。

为金融单位提供现金、有价证券、金银等贵重物品运输服务的，还须配备公安部下发的《通过安全防护性能检测的专用运销车车型目录》中的专用运钞车辆。

项目四　取消警用配枪资格

按照公安部《公安机关公务用枪管理使用规定》第 17 条，佩带使用枪支的人民警察有下列情形之一的，由所属配枪部门提出，经政工部门审核，报所属公安机关主要负责人批准，取消其配枪资格，收回持枪证：①因违法、违纪、违规行为被调离配枪岗位的；②因身体或者心理原因丧失管理枪支行为能力的；③退休或者调离公安机关的；④依法依规不适宜使用枪支的其他情形。

对被取消配枪资格的，由省级人民政府公安机关注销持枪证。

按照公安部《公安机关公务用枪管理使用规定》第 16，配枪民警具有下列情形之一的，由所属配枪部门主要负责人决定暂时停止其配枪资格，收回持枪证：①因涉嫌违法违纪被调查或者被停止执行职务、禁闭的；②与他人产生纠纷或者家庭存在重大变故的；③因身体或者心理原因暂时丧失管理枪支行为能力的；④未通过年度法律政策考试、实弹射击考核的；⑤所属公安机关依法依规决定的其他情形。

上述情形消失后，由所属配枪部门主要负责人提出，经政工部门同意，应当及时

恢复其配枪资格。

按照公安部《公安机关公务用枪管理使用规定》第27，对配枪民警个人保管枪支存在下列情形之一的，其所属配枪部门应当立即收回枪支：①审批有效期限届满或者不需继续个人保管的；②脱产学习或者借调在外的；③休病假、事假的；④所属公安机关依法依规决定不适宜由配枪民警个人继续保管枪支的其他情形。

纪律责任：公安部《公安机关公务用枪管理使用规定》第42条，各级公安机关及其所属配枪部门有下列行为之一的，在调查期间可以对有关责任人采取停止执行职务、禁闭的措施。调查结束后视情给予通报批评、调离岗位等组织处理；构成违纪的，给予相应的纪律处分；构成犯罪的，移送司法机关追究刑事责任：①违反《公务用枪配备办法》规定配备枪支的；②不按规定对所配枪支加载电子枪证的；③未按规定储存、保管枪支的；④未按规定落实枪支弹药库（室、柜）值守制度的；⑤不执行枪支领取、交还审批登记制度的；⑥擅自购置枪支的；⑦不上缴报废枪支的；⑧未有效履行公务用枪管理职责造成后果的；⑨法律、法规和规章规定的其他情形。

按照公安部《公安机关公务用枪管理使用规定》第43条，规定各级公安机关所属枪支管理职能部门有下列行为之一的，在调查期间可以对有关责任人采取停止执行职务、禁闭的措施。调查结束后视情给予通报批评、调离岗位等组织处理；构成违纪的，给予相应的纪律处分；构成犯罪的，移送司法机关追究刑事责任：①未按规定配备、调拨公务用枪的；②未按规定对配枪民警进行条件审查或者训练、考核的；③未按规定取消民警配枪资格、收回持枪证的；④未按规定制作枪弹痕迹、核发持枪证或者组织加载电子枪证的；⑤未按规定编制、审核公务用枪年度购置计划的；⑥未有效履行公务用枪管理职责造成后果的；⑦法律、法规和规章规定的其他情形。

法律责任：人民警察违法使用警械、武器，造成不应有的人员伤亡、财产损失，构成犯罪的，依法追究刑事责任；尚不构成犯罪的，依法给予行政处分；对受到伤亡或者财产损失的人员，由该人民警察所属机关依照《中华人民共和国国家赔偿法》的有关规定给予赔偿。

单 元 三

警用枪械的日常管理

📋 知识目标

1. 警用人员培训的要求。
2. 警用枪械证件的管理。
3. 警用枪械运输的要求。

📋 能力目标

1. 掌握枪械的维护保养。
2. 掌握枪械和子弹的购置方法。

【案例3－1】美国9岁女孩接受冲锋枪训练时误杀教官（图3－1）

图3－1 户外射击训练

据英国《每日邮报》2014年8月26日报道，当地时间25日，美国拉斯维加斯39岁的退伍军人查尔斯·维卡（Charles Vacca）在射击场教一名9岁的女孩射击时，由于小女儿触动扳机时过于紧张，掌控不好方向的她竟射向了身旁的教练维卡，而不幸中枪的维卡于当晚9时在医院抢救无效死亡。小女孩的父母记录下悲剧发生时的画面。

视频中，维卡正在聚精会神地教小女孩用两只手握住乌兹冲锋枪，并垂直看向射击目标。学会射击的基本动作之后，他试着让小女孩自己射击，第一枪非常顺利。然而，当维卡让她调整方向对准目标并试着进行连发的时候，意外发生了，小女孩因射击后枪体的巨大反冲力而松开了握枪的双手，瞬间枪口朝向了左方，发射出的子弹不幸击中了身旁维卡的头部。

对于维卡的意外身亡，亲友们都吃惊不已并纷纷表示哀悼和惋惜。据悉，尽管目前法律有明确规定，不允许未成年人擅自使用枪支等危险武器，但法律却允许未成年人在家长的监护下使用，这也进一步造成了此次意外事故的发生。

问题思考

1. 对枪械人员的培训要注意哪些安全事项？
2. 安全员的安全站位应该位于射击人员的什么位置？

项目一　使用警用枪械人员的培训

《枪支管理法》第 24 条规定，使用枪支的人员，必须掌握枪支的性能，遵守使用枪支的有关规定，保证枪支的合法、安全使用。使用公务用枪的人员，必须经过专门培训。培训考核工作由省级以上人民政府公安机关的治安部门会同政工人事、装备财务部门统一组织，各级公安机关具体实施。

训练、考核分为日常训练考核和集中训练考核。日常训练考核工作必须每年一次；集中训练考核按照人民警察初任训练、专业训练和晋升训练的规定执行。日常训练考核工作由配枪单位所在地的县、市、省公安机关组织进行；集中训练考核由人民警察培训学校组织进行。

各配枪单位应重视对配备、使用枪支人员的培训考核工作。根据公安部确定的各警种公务用枪培训大纲，制订实施公务用枪年度培训计划，突出实战性，保证实弹射击训练的课时和质量。

使用公务用枪人员每年参加公务用枪日常训练考核时间不得少于 2 天，集中训练中公务用枪训练课时不得少于警务技能训练课时的 25%；对于每人每年实弹射击训练的子弹，普通民警不得少于 30 发，特警应该按照工作需要，每月不少于 15 发的实弹训练，对于狙击手应安排跃进练习并进行考核，以确保首发命中的射击要求。

考核分为理论考核、实弹射击考核和勤务操作考核三部分。理论考核必须在 60 分以上（总分为 100 分）、实弹射击（制式手枪立姿无依托）25m 处胸靶环击 5 发子弹命中 25 环以上或 15m 处胸靶射击 5 发子弹命中 32 环以上、勤务考核能正确独立完成。第一次考核不合格，允许补考，考核成绩应统一制表登记，经考试组织单位签字盖章，作为办理公务用枪持枪枪证或年度审验的依据。

项目二　警用枪械证件管理

一、枪支管理证件

《枪支管理法》第 7 条第 2 款规定，配备公务用枪时，由国务院公安部门或省级人民政府公安机关发给公务用枪持枪证件。配备的枪支必须办理《公务用枪枪证》（枪证必须同枪支放在一起，不能发给民警个人保管），使用公务用枪人员必须申办《公务用枪持枪证》。

罚则：公安部《公安机关公务用枪管理使用规定》第42条规定，违反规定发给公务用枪持枪证件或者超范围配发枪支造成严重后果的，对直接责任人员和直接负责的主管人员给予行政处分；构成犯罪的依法追究刑事责任。

二、申请持枪证件和配枪办理程序

（一）公安系统持枪证办理的程序

1. 县级公安机关申办持枪证。

（1）申请办理持枪证的人员，经政工、治安、装备等部门组织的培训考核，考核合格的，由县级公安机关政工部门组织填写《公务用枪审批登记表》（表3－1），并进行审查，加盖公章后将审批登记表与申办人员警察证复印件一并报市级公安机关治安部门（3个工作日）。

（2）市级公安机关治安部门将有关持枪证人员的个人资料输入电脑，形成数据盘、相片模版、申领持枪证人员名册表，连同《公务用枪审批登记表》和警察证复印件送本局政工部门审核（6个工作日）。

（3）市级公安机关政工部门审核、审批（有关数据必须通过警衔系统对比），合格的由政工部门加签意见和盖章后报送省级公安机关治安部门审核制证，不合格的退回县级公安机关政工部门（3个工作日）。

（4）省级公安机关治安部门制作持枪证，并通知市级公安机关治安部门领取持枪证（1个工作日）。

（5）市级公安机关治安部门到省厅领取持枪证（5个工作日）。

表3－1　公务用枪审批登记表

制表单位：公安部治安管理局

配枪人员申请持枪证审批登记表　　　　　　　　　　　　　发表单位：

姓名	性别		出生日期	
配枪人员基本情况	所在单位行政区划			本人 一寸 免冠 照片
	所在单位所属系统			
	所在单位			
	部门	职务		
	身份证号	民族		
	政治面目	文化程度		签名
	住址			
	户口所在地			
	使用枪支情况			

续表

配枪人员基本情况	配枪单位政治（人事）部门审查意见		审查人：		配枪单位负责人意见		单位公章
培训	理论考核				实弹射击		
	勤务操作				考核时间		
县级公安机关		审查单位 审查人：盖章	地级公安机关		审核单位 审核人：盖章	省级公安机关	审批单位 审批人：盖章
持枪证号			发证时间			有效期限	
填表单位			填表人			填表时间	

2. 市级公安机关申办持枪证。

（1）市级公安机关政工部门组织填写《公务用枪审批登记表》，并通过警衔信息管理系统进行比对等方式，进行审核、审批，对合格的加签意见和盖章后将审批登记表与申办人员警察证复印件送市级公安机关治安部门（3 个工作日）。

（2）市级公安机关治安部门将有关持枪证人员的个人资料输入电脑，形成数据盘、相片模版、申领持枪证人员名册表，退回市级公安机关政工部门（6 个工作日）。

（3）市级公安机关政工部门直接送省级公安机关治安部门制作持枪证，并通知市级公安机关治安部门领取持枪证（10 个工作日）。

（4）市级公安机关治安部门到省厅领取持枪证（5 个工作日）。

3. 省级公安机关申办持枪证。

（1）省级政工部门组织填写《公务用枪审批登记表》，并进行审批（3 个工作日）。

（2）省级公安机关治安部门制作并发放持枪证（10 个工作日）。

（二）非公安系统公务用枪持枪证办理程序

1. 持枪证申办单位政工人事部门组织填写《公务用枪审批登记表》（表 3－1），并经本单位负责人审批同意。

2. 县级公安机关治安部门受理审查（2 个工作日）。

3. 市级公安机关治安部门将有关持枪证人员的个人资料输入电脑，形成数据盘、相片模版、申领持枪证人员名册表，报省级公安机关治安部门（5 个工作日）。

4. 省级公安机关治安部门审批制证，通知市级公安机关治安部门领取证件（10 个工作日）。

5. 市级公安机关治安部门到省级公安机关治安部门领取证件（5 个工作日）。

（三）其他系统公务用枪持枪证办理程序

1. 市级及市级以上非公安系统申办持枪证，由市级公安机关治安部门受理审核，报省级公安机关治安部门审批。

2. 广州铁路、海运、海监、四航局、白云机场、民航中南公安局（处），广东、广州、深圳、汕头、湛江、江门、黄埔、拱北海关缉私局，广州、深圳、珠海、汕头边防检查总站，对持枪人员资格审查、审核，〔根据公安部《关于铁路、交通、民航、林业公安机关公务用枪购置及管理问题的通知》（公治〔1998〕811号）、《铁路、交通、民航、林业、海关、边防检查总站公安系统办理新版持枪证件资格审批问题的批复》（公治〔1999〕779号）和省公安厅《关于进一步明确铁路、交通、林业、海关边检公安系统持枪证件审查责任等有关事项的通知》〕由本单位负责审查、审核。上述单位办理持枪证必须经所在地市级公安机关治安部门审核，报省厅审批发证。

（四）公安系统申请配枪程序

1. 办理了持枪证的人员填写《申请配备公务用枪（弹药）审批表》（表3－2）；

2. 由申请人所在单位提出意见（2个工作日）。

3. 县以上公安机关治安部门审核（3个工作日）。

4. 县以上公安机关分管枪支管理工作的领导审批（3个工作日）。

表3－2　申请配备公务用枪（弹药）审批表

填表说明： 1. 申请配枪要求，及参加公安工作年限，是否办理了持枪证； 2. 保证在使用枪支过程中，自觉遵守枪支管理的有关规定。 年　　月　　日	
申领部门意见	（配枪单位对配枪人平时表现情况，对申请人的配枪理由提出意见） 年　　月　　日
治安部门意见	（根据配备标准进行审核，并根据库存的情况向领导提出配枪的型号及种类建议） 年　　月　　日
主管领导批示	（局长一级审批） 年　　月　　日
备注	

（五）公安系统持枪证办理程序

1. 县级公安机关治安部门填写《公务用枪审批登记表》（表3-3），加盖公章（2个工作日）。

2. 申请办理枪证的枪支必须经地级以上市公安局刑事技术部门进行处理（5个工作日）。

3. 市级公安机关治安部门审核并加盖公章，将有关资料输入电脑，形成数据盘和报批表格（5个工作日）。

4. 省级公安机关治安部门审批发证，并通知市级公安机关治安部门领取枪证（10个工作日）。

5. 市级公安机关治安部门到省级公安机关治安部门领取并发放枪证（5个工作日）。

表3-3　公务用枪审批登记表

制表单位：公安部治安管理局

配备公务用枪审批登记表　　　　　　　　　　　　　　　　发表单位：

			配枪单位行政区划				单位		
			配枪单位所属系统				部门		
			部门编制人数				配枪岗位		
			枪支专管人				单位责任人		
县级公安机关	审查单位			地级公安机关	审核单位		省级公安机关	审批单位	
	审查人：盖章				审核人：盖章			审批人：盖章	
枪支情况登记表									
序号	枪型	枪号	配发弹数		管理状态	使用人		枪证编号	备注
发证时间	年　月　日				有效期限		年　月　日		
填表单位				填表人			填表时间		
枪弹痕迹建档情况	审查单位：（盖章） 审查人：（签名）								

（六）非公安系统办理持枪证程序：

1. 符合配枪资格的单位填写《公务用枪审批登记表》（表 3 - 3），并加盖公章；银行系统、守护押运单位办理持枪证必须附上《银行系统金库、运钞车登记表》，见《公安部、中国人民银行关于银行系统换装防暴枪工作的通知》（粤公通字〔1999〕300 号）。

2. 申请办理枪证的枪支必须经地级以上市公安局刑事技术部门处理（5 个工作日）。

3. 县级公安机关治安部门受理审查（2 个工作日）。

4. 市级公安机关治安部门审核并加盖公章，将有关资料输入电脑，形成数据盘和报批表格（5 个工作日）。

5. 省级公安机关治安部门审批发证，并通知市级公安机关治安部门领取枪证（10 个工作日）。

6. 市级公安机关治安部门到省级公安机关治安部门领取并发放枪证（5 个工作日）。

注：①市级及市级以上非公安系统申办持枪证，由市级公安机关治安部门受理审核，报省级公安机关治安部门审批。②提供武装守护、押运服务的保安服务公司申请配枪，具体条件见公安部《关于做好保安服务公司专职守护押运人员公务用枪管理工作的通知》（公治〔2002〕170 号）。

（七）遗失补办持枪证件程序

1. 遗失人员写出遗失持枪证件经过和重新申领报告，经所在单位加签意见。

2. 填写《公务用枪审批登记表》（表 3 - 1 或表 3 - 3），按持枪证件办理程序经有关部门审查、审核后，报省厅重新制证。

项目三　警用枪械和子弹的购置

【案例 3 - 2】贵阳警方侦破特大制造贩卖枪支案件

主持人：关注一起特大制、贩枪支刀具案。近日，贵阳警方侦破一起特大制造贩卖枪支、管制刀具的案件，一共收缴了枪支 15 000 支，管制刀具 120 000 把。目前有 15 名涉案的犯罪嫌疑人被警方抓获。

这个犯罪团伙的制贩网络覆盖了湖南、广东、四川、贵州等 27 个省、市、自治区。这些数量惊人的枪支和管制刀具到底是从哪儿来的呢？我们来看一下记者调查。

解说：被收缴的枪支摆满了贵阳市公安局观山湖分局偌大的一间会议室。从外表上看，这样的枪支几乎与真枪没有什么不同。

杨警官（贵阳市公安局刑侦支队）：举个实例说这支枪，它的材质是铁制的，很逼真，它使用的子弹就是这种钢珠弹，全铁制的钢珠弹。

记者：射程大概有多远？

杨警官：射程大概在 30m，我们也请权威机构进行专门的司法鉴定，鉴定出来是 30m 到 50m，远距离可以致伤致残，近距离打到要害可以致人死亡。这支枪的射程就更远了，在 200m 以上。

解说：除了枪支，警方还收缴了各种各样的管制刀具以及弩具等凶器。

杨警官：这些管制刀具都是开过刃的，都是不锈钢的，这种属于大砍刀，还有这种匕首，带电筒的匕首非常锋利。

解说：枪支15 000支，刀具120 000把，办案人员告诉记者，这是国内公安机关一次性收缴枪支和管制刀具数量最多的一桩大案，案件的侦破历时4个月。最初的线索源于一起发生在贵阳的街头抢劫案，警方在抓获了其中一名嫌疑人后发现其带有一把手枪。

邹某某（贵州省公安副厅长）：这个枪是买的还是偷的，还是从什么渠道来的，一定要查清楚。

解说：据这名犯罪嫌疑人交代，这支手枪是从一个姓曲的男子那里购买的，警方随即将曲某抓获。进一步调查发现，曲某在贵阳以贩卖枪支和管制刀具为职业，其货源来自湖南邵东。警方顺藤摸瓜，派出作案组赶赴湖南进行查证，逐渐锁定了一个以邵东为集散地的专门贩卖枪支刀具的犯罪集团。在其控制的几间仓库内，存放有大量的枪支和管制刀具，每天有车辆频繁出入，交易活动显得很活跃。

杜警官（贵阳市公安局）：这是个家族式的生意，以刀具厂为名义，在全国发名片进行刀具枪支的零售批发。

解说：在这个犯罪集团中，主要头目为邵东人陈氏父子，其成员都来自同一家族。据警方调查，陈氏犯罪集团从事这种地下"生意"已有3年的时间。他们定期从广东大批量购入枪支和管制刀具，然后通过电话联系买家，再进行分销，其销售网络遍布国内27个省、市、自治区。

邹某某：从我们前期掌握的情况看，陈家父子的银行卡上面有数千万的资金流量，让人非常震惊。

解说：案情上报到公安部，在掌握了陈氏犯罪集团上下的具体情况后，由公安部指挥贵州、湖南、广东等地警方同时采取收网行动，共抓获主要犯罪嫌疑人15人，捣毁涉案窝点11个，目前该案件还在进一步审理中。

📝 问题思考

1. 公民可以正常购买枪械吗？
2. 公民可以贩卖气枪吗？

一、公安机关枪支弹药的购置

公务用枪支子弹的年度订购计划，根据公安部的有关规定，省公安厅除了供应21个地级以上市公安局外，增加对以下16个单位的供应：省检察院、省法院、省国家安全厅、省司法厅、海关广东分署、人民银行广州分行、广州铁路公安局、广州海运公安局、广州海监公安处、广州公安局、蛇口公安局、湛江公安局、汕头港公安局、四航局公安处、民航中南管理局公安局、省森林公安局。各市公安局及有关单位应于每年5月10日前按公安部的有关规定，将下年度的订购计划汇总上报省公安厅治安管理局、装备财务处，经省厅审核汇总后报公安部订购，申报计划时应附上有关申报表

（表3-4），并落实好购置款，否则，不予供应。枪弹购置款必须按规定时间汇入省公安厅装备财务处账号（另行通知），以便汇总后汇给公安部。

各单位订购枪弹计划经省厅汇总上报公安部后不予再变更，为保证计划内的供应，计划外的不予价拨。

县级以上地方人民政府公安机关（含所属人民警察院校）的公务用枪购置计划，由公安装备部门负责编制，经商治安部门同意后逐级上报。

铁路、交通、民航、林业公安机关的公务用枪购置计划，跨省（自治区、直辖市）少的，以公安局为单位，跨省（自治区、直辖市）多的，以公安处（分局）为单位，向所在地省级人民政府公安机关治安部门申报（见公安部《关于铁路、交通、民航、林业公安机关公务用枪购置及管理问题的通知》公治〔1998〕811号）。具体申报划分，由公安部治安局确定。

公安机关公务用枪购置计划（含省级和计划单列城市），由省级人民政府公安机关的装备部门负责汇总，填写《省（区、市）年度公安机关公务用枪计划申请审批表》，并经同级治安部门审查同意，报公安部审批。

表3-4　年度公务用枪支、弹药装备计划申报表

填报单位：　　　　　　　　　　　　　　　　　　负责人：

枪种	枪型	单位	数量	弹种	弹型	单位	数量	备注
手枪	54式	支		手枪弹	51式	箱		
	64式	支			64式	支		
	77式	支			59式9.00mm	箱		
	九二式					箱		
冲锋枪	79式	支				箱		
	85式	支				箱		
		支				箱		
自动步枪	56式	支		步枪弹	56式普通弹	箱		
	56-1式	支			56式空包弹	支		
	56-2式	支			56式光弹	箱		
	81式	支				箱		
	81-1式	支				箱		
	95式	支				箱		
班用机枪	56式	支				箱		
	81式	支				箱		
		支						
						箱		

枪种	枪型	单位	数量	弹种	弹型	单位	数量	备注
狙击步枪	76 式	支		步枪弹	53 式	箱		
	85 式	支				箱		
	88 式	支				箱		
	CS/LR3 式	支				箱		
防暴枪	38mm 式	支		防暴枪	枪发手投两用催泪弹	箱		
	18.4mm	式				箱		
		式				箱		
		式				箱		
配枪单位上级行政主管部门意见								
县级公安机关审查意见	地（市）级公安省级公安机关审批意见				机关审核意见			

填报日期： 　　　　　填表人： 　　　　　联系电话：

说明：本表由申请单位负责填写；字迹清晰；涂改无效。

二、非公安配枪单位的公务用枪购置计划

其他配枪单位的公务用枪购置计划由省级人民政府公安机关治安部门审查同意，并填写《省（区、市）年度公务用枪计划申请审批表》（见表 3 - 4），上报公安部治安局审批。各配枪单位公务用枪购置计划的具体申报办法是：

1. 法院、检察院所属各单位的公务用枪购置计划，由各系统省级主管部门汇总，经所在地省级人民政府公安机关治安部门审查同意后，报本系统国家主管部门审核。

2. 安全、司法、海关、中国人民银行所属各单位的公务用枪购置计划，由各系统省级主管部门汇总，报经本系统国家主管部门审查同意后，向所在地省级人民政府公安机关治安部门申报。

3. 配备守护、押运用枪单位的公务用枪购置计划，统一向所在地设区的市级地方人民政府公安机关治安部门申报，由其汇总后上报省级人民政府公安机关治安部门审核。

三、其他系统的枪弹计划购置

其他系统的枪弹计划购置见《公安部关于贯彻执行〈公务用枪配备办法〉有关事项的通知》（粤公通字〔1998〕272 号）。

项目四　警用枪械的运输

一、运输枪支安全规定

任何单位或者个人未经许可，不得运输枪支。需要运输枪支的，必须向公安机关如实申报运输枪支的品种、数量和运输的路线、方式，领取枪支运输许可证件。在本省、自治区、直辖市内运输的，向运往地设区的市级人民政府公安机关申请领取枪支运输许可证件；跨省、自治区、直辖市运输的，向运往地省级人民政府公安机关申请领取枪支运输许可证件。

没有枪支运输许可证件的，任何单位和个人都不得承运，并应当立即报告所在地公安机关。公安机关对没有枪支运输许可证件或者没有按照枪支运输许可证件的规定运输枪支的，应当扣留运输的枪支。

运输枪支必须依照规定使用安全可靠的封闭式运输设备，由专人押运；途中停留住宿的，必须报告当地公安机关。

运输枪支、弹药必须依照规定分开运输。

严禁邮寄枪支，或者在邮寄的物品中夹带枪支。

二、运输枪支申领许可证件

在本省、自治区、直辖市内运输枪支的，向运往地设区的市级人民政府公安机关申请领取枪支运输许可证件。跨省、自治区、直辖市运输，向运往地省级人民政府公安机关申请领取枪支运输许可证件；出口枪支的国内运输，凭公安部《中华人民共和国出口枪支、子弹国内运输申报单》向交货口岸所在地市级人民政府公安机关申请领取枪支运输许可证件。

三、运输枪支的有关规定

1. 有专职的押运人员，驾驶、押运、搬运人员必须政治可靠，责任心强，并经过必要的技术培训和安全教育，同时，确定运输负责人，明确任务，落实责任。

2. 承运车辆必须符合交通运输部门和有关部门的技术规范要求，必须使用安全可靠的封闭运输设备。

3. 枪支、弹药必须依照规定分开运输，包装符合有关要求。

4. 必须按运输许可证上指定的路线、时间、方式运输。

5. 运输途中须停留住宿的，必须报告当地公安机关。

6. 运输途中枪支被盗、被抢或者丢失时，应立即向案发地的公安机关报告。

7. 运输中发生交通事故或其他问题时，应及时报警，请当地公安机关协助解决。

四、检查运输枪支车辆时的注意事项

1. 检查时必须先出示合法证件。

2. 检查运输枪支车辆有无运输许可证和专职押运人员；对无枪支运输许可证件的，应当扣留运输的枪支。

3. 检查时发现问题的，应迅速将车辆带至就近的公安机关或安全的地点，确保运输枪、弹的安全。

项目五 枪支的入境和出境

国家严格管理枪支的入境和出境。任何单位或者个人未经许可，不得私自携带枪支入境、出境。

外国驻华外交代表机构、领事机构的人员携带枪支入境，必须事先报经中华人民共和国外交部批准；携带枪支出境，应当事先照会中华人民共和国外交部，办理有关手续。依照规定携带入境的枪支，不得携带出所在的驻华机构。

外国体育代表团入境参加射击竞技体育活动，或者中国体育代表团出境参加射击竞技体育活动，需要携带射击运动枪支入境、出境的，必须经国务院体育行政主管部门批准。

上述外国驻华外交代表机构、领事机构的人员及外国体育代表团以外的其他人员携带枪支入境、出境，应当事先经国务院公安部门批准。

经批准携带枪支入境的，入境时，应当凭批准文件在入境地边防检查站办理枪支登记，申请领取枪支携运许可证件，向海关申报，海关凭枪支携运许可证件放行；到达目的地后，凭枪支携运许可证件向设区的市级人民政府公安机关申请换发持枪证件。

经批准携带枪支出境的，出境时，应当凭批准文件向出境地海关申报，边防检查站凭批准文件放行。

外国交通运输工具携带枪支入境或者过境的，交通运输工具负责人必须向边防检查站申报，由边防检查站加封，交通运输工具出境时予以启封。

项目六 警用枪械的维护保养与监督检查

【案例 3-3】枪台上手枪自动连发

2008 年 7 月 14 日上午 8 时 30 分，浙江临海市巡特警大队在局机关室内靶场，进行半年一度的实弹射击考核。第一组的考核刚完，第二组的警员便在靶位上就位。警员章某的靶位是 6 号，来检查枪支时，他发现所持六四式手枪无法击发，便向射击指挥员、巡特警大队大队长朱某报告。朱某排除了故障后，将子弹重新上膛，放在枪台上。这时，枪台上的手枪，在无人触摸的状态下，自动射击，同时随着射击时产生的冲击力，手枪在枪台上自动顺时针跳转，连发数弹。当时，几名民警在场，手枪横扫，不小心就会致命。子弹打到第二发时，朱某用右手压住枪柄，想控制住枪旋转，可冲击力太大，单手无法控制，朱某急忙用左手死死按住枪口。子弹直接穿过朱明掌心，枪震开朱某双手，反弹后落地。

"我用了 25 年的枪，从未见过这阵势。"事后，朱某说，他的掌心被射穿。所幸枪支落地时，子弹已射完，没伤到其他民警。

【案例 3-4】印度海军参谋长手枪走火一枪"爆头"身亡

据印度媒体 7 月 8 日报道，当地时间 7 月 7 日上午，现年 51 岁的印度海军南方司令部参谋长、印度著名的反潜专家萨蒂延德拉·辛格·贾玛瓦尔少将在印度科钦军港的一条战舰上神秘死亡。由于贾玛瓦尔是印度著名的反潜战专家，印度媒体称他的意外身亡是印军的重大损失。印度海军发言人称，贾玛瓦尔当时在舰上一个轻武器射击训练场检查一支出现故障的手枪时，由于枪支"意外走火"，子弹直接命中他的头部，导致他当场身亡。

据现场目击证人——印度海军"凡杜卢希"号舰长、海军准将库玛尔介绍，贾玛瓦尔当时想亲自进行射击训练，一开始他拿的是印度产的 INSAS 步枪，随后他又抓了一支 9mm 口径的意大利产"伯莱塔"手枪。谁知连打两枪都是"哑火"。无奈之下，贾玛瓦尔把枪拿起来近距离端详，不想就在这时枪支"意外走火"。库玛尔回忆道："枪口当时正对着他的脑袋，突然枪支走了火。"虽然贾玛瓦尔被立即送往医院抢救，然而尚未被抬上手术台便已气绝身亡。

问题思考

1. 手枪怎么会自己连发射击？

2. 怎样才能避免枪械出现自动击发的情况？

3. 怎么才能安全排除枪械故障？

各配枪单位的公务用枪购置和弹药补充，必须严格按照公安部规定的购置程序执行，不得违反规定自行购置枪支弹药。

一线实战单位必须严格按照有关标准配备子弹，消耗时必须及时补充；县级公安机关武器库必须配足备用子弹。

公务用枪使用后要及时进行擦拭保养，防止锈蚀。存放在枪支弹药库（室）的枪支由枪支保管员每季度保养一次；个人存放的枪支由佩枪民警每月保养一次；常用枪支，平时执勤后应用油布擦拭枪支表面，并保持每两周分解擦拭一次。实弹射击后，应及时分解擦拭。

保养后枪支状况必须达到以下标准：①扳机引力正常；②击针无腐蚀、损坏，活动自由；③枪管无腐蚀；④保险机按压灵活；⑤抓弹钩活动自由；⑥弹匣及套筒干净、无损坏；⑦击锤簧弹力足。

枪支保养应注意的事项：①射击和污染后及时擦拭；②平时经常擦拭，防止污染、锈蚀；③应放在干燥和通风之处，注意防潮、防淋、防晒；做到不碰摔、不丢失；④应定期组织或结合枪支管理检查工作组织开展枪支保养检查，主要检查枪支的擦拭、保管及其配套管理制度的落实情况。抽查枪支外观保护、清洁和送弹、击发、保险等性能；在执行任务前，以及射击训练前，统一检查枪支的送弹击发和保险机构可靠状况。

擦拭保养枪支应注意的事项：①检查弹仓、弹膛留弹情况，看有无枪弹，若有，要取出弹匣，退出子弹；②检查外部，看有无污垢、锈痕和碰伤、裂缝、变形折断等及准星、照门坚固性，机件号码一致性；③检验枪膛，看有无锈蚀、油污、灰尘和损伤等；④检查机能，装上数发教练弹，送入枪支，拉套筒数次，检查输弹、送弹闭锁、击发、开锁、退壳及保险机能是否正常；⑤检查附品和子弹，看附品是否齐全完好，子弹有无生锈、凹陷、裂缝，弹头松动等；⑥检查枪支时，避免无弹空发，以免损坏击针；⑦严禁枪口对人，防止枪支意外走火致人伤亡。

省级人民政府公安机关对所属各级公安机关、各配枪单位公务用枪管理工作进行定期检查和不定期抽查。对所属的枪支弹药储备库，由装备财务部门和治安管理部门负责每半年检查一次并做好检查记录。

设区的市级人民政府公安机关对所属配备枪支单位的公务用枪管理工作应一个季度检查一次，县级以下配备枪支单位对本单位公务用枪管理情况应一个月检查一次。

配备枪支单位应对所配枪支的管理、配备、使用、储存、领退情况进行经常检查，发现问题应当及时整改，消除隐患。

枪支管理涉及公安机关的多个部门，各个部门要互相配合、互相合作，共同做好枪支管理工作。治安部门是枪支管理的主管部门，负责对配枪单位的公务用枪管理工作进行监督、检查；政工人事部门负责协同治安部门对配备枪支单位中申请佩带、使用枪支的人民警察进行资格审核，掌握佩带、使用枪支的人民警察中不宜佩带、使用枪支的情况，决定取消或暂时取消其佩带使用公务用枪的资格。装备财务部门负责配备枪支单位的公务用枪购置计划的编制、供应和勤务保障工作。警务督察部门负责对人民警察公务用枪的佩带、使用、保管进行督察，对不按规定携带枪支进行纠正；纪检监察部门负责查处违法违规使用公务用枪的案件。

项目七　警用靶场管理

一、人员职责及分工

靶场人员通常分为靶场主管、靶场数据员、靶场监督员，其作用是：①保障设备正常运转；②及时排除安全隐患。

（一）靶场主管

1. 决定可以使用的枪型和弹药。

2. 保证靶场可安全使用。

3. 定期组织靶场工作人员对靶场相关设施进行检测。

（二）靶场数据员

1. 对受训学员训练时间、训练枪型、训练子弹数量（型号）、进行登记。

2. 对每次训练使用的子弹种类、型号、数量进行登记。

3. 使用前对子弹进行登记，使用后对弹壳进行回收。

4. 设置报警指示，当靶场使用子弹数达到一定数额时，提示清理或维护截弹区，及时排除危险隐患。

（三）靶场监督员

1. 对靶机地面、墙体、顶面、靶机、控制台定期进行测试，发现问题及时上报维修。

2. 对截弹区进行定期检测，定期查阅靶场使用的子弹数。

二、场地维护

射击训练对靶场安全性要求高，如果出现异常情况不及时处理，可能会造成严重后果，因此要对靶场进行及时有效的维护，靶场维护需要注意以下几个问题：

（一）定期排查

靶场主管要定期对靶场相关设备进行性能检测，如对地砖、墙砖、天花板、靶机、截弹、通风、降噪等进行检查。

（二）专人管理

室内靶场排风及照明系统通常功率都比较大，如果操作不当，很容易造成风机、照明、靶机等电子设备的损耗，降低使用寿命，甚至烧毁电机。因此，靶场使用不但需要规范的操作流程来保障各个设备正常使用，而且还需要有专人管理，保证设备的正常运作，为教学提供保障。

（三）及时维护

靶场内截弹区、地面、墙面、顶面都属于易损区域，损坏后容易造成子弹反弹伤人，因此要定期检查评估并及时维护。在这些易损区域中，靶场截弹区是靶场内最容易发生损耗的区域。靶场管理员要根据枪弹使用情况定期评估截弹区，发现截弹区有安全隐患时要及时维护，如发现截断区胶帘有空洞时要及时更换，截弹钢板裸露时要及时用橡胶砖覆盖等。有安全隐患又未及时排除的，靶场管理员有权决定是否使用靶场。

（四）定期启动

靶场内有电脑、遥控靶、摄像机等电子设备，训练时这些电子设备使用率高（每周甚至每天使用），不会受潮、发霉，但在没有训练任务时，为防止这些电子设备受潮损坏，要求靶场管理员定期开机加热，一般一周至少开启一次，一次不少于两个小时。

（五）及时清理

靶场实弹射击训练时会有一些没有完全燃烧的残余火药散落在地砖缝内，日积月累、越聚越多，如果遇到火花，可能会起火甚至爆炸，管理员必须用防爆吸尘器定期对地板进行清理，防止意外发生。

三、数据库建设

现代化的靶场硬件建设应能保证训练过程中所产生的数据的采集和处理，对靶场枪弹的使用量进行统计，便于科学维护；还要对靶场枪型、弹型进行登记，便于安全管理。

（一）枪弹的使用情况登记

枪弹使用情况登记：一是对受训学员每次训练使用的各种型号子弹的登记；二是

对该靶场内使用的各种弹型、数量进行统计，便于有效地分析用弹的弹型、数量和靶场各种设施损耗情况的关系，确定靶场维护的周期和时间，从而预判维护时间，提前做好维护计划，保障射击训练不会因靶场维护受到影响；三是通过对弹型、数量的统计，确定单位时间靶场的训练饱和度，合理规划靶场使用计划。

通过数据库的统计可以清楚地了解靶场用弹的数量，并在数据库内设置预警值，到了预警值数据库就会发出提示，便于提前做好相应方案。

（二）使用后对弹壳进行回收

弹壳回收登记是靶场管理的一个容易疏漏的环节。国内靶场对弹壳管理比较随意，对于很多受训学员把弹壳带离靶场不加限制，这种做法有安全隐患。因为受训学员把子弹带离靶场后很难把控，有可能被有企图的人利用。规范的靶场管理应该对弹壳进行回收，以大大减少危险隐患。

（三）各弹种对靶场截弹系统射效

实战中使用的子弹通常分为钢芯弹和铅芯弹，钢芯弹穿甲性能好，停止性能差；铅芯弹（国外称为"巴拉贝鲁姆"弹）停止性能强，穿甲性能差。靶场训练使用钢芯弹射击，因其穿甲性能强，对靶场截弹系统破坏力也强；而使用铅芯弹射击，铅芯弹撞击截弹系统后容易造成铅污染，因此钢芯弹和铅芯弹都不适合在靶场训练时使用。欧美国家靶场使用的手枪射击子弹经过专门设计，如将弹头改为尖头，增加穿透效果，降低对防弹帘的破坏力，弹头的材料用环保材料，粉碎后不会造成空气污染。

项目八　其他管理规定

《枪支管理法》第3条规定，国家严格管制枪支。禁止任何单位或者个人违反法律规定持有、制造（包括变造、装配）、买卖、运输、出租、出借枪支。国家严厉惩处违反枪支管理的违法犯罪行为。任何单位和个人对违反枪支管理的行为有检举的义务。国家对检举人给予保护，对检举违反枪支管理犯罪活动有功的人员，给予奖励。第4条规定，国务院公安部门主管全国的枪支管理工作。县级以上地方各级人民政府公安机关主管本行政区域内的枪支管理工作。上级人民政府公安机关监督下级人民政府公安机关的枪支管理工作。

发生违规使用枪支案件和枪支被盗、被抢、丢失或其他事故的，必须立即向上级主管部门报告，同时抄报公务用枪管理的其他职能部门。

配备公务用枪的人员不再符合持枪条件时，由所在单位收回枪支和持枪证件，并将持枪证上报省厅核销。

对公安机关内部调动、岗位交流的配枪民警，跨县（市、区）的必须将单位变动情况报地级以上市公安局治安部门登记备案，跨地级以上市的需到省厅治安管理局重新申办持枪证。配发的枪支必须留在原单位，严禁在岗位交流时将配备枪支一同带走。

《枪支管理法》第48条规定，制造、配售、运输枪支的主要零部件和用于枪支的弹药，适用本法的有关规定。

单 元 四

警用枪械的保管

知识目标

1. 弹药库的标准。
2. 枪械保管的规定。

能力目标

1. 掌握枪支弹药的领用方法。
2. 掌握枪械的保管方法。

《枪支管理法》第23条第1、2款规定，配备、配置枪支的单位和个人必须妥善保管枪支，确保枪支安全。配备、配置枪支的单位必须明确枪支管理责任，指定专人负责，应当有牢固的专用保管设施，枪支、弹药应当分开存放。对交由个人使用的枪支，必须建立严格的枪支登记、交接、检查、保养等管理制度，使用完毕，及时收回。

法律责任：公安部《公安机关公务用枪管理使用规定》第42条，各级公安机关及其所属配枪部门有下列行为之一的，在调查期间可以对有关责任人采取停止执行职务、禁闭的措施。调查结束后视情给予通报批评、调离岗位等组织处理；构成违纪的，给予相应的纪律处分；构成犯罪的，移送司法机关追究刑事责任：①违反《公务用枪配备办法》规定配备枪支的；②不按规定对所配枪支加载电子枪证的；③未按规定储存、保管枪支的；④未按规定落实枪支弹药库（室、柜）值守制度的；⑤不执行枪支领取、交还审批登记制度的；⑥擅自购置枪支的；⑦不上缴报废枪支的；⑧未有效履行公务用枪管理职责造成后果的；⑨法律、法规和规章规定的其他情形。

项目一　警用枪械保管的有关规定

集中保管的有关规定：

1. 地级以上市公安机关的枪支弹药要实行集中保管，设立专门的枪支弹药库（室），枪、弹需分库（室）或分柜存放。

2. 县级公安机关和各级公安机关的科、所、队等一线实战部门的枪支弹药原则上要实行集中保管，设立专门的枪支弹药库（室）或枪弹保险柜。

3. 按有关文件规定，配枪在一定数量以上和配备冲锋枪的派出所、看守所、戒毒所必须集中保管，设立专门的枪支弹药库（室）。配枪不足一定数量的派出所、看守所、戒毒所，必须集中保管，在所内设立枪弹保险柜。

4. 交警、巡警、刑警支队（大队）枪支弹药必须集中保管，设立专门的枪支弹药库。市独立办公的交警中队的枪支弹药保管可按照派出所标准设立；城市内固定的 24 小时巡警执勤点实行交接使用制度，换班不换枪，由接班的民警接收公用手枪。

5. 办公场所偏远，不具备集中保管条件的；地处城镇、城郊、农村的派出所，因办公用房简陋，租借的办公用房不具备集中保管条件。符合上述条件配备的公务用枪支弹药经县级公安机关一把手审批，可交由民警个人存放。个人保管枪支弹药的，必须设立不低于防盗保险柜国家标准（0810409—2001）中 A 类防盗保险柜标准的小型保险柜；必须配备枪纲、枪套、弹匣式枪锁等装具。

有下列情形之一的，个人保管的枪支必须集中保管，本单位不具备集中保管条件的交由上一级公安机关集中保管：①休假、病假、探亲、旅游等非警务活动期间；②脱产学习、培训期间；③外出参加会议、长期借调在外和参加其他无携枪必要的公务活动；④其他不宜由个人保管枪支的情形。

6. 冲锋枪、突击步枪、自动步枪、狙击步枪、班用机枪和防暴枪等枪支必须集中保管。

项目二　枪支弹药库（室）的标准

枪支弹药库（室）的标准：

1. 必须安装防盗门、铁栅窗。防盗门要符合国家有关标准，铁栅窗钢筋直径不少于 12mm，栅杆间距不得超过 10cm。避免临街设立，有条件的要避免在一楼设立。

2. 必须安装双锁。（略）

3. 必须安装符合国家有关标准的设施，有条件的必须与"110"联网。

4. 枪、弹同库（室）时必须分柜存放，枪膛内不得留有子弹。

5. 必须做好防火工作，库（室）安全防范区域内必须设置明显的防火标志，配备灭火器材，严禁吸烟，严禁携带火柴、打火机等火种进入库（室）。

6. 必须做好防热、防潮工作，库（室）内温度最高不超过 30℃，相对湿度不超过 70%，高温、潮湿地区的库（室）必须安装降温和除湿设备。

7. 必须使用符合要求的设施存放枪支弹药，配备专职枪管员，实行 24 小时值班制度。

项目三　警用靶场建设规范

靶场（图 4-1、2、3、4、5）建设主要考虑以下几个因素：安全、环保、通风、降噪、截弹、靶机、照明，其中安全、环保、通风是首先要考虑的问题。

图 4 - 1　香港惩教署室外靶场

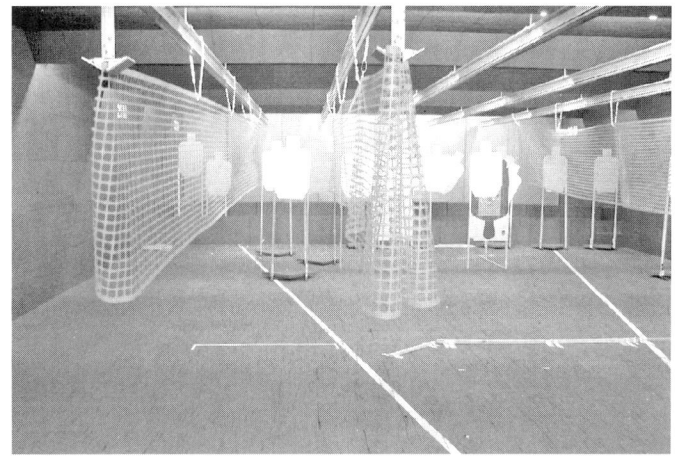

图 4 - 2　香港惩教署室内靶场

图 4 - 3　东莞市公安局室内靶场

图 4 - 4　室内靶场

　　室内靶场建设七大因素：一是靶场的安全问题，是否会因子弹反弹伤人。二是靶场的环保问题。国内许多靶场因材料不达标，造成味道大，污染严重。三是通风问题。如果通风不好，射击时产生的烟雾就不能及时散去，烟雾内含有害物质等成分，对人体有严重的危害。四是降噪问题。射击时发出的声音分贝为 80～100，对人的听觉会造成伤害。担任射击课时间较长的教官都有神经性耳聋的职业病，因此靶场的降噪处理对靶场使用者的听觉保护作用很大。通常做法是靶场建设使用有吸音作用的材料，还有在训练时要佩戴专业耳罩。五是截弹问题。截弹区是子弹射击的区域，应该是便于收集弹头的区域，并且尽量使用不容易使弹头破碎的材料，以防止弹头破碎造成污染。六是靶机问题。靶机既要满足训练的需求，又要经久耐用。七是照明问题。照明系统不但要满足训练场光亮需要，还要满足可以模拟多种实战情景光线下的射击训练的需要。

图 4 - 5　室内靶场

一、安全及降噪

靶场的安全及降噪问题，通常指的是靶机要有防跳弹功能，地面、墙面、顶面的建设也要有防跳弹和降噪的功能，并且所使用的材料要符合国家环保标准。

防跳弹功能主要是防止受训警员在实弹训练时发生子弹反弹跳弹现象，以确保受训人员的安全。现在射击靶场内地面通常用防跳弹橡胶地砖，在固定靶机前方放置斜坡式挡弹墙，在斜坡式挡弹墙上内置高强度钢板，外置高弹性橡胶砖，使穿过高弹性橡胶砖的弹头正面直接碰撞钢板，消耗能量，形成的碎片被橡胶砖阻挡无法反弹，最终落到钢板和橡胶砖之间。这样既可消耗射入弹头的部分能量，又可阻止弹头碎片飞溅，而且美观易维护、可局部更换。

消音功能是指靶场地面、顶面、墙面所使用的材料要有吸音作用（使用吸音材料），及时吸收手枪射击时的枪声、降低混响时间、减少噪声。

（一）地面

地面建设要有三个功能：一是防跳弹功能；二是吸音功能；三是防火功能。地面的建设要着重考虑实弹训练时可能发生的子弹跳弹现象，跳弹很可能会反弹到受训学员身上，这是非常危险的现象，合格的地面在一定角度内不应发生跳弹现象。靶场枪械射击时产生的噪音很大，地面需要有吸音降噪功能。另外，射击过程产生的少量火药落到地面，日积月累有燃烧的可能，因此地面材料还要经过防火处理。

目前国际靶场地面通常铺设的橡胶砖，是一种叫 UV 聚氨酯丙烯酸树脂的材料，该材料为无黄变的聚氨酯丙烯酸树脂。该材料与大多数活性单体、聚氨酯丙烯酸酯、环氧丙烯酸酯完全互溶，柔韧性佳，耐火性佳，低收缩率、高弹性，于低温下有良好的粘结力，耐刮伤性和耐磨性好，附着力强，光泽度和丰满度高，比较适合做靶场的地砖。靶场地面铺设的橡胶砖要环保安全，甲醛含量要达到国家室内环保 E1 或 E2 标准，E1 标准要求甲醛释放量 1.5mg/L（可直接用于室内），E2 标准要求甲醛释放量 <5.0mg/L（必须在饰面处理后可达到 E1 级方可用于室内）。防跳弹能力要求用 9mm 及 7.62mm 手枪弹以 30 度及 30 度以上夹角射入地面橡胶砖时，弹头不得从射入同侧表面逸出，通常要求地砖至少在 50mm 以上的厚度。

（二）墙面

墙面建设要有三个功能：一是防跳弹功能；二是吸音功能；三是防火功能。墙面使用龙骨架、防火吸音棉、环保安全（无甲醛或甲醛含量达到 E1 级以上）防跳弹胶砖进行铺设，要求固定用的金属螺丝不得露于外表面。要在墙内添加防火吸音棉进行吸音处理，及时吸收射击时的枪声，降低混响时间，减少噪声。依靠墙面所使用的吸音物质进行降噪，及时吸收与消减实弹发射时产生的噪声。所用材料要选用阻燃材料或经防火处理后的材料。靶场左右两侧墙面呈锯齿状，以避免产生回响，降低室内靶场（图 4－6）的噪音。墙面的吸音材料与电影院墙壁所使用的材料类似。

图 4－6　室内靶场

（三）顶面

顶面建设要有三个功能：一是防跳弹功能；二是吸音功能；三是防火功能。顶面安全防护使用龙骨架吊装分层阶梯式斜置 9mm 钢板（防锈处理）、防火吸音棉、35mm 防跳弹胶砖进行铺设（与地面夹角约 30°～35°），确保从射击位置以正常立姿射击时失准子弹不会形成反弹。

二、通风

通风系统建设要有两个功能：一是室内换气功能；二是排除污染功能。通风系统要使靶场内的空气实现每三分钟换气一次，以排出场内因枪械发射产生的铅蒸气和未燃尽火药的剩余物，控制场内的空气污染。进风口设置在射击地线后方通道顶棚和靶区侧面，排气口分别设置在射击棚上安全天花板与收弹器处，以使空气沿射击方向平均经过射击地线而流通，并最终将已污染的空气由场内彻底排出。进排风管道均需作消声处理。

（一）靶场内

通风系统要使靶场内的空气维持不小于 12m/min 的空气流动速度，或实现每三分钟换气一次，以排出场内因枪械发射产生的铅蒸气和未燃尽火药的剩余物，控制场内的空气污染。室内空气流动速度低于 12m/min，不利于污染物快速排出。

（二）风口位置

通风口采用的是后进前出的方式，通常采取多进多出的方式，射击区最后方设置一排进风口，数量一般以已有靶位数为准，风口朝向射击方向；在射手头部后上方设计出风口，有利于让射击产生的污染物迅速前吹；设置第二排进风口，风口朝向前下方 45°。两个进风口均用百叶窗式进风或圆小孔进风，以使进风均衡柔和。排气口设置在射击棚上安全天花板处，以使空气沿射击方向平均经过射击地线而流通，并最终将已污染的空气由场内彻底排出。在射击位左墙面可以在设置多个进风口，位置是在射击位附近每隔一米开个进风口，15m 到 50m 后每隔两米开个进风口。在左侧墙的相同位置设置出风口。

（三）排风量

排风量要达到室内空气约三分钟可更换一次的要求，风量大小可以进行分档调节，并可以自动设定进风机和排风机的工作功率。进风口进风量要小于排风口排风量，也就是说进风口风机功率要小于排风口风机功率，这样才能形成室内外的负压，让室内空气在室内外负压的作用下迅速向前流动，排出污染物。同时，要注意进风口进风量和排风口排风量也不能过大，太大容易使室内空气中形成涡流，由此产生的涡流污染物很难排出去，风机功率过大也会产生较大的噪音。

（四）噪音控制

排、进风管道要做隔声、消声、隔震处理，减少排风时产生的空气振动，以及最大限度地避免将风机的噪音传递到室内。噪音控制要求当风机以最大功率工作时，室内噪音达到城市环境噪音 II 类标准，即不高于 60db。

三、截弹

截弹系统主要用于削减实弹射击时的子弹能量、降低实弹射击的弹头污染、避免实弹射击时的子弹反弹、保证射击训练人员的人身安全及设备安全。收弹器安装于靶场后端用于承受发射后手枪子弹的撞击与收集，适用于各类手枪弹。

截弹系统国内传统方式是采用轮胎和沙堆，这两种截弹方法的缺点是占用面积大，优点是使用成本低。近年来，靶场较多采用的是胶帘式截弹系统，胶帘式截弹系统，通常分两种：

第一种是采用"防弹钢板 + 多层垂直斜悬挂胶帘 + 防跳弹胶帘"的方式（图 4 - 7）。防弹钢板厚 9mm 以上，垂直斜悬挂胶帘采用材质厚为 600mm 和 800mm 的 UV 聚氨酯（应环保安全，无甲醛，或甲醛含量达到 E1 级以上），分上下两层，以降低破损后的修复率，降低使用成本。

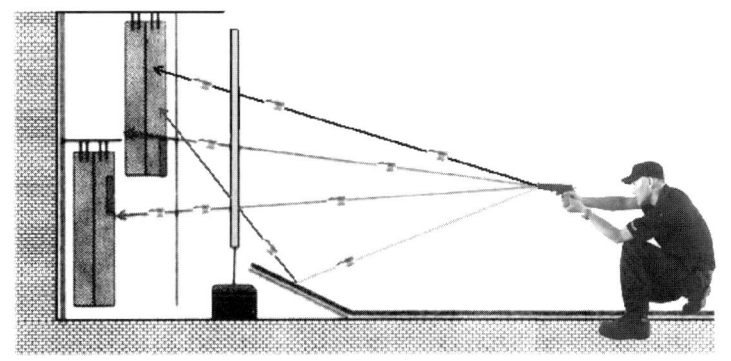

图 4 - 7　胶帘式截弹系统

防跳弹胶帘要求为：环保安全（无甲醛或甲醛含量达到 E1 级以上的高弹力胶帘），任意卷折弯曲不断裂，厚 6 ~ 8mm，材料要求在 25mm × 25mm 的方形区域内用 9mm 的子弹射击 30 发不会形成孔洞。

第二种是吸附式收弹器截弹系统，该截弹系统分为顶部 1m 及底部 1m 收弹器（图 4 - 8）。

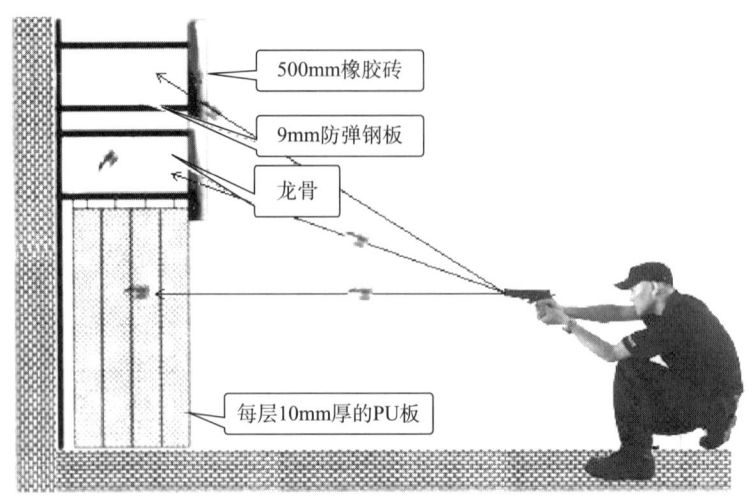

图 4 – 8 收弹器截弹系统

顶部 1m 收弹器主要材料为 9mm 防弹钢板，钢板表面作防锈处理，中部为防腐木，收弹器表面覆盖 500mm 厚的橡胶砖，既可消耗射入弹头的部分能量，又可阻止弹头碎片飞溅，而且美观易维护，可局部更换，暴露在受弹面的橡胶砖弹性佳，耐撞击；子弹穿透后，弹孔闭合，反复使用不易损坏；可局部更换表面橡胶砖，维护更换方便。底部 1m 收弹器又称多层 PU 板式收弹器，多层 PU 板式收弹器背面为一层厚 9mm 以上的高强度防弹钢板，中部为三层 10mm 厚的 PU 板。收弹器外面挂一层高弹性橡胶帘，既可消耗射入弹头的部分能量，又可阻止弹头碎片飞溅。受弹面的 PU 板弹性高，耐撞击；子弹穿透后，弹孔会自然闭合，而且美观易维护，又可局部更换。该收弹器安全、可靠、环保，无铅尘产生，PU 板设置为三层斜向布置，与墙面角度成 20°，PU 板厚度为 10mm，宽度为 500mm，更换方便。

四、靶机系统

靶机系统是保障各种射击训练正常开展的重要环节，通常分为起倒靶、侧转靶、横向移动靶、多向移动靶。

（一）起倒靶

1. 靶机可供使用警用手枪、霰弹枪、微冲等枪进行实弹射击训练；同时可通过更换靶板的方式，使用激光枪进行模拟射击训练，满足不同层次的进阶训练需求。

2. 靶机可通过主控室电脑进行独立控制，也可以进行编组控制。

（二）侧转靶

1. 靶机可供使用警用手枪、霰弹枪、微冲等枪进行实弹射击训练；同时可通过更换靶板的方式，使用激光枪进行模拟射击训练（另配模拟枪和仿真枪），满足不同层次的进阶训练需求。

2. 靶机可通过主控室电脑进行独立控制，也可以进行编组控制。

（三）横向移动靶

1. 采用轨道引导、直线运行方式，模拟射击目标穿越开阔地带。

2. 靶车平台上配置一套侧转靶机，靶机在承载轨道上由驱动电机牵引钢丝绳进行运动，速度可调，并可通过计算机/控制器实施操作，可自动完成靶标启动、加速、减速、停止、返回等全部标准运动程序，并可对靶标的命中情况进行统计、存储及打印。

3. 侧转靶机配置导电橡胶靶板，侧转动作灵敏快捷，侧转90°运动时间采用电脑控制。

（四）多向移动靶

轮式移动，可在靶场地面沿纵向、横向移动（可模拟持械暴徒向民警冲击的动作及横向跑动暴徒的动作），能用电脑程序设置隐显时间间隔，可以使用手持式移动设备（如手持触屏式平板电脑等）进行靶机手动控制和自动控制。

五、照明系统

照明系统能为训练人员提供较好的射击环境，照明系统的设计必须使受训人员能够达到最佳视觉，不会因视线或照明效果而影响射击水平。靶面照明设置在10m、15m、25m、35m、50m射距处，符合靶面照明要求且避免其他光线在靶面上形成阴影。

（一）泛光照明

要求全场泛光照明照度均匀，泛光照明以 LED 光源为主，要求以白、黄两色光源进行混合照明，尽量接近自然光，色温在 4500～6000K。

（二）射击位照明

7m、10m、15m、25m、50m 射击地线各设置一排独立照明光源（可与全场泛光照明合为一体，色温要求同泛光照明一致），光照强度可以分档调节或无级调节，要求在 1.4m 的高度上照度为 100～300Lux（照度可在 100Lux、150Lux、200Lux、300Lux 之间进行调节），不同的区域可调节不同的亮度，以适应训练需要。顺光、逆光的亮度也可调，以便模拟自然界的不同光照。不同的区域可单独选用，可以分路、分区控制，以便按训练要求模拟各类光照条件。照明控制开关与靶机控制开关整合，可用移动手持式设备进行控制。

（二）靶面照明

要求靶心垂直照度为 1000Lux，靶面照明通常设置在 10m、15m、25m、35m、50m射距处，要求且避免其他光线在靶面上形成阴影。

六、各种靶型（图 4 – 9、10、11、12、13、14）

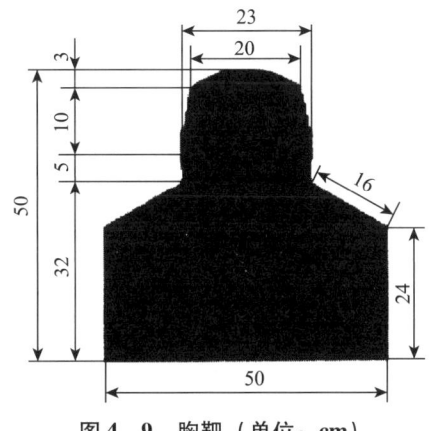

图 4 – 9　胸靶（单位：cm）

图 4 – 10　胸环靶（单位：cm）

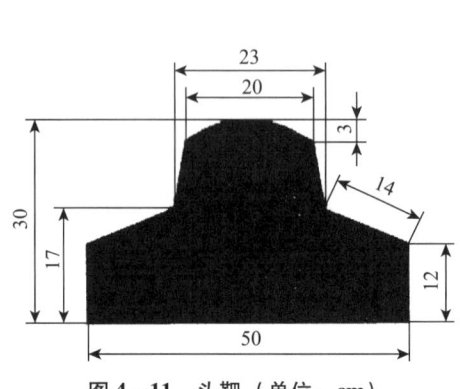

图 4-11　头靶（单位：cm）

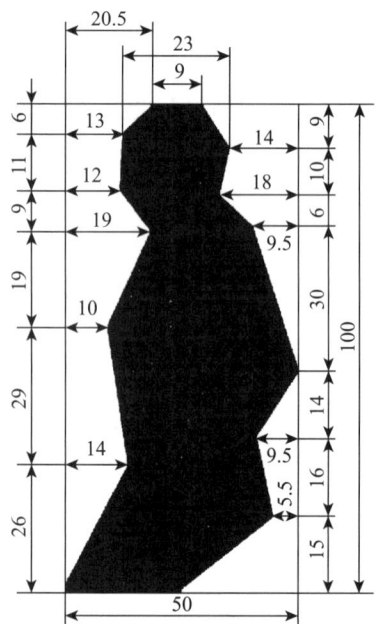

图 4-12　侧身跑步靶（单位：cm）

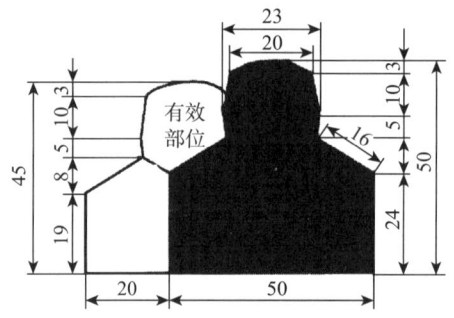

图 4-13　双头靶（单位：cm）

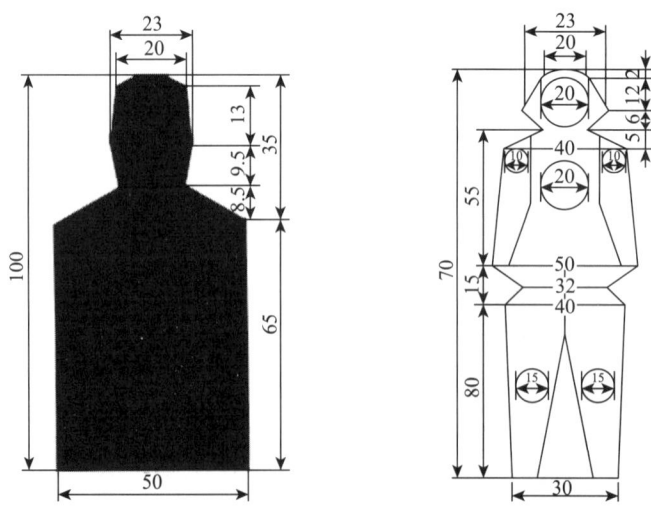

图 4-14　半身靶、人体要害部位靶（单位：cm）

项目四　枪弹保险柜标准

枪弹保险柜标准：

1. 不低于防盗保险柜国家标准（0810409—2001）中 A 类防盗保险柜标准，重量小于 340 公斤的，必须将枪弹保险柜固定在混凝土地面或墙壁上。

2. 必须安装双锁。（略）

3. 枪弹保险柜原则上要求安放在安全可靠的地方。

4. 枪、弹在同一保险柜存放时，必须在保险柜内设立分别存放枪、弹的小柜。（略）

5. 必须配备专职枪管员，实行 24 小时值班制度。

6. 派出所、看守所和戒毒所的枪弹保险柜内可设立一手枪一小柜，小柜钥匙由配枪民警保管。

项目五　枪支弹药的领用

一、申领枪支弹药的条件

1. 申请领用枪支弹药的单位必须符合《公务用枪配备办法》的要求，使用人员必须具有本人持枪证。严禁任何单位或个人借用枪支弹药。

2. 枪支弹药的领用以工作必需为原则，实行上班或执行任务时领用、下班或完成任务后交回的制度。

二、领用枪支弹药的程序

1. 申请领用枪支弹药，首先要填写《申领枪支（弹药）审批表》（表 4－1），注明申请单位、使用目的、使用人、持枪证号、使用起止时间和申请使用的枪支（弹药）的型号、数量等内容。

2. 经申请单位枪支管理责任人审查批准。

3. 枪支弹药库（室）枪管员审查《申领枪支（弹药）审批表》，审验领用审批手续和领用人的持枪证，并填写《收、发枪支弹药登记表》（表 4－2），准确登记领用枪支（弹药）的型号、数量、经办人、办理时间和使用目的。

4. 符合领用条件的，发放枪支（弹药）。

5. 申领人下班或任务执行完毕，必须立即将枪支（弹药）交回集中保管。超时未还的，枪管员催促领用人及时归还或补办继续使用手续。经催促仍不归还或不补办手续的，及时向申领人所在单位领导及主管枪支的局领导报告。

6. 枪管员对交回的枪支（弹药）进行查验，对情况正常，填写《收发枪支弹药登记表》（表 4－2），将枪支收回。

正常训练使用的除外，使用了枪支（弹药）的，要求领用人填写《枪支使用情况报告表》（表 4－3），写明枪支使用情况、弹药消耗情况及伤亡情况，并立即向主管局领导和治安部门领导报告有关情况。

表 4 - 1　申领枪支弹药审批表

申请单位			
使用目的			
使用人及持枪证号			
使用起止时间			
申请使用枪支弹药	枪型	数量	子弹
使用单位审查意见	签名：　　年　月　日		
枪支管理责任人审批意见	签名：　　年　月　日		
备注			

表 4 - 2　收发枪支弹药登记表

领用时间	枪型	枪号	枪证号	子弹（发）	领用目的	领用人	批准人	经办人	归还时间	归还人	经办人	是否如数归还	备注
日 时 分									日 时 分				

表 4 - 3　枪支使用情况报告表

使用人		单位	
持枪证号		职务	
使用时间		使用目的	
枪型		枪号	
枪证号		子弹	
使用枪支弹药 基本情况			签名：　　年　月　日
使用单位 审查意见			签名：　　年　月　日
备注			

项目六　枪支弹药的报废与销毁

一、枪支弹药的报废

《枪支管理法》第 27 条第 1 款规定，不符合国家技术标准、不能安全使用的枪支，应当报废。配备、持有枪支的单位和个人应当将报废的枪支连同持枪证件上缴核发持枪证件的公安机关，未及时上缴的，由公安机关收缴。报废的枪支应当及时销毁。

下列枪支应当及时报废：

1. 不符合国家技术标准的枪支。

2. 不能安全使用的枪支：①机件严重损坏，导致不能安全使用的枪支；②射击次数超过设计寿命，不能保证安全使用的枪支。

3. 各类杂旧式武器和已经换装淘汰的枪支。

二、枪支弹药的销毁

（一）销毁枪支（弹药）的程序

1. 配枪单位将需要销毁的枪支（弹药）进行清理、分类，并逐一登记造册，送市级公安局治安部门。

2. 市公安局治安部门制定销毁枪支（弹药）工作方案，并经单位领导批准。

3. 将方案报省厅治安部门和装备财务部门备案，同时将要销毁的枪支管理证件上交省厅治安部门。

4. 按照方案的要求，认真组织销毁工作，如没有技术条件或对销毁没有把握的，报请省厅治安部门统一组织销毁。

（二）销毁枪支（弹药）应注意的事项

1. 对要销毁的枪支（弹药）要逐一检验，确定无安全问题后再进行销毁。

2. 枪支运输、捆扎和装卸时要轻拿轻放，枪口朝无人方向，严禁用力磕碰、摔打，严防残留弹药走火伤人，同时要配备充足的押运力量。

3. 销毁现场要安排足够警卫力量，严防枪支（弹药）丢失、被盗、被抢。

单 元 五

警用枪械的携带使用

知识目标

1. 正确携带枪支的方法。
2. 使用枪械的法律依据。

能力目标

1. 掌握警察使用武器的原则。
2. 掌握枪械安全使用的原则。

项目一　枪支的携带

一、枪支携带方式

手枪必须系上保险绳，装在专用的手枪套内，贴腰佩带。执行警卫和特殊侦察任务时，在确保枪支安全的情况下，可以贴身灵活佩带。携带枪支必须同时携带持枪证件和人民警察证。

《枪支管理法》第25条第1项规定，配备、配置枪支的单位和个人必须遵守下列规定：携带枪支必须同时携带持枪证件，未携带持枪证件的，由公安机关扣留枪支。

下面这两种携带枪支的方法，都是严格禁止的：①将枪支弹药放在手提包里；②其他非规范携带方法，如放入车内离身携带。

二、携带枪支必须遵守下列规定

1. 非警务活动严禁携带、使用枪支。
2. 携带枪支必须同时携带《公务用枪持枪证件》（枪证与持枪证），所携带枪支的型号、枪号必须与持枪证件上的内容相一致。
3. 不得在经设区的市级以上人民政府公安机关确定的禁止携带枪支的区域、场所携带枪支。确因工作需要携带枪支途经上述区域、场所时，应将枪支寄存在当地公安机关治安管理部门或派出所并办理寄存手续。各级公安机关的治安管理部门或派出所要及时受理枪支寄存，不得推诿，确保寄存枪支的安全。

4. 不得携带枪支饮酒。

5. 非工作需要不得携带枪支进入饭店、商场和歌舞厅等公共娱乐场所。法律责任：《刑法》第 130 条规定，非法携带枪支、弹药、管制刀具或者爆炸性、易燃性、放射性、毒害性、腐蚀性物品，进入公共场所或者公共交通工具，危及公共安全，情节严重的，处 3 年以下有期徒刑、拘役或者管制。

6. 非执行任务需要不得用非制式装具携带枪支。

7. 不得使用所配枪支狩猎。

8. 不得出租、出借、转让、赠送、交换所配枪支。法律责任：违反枪支管理规定，出租、出借公务用枪的，比照《刑法》第 128 条的规定处罚。单位有前款行为的，对其直接负责的主管人员和其他直接责任人员依照前款规定处罚。

9. 不准将枪支交给非人民警察携带或保管。

10. 不得私自修理枪支或更换枪支零部件。

11. 枪支丢失、被盗、被抢或者发生其他事故，必须立即向当地公安机关和所在单位报告。法律责任：《刑法》第 129 条规定，依法配备公务用枪的人员，丢失枪支不及时报告，造成严重后果的，处 3 年以下有期徒刑或者拘役。

12. 接受枪支主管部门的查验和年度审验。

13. 其他法律法规的有关规定。

三、有下列情形之一的，非经特别许可不得携带枪支

1. 乘坐民航飞机。

2. 进入北京市区。

3. 执行警卫任务。

4. 其他特别规定的情形。

项目二 警用枪支使用的法律依据和法律责任

一、法律依据

1995 年 2 月 28 日第八届全国人民代表大会常务委员会通过了《人民警察法》，2012 年 10 月 26 日第十一届全国人民代表大会常务委员会第二十九次会议进行了修改，并自 2013 年 1 月 1 日起施行。《人民警察法》第 10 条规定："遇有拒捕、暴乱、越狱、抢夺枪支或者其他暴力行为的紧急情况，公安机关的人民警察依照国家有关规定可以使用武器。"《人民警察法》第 10 条就是公安机关人民警察在警务实战中可以依法使用武器的法律依据。

对于《人民警察法》第 10 条的理解，一方面，要把握其法律授权性，即国家法律依法授予了公安机关人民警察有使用武器的权力。解决了警察使用武器的法律依据，回答了"凭什么可以使用武器?"的问题。这一权力具有专有性和排他性。

同时，也要把握法律严格的限制性。从第 10 条的规定看，至少有四个限制：一是

"暴力行为"，非暴力行为不可使用武器。二是"紧急情况"，并非凡是暴力行为都可使用武器，还要分析是否处于紧急情况。三是必须是"公安机关的人民警察"，其他任何人无权使用武器。四是"依照国家有关规定"，警察使用武器不是随意使用，这不是警察的特权，必须严格依照国家的有关规定依法使用。

二、法律责任

《人民警察使用警械和武器条例》第 14 条规定："人民警察违法使用警械、武器，造成不应有的人员伤亡、财产损失，构成犯罪的，依法追究刑事责任；尚不构成犯罪的，依法给予行政处分；对受到伤亡或者财产损失的人员，由该人民警察所属机关依照《中华人民共和国国家赔偿法》的有关规定给予赔偿。"第 15 条规定："人民警察依法使用警械、武器，造成无辜人员伤亡或者财产损失的，由该人民警察所属机关参照《中华人民共和国国家赔偿法》的有关规定给予补偿。"

（一）违法使用武器的法律责任

根据《人民警察使用警械和武器条例》第 14 条的规定，违法使用武器的法律责任有两个构成要件：一是存在"违法使用武器"的行为。所谓违法使用武器的行为，是指人民警察违反《人民警察法》《人民警察使用警械和武器条例》等相关法律的规定使用武器的行为。《人民警察使用警械和武器条例》第 5 条第 2 款明确规定，人民警察不得违反本条例的规定使用警械和武器。因此，在认定法律责任之前，应该首先确认警察使用武器的行为是否违法。二是客观上造成"不应有的人员伤亡、财产损失"的结果。所谓"不应有的人员伤亡、财产损失"，是指与违法犯罪行为无关的其他人员的伤亡、财产损失。法律责任包括刑事责任、行政责任和民事责任：违法使用武器的行为构成犯罪的，依法追究刑事责任；尚不构成犯罪的，依法给予行政处分；对受到伤亡或者财产损失的人员，由该人民警察所属机关依照《国家赔偿法》的有关规定给予赔偿。

（二）依法使用武器的法律义务

人民警察依法使用武器的行为受法律保护，对造成的后果不承担法律责任。但根据《人民警察使用警械和武器条例》第 15 条的规定，人民警察依法使用警械、武器，造成无辜人员伤亡或者财产损失的，由该人民警察所属机关参照《国家赔偿法》的有关规定给予补偿。不同于"赔偿"，"补偿"是出于公平的原则，对无辜人员的伤亡或者财产损失给予适当的弥补。

项目三　警用枪支使用的目的和原则

一、警察使用武器的目的

《人民警察使用警械和武器条例》中多次重申警察使用武力的目的。第 1 条规定："为了保障人民警察依法履行职责，正确使用警械和武器，及时有效地制止违法犯罪行为……"第 4 条规定:"人民警察使用警械和武器,应当以制止违法犯罪行为……为原则。"第 11 条规定:"人民警察遇有下列情形之一的,应当立即停止使用武器:①犯罪分子停止实施犯罪,服从人民警察命令的;②犯罪分子失去继续实施犯罪能力的。"第 12 条规定:"人民警察使用武器造成犯罪分子或者无辜人员伤亡的,应当及时抢救受伤人员……"这些规定清楚而再三地强调警察使用武力目的只能是有效制止违法犯罪行为。击伤、击毙是手段,制止违法犯罪行为才是目的。

二、警察使用武器的原则

1996 年 1 月 8 日,国务院第四十一次常务会议审议通过了《人民警察使用警械和武器条例》,这是《人民警察法》的配套法规之一,是人民警察履行职责、行使职权的重要法律保障。根据《人民警察使用警械和武器条例》的规定,警察使用武器必须遵循以下相关原则。

（一）武力升级原则

《人民警察使用警械和武器条例》第 2 条规定:"人民警察制止违法犯罪行为,可以采取强制手段;根据需要,可以依照本条例的规定使用警械;使用警械不能制止,或者不使用武器制止,可能发生严重危害后果的,可以依照本条例的规定使用武器。"确立"武力升级原则"的目的是防止武力的随意使用,明显不应该使用武力的,绝不能随意乱用。

（二）依法使用武力原则

《人民警察法》第 10 条明确规定,警察"依照国家有关规定"可以使用武器,其他条文也多有"依法"两个字。依法使用武器是警察警务实战最显著的特点,也是警察警务实战最基本的要求。只有坚守"依法使用"原则,才能确保警务实战达到理想的效果。

（三）最小动用武力原则

《人民警察使用警械和武器条例》第 4 条规定:"人民警察使用警械和武器,应当以制止违法犯罪行为,尽量减少人员伤亡、财产损失为原则。"这条原则强调的是,即使在警察依法可以使用武力的情形下,也不能无限度地使用武力,主要目的是防止武力的"过度使用"。

（四）警察依法使用武力行为受法律保护原则

《人民警察使用警械和武器条例》第 5 条第 1 款规定:"人民警察依法使用警械和武器的行为,受法律保护。"

项目四　警用枪械安全使用的原则

【案例 5-1】民警身后飞来的子弹

2002 年 3 月 16 日 20 时许,某市某分局一派出所接到分局指挥中心布警:管界居民信某的妹夫柴某因赌博欠钱不还被绑架,犯罪嫌疑人索要赎金 8.5 万元,扬言"不送钱就要剁胳膊、跺脚、活埋"。次日，在获取柴某被扣压在某区某宾馆的重要线索后，派出所与刑侦支队立即研究布置工作方案，决定由派出所副所长带一支手枪，率4名派出所民警和2名刑警前去解救人质。

到达现场后，确认犯罪嫌疑人共有5人，合住在二楼207室，一直没有出来。副所长率6名民警上二楼实施抓捕。服务员打开房门。但门被屋内防盗链挂住，此时室内乱作一团。为保证人质安全，副所长率先踹门冲入，发现几个犯罪嫌疑人正从窗户蹿到阳台跳楼逃跑。副所长遂持枪冲上阳台翻身跳下，进行追捕，另一名民警跟着冲上阳台也准备跳楼增援副所长。这时，后面几名还没冲进屋内的民警听到"有人跳楼跑了"的喊声后，迅速转身下楼，绕到楼后堵截抓捕。此时，屋内只剩下一名赤手空拳的民警。副所长跳楼落地时失去重心（右脚骨折），持枪的右手碰撞在地面的铁板上，手指扣动了扳机，枪被击发，后续跳楼增援的民警不幸被击中牺牲。

此次行动，人质虽被安全解救，但一名民警被误伤致死，损失极为惨重。在警务实战中，由于枪支走火导致战友受伤、牺牲的情况还时有发生，有民警甚至感叹："执行任务时我最害怕的不是来自前方的子弹，而是来自后面同伴的子弹。"究其原因，在很大程度上与民警缺乏专门训练，没有养成良好的用枪习惯有关。对此，每一名民警都应切记：在使用枪支时的任何一次马虎，都不仅危及自己的生命，而且还可能对战友构成极大的威胁。

枪械作为警察执法常规装备，具有很强的杀伤力，用以制止犯罪或保护人民群众生命财产的安全。因此，枪械本身是非常危险的，如果警察在使用过程中稍有不慎，很容易出现走火伤人甚至致命的事故，从而承担比较严重的法律责任，这也是一些公安机关的民警不愿意使用枪支的原因所在。

问题思考

1. 民警手上的枪支为什么会走火？
2. 警察在执行任务时如何安全使用枪支？

一、所有枪支都视为子弹已经上膛

人的意识决定了人的行为。在一般人的意识中，子弹上了膛的枪，必定是危险的枪，而没有子弹的枪，必定是安全的。当意识到一支枪是子弹上膛状态时，几乎每一个人都会非常小心，害怕操作不慎引发事故，接受过训练的人都会严格按照操作规范进行操作，不敢做出诸如用枪指人等动作。而对于没有子弹的枪支，很多人觉得无所谓，往往随心所欲地做出很多不规范的动作，甚至用枪指向人做空枪击发。但事故往往就是在这时发生的，当很多人以为是空枪而开玩笑时，由于疏忽大意没有发现枪里有子弹，结果造成他人伤亡。错误的意识导致错误的习惯行为，只有完全改正这种错误的意识，无论有没有子弹的枪，都将其视为子弹已经上膛的枪，并且慎重对待，才可能做到安全用枪。

在使用枪支时，对于操作者而言，最为关键的是操作者的心态，出事故时往往都是因为操作者处于一种漫不经心的状态，或者说思想上太放松，过于麻痹大意，对手中的枪支存在的危险性没有警惕心。这在经过一段时间的训练后，特别是一些所谓的"老枪手"身上很容易出现。他们以为自己已经能很好地掌控枪支了，以为对一些安全要求也可以不用严格遵守了，但这才是最危险的时候。

因此，所有枪支都视为子弹已经上膛的原则对操作者的心态提出了严格的要求，也就是要让操作者对枪支重视起来，无论什么枪支都视为子弹已经上膛的枪，时刻提醒自己手里的枪就是个危险源，不可以掉以轻心，长此以往，才能形成一个安全的用枪习惯。

二、使用枪械前后都必须及时严格验枪

验枪，是一项保证使用枪支安全的基本措施，是使用者必须掌握的一项基本技能。要求使用者在接触枪械的前后，都必须及时严格地验枪，以确定枪膛里是否有子弹。验枪时必须要注意，不能光靠感觉验枪，或者只听别人说验过了就以为真的验过了。"眼见为实，耳听为虚"，验枪一定要由使用者亲自操作。因此，使用者只能相信自己的眼睛，在使用枪械的前后都必须亲自验枪。

三、除决定射击外，扣扳机手指必须放在扳机护圈外

随着现代工业的发展，枪支的制造工艺已经达到一个相当高的水平，枪支的质量和可靠性都较以前有了大幅提高，枪支的故障率也大大降低。而枪支的击发装置结构决定了要想将枪膛里的子弹发射出去就必须要扣动扳机，如果不扣动扳机，除非枪支零部件出现故障，否则子弹就不会被发射。既然子弹不会被发射出去，那自然也就不会出现伤人的事故了。因此，只要能做到在不决定射击时将扣扳机的手指放在扳机护圈外，就能避免走火伤人（致命）事故的发生。这个不射击时将手指放在扳机护圈外的动作，也因此被国外警察称为安全使用武器的"金手指"。

由于人在自然放松的状态下，手指都是自然弯曲的，这就导致扣扳机用的手指一放松就容易扣在扳机上。作为安全的一项保证，民警在经过训练后要养成一个习惯，即将扣扳机的手指经常保持伸直，以确保经常放在扳机护圈外，这个习惯也称为专业性习惯或职业习惯。

四、禁止将枪口指向不欲射击的人或物体

枪管是用来赋予弹头飞行方向的，因此，响枪时枪口指向哪里，弹头就会飞向哪里。如果枪口指向了不应该射击的人，这时响枪就会造成伤人或致命的事故。作为警察，在枪支的使用过程中，要时刻注意自己枪口的指向，对自己枪口的指向要有高度的敏感性，确保自己的枪口指向是安全的。如果能做到这一点，即使是不小心扣动了扳机或者枪支出现故障导致走火，也不会伤及无辜。

这不但能避免伤及无辜群众，还可以避免误伤自己和同伴。

如果这时不小心触动扳机或枪支出现机件故障走火，就很有可能会伤到自己。因此，警察要对自己的枪口指向非常清楚，时刻注意不能指向不想射击的人或者物体。

在枪械训练中，包括战术训练，如果使用真枪，不可用枪口对人，可采用胶枪来替代。

五、除非听到命令或在行动中有需要，否则禁止拔枪、据枪或打开击锤

部分学员对枪械有一种新鲜、好奇的心理，总是想动一动、看一看、练一练，往往在不该动枪的时机和场合乱动枪，结果造成了很多安全隐患，甚至出现走火伤人的事故。因此，无论是工作中的佩枪警察，还是射击训练中的受训学员，都应该时刻注意把自己的枪作为子弹已经上了膛的枪来对待，要控制住自己对武器的好奇心，要做到只有工作中需要使用武器或者训练中听到命令时才能拔枪，否则不应随便拔枪、据枪或打开击锤。

在枪械学习的全部过程中，如无教官的明确指令，学员不可以触动枪支，以确保枪械使用的安全。

六、如果不能确定目标，切勿开枪

警察使用枪械受到法律的约束，这涉及使用枪械是否合法的问题。在这个问题上，最关键的就是射击的目标绝对不能错，如果目标错了，就会导致严重的后果。因此，警察绝对不能凭感觉开枪，只有确定了有可以开枪的目标才能开枪。

在国内外许多关于警察开枪的报告中，已有多起没有确定目标就开枪的事件发生。不仅出现过警察误将无辜平民当作犯罪嫌疑人开枪，而且还多次出现警察把同事误当作犯罪嫌疑人开枪的事件。因此，作为警察，除非目标已经很明确，否则开枪要多承担一些风险，因为必须要用一定时间来确定目标，这就可能会由于浪费时间而使警察处于更危险的境地，但从合法开枪的角度来看，这是必须要完成的步骤。警察为了自身的安全，只能事先做好准备工作，确定好目标，或者在突发情况下先保护自己，待确定目标后再开枪。

以上六条武器安全使用原则，警察必须牢记在心，而且只要涉及枪械的使用，就必须严格执行。只有如此，才能从根本上保证警察用枪的安全。

项目五　警用枪械的佩带和使用

【案例 5-2】音像店里的枪声

2005 年 4 月 16 日，湖南某市公安分局专案组会同浙江警方共组织 10 余名刑警，在涟钢一影碟出租店和出租屋内对一年来在 5 省市疯狂报复社会，连续抢劫作案 8 起，杀死 6 人、杀伤 6 人，抢得汽车 5 辆、现金 10 余万元的犯罪嫌疑人陈某、邬某进行抓捕，考虑到犯罪嫌疑人携带枪支，决定先守候，再伺机进行抓捕。晚上 7 时许，陈某带着其女友从出租屋里走了出来，12 名刑警立即兵分二路，其中一路 9 人负责贴靠抓捕。

陈某带着其女友来到永康音像店，该店离出租房 100 多米远，附近有一户人家在做白喜事，声响比较大。进入店后，陈某站于店内左侧碟柜区翻看影碟，其女友站于店内东北角翻看影碟。按事先分工，第一组 3 名浙江民警迅速进入店内，第二组 3 名民警隐蔽在店门外的右侧，第三组 3 名民警在离店 20 来米的车内进行外围监控。第一组进入店后，站在陈某左侧的店女老板迎上来问需租什么碟，为了不暴露自己外地口音，3名民警都没有吭声，陈某向右转身观看，同时把右手伸进了藏枪的口袋，这时店内3名民警几乎同时猛扑过去将陈某抱住，凶残的陈某扣响放在裤袋里的仿六四式自制手枪，子弹击中浙江刑警张某的左大腿，陈某继续开第二枪时子弹卡壳，面对随时可能出现的牺牲，两地刑警置生死于度外，仍将陈某死死抱住，其中一名浙江警察立即贴近陈某的左臀部射击，子弹从陈某左腹股沟穿出，3人合力迅速夺下其手中的枪并将其制伏，与此同时，守候在店门外的3名民警迅速冲进店内将陈某的女友控制。

问题思考

1. 执行任务时，出枪的条件是什么？
2. 在紧急情况下，出枪是否还要鸣枪警告？
3. 警察佩带使用武器的条件，是指警察佩带使用武器的法定情形、限度和要求，回答：在哪些情形下，可以怎样佩带使用武器？

一、枪支的佩带

（一）应当佩带枪支的情形

《公安机关人民警察佩带使用枪支规范》（公通字〔2015〕2号）第7条规定："人民警察在执行下列任务时，应当佩带枪支：①处置、侦查暴力犯罪行为；②抓捕、搜查、押送、拘传、拘留、逮捕犯罪嫌疑人；③执行武装巡逻任务；④在公安检查站、卡点执行武装警戒、处突任务；⑤在车站、机场、码头、口岸等重点部位、区域执行武装定点执勤任务；⑥在重点地区执行入户调查、核查情况等反恐防暴任务；⑦省级以上公安机关依法规定的其他情形。"

（二）佩带枪支时的技术要求

《公安机关人民警察佩带使用枪支规范》第9条规定："人民警察应当按照下列规定佩带枪支：①子弹未上膛时，打开枪支保险，子弹上膛时，关闭枪支保险；②着警服佩带手枪时，应当使用制式枪套、枪纲；③着便装佩带手枪时，应当选用便携式枪套；④着警服佩带长枪时，应当使用制式枪背带采取肩枪、背枪或者挎枪方式。"

（三）佩带枪支时的纪律要求

《公安机关人民警察佩带使用枪支规范》第10条规定："人民警察佩带枪支时，应当遵守下列规定：①携带人民警察证、持枪证（执行特定侦查任务的除外）；②除因执法办案需要外，不得进入娱乐场所；③严禁饮酒或者参加非警务活动；④发生枪支丢失、被盗抢或者其他事故，应当立即向所属佩枪部门、事发地县级公安机关报告；⑤省级以上公安机关依法作出的其他规定。"

（四）佩带枪支的责任规定

《公安机关人民警察佩带使用枪支规范》第27条规定："人民警察在执勤执法时，按照本规定应当佩带枪支而未佩带的，对其本人及所属配枪部门负责人视情给予批评教育；造成人民警察伤亡或者其他严重后果的，对负有责任的人员依照有关规定予以追责。"

二、枪支的使用

《公安机关人民警察佩带使用枪支规范》首次明确了"使用枪支"的含义。《公安机关人民警察佩带使用枪支规范》第 3 条第 4 款规定："使用枪支，包括持枪戒备、出枪警示、鸣枪警告、开枪射击行为。"

《公安机关人民警察佩带使用枪支规范》第 11 条规定："人民警察在执行任务时，遇有危及公共安全、本人或者其他公民人身安全和合法财产、公共财产等暴力犯罪行为时，应当根据现场情况和危险程度，及时选择采取持枪戒备、出枪警示、鸣枪警告、开枪射击措施，有效预防、制止严重暴力犯罪行为，最大限度地避免人员伤亡、财产损失。"

（一）持枪戒备

人民警察判断可能发生暴力犯罪行为的，应当及时进行持枪戒备，采取相应的戒备状态，并将枪口指向安全方向。

（二）出枪警示

人民警察发现犯罪行为人准备实施暴力犯罪行为时，应当进行出枪警示，迅速表明人民警察身份，并将枪口指向犯罪行为人。同时，命令犯罪行为人立即停止实施暴力犯罪行为，并口头警告其拒不服从命令的后果。出枪警示时，应当注意：①子弹上膛，打开保险；②扣压枪支扳机的手指置于扳机护圈外；③与犯罪行为人保持一定距离；④采取有效措施，防止枪支走火或者被抢。

（三）鸣枪警告

人民警察在现场处置犯罪行为人准备实施或者正在实施暴力犯罪行为，经口头警告无效的，可以视情形向天空等安全方向鸣枪警告。来不及口头警告的，可以直接鸣枪警告。但遇有下列情形之一的，不得鸣枪警告：①发现实施犯罪的人为怀孕妇女、儿童的，但是使用枪支、爆炸、剧毒等危险物品实施暴力犯罪的除外；②犯罪分子处于群众聚集的场所或者存放大量易燃、易爆、剧毒、放射性等危险物品的场所的，但是不使用武器予以制止，将发生更为严重危害后果的除外；③正在实施盗窃、诈骗等非暴力犯罪以及实施上述犯罪后拒捕、逃跑的。

另外，《公安机关人民警察现场制止违法犯罪行为操作规程》第 32 条规定："公安民警在使用武器时，遇有下列情形之一的，不得鸣枪警告：①处于繁华地段、群众聚集的场所或者其他容易误伤他人的场所；②明知或者应当明知存放有大量易燃、易爆、剧毒、放射性等危险物品的场所；③鸣枪警告后可能导致危及公民或者公安民警人身安全等更为严重危害后果的。"

（四）开枪射击

《公安机关人民警察佩带使用枪支规范》第 15 条规定："人民警察判明有《中华人民共和国人民警察使用警械和武器条例》第 9 条规定的下列暴力犯罪行为的紧急情形之一，经口头警告或者鸣枪警告无效的，可以开枪射击。来不及警告或者警告后可能导致更为严重危害后果的，可以直接开枪射击……"

1. 遇有下列六类情况经警告无效的，人民警察可依法使用枪支：

（1）严重危害公共安全或破坏社会治安秩序的情形：放火、决水、爆炸等严重危害公共安全的；劫持航空器、船舰、火车、机动车或者驾驶车、船等机动交通工具，故意危害公共安全的；抢夺、抢劫枪支弹药、爆炸、剧毒等危险物品，严重危害公共安全的；破坏军事、通信、交通、能源、防险等重要设施，足以对公共安全造成严重、紧迫危险的；聚众械斗、暴乱等严重破坏社会治安秩序，用其他方法不能制止的。

（2）危及公民生命安全或公私财物的情形：实施凶杀、劫持人质等暴力行为，危及公民生命安全的；以暴力方法抗拒或者阻碍人民警察依法履行职责或者暴力袭击人民警察，危及人民警察生命安全的；结伙抢劫或者持械抢劫公私财物的。

（3）特定对象和目标受袭击、破坏的情形：国家规定的警卫、守卫、警戒的对象和目标受到暴力袭击、破坏或者有受到暴力袭击、破坏的紧迫危险的。

（4）使用危险物品实施犯罪的情形：使用枪支、爆炸、剧毒等危险物品实施犯罪或者以使用枪支、爆炸、剧毒等危险物品相威胁实施犯罪的。

（5）在押犯罪嫌疑人、罪犯实施犯罪的情形：在押犯罪嫌疑人、被告人、罪犯聚众骚乱、暴乱、行凶或者脱逃的；劫夺在押犯罪嫌疑人、被告人、罪犯的。

（6）拒捕、逃跑的情形：实施放火、决水、爆炸、凶杀、抢劫或者其他严重暴力犯罪行为后拒捕、逃跑的；犯罪行为人携带枪支、爆炸、剧毒等危险物品拒捕、逃跑的。

人民警察依法使用警械和武器的行为，受法律保护。专职守护、押运人员依法携带、使用枪支的行为，受法律保护。

人民警察违法使用警械、武器，造成不应有的人员伤亡、财产损失，构成犯罪的，依法追究刑事责任；尚不构成犯罪的，依法给予行政处分；对受到伤亡或者财产损失的人员，由该人民警察所属机关依照《国家赔偿法》的有关规定给予赔偿。专职守护、押运人员违法携带、使用枪支的，依法承担法律责任。

人民警察使用警械和武器，应当以制止违法犯罪行为，尽量减少人员伤亡、财产损失为原则。专职守护、押运人员执行守护、押运任务时，能够以其他手段保护守护目标、押运物品安全的，不得使用枪支；确有必要使用枪支的，应当以保护守护目标、押运物品不被侵害为目的，并尽量避免或者减少人员伤亡、财产损失。

人民警察依照前款规定使用武器，来不及警告或者警告后可能导致更为严重危害后果的，可以直接使用武器。

人民警察使用公务用枪后应及时将枪支使用情况、弹药消耗情况及伤亡情况书面报告本单位主管领导，同时抄报治安、装备管理部门。

2. 守护、押运人员使用枪支：专职守护、押运人员执行守护、押运任务时，能够以其他手段保护守护目标、押运物品安全的，不得使用枪支；确有必要使用枪支的，应当以保护守护目标、押运物品不被侵害为目的，并尽量避免或者减少人员伤亡、财产损失。

专职守护、押运人员执行守护、押运任务时，遇有下列紧急情形之一，不使用枪支不足以制止暴力犯罪行为的，可以使用枪支：①守护目标、押运物品受到暴力袭击或者有受到暴力袭击的紧迫危险的；②专职守护、押运人员受到暴力袭击危及生命安全或者所携带的枪支弹药受到抢夺、抢劫的。

专职守护、押运人员在存放大量易燃、易爆、剧毒、放射性等危险物品的场所，不得使用枪支；但是，不使用枪支制止犯罪行为将会直接导致严重危害后果发生的除外。

专职守护、押运人员使用枪支后，应当立即向所在单位和案发地公安机关报告；所在单位和案发地公安机关接到报告后，应当立即派人抵达现场。

专职守护、押运人员的所在单位接到专职守护、押运人员使用枪支的报告后，应当立即报告所在地公安机关，并在事后向所在地公安机关报送枪支使用情况的书面报告。

三、禁止使用枪支情形

1. 人民警察遇有下列情形之一的，应当立即停止使用武器：①犯罪分子停止实施犯罪，服从人民警察命令的；②犯罪分子失去继续实施犯罪能力的。

2. 人民警察遇有下列情形之一的，不得使用武器：①发现实施犯罪的人为怀孕妇女、儿童的，但是使用枪支、爆炸、剧毒等危险物品实施暴力犯罪的除外。②犯罪分子处于群众聚集的场所或者存放大量易燃、易爆、剧毒、放射性等危险物品的场所的，但是不使用武器予以制止，将发生更为严重危害后果的除外。

3. 公安机关的人民警察应严格按照《人民警察法》和《人民警察使用警械和武器条例》的规定使用公务用枪，有下列情形的不得使用枪支：①处理一般治安案件、群众上访事件和调解民事纠纷；②在人群聚集的繁华地段、集贸市场、公共娱乐及易燃易爆场所；③在巡逻、盘查可疑人员未遇暴力抗拒和暴力袭击时；④从事大型集会保卫工作时；⑤在疏导道路交通和查处交通违章时；⑥与他人发生个人纠纷时；⑦使用枪支可能引起严重后果时。

4. 专职守护、押运人员遇有下列情形之一的，应当立即停止使用枪支：①有关行为人停止实施暴力犯罪行为的；②有关行为人失去继续实施暴力犯罪行为能力的。

专职守护、押运人员执行任务携带枪支、弹药，必须妥善保管，严防丢失、被盗、被抢或者发生其他事故；任务执行完毕，必须立即将枪支、弹药交还。

严禁非执行守护、押运任务时携带枪支、弹药，严禁携带枪支、弹药饮酒或者酒后携带枪支、弹药。

项目六　警察使用武器后应采取的措施

一、人民警察在使用武器后，应采取的措施

《人民警察使用警械和武器条例》第 12 条第 1 款规定："人民警察使用武器造成犯罪分子或者无辜人员伤亡的，应当及时抢救受伤人员，保护现场，并立即向当地公安机关或者该人民警察所属机关报告。"

（一）及时抢救

人民警察使用武器造成伤亡的，无论是犯罪嫌疑人还是无辜群众，都应当全力救护，这不仅是道义上的要求，而且是法律上的义务，同时也是保存证据的需要。抢救工作既要有现场临时救助措施，还要通知急救部门或医院派救护车前来抢救，或者拦截过往车辆及时将受伤的犯罪嫌疑人或无辜人员送往医院抢救。在将犯罪嫌疑人送往医院抢救时，必须有人民警察押送。

（二）保护现场

人民警察使用武器造成伤亡的，应当采取切实有效的措施保护使用武器的现场和由于使用武器造成伤亡的现场，避免现场遭受破坏，以便于公安机关勘查现场、收集证据、查明使用武器的经过，为认定使用武器的合法性提供原始依据，保证认定工作的质量，提高认定工作的效率。保护现场应根据事发当时现场的地理环境和气候条件而定。一般情况下，要划定保护的范围，并安排专人警戒、封闭现场，不许无关人员进入。

（三）及时报告

使用武器是人民警察在紧急情况下采取的及时强制措施，适用特别程序，允许先斩后奏。但由于涉及公民人身权利，尤其是生命权利的重大原则问题，在保护现场的同时，使用武器的人民警察应当立即向当地公安机关报告，如受客观条件限制，也可向该人民警察所属机关报告，以便当地公安机关或者该人民警察所属机关采取必要措施。

（四）书面报告

《人民警察使用警械和武器条例》第13条规定："人民警察使用武器的，应当将使用武器的情况如实向所在机关书面报告。"因此，人民警察使用武器后，无论是否造成伤亡，都必须将使用武器的情况如实向所属机关作出详细的书面报告。实行报告制度，有利于查清事实，分清责任；有利于对人民警察是否依法正确行使权力进行监督，保护人民警察的合法权益；有利于公安机关对执行职务使用武器进行控制，保证人民警察严格依法履行职责。书面报告主要内容：

1. 武器使用者的个人情况：姓名、性别、年龄、职级、所在机关。

2. 武器、弹药配发情况：武器类型、编号，弹药类型、数量等。

3. 武器射击对象的个人情况：当时是否携带或者使用武器或其他工具。

4. 使用武器的事实经过：使用武器的时间、地点；使用武器的原因；开枪射击后弹药剩余情况；使用武器前是否采取其他强制方法；是否发出警告；是否采取措施，组织现场无关人员躲避或者疏散等。

5. 使用武器的法律依据。

6. 使用武器的直接后果：既包括使用武器造成人员伤亡的情况，又包括使用武器但没有造成人员伤亡的情况。是否造成人员伤亡或犯罪嫌疑人逃跑；是否造成财产损失；对伤亡人员的处置情况；伤亡人员的名单、伤情。

7. 事后处置措施：是否采取保护现场、抢救伤员；是否按照规定使用武器后立即向当地公安机关或所在机关报告等。

二、当地公安机关或者该人民警察所属机关接到报告后，应进行的工作

《人民警察使用警械和武器条例》第 12 条第 2、3 款规定："当地公安机关或者该人民警察所属机关接到报告后，应当及时进行勘验、调查，并及时通知当地人民检察院。当地公安机关或者该人民警察所属机关应当将犯罪分子或者无辜人员的伤亡情况，及时通知其家属或者其所在单位。"这对事后应诉、处理，保护人民警察的合法权益是必不可少的程序要求。

（一）及时进行勘查

公安机关依法用科学手段和检验方法，对使用武器造成伤亡的场所、实物、人身、尸体，以及其他能够作为使用武器是否合法证据的一切对象进行勘查、检验，并制作勘验笔录、现场图示，以及拍摄现场照片或者录像。

（二）及时调查

公安机关的调查人员向使用武器的人民警察、被武器击伤的人、当时在现场的有关人员了解使用武器的情况和过程。收集有关线索和证据并制作笔录。通过调查并与现场勘验相结合，做出人民警察使用武器是否合法的结论。

（三）及时通知当地人民检察院

人民警察使用武器是一项执法活动，一般在办理刑事案件过程中实施，应当接受人民检察院的监督。因此，公安机关应及时将使用武器的情况通知人民检察院，以有利于其及时、准确地查明情况，对使用武器的合法性进行监督。

（四）及时通知伤亡人员家属或者所在单位

当地公安机关或者人民警察所属机关应当将犯罪嫌疑人或者无辜人员的伤亡情况，及时通知其家属或者所在单位，以便于维护当事人的合法权益。同时，争取其所在单位的积极配合，妥善处理伤亡人员的善后事宜。

（五）进行总结

将使用武器的经验、教训及时传达给有关人员，以指导今后的工作。对依法使用武器的人民警察给予奖励，对违法使用武器的人员进行处理，并依照法律、法规对伤亡人员及其财产损失进行赔偿。

项目七　违规使用枪支的法律责任

一、刑事责任

人民警察使用武器不当应负的刑事法律责任，是指人民警察在使用武器的过程中，违反法律，构成犯罪，依法应当承担的以刑罚为处罚形式的法律责任。

人民警察在使用武器过程中的违法行为是否应承担刑事责任，则要从两个方面加

以考虑：其一，应根据《人民警察法》的规定，查明其行为是否属于该法所列举的违法行为以及这种行为的社会危害性是否达到追究刑事责任的程度。其二，必须根据刑法以及全国人大常委会制定的补充刑事法律的有关规定，正确定罪量刑，依法追究刑事责任。

（一）违规使用武器，依法追究责任

人民警察是武装性质的国家治安行政和刑事司法力量，因其性质和执法活动的需要，有权使用武器，但必须按照《人民警察使用警械和武器条例》等国家有关法律、法规进行。根据这些条例，人民警察违法使用武器有两种情况：一是在不得使用武器时使用了武器。例如，"不到非开枪不能制止时"而使用武器。二是使用武器时机把握不当。例如，"犯罪分子停止实施犯罪，服从人民警察命令的，或者犯罪分子失去继续实施犯罪能力"后，仍然使用武器。违法使用武器，并造成不应有的人员伤亡、财产损失，构成犯罪的，将被依法追究刑事责任。追究刑事责任，应依照《刑法》和《刑事诉讼法》的规定，由人民法院进行审理，决定是否构成犯罪、构成何种犯罪以及给予何种刑罚处罚。人民警察违法使用武器构成的犯罪主要有：

1. 故意杀人罪。故意杀人罪是指故意非法剥夺他人生命的行为。《刑法》第 232 条规定，故意杀人的，处死刑、无期徒刑或者 10 年以上有期徒刑；情节较轻的，处 3 年以上 10 年以下有期徒刑。

2. 故意伤害罪。故意伤害罪是指故意非法损坏他人身体健康的行为。《刑法》第 234 条规定："故意伤害他人身体的，处 3 年以下有期徒刑、拘役或者管制。犯前款罪，致人重伤的，处 3 年以上 10 年以下有期徒刑；致人死亡或者以特别残忍手段致人重伤造成严重残疾的，处 10 年以上有期徒刑、无期徒刑或者死刑……"

3. 过失致人死亡罪。《刑法》第 233 条规定："过失致人死亡的，处 3 年以上 7 年以下有期徒刑；情节较轻的，处 3 年以下有期徒刑……"

4. 过失致人重伤罪。《刑法》第 235 条规定："过失伤害他人致人重伤的，处 3 年以下有期徒刑或者拘役……"

（二）玩忽职守，不履行法定义务

自《刑法》实施以后，全国人大常委会制定了许多补充和修改刑法的决定和补充规定。在这些决定和补充规定当中，对国家工作人员不履行法定义务，有义务实施并且能够实施某种积极的行为而未实施的，即应该做而且能够做但未去做，而构成犯罪的行为作了规定。如果人民警察不履行法定义务，构成这些决定和补充规定当中规定的犯罪行为的，就应当依照以下有关法律的规定追究刑事责任。

1. 玩忽职守罪。玩忽职守罪是指国家工作人员玩忽职守，致使公共财产、国家和人民利益遭受重大损失的行为。《刑法》第 397 条第 1 款规定："国家机关工作人员滥用职权或者玩忽职守，致使公共财产、国家和人民利益遭受重大损失的，处 3 年以下有期徒刑或者拘役；情节特别严重的，处 3 年以上 7 年以下有期徒刑。本法另有规定的，依照规定。"

2. 放纵走私罪。《刑法》第 411 条规定："海关工作人员徇私舞弊，放纵走私，情节严重的，处 5 年以下有期徒刑或者拘役；情节特别严重的，处 5 年以上有期徒刑。"

3. 不解救或阻碍解救被拐卖、绑架妇女、儿童罪。《刑法》第 416 条规定："对被拐卖、绑架的妇女、儿童负有解救职责的国家工作人员，接到被拐卖、绑架的妇女、儿童及其家属的解救要求或者接到其他人的举报，而对被拐卖、绑架的妇女、儿童不进行解救，造成严重后果的，处 5 年以下有期徒刑或者拘役。负有解救职责的国家工作人员利用职务阻碍解救的，处 2 年以上 7 年以下有期徒刑；情节较轻的，处 2 年以下有期徒刑或者拘役。"

4. 放行偷越国（边）境的人员罪。《刑法》第 415 条规定："……边防、海关等国家机关工作人员，对明知是偷越国（边）境的人员，予以放行的，处 3 年以下有期徒刑或者拘役；情节严重的，处 3 年以上 7 年以下有期徒刑。"

二、行政法律责任

人民警察的行政法律责任，是指人民警察在执行职务中违反法律和纪律，尚未构成犯罪，依法应当承担的法律后果。

（一）人民警察行政法律责任的意义

《人民警察法》第 49 条规定："人民警察违反规定使用武器、警械，构成犯罪的，依法追究刑事责任；尚不构成犯罪的，应当依法给予行政处分。"规定人民警察的行政法律责任对建立人民警察的行政法律责任制度，具有十分重要的意义。

1. 可以弥补关于刑事法律责任与民事法律责任之间的边缘责任，使人民警察的责任系统、规范，完善了我国法律制度。

2. 把人民警察的行政法律责任从法律上加以确认，可以使追究法律责任制度化，避免处理事务的随意性。

3. 人民警察行政法律责任制度的建立，加强了国家对人民警察队伍的管理，有利于公民和社会对人民警察执法工作的监督。

（二）人民警察行政法律责任的构成条件

人民警察机关及其他机关，依照《人民警察法》的规定，追究人民警察的行政法律责任，应注意构成行政责任的条件。

1. 客观条件。在客观方面，人民警察必须有违反相关法律、法规的规定而失职的行为发生，并且是情节较轻或者没有造成严重后果的行为。这种行为必须同法律法规相违背，它既可以是作为的形式，也可以是不作为的形式。

2. 主观条件。在主观方面，行为人必须有过错，即故意或者过失。确定是否追究人民警察的行政法律责任，不但要查明其是否实施或具备违反法律、法规和失职行为，还必须查明其在实施或具备这种行为时，主观上是否有过错。如果主观上没有过错，即使是实施了违反法律、法规的行为或者有失职行为，也不能追究其行政法律责任。由此可见，在客观上实施了违反法律、法规的行为，主观上存在过错，是人民警察行政法律责任必须同时具备的条件。如果人民警察在执法过程中具备上述两个条件，人民警察机关或者其他有关机关，可以根据人民警察违反法律、法规和失职行为的情节轻重给予其行政处分。

（三）人民警察行政法律责任的形式和程序

人民警察承担的行政法律责任的形式是行政处分。行政处分是具有法定权限的机关对违反《人民警察法》第 22 条规定的义务和纪律的人民警察所实施的一种制裁。

1. 人民警察行政法律责任的形式。《人民警察法》第 48 条第 2 款、第 3 款规定："行政处分分为：警告、记过、记大过、降级、撤职、开除。对受行政处分的人民警察，按照国家有关规定，可以降低警衔、取消警衔。对违反纪律的人民警察，必要时可以对其采取停止职务、禁闭的措施。"一般来说，对于违反法律、法规，使国家和公民利益遭受一定损害的人民警察，可以分别给予警告、记过、记大过处分；对于严重违反法律、法规，使国家和公民利益受到严重损害的人民警察，可以给予降级处分；对于严重违反法律、法规，并已经不适合继续担任职务的人民警察，可给予撤职处分；对于严重违法乱纪，已经不适宜继续在人民警察机关工作的人民警察，可以给予开除处分。

《公安机关人民警察执法过错责任追究规定》第 12 条、第 13 条、第 14 条规定，对发生执法过错责任人员，对执法过错责任人员，应当根据其违法事实、情节、后果和责任程度分别追究刑事责任、行政纪律责任或者作出其他处理。追究行政纪律责任的，由人事部门或者纪检监察部门依照《行政机关公务员处分条例》和《公安机关人民警察纪律条令》等规定依法给予处分；构成犯罪的，依法移送有关司法机关处理。作出其他处理的，由相关部门提出处理意见，经公安机关负责人批准，可以单独或者合并作出以下处理：①诫勉谈话；②责令作出书面检查；③取消评选先进的资格；④通报批评；⑤停止执行职务；⑥延期晋级、晋职或者降低警衔；⑦引咎辞职、责令辞职或者免职；⑧限期调离公安机关；⑨辞退或者取消录用。

2. 人民警察行政处分的程序。《公安机关人民警察执法过错责任追究规定》第 25 条规定："追究执法过错责任，由发生执法过错的公安机关负责查处；上级公安机关认为有必要的，可以直接查处下级公安机关发生的执法过错案件。"公安机关法制部门负责执法过错案件的检查和认定，并提出纠正意见。公安业务部门对本部门发生的执法过错案件，应当主动检查和纠正。

对需要追究执法过错的纪律责任的，由法制部门或者业务部门提出处理意见，报督察或者人事部门，由督察或者人事部门研究决定后，报公安机关行政首长审批。

三、赔偿责任

（一）人民警察违法使用武器的侵权赔偿责任的概念

人民警察违法使用武器的侵权赔偿责任，是指人民警察在执行职务过程中，违法使用武器，侵犯公民、法人或者其他组织的合法权益，造成损害而依法应当承担的赔偿责任。

在执行职务过程中侵权赔偿责任的构成要件主要有：

1. 负有赔偿责任的主体必须是人民警察。

2. 负有赔偿责任主体的行为人必须是实施了违法使用武器的行为，并且造成了不应有的人员伤亡和财产损失的结果。

3. 负有赔偿责任主体的行为人必须具有违法的主观过错，其既包括故意违法，也包括重大过失违法。

（二）人民警察违法使用武器的侵权赔偿责任

1. 侵权赔偿责任的法律依据。《人民警察法》第 50 条规定："人民警察在执行职务中，侵犯公民或者组织的合法权益造成损害的，应当依照《中华人民共和国国家赔偿法》和其他有关法律、法规的规定给予赔偿。"该条确立了人民警察侵权赔偿责任的原则、条件和法律依据。人民警察是国家的公务员，在执行职务过程中，侵犯了公民、法人或者其他组织的合法权益，造成了损害的，应当依照《国家赔偿法》进行赔偿。

2. 侵权赔偿责任的承担对象。

（1）根据法律规定，人民警察个人因合法使用武器行为造成危害后果，并不承担对受害人的赔偿责任，对受害人员有赔偿义务的是人民警察所在的人民警察机关。

（2）因违法使用武器给公民、法人或者其他组织的合法权益造成损害的人民警察，应负所属机关代表国家承担赔偿责任的被追偿责任，即人民警察机关代表国家承担赔偿责任，向受害人支付赔偿费用后，依法责令违法使用武器的人民警察承担部分或者全部赔偿费用的责任。《国家赔偿法》第 14 条、第 24 条和《行政诉讼法》第 66 条对此作了具体规定。

《国家赔偿法》《行政诉讼法》《人民警察法》规定采取国家机关负责赔偿的原则，并对有故意或重大过失的工作人员进行追偿，有利于监督人民警察依法行使职权，防止执法者滥用职权或超越职权。

（三）人民警察违法使用武器侵权赔偿责任的范围

《国家赔偿法》规定的赔偿范围主要包括行政赔偿和刑事赔偿。人民警察在执行职务过程中，违法使用武器，侵犯公民、法人和其他组织的合法权益造成损害的，既可能涉及行政赔偿，也可能涉及刑事赔偿；既可能侵犯人身权，也可能侵犯财产权。

1. 行政赔偿的范围。《国家赔偿法》第 3 条规定："行政机关及其工作人员在行使行政职权时有下列侵犯人身权情形之一的，受害人有取得赔偿的权利……④违法使用武器、警械造成公民身体伤害或者死亡的……"

2. 刑事赔偿的范围。《国家赔偿法》第 17 条规定："行使侦查、检察、审判职权的机关以及看守所、监狱管理机关及其工作人员在行使职权时有下列侵犯人身权情形之一的，受害人有取得赔偿的权利：……⑤违法使用武器、警械造成公民身体伤害或者死亡的。"

（四）人民警察机关的赔偿程序

1. 行政赔偿程序。人民警察在使用武器过程中，侵犯了公民、法人或者其他组织的人身权和财产权并造成了损害，属于行政赔偿范围的，人民警察机关应当自接到受害人的赔偿申请书之日起两个月内，依照《国家赔偿法》规定的赔偿方式和计算标准给予赔偿；逾期不予赔偿或者请求人对赔偿数额有异议的，赔偿请求人可以自期间届满之日起 3 个月内，向人民法院提起行政诉讼，通过司法程序解决。

2. 刑事赔偿程序。人民警察违法使用武器，侵犯了公民、法人或者其他组织的人身权和财产权并造成了损害，符合刑事赔偿范围的，人民警察机关应当自收到申请之日起两个月内，依照《国家赔偿法》规定的赔偿方式和计算标准给予赔偿；逾期不予赔偿或者请求人对赔偿数额有异议的，赔偿请求人可以自期间届满之日起 30 日内，向其上一级人民警察机关申请复议，上一级人民警察机关应当在收到申请之日起两个月内作出复议决定。赔偿请求人对复议决定不服，或者复议机关逾期不作复议决定，赔偿请求人可以在收到复议决定之日起或者期间届满之日起 30 日内，向复议机关所在地的同级人民法院赔偿委员会申请作出赔偿决定。

赔偿方式和计算标准：①造成身体伤害的，应当支付医疗费，赔偿因误工减少的收入。②造成部分或者全部丧失劳动能力的，应当支付医疗费以及残疾赔偿金；造成全部丧失劳动能力的，对其抚养的无劳动能力人，还应当支付生活费。③造成死亡的，应当支付死亡赔偿金、丧葬费，对死者生前抚养的无劳动能力的人，还应当支付生活费。④对财产权造成损害的，按照直接损失给予补偿。

（五）对有故意或者重大过失的人民警察进行追偿的法定情形

1. 行政赔偿中的追偿责任。《国家赔偿法》第 16 条第 1 款规定："赔偿义务机关赔偿损失后，应当责令有故意或者重大过失的工作人员或者受委托的组织或者个人承担部分或者全部赔偿费用。"根据这一规定，因人民警察违法使用武器，人民警察机关行使追偿必须符合以下条件：

（1）被害人的损失是由人民警察违法使用武器造成的。受害人必须是实际受到了损失；该损失必须是人民警察违法使用武器行为所造成的；造成这一损害的人民警察的使用武器行为必须是违法的。如果是合法地使用武器行为，即使造成了损害，也只是按照有关规定给予补偿，不会引起赔偿。

（2）人民警察机关已向受害人实际支付了一定的赔偿费用。

（3）违法使用武器的人民警察在主观上有故意或重大过失。

行使追偿权的核心，是违法使用武器的人民警察有故意或重大过失的过错，即有主观过错。这与行政赔偿的归责原则不同。人民警察机关代表国家承担行政赔偿的归责原则采取的是客观标准，只要行使职权的行为违法，并造成损害结果，无论主观上有无过错，都要承担赔偿责任。至于人民警察的个人责任，就应当遵循过错原则。如果人民警察使用武器的行为违法，但主观上并无过错，或者虽有过错，并非故意或重大过失，在这种情况下，赔偿责任当然由行为人所属的机关代表国家承担，个人不承担赔偿责任。只有在人民警察有过错，并且过错达到"故意"或"重大过失"的程度，人民警察机关代表国家承担赔偿责任后，才能向人民警察个人进行追偿。

2. 刑事赔偿中的追偿责任。根据《国家赔偿法》第 16 条的规定，赔偿义务机关赔偿损失后，应当责令有故意或者重大过失的工作人员或者受委托的组织或者个人承担部分或者全部赔偿费用。对有故意或者重大过失的责任人员，赔偿义务机关应当依法给予处分；构成犯罪的，应当依法追究刑事责，然后再由该机关依据《人民警察法》第50条和《国家赔偿法》第17条的规定，向有下列情形之一的人民警察追偿部分或者全部费用：①刑讯逼供或者以殴打等暴力行为或者唆使他人以殴打等暴力行为造成公民身体伤害或者死亡的。②违法使用武器、警械造成公民身体伤害或者死亡的。

3. 行使国家追偿权的程序。

（1）行使国家追偿权适用行政处分程序。国家追偿，是一种行政惩戒，是国家机关对违法行使职权侵犯公民、法人或者其他组织合法权益，造成损害的工作人员给予惩戒的行政行为。因此，国家追偿不适用民事诉讼程序，而只能适用行政处分的内部程序。因此，被追偿的工作人员不服追偿的，不能提起民事诉讼，也不能提起行政诉讼，只能向有关的上级机关提出申诉。

（2）国家追偿权的行使不受时效的限制，国家追偿不发生消灭的问题。

（六）关于依法使用武器和警械的补偿

人民警察依法使用武器，造成违法犯罪嫌疑人伤亡或者财产损失的，不负法律责任。但如果造成无辜人员伤亡或者财产损失的，应由人民警察机关给予补偿。《人民警察使用警械和武器条例》第15条规定："人民警察依法使用警械、武器，造成无辜人员伤亡或者财产损失的，由该人民警察所属机关参照《中华人民共和国国家赔偿法》的有关规定给予补偿。"补偿是国家补偿，是指因国家机关和国家机关工作人员的合法行为损害了公民、法人或者其他组织的合法权益，国家依照法律、法规、决定承担的特殊责任。

1. 赔偿责任的成立以国家机关和国家机关工作人员的行为违法为前提；补偿责任的成立以国家机关和国家机关工作人员的合法行为侵害公民、法人或者其他组织的合法权益为前提。

2. 违法赔偿是在侵害发生后进行；合法补偿可以在侵害发生后进行，也可以在侵害发生前进行。

3. 违法赔偿对有故意或重大过失的做出违法行为的国家工作人员追偿；合法补偿不可能发生追偿责任。

项目八　警用枪械教学规范流程

在教学和使用枪械过程中，枪械教官有其规范的操作流程，以便能安全有效地完成教学任务。从枪械的领用、空枪授课、枪械分解和结合、实弹射击、到课后归还，每个环节都极其重要。警察院校枪械的学习分四阶段：①理论学习1.5小时×3次。②枪械的分解和结合学习1.5小时×3次。③枪械的空枪练习。④实弹射击。

其中，学员使用枪械时因枪械的特殊性，必须严格按规范流程进行，具体流程如下：

一、枪支的领用流程

1. 去枪库领枪支，由授课教官负责领用（根据枪支的多少带两至四位骨干学生帮忙）。

2. 数清楚枪支数量，让枪库管理员登记。

3. 枪支领出后，由枪械教官随身保管。

4. 使用完毕，交枪前清点枪支数量。

5. 交还枪库，由枪库管理员检验。

二、枪械分解和结合的教学流程

1. 课前数清楚枪支数量。

2. 枪械的分解和结合在课室内进行，以保证枪械零件不丢失。

3. 在教官没有允许的情况下，学员不可以触动枪支。

4. 学生学习枪械先学会验枪，验枪后开始学习。

5. 学生学习枪械的分解和结合中途不下课，有事要向教官请假方可离开。

6. 不允许带枪外出、用枪指人、玩枪。练习时采用站立姿势。

7. 枪械只可以按教官的要求进行不完全的分解和结合。

8. 必须完全听从教官的指挥。

9. 课结束前，先清点枪械数量，点明无误后方可下课。

三、空枪学习的教学流程

1. 空枪的学习以使用教学用模型枪为最佳，模型枪必须有能上膛和扣扳机的功能，且有外露的击锤。

2. 课前领模型枪清点数量。

3. 学会持枪的正确动作。

4. 学会验枪。

5. 学会正确的据枪、瞄准、击发。

6. 立姿、跪姿、慢射的学习。

7. 实弹射击程序的训练（极其重要）。

8. 如果使用真枪进行空枪练习，课中不解散。学生集中训练，远离别的班级，发给个人的真枪不可以带离训练场，也不可以借给外人。学累了原地休息。

9. 枪械在使用过程中任何人不可以枪口对人。

10. 课结束前，先清点枪械数量，点明无误后方可下课。

11. 安排学员与教官一起交还枪械入枪库。

四、实弹射击前枪械和子弹的领用交还流程

1. 根据授课班级的人数领用子弹，领用的子弹数量必须包含教官实弹示范的弹数。

2. 由子弹保管员从弹药库点出数量，领用人（教官）签名，注明日期。

3. 领枪械，由枪械保管员从枪库点出枪械数量。枪械的数量要比靶位多两三支，

以便枪械出现故障时可以更换。

4. 验好每一支枪。

5. 子弹和枪械必须分别装在两个枪箱。

6. 课后，枪械和未用完的子弹交还枪械子弹保管员。

五、实弹射击课安全实施流程

1. 课前安排班里的骨干做安全员，每个靶位一位安全员，有退伍兵就用退伍兵。教会安全员的工作内容。

2. 枪械分发到每一个靶位，验好枪，枪口朝前。弹匣与枪分开。

3. 课前讲明枪的安全使用方法，教官的射击口令，学生的回答口令。

4. 实弹场内只能是教官、安全员、和各靶位射击的学员，未轮到的学员和无关人员不可进入实弹射击区。可以在安全观察区等候。

5. 为保证子弹的使用安全，防止丢失，射击前让安全员把每个靶位的子弹装入弹匣。

6. 安排一名骨干单独分发子弹。每个靶位的子弹要一字排好（清楚子弹的多少）。

7. 每位安全员的站位是射击学员的左后方。

8. 按学号，点到名的学员依次入场，在射击靶位后面一米处站好。听教官口令。

9. 教官射击口令：

（1）"射手就位"。学员听到口令后向前一步带好耳罩。

（2）"立姿装弹"。学员听到口令后右手握枪，食指在扳机护圈外，枪口朝前，左手拿弹匣，装上后，解开枪的保险并上膛。后枪口朝前下方45°度或前上方45°度。

（3）"瞄准射击"。学员听到口令后射击，射击完毕后，各学员右手握枪，食指在扳机护圈外，左手上举报告："报告教官，某号靶位射击完毕"。

（4）"验枪"。学员听到口令后验枪，完毕后枪口朝前放台上。

（5）"退出射击位"。学员听到口令后后退一步站好。

10. 教官安排查看登记成绩，任何人不能动枪。查看完用不干胶贴贴弹孔后，学员离场换下一组。

11. 射击过程中有枪械故障时学员向教官报告："报告教官，某号靶位枪械出现故障。"只能由教官过来解决枪械故障。

12. 在射击的全过程中，学员的头、脸和眼睛只能朝向前方，不能转头转身，不能向后看。

六、验枪流程

1. 身体保持立正姿势，面向前方。

2. 枪口始终指向前上方，枪口摆动不得超过安全射界，即左右摆动不超过45°，上下摆动不超过45°。

3. 右手食指应放在扳机护圈外边，不要贴在扳机上，防止枪膛内有子弹而走火。

4. 按照正确的验枪动作顺序完成：先卸下弹匣，再拉套筒，连拉两次到尽头。

5. 枪口朝向靶扣动扳机。

6. 锁上枪的保险。

七、安全员的工作内容

1. 让学员的枪口朝前。

2. 观察学员枪是否有故障。有故障时举手示意给教官。

3. 观察学员是否射击完毕。

4. 必要时帮该靶位学员的弹匣装好子弹准备射击。

5. 观察学员验枪是否正确，最后确保枪械锁好保险。

单元思考

1. 实弹射击的流程是什么？

2. 如何保证实弹射击的安全实施？

单 元 六

枪弹伤急救与预防

📖 知识目标

1. 常见枪弹伤的种类。
2. 枪弹伤救治的原则。
3. 枪弹伤的急救方法。

📖 能力目标

1. 掌握枪弹伤的急救方法。
2. 掌握如何预防枪弹伤。

【案例 6-1】

边境地区一个外籍人走私毒品，事发后被我国民警追赶。在追赶途中，犯罪嫌疑人持枪抢劫一辆机动车逃窜。由于公路上车流不断，民警不敢开枪射击，驱车追赶到边境县的山脚下，作案人弃车逃进山里，由于天色昏暗，又正在下雨，山势险峻，只靠县公安局的几十名民警根本无法在山间进行搜捕。于是县局领导重新调整了部署，将有限的警力，分成几个战斗小组，取捷径直奔边境线的几处易于过境的交通要道进行拦截。据当地派出所民警分析，犯罪嫌疑人也不熟悉山中的地形，雨夜中也不敢贸然行进，需等到天亮后才敢动身。第二天早晨，雨过天晴，提前赶到通往界碑的一个小组发现了可疑人，于是对其进行包抄，但是嫌疑人见状不好，一边猛跑，一边转身射击，子弹击中跑在最前面的民警的胸部后，犯罪嫌疑人窜入路旁树林中。民警立即追击，在追击过程中，一名民警被藏在暗处的犯罪嫌疑人击中腿部。这时，其他民警一起朝犯罪嫌疑人开枪，将其击毙，在其身上搜出军用制式手枪，被伤民警经抢救脱离危险。经被抓走私毒品的犯罪嫌疑人辨认，此人正是走私毒品、持枪抢劫车辆的外籍人。

【案例 6-2】

2003 年 5 月某日下午 3 时左右，某市刑警队 3 名民警驾驶地方牌照小轿车外出工作回来，路过某街道一小型超市附近时，发现超市门口有一名可疑人员用报纸裹着一个类似双筒猎枪的长物在超市门前窥视着什么。职业的敏感马上使民警联想到最近发生在该市的两起持枪抢劫商店的案件，此时民警先是将车慢慢地从可疑人身前开过，进行秘密观察确认可疑人手中的长物到底是什么，经观察确认确实是双筒猎枪，于是民警迅速准备进入战斗状态，将车迂回到距离可疑人四五十米远处，将车停在隐蔽处，3名民警下车秘密向目标贴近，其中一名民警突然加快速度由后接近抱住持枪的犯罪嫌疑人腰部想将其摔倒，但犯罪嫌疑人只向前打了一个趔趄，并没有被摔倒，2人扭打在一起，另外2名民警迅速围了上来，拔出手枪试图控制住犯罪嫌疑人，并命令其放下武器投降。此时犯罪嫌疑人拼命反抗和民警扭打在一起，持枪民警无从下手，看情况紧急，举枪朝天鸣枪示警想震慑住犯罪嫌疑人，但枪声惊动了超市里面正在实施抢劫的另外2名犯罪嫌疑人，2名犯罪嫌疑人迅速往超市外边跑，他们跑到门口后，超市的服务员也跟着追出来，并大喊"有人抢劫了"。民警马上持枪去堵截，犯罪嫌疑人见势不妙，举起小口径手枪就朝迎面堵截的民警开枪射击，击伤了迎面堵截的民警的大腿，但民警临危不惧迅速向开枪的犯罪嫌疑人连开了3枪，击中了开枪犯罪嫌疑人的臀部，但一颗跳弹击伤了一名围观的群众，另2名犯罪嫌疑人见势不妙，摆脱民警的抓捕，扔掉双筒猎枪匆忙逃跑。击伤的犯罪嫌疑人被民警当场抓获，并缴获一把双筒猎枪和一把小口径手枪。受伤的民警、群众以及犯罪嫌疑人迅速被送往医院救治，经过2个多小时的抢救，受伤的民警和被跳弹击伤的群众终于脱离了危险，被击中臀部的犯罪嫌疑人也无生命危险，逃跑的2名犯罪嫌疑人随后也被陆续抓获。

✍ 问题思考 ⌐

1. 如何正确处理枪伤？
2. 枪弹伤救治的原则是什么？

项目一　枪弹伤的特点

枪弹伤完全不同于其他的暴力伤害，它是各种暴力犯罪伤害中最严重的一种。枪弹致伤人体会带有许多特点，了解这些特点，对现场急救处理非常有指导意义。

枪弹伤，军事医学把它列为轻火器伤。所谓轻火器伤，即由武器的发射物（子弹）直接致伤，它与重火器伤不同，重火器伤一般是发射物爆炸后致伤的。综合有关资料及临床实践的观察与总结，枪弹伤有以下几个特点：

一、子弹致伤的严重程度与子弹飞行速度及其质量（重量）有关

当子弹击中人体时，对人体的伤害是靠其动能来实现的。也就是说：动能越大，杀伤力越大；动能越小，杀伤力越小。运动着的物体（子弹）所产生动能的计算公式是：$f = 1/2mv^2$（重力加速度忽略不计）。根据公式不难理解，子弹致伤程度与其速度和质量有直接关系。也就是说：子弹飞行的速度越快，其杀伤力就越大；子弹的重量越大，其杀伤力也就越大。子弹飞行速度主要反映在初速度上，即子弹脱离枪口瞬间的速度。五四式手枪的初速度是420~440m/s，大于六四式手枪的310m/s，因此，五四式手枪的杀伤力就大于六四式手枪，因为两者的弹丸重量相近。再有，当初速度大于600m/s的子弹击中人体的含液体器官时，由于介质的变化造成阻力的改变，会使子弹向前飞行的动能产生一种爆炸的作用，从而造成该器官的破裂伤。但如果低于

600m/s 的初速度就不会造成这种损伤，这就是一般警察使用的手枪，初速度大都在 500m/s 以下，击中人体时不会产生这种伤害的原因。

根据上述原理，人们在设计轻武器时，为了增大其杀伤力，一是努力增大初速度；二是尽量增重弹头。而前者的实现是靠弹壳的装药量及火药的爆炸性能来实现的，也就是说弹壳内的装药量越多，火药的性能越好，就能产生更大的推动力，从而提高弹头飞行的初速度，实现增大杀伤力的作用。从轻武器的设计上来讲，弹头的增重主要是从弹头口径上的增大来体现的，也就是说：口径越大，弹头的重量越大，杀伤力也就越大。但是这两者在设计上是有矛盾的，即口径太大的弹头初速度的提高是受到一定的影响的，特别是在一些警用手枪、自卫手枪的设计上，由于武器的特殊用途决定了枪身不可太大、太重，枪膛也就不可能太大，进而决定了弹壳不可能太大，即装药量不可能太多，其飞行速度也就会受到很大的影响。所以我国港台地区及国外使用的一些自卫性的警用手枪口径很大，为 9mm 或 11mm 甚至更大，其在近距离上的杀伤力很大，但由于初速度受到限制，距离稍远或受异物阻挡时，其杀伤力就会大大降低。这点在枪案的战术行动中应该引起我们特别的注意。

二、枪弹伤形成一个入口小、伤口内部（盲管伤）及出口（贯通伤）大的特殊伤道

这个特殊伤道形成的原因：一是由于膛线的作用，子弹射入人体后，其自身的旋转不会马上停止，并可以带动其周围的软组织一起旋转，而引起枪伤范围扩大。二是由于子弹进入人身体后，碰到较硬的物质（主要是骨头），发生滚动变形后再继续前进而造成的。人们也正是了解了这个特点，才在设计子弹时努力增大这种滚动的力矩，如加长弹头、弹头内重心的可改变等，从而增加子弹的杀伤力。但根据临床实践及对发生的走火致伤事故的研究，也有特殊情况。手枪特别是六四式手枪，由于其初速度较小，虽近距离击中人体，但如果不碰到骨头等较硬的组织，仅仅穿过人体的软组织，那么就不会形成入口和出口有明显差别的伤口，即使穿过膀胱这种含液体的器官，也不会产生炸裂性创伤。其原因如前所述，主要是初速度不够。三是子弹进入人体后由于介质的改变引起阻力的变化（主要是阻力增大），可使弹头飞行产生的动能变为向伤道侧方四周的强大压力，这种侧方压力使子弹在人体内产生的临时性伤道远较实际伤道为大（可达 20 倍以上）。这种临时性伤道也是造成枪弹伤伤道特殊的重要原因之一。枪弹伤伤道特殊性的后果常伴有人体的严重骨折，这提示我们在处理人民警察的枪弹伤时，不要仅仅看到一个小小的入口，还要考虑到其内部及出口的组织会受到更大的破坏。

三、枪弹伤的伤口必定有污染

这是人们正确认识枪弹伤非常重要的一点。过去人们认为子弹离开枪管时温度很高，因此弹头是无菌的，进入人体自然就不会存在污染问题。大量的临床实践证明，枪弹伤的伤口百分之百有污染。一般认为，污染主要来自以下几个方面：一是弹头在飞行中受污染而将细菌带入人体；二是伤口形成初期，由于临时性伤道的原因，伤口周沿会产生一种很强的吸入作用，而将伤口周围的细菌大量吸入；三是伤口形成后，

四周细菌直接侵入。那种认为枪弹伤的伤口没有污染的看法是错误的。因此，在实际斗争中应该多加注意，加强对伤口的保护，以减少伤口的进一步污染。

项目二　枪弹伤的分类

【案例 6 - 3】

我国西部某警校上射击课时，曾发生一起枪支走火事故，当枪支走火击中一名学生后，子弹从该学生身体穿出，又击中另一名学生。慌乱中人们只顾将第一名伤者送至医院，而忽视了另一名伤者，待再回到现场，另一名伤者因失血过多已经死亡。

📝 **问题思考**

救治现场要注意哪些事项？

枪弹伤的分类方法很多，这里主要根据枪弹对人体造成伤道的特点，将枪弹伤分为以下四大类：

一、贯通伤

子弹射入人体后，能量未耗尽，尚有多余的能量使子弹穿出人体，这种既有入口又有出口的枪弹伤就称为贯通伤。贯通伤是枪弹伤特别是近距离枪战中最常见的一种，有时还会造成一枪伤及多人，因此，在急救现场要特别引起注意。

二、盲管伤

盲管伤也是一种较常见的枪弹伤。当子弹射入人体形成一定深度的伤道后，已将能量耗尽，不能再继续前进穿出人体，子弹留在人体的伤口内，这种只有入口而无出口的伤道称为盲管伤。盲管伤常见于子弹穿透某些障碍物，如木板、门窗、薄铁皮等再击中人体时，或子弹远距离飞行后再击中人体时。

三、切线伤

所谓的切线伤，是子弹沿人体表面切线方向滑过，即入口与出口连在一起的伤口，在人体表面造成一个槽形伤道。有时切线伤的伤道也会比较深。

四、反跳伤

子弹在接近人体皮肤时能量已基本耗尽，根本不能穿入人体，子弹撞击人体皮肤表面，并被皮肤阻挡在人体外，只造成局部软组织的轻微损伤，出现皮下淤血等，这种损伤称为反跳伤。反跳伤虽不能给伤者造成严重的创伤，但常会引起心理上的一系列问题，这在急救现场应该仔细检查并加以区别和注意。例如，在一次枪战中，犯罪嫌疑人躲藏于一大桌面后边。子弹击中桌面，穿出后又击中其腋部。由于该犯罪嫌疑人高度紧张，只听他大叫一声"我中弹了"，就倒地昏了过去，待人们将其送至医院时，发现子弹并未穿入其身体，仅仅造成其腋部皮肤小面积的挫伤而已。

上述分类只是从现场急救的角度作出，为了便于急救时参考，并不包含枪弹伤的全部分类方法。事实上枪弹伤的分类是一个很复杂的问题，特别是在临床上、军事医学上，分类更详细、更复杂，在此不赘述。

项目三　枪弹伤的救治原则

人民警察对枪弹伤的现场急救，不同于部队和一般的民间医疗急救，它有自己独特的内在规律和要求。人民警察在开展枪弹伤的现场急救时应该注意遵循以下原则进行：

一、先救后抢的原则

所谓"先救后抢"，是指在人民警察开展枪弹伤的现场急救工作中，遇到负伤的人员应就地开展急救工作：对骨折者及时进行固定；对出血者（特别是动脉出血）及时进行止血；呼吸、心跳停止者及时进行人工呼吸和体外心脏按摩等，设法挽救、延长伤者的生命，然后再进行搬运，移送医疗部门以便进一步救治。这与部队野战外科急救原则有区别。部队在对战士进行急救教育时，要求战士做到先抢后救。因为在战场上，敌我双方激烈交战，战士负了伤，抢救人员首先要从火线上把负伤的战士抢运到一个相对安全的地方，然后再做各种急救处理。一般情况来说，警察急救现场大都不存在那种激烈交战的状态，因此，"先救后抢"是有条件做到的。这样可以争取到抢救时间，避免因抢救不及时而造成伤者致残或牺牲。

二、先急后缓的原则

这里所讲的先急后缓是指某些警种，如巡警，在开展枪弹伤现场急救时，如果遇到一人多处负伤或多人负伤，而抢救人员、设备又有限的情况时，应尽快地分清伤者的伤情，对伤情急迫的伤者，如大动脉破裂出血，外伤性张力性气胸，呼吸、心跳停止等，应优先进行急救，然后再去处理那些对生命威胁相对不那么急迫的伤者，避免造成伤情急迫的伤者因得不到及时处理而死亡的严重后果。

三、先重后轻的原则

所谓"先重后轻"，即指在枪弹伤现场急救中，当遇到多个伤者时，应该先抢救处理伤情严重的伤者，再处理伤情较轻的伤者。在实际抢救工作中，为了更好地贯彻这一原则，往往需要抢救人员迅速、认真地检查，冷静、客观地分析、判断伤者的伤情，以便遵循先重后轻的顺序急救伤者。

这里容易混淆的问题是对伤者的伤情急缓和轻重的判断。伤情急和伤情重在急救医学的概念上有很大区别，如颅脑损伤、骨折是比较严重的损伤，但从急救角度来讲，颅脑损伤和骨折对人生命的危害都比不上动脉大出血急迫。因此，在急救现场一定要优先处理大动脉出血的伤员，以尽力挽救伤者的生命，然后再处理其他的创伤。

四、保护现场的原则

人民警察在开展急救工作时应该注意对犯罪（或事故）现场的保护。这个问题的提出，是由公安工作本身的特点决定的。在枪弹伤的急救工作中，犯罪（或事故）现场常常是破案线索或证据的重要来源地，如果我们在开展现场急救工作时，忽视了对现场的保护，甚至破坏了犯罪（或事故）现场，就会给案件（或事故）的侦破与查处带来困难，造成损失。例如，对待枪击案应特别注意仔细寻找及妥善保存弹壳弹头，以从中发现案件侦破线索。在将伤者转移至医疗机构后，还要注意积极妥当地做好善后处理工作。

五、无菌操作的原则

人民警察在开展枪弹伤现场急救工作时，要注意尽量做到"无菌操作"。这里讲的"无菌"是相对而言的。虽然因枪弹负伤的人员，其伤口大都属于污染伤口，但在对他们的伤口进行现场急救处理时也应该尽量注意"无菌操作"，尽量使用相对"干净"的物品包扎伤口，以减少伤口的进一步污染，避免给进一步救治增加困难。

六、不言放弃，全力抢救的原则

在枪弹伤急救现场常常遇到由于各种原因导致的呼吸、心跳突然停止的伤者，此时急救人员千万不要轻易判定伤者死亡而放弃抢救。医学研究证实，人的死亡是一个复杂的生理过程。医学上常把人的死亡分为临床死亡和绝对死亡。只有在伤者出现绝对死亡的现象时，即呼吸、心跳停止；出现尸冷、尸僵、尸斑；出现猫眼现象；用手挤捏瞳孔会出现瞳孔变形等，急救工作才能停止。在枪弹伤急救现场，不能仅仅因为呼吸或心跳突然停止，急救人员就轻易判断伤者为绝对死亡，而应积极地抢救，如尽快施行人工呼吸、体外心脏按摩等医学上称为基础生命抢救的措施，并及时转送医疗机构，尽最大力量挽救其生命。

项目四　枪弹伤的特征

枪弹射击人体时的损伤与其他致伤物相比具有不同的特点。不同的枪弹以不同的方向、距离射击，有无中间障碍物等情况均会影响枪弹的形态特征。

一、枪弹伤的形态学特征

1. 射入口。枪弹伤的射入口呈圆形或椭圆形，直径稍小于弹头最大横截面，中心部位皮肤缺损，边缘皮肤内卷，创口边缘有弹头上附着物留下的擦拭轮，创伤周边组织被挫压形成的挫伤轮，近距离射击时还可在射入口留下烟晕及火药颗粒。接触射击时还可形成星芒状撕裂创口、枪口印痕、毛发烧灼及皮肤产生樱红色改变。

2. 射伤管。射伤管是指弹头穿过人体的途径，表现形式为：直线、曲线、折线形等，管内可存留异物成分。

3. 射出口。射出口是指创口呈圆形或椭圆形，直径一般比弹头大，创口皮肤常撕裂，中心部位无组织缺损，边缘皮肤外翻，没有擦拭轮或不明显，多数情况下无挫伤轮及射击残留物。无毛发烧灼、皮肤樱红色及枪口印痕等现象。即使有创口皮肤撕裂，也比射入口的接触射击时形成的撕裂小。

枪弹伤的组织学观察为：一是创口处皮肤及皮下组织局部缺损，镜下表皮未剥脱处的棘细胞呈长棱形、核固缩、级性排列；二是表皮层表面有金属颗粒沉积；三是周边组织凝固坏死；四是组织器官有出血灶，存活时间长者有细胞浸润现象。

二、霰弹损伤

霰弹枪的使用在许多国家未加限制，因而比来复枪使用更广泛。霰弹枪属民用枪，为低速武器。但在射距较近时，霰弹的发射如同单颗弹头，与高速弹头具有相同的动能。

1. 霰弹枪基本知识。霰弹枪是指一次发射弹壳内装有单颗或多颗弹头的枪支。为达增加弹头播散程度，可通过增加射距、缩短枪管、加大弹药筒内的压力、阻塞装置或枪管末压缩装置的阙如等方法实现。阻塞是对枪管口的一种压缩装置，用以防止弹头的播散。霰弹按其直径大小可分为三类：大号铅弹（大于0.36cm）；鸟弹（0.36~0.2cm）；尘弹（小于0.2cm）。

2. 霰弹损伤的特征及射距推断。霰弹枪伤的创口可分为三种类型：非穿透型，主要表现为创口的挫伤、擦伤和爆炸伤；穿透型，仅有射入口而无出口；穿通型，射入口、射出口都存在，但无明显的创道。

霰弹的射击距离不同则形成不同的创口损伤特征。在2m以内时，霰弹的所有成分，包括填塞料和弹壳碎片均可进入创口；在3~6m间，霰弹成分仅部分进入创口，且多在5~12cm范围内扩散；当射距在6m以内时，霰弹形成的损伤特征与高速枪弹相似；当射距大于6m时则仅有弹头本身形成的创口。

3. 弹杯损伤。弹杯又称送弹器或弹托，是塑料杯状结构。位于霰弹壳内火药上层，底部起药塞作用，上部似花瓣状，内装弹丸，用以提高霰弹散布的密集度，并减小弹头（丸）与枪管接触所引起的变形。多为四瓣形，少数三瓣形。受空气阻力影响，弹杯前部的瓣状结构打开呈花瓣状直接进入皮肤形成挫创。如射距小于30cm，弹杯的瓣不会打开或打开不典型不充分；如射距大于90cm，弹杯则可能会被完全折转，无法形成皮肤的特殊损伤；如射距在30~90cm范围内，可形成典型的弹杯损伤，为"＋"字形。速度对损伤形态改变不大，弹杯损伤也可形成烟晕、火药颗粒等现象。

三、其他特殊枪弹伤的特征

（一）跳弹损伤

1. 跳弹损伤是指弹头飞行过程中以某一角度遇物体后又以一定角度反跳所形成的，任何弹头在任何速度下均可产生，碰撞在任何物体上均可能形成。

2. 跳弹形成的因素。跳弹的形成主要取决于靶体表面的特征、入射角度、弹头的形态以及弹头飞行的速度。跳弹很难追寻其精确的规律，即使在相似的入射角度下也会产生不同的反跳现象。

（1）靶体的影响：理论上只要弹头不直接嵌入或射透靶体均可产生跳弹。质地柔软的靶体不易形成跳弹，需要有一定的角度限制。

（2）弹头形态的影响：在其他情况相同时，圆鼻形弹头比扁平鼻形弹更易产生反跳；有金属包裹的弹头比纯铅或铅合金弹头容易发生反跳；弹头飞行速度低的比高的容易形成反跳。

（3）入射角与反射角的关系：因弹头能量的丧失入射角一般大于反跳角，且呈负相关。靶体质地越硬，反跳角越小，这是因为质地较软的物体受弹头打击后发生局部短暂的弯曲而储藏反弹的能量。理论上讲，入射角越大，弹头与物体接触面越大，丧失能量及变形也越大，因此反跳角也越大，此时容易发生弹头破碎。

（4）霰弹发生反跳时一般会以与物体表面相平行的方式分散其扩展程度，随入射角和反跳角的增大而增大。

3. 损伤特征。弹头遇靶体会发生形态改变和能量丧失，速度降至原有的10% ~ 20%，但仍能射入人体，变形与毁损增加了弹头进入人体后能量的传递，引起更严重的损伤。跳弹损伤的基本特征与弹头穿过中间障碍物后所致损伤机制一致：射入伤多呈椭圆形或锁孔形，大于一般枪弹射入口且形态不规则；弹头易留于体内；霰弹反跳后易形成狭长的创口，当反跳处离人体很近时，有时会由弹头碎片溅入入口皮肤形成类火药颗粒，易与近距射击混淆。

4. 现场反跳特征。弹头会在反跳处留下不同程度的痕迹，典型的是反跳处金属物质的附着和半圆凿或火山口样弹痕，在软金属和木板墙上多留有伸长的半圆（弧）形，而砂、土上反跳痕不规则。跳弹一般为单个反跳痕迹，特殊条件下可发生双跳弹痕。

（二）带消音器的枪弹伤

1. 消音器基本知识。一般枪弹发射时枪口气体产生爆炸而发声，消音器则使爆炸声明显衰减，用于手枪、来复枪。消音器主要由毡、纸板和塑料等有利于吸取声音和伸展的材料制成。

2. 带消音器枪弹伤的特点。

（1）绝对接触射击：缺乏或明显减弱接触环，无皮下烟晕侵蚀现象，有骨骼衬垫时只发生洞状骨折。

（2）接触射击：有明显大于枪管口径的枪口印记，中央皮肤缺损或周围组织损伤明显且范围大于枪支口径。入射口无皮肤撕裂创。

（3）近距射击：烟晕呈明显的中心性，边界清楚，烟晕及火药颗粒附着区域小。

3. 带消音器枪弹伤的检验。消音器内塑料物可能会散落在衣着上或创道内；接触射击时皮肤组织和血液可能进入消音器内；消音器对近距射击或远距射击，发射者手上火药颗粒残留物不受消音器使用的影响，50cm 以内的近距带消音器射击铅、锑成分与接触射击有明显差异，消音器射击的创口周围血迹可检出一氧化碳。

（三）橡皮弹损伤

橡皮弹又称防暴弹，一般认为只引起人体的疼痛而不会造成严重损伤，但近年来有不少研究和案例报道，认为在一定条件下同样能导致严重损伤甚至死亡。防暴弹可以是橡胶的，也有塑料壳和金属底构成的内装橡胶弹头，这些弹头坚硬、弹性小、不易变形，X－射线显示金属密度的阴影。

据报道，防暴弹引起严重损伤的比例是1∶800。尸体实验发现在1m处射击时，创口有4~5cm皮肤缺损，弹头可进入胸腔。在4m处射击，皮肤的弹头损伤痕迹达18.5~22cm，有10/15个弹丸穿过4.2cm的腹壁进入腹腔，并认为如在4~5m内击中人体重要器官完全可能致死。橡胶弹所致的损伤特征，如射入口处的接触挫伤轮、烟晕和火药颗粒分布等明显较其他枪弹弱而不明显。

项目五　枪弹伤的急救方法

枪弹伤除了反跳伤外，一般伤势都比较严重，时刻威胁着伤者的生命安全，因此，在急救现场应争分夺秒地对伤者进行急救，延长与挽救伤者的生命，减少伤残的发生。在急救现场应该做的工作有以下几项。

一、对伤者一般情况的判断

初步地了解伤者情况，为下一步的检查治疗迅速做好基础工作。对枪弹伤者先进行大体上的观察与判断，如神智是否清醒、脉搏心跳次数、身体受伤部位等，还应询问了解其身体感觉，并给予鼓励与安慰。做此项工作时一定要迅速。

二、对伤部的检查

尽快检查伤势，迅速判断清楚伤口的情况。要特别注意查找确定贯通伤的出口，伤者有无出血，出血的部位有无并发骨折等，这是进行急救处理前必须认真迅速做好的工作。做此项工作时一定要果断，不宜过细过长时间地检查，以免延误对伤者的抢救。

三、对伤部的止血

枪弹伤造成伤者早期死亡的最直接原因就是出血。大量出血可导致人体内血循环量减少而引起休克，严重地威胁伤者的生命。当血液流失量占人体总血量（4000~5000ml）的20%~30%时，即可使人出现失血性休克而死亡。因此，及时而有效地止血是急救现场延长伤者生命首先要做的最重要的工作。

在枪弹伤的急救现场，要根据伤者不同的出血部位而采取不同的有效止血方法，对枪弹伤出血常用的止血方法主要是止血带法和包扎止血法。下面做一简单介绍。

（一）止血带法

这种止血方法主要适用于四肢受伤出血的伤者。发现伤者后立即用止血带及其代用品，绑扎在四肢出血部位的上方，以达到制止出血之目的。现在最常使用的止血带是气囊式止血带，其形状及作用原理类似于血压计的脉带，因此，操作起来很简单，使用起来很方便。如果没有现成的止血带，在急救现场可以使用橡皮带、布条、麻绳、皮带等替代，但不可使用电线、铁丝等，以免造成皮肤的损伤。

在使用止血带止血时还应该注意以下几点：

1. 上止血带前应将受伤的肢体抬高 2 分钟左右，使血液尽量回流。

2. 上止血带的部位要合适，上肢出血止血带应上在大臂的上 1/3 处，下肢出血可以将止血带绑扎在大腿的中上 1/3 处。前臂的血管在尺骨、桡骨之间，小腿的血管在胫骨和腓骨之间。这两个部位上止血带不易止血，故原则上不在前臂和小腿上上止血带，这两个部位出血时，止血带可以上在大臂或大腿上。

3. 上止血带的时间是一个比较复杂的问题，止血带应该上多少时间有四个原则需要遵守：①应该尽量缩短上止血带的时间。因为上止血带意味着远端肢体的供血中断，为减少肢体的缺血坏死，应尽快将伤者送至医疗机构进行急救。②要根据伤口和环境的情况来决定上止血带的时间。冬天环境温度低，组织代谢慢，绑扎止血带的时间可适当延长到 2 个小时左右，夏天环境温度高，组织代谢快，止血带只可绑扎 1 小时左右。③如果伤者的伤肢创伤严重（枪弹伤大多属于这种情况），那么就不要轻易打开止血带。因为对严重创伤的伤口突然打开止血带可能引发止血带性休克，从而导致伤者突然死亡，这一点要特别引起注意。④如果伤肢创伤不十分严重，可考虑半小时左右松一次止血带，每次松开不宜超过 1 分钟，且在松止血带时应用指压法，暂时压住出血部位的供血动脉。为准确掌握上止血带的具体时间，要特别注意上止血带后立即记录上带时间，可能的话做一明显标志，固定在伤者身体上。

4. 上止血带特别是使用代用品时不宜直接绑于皮肤上，应该在止血带和皮肤之间加垫衣服、纱布等，以避免对皮肤的损伤。

（二）包扎止血法

对于发生在头部、躯干部的创伤，在急救现场常常采用包扎止血法止血。包扎止血，分为加压包扎止血和填塞包扎止血两种方法，急救人员应该根据不同的出血部位和伤口情况酌情分别采用。

1. 加压包扎止血法：对大面积相对创面较浅的创伤出血，如切线伤止血使用该法。具体做法是：先用大量干净的敷料将整个伤口覆盖后，再用三角巾或纱布加压包扎以达到止血的目的。

2. 填塞包扎止血法：对一些伤口比较深的创伤出血，如子弹击中人体躯干部等，急救人员立即使用干净的敷料或棉花将伤口直接填塞，再用三角巾或纱布严密包扎以达到止血的目的。

在某些紧急情况下，可直接使用大量干净的敷料或三角巾，将整个伤口加压或填塞，严密包扎后，尽快将伤者转送医疗机构。大量的临床实践从正反两方面证实：急救人员及时有效地控制伤者的出血，可以大大降低伤者的早期死亡率。

四、对伤部的固定

对发生骨折伤者的有效固定，是搬运、转移伤者前必须认真做好的工作。

枪弹击中人体特别是四肢时，常会造成严重的骨折，为避免骨折端对人体形成新的伤害，减轻疼痛，便于搬运转移，应及时对伤肢进行固定。固定骨折的材料可以使用事先准备好的小夹板等，如无现成的材料也可以使用现场能找到的其他材料代替，只要能将伤部固定即可，骨折固定的材料不宜直接接触皮肤，应在其间垫以棉布等柔软的材料。

骨折固定时一定要注意以下几个问题：①就地先固定再搬运；②开放性骨折可先将伤口简单包扎然后再固定，但不宜将刺出伤口的骨折端送回伤口；③固定时必须将骨折端的上下两个关节一起固定；④亦可利用健肢固定患肢（主要是下肢骨折时可以把两下肢绑在一起），但一定要注意在两个肢体之间垫上衣物等，这样才可以固定住；⑤固定时绑扎的松紧度应该合适，不要太松，也不要太紧，松了起不到固定作用，紧了容易造成出血循环受阻，因此，为了防止影响血循环，四肢固定应将指（趾）尖露出，以观察血循环情况。

五、对伤员的搬运

在枪弹伤急救的现场对伤者的正确搬运也很重要，及时安全地将伤者搬运至医疗机构是人民警察重要的急救技术之一。

在急救现场常用的搬运技术有：徒手搬运和担架搬运。

（一）徒手搬运

所谓的徒手搬运，就是没有器械的搬运，在急救现场徒手搬运又分为单人徒手搬运和双人徒手搬运。

1. 单人徒手搬运的三种方法是：扶持法、抱持法和背负法。在急救现场应根据伤者的伤情酌情采用。

2. 双人徒手搬运有两种方法：椅托法和拉车法。

（二）担架搬运

担架搬运时要注意在急救现场将伤者往担架上放置的方法。特别是脊柱损伤者，搬运时必须要十分小心，移动中一定要注意其脊柱的稳定，具体方法是：三个急救人员在伤者一侧，同时将手伸入伤者下肢、臀部及背部下方，另一人在伤者头部与其他三人方向垂直，双手托其头颈部，将颈部固定，并沿纵向牵拉，然后四人一齐用力将伤者抬起，放在担架上，切不可一人搬上体，一人搬下肢进行搬运。

脊柱损伤的伤者使用的担架应该是硬质的，紧急情况下可用门板等代替，并要在颈部及脊柱两侧下方垫上衣物，以增加脊柱的稳定性。在搬运脊柱损伤的伤者时，尤其不要违背伤者意愿进行搬动。如果怀疑伤者伴有脊髓损伤，如伤员出现下肢麻痹和瘫痪，最好保持伤者原体位不动，尽快向医疗机构求助。

六、防止创伤性休克的出现

在急救现场还应该注意检查伤者早期有无创伤性休克。由于大量的出血、剧烈的疼痛刺激以及强大的心理压力等因素的影响，常可引起伤者血压下降出现创伤性休克。创伤性休克是造成伤者早期死亡的主要原因之一。如果伤者出现四肢发凉、出冷汗、口唇发紫、心跳加快、意识障碍等症状，即可认为伤者出现了休克。一旦出现休克应及时采取抗休克措施，以避免因休克而导致伤者死亡。

在急救现场的抗休克措施有以下几项：

1. 注意伤者体位，主要采取平卧位，可将其下肢抬高。

2. 注意保持伤者呼吸道畅通，特别要注意防止昏迷的伤者出现舌后坠对呼吸道的阻塞，使其头部尽量后仰，也可以在颈下垫上东西。

3. 注意保暖。

4. 条件允许的时候可以给清醒的伤者采用口服的方法补充液体，最好补充含钠离子（如 NaC1）的饮料。

5. 注意环境的安静，避免吵闹等不良刺激，注意对伤员精神上的安慰。

七、人工呼吸和体外心脏按摩

如伤者在急救现场已经出现呼吸、心跳骤停，急救人员应立即实行人工呼吸和体外心脏按摩，即人工复苏术。具体实施方法如下：

1. 人工呼吸的方法。使伤者处于仰卧位，下颌抬起，头部尽量后仰，必要时可在颈下垫上东西，以保持呼吸道通畅。将口腔掰开（如口腔无法掰开，可采用口对鼻法吹气），清洁伤者口腔内异物。一手捏住伤者的鼻子，另一手固定抬起的下颌，深吸一口气，对准其口腔（鼻子）吹，吹气要求快而深，口与口（鼻）一定要贴紧，如果吹得有效，可见伤者的胸部扩张，然后口和手都立即离开伤者，并注意观察伤者胸部是否回缩，有无气流从伤者口鼻排出。一开始连吹两口气，每次 1.5 秒左右，以后每 5 秒钟左右一次。

2. 体外心脏按摩的方法。让伤者仰卧在一平硬的地方，抢救者在伤员的一侧，用一只手掌根部按压在胸骨正中线的下 1/2 处（或胸肋交角处 1 横指），另一手压于其上，两手掌重叠，手指交叉，手指离开胸壁，两臂伸直垂直下压。按压应平稳有力且有规律，下压与向上放松的时间应基本相等，当向下压至最低点时应有一个明显的停顿，下压的力度可使胸廓下陷 3~5 厘米。按压的次数应该是每分钟 80~100 次。

体外心脏按摩常见的错误有三点：其一，两臂未伸直，肘部弯曲，好像揉面一样。其二，两臂未垂直下压，肩与手不是在一条垂线上。其三，两手未重叠，手指未交叉，而是两手交叉放置于胸壁。

3. 同时进行人工呼吸和体外心脏按摩。当急救现场只有一个人实施 C. P. R 急救时，体外的心脏按压和人工呼吸的比例是 2:15，即做 2 次人工呼吸再做 15 次体外心脏按摩。当有两个人实施 C. P. R 急救时，体外心脏按摩和人工呼吸的比例是 1:5，即做 1 次人工呼吸做 5 次体外心脏按摩，两人一定要协调配合好，在心脏按压的间隙进行口对口人工呼吸。

4. 在急救现场，一旦实施人工呼吸和体外心脏按摩后就不应停止，即使在对伤口进行处理及转运伤者的过程中，也要尽可能缩短停止的时间。一般认为停止时间不要大于 5 秒钟，除非证实伤者已恢复自主心跳和自主呼吸，或伤者已确实死亡。

5. 人工复苏技术是否有效的判断：①心脏按压时，应在股动脉处触到搏动，如有血压计，应测到 60mm 汞柱上的血压；②伤者面色由苍白转红润；③扩大的瞳孔有所回缩；④伤口开始出血；⑤恢复自主呼吸；⑥意识有所恢复；⑦停止挤压，心脏可维持自主跳动等。即使完全恢复心跳、呼吸，也不要忘记这只是初期复苏成功，还可能恶化或遗留后遗症。因此还应转送医院，接受进一步的处理，以使伤者得以完全康复。

八、尽快将伤者转移至医疗机构，以便更有效地救治

为了对伤者进行更有效的救治，应尽快想办法将伤者转移至医疗机构。

九、做好善后工作

在对枪弹伤伤者进行急救的过程中，一定要注意对案发现场的保护，注意仔细寻找及妥善地保存子弹弹头，注意积极妥当地做好善后处理等工作。

项目六 枪弹伤的预防

人民警察在执法过程中，应该尽量避免因各种原因造成的枪弹伤害，具体做到如下几点：

一、增强防卫意识，思想上高度重视

人民警察在执行任务过程中，思想上一定要提高警惕，时时具有极强的"防卫意识"，要懂得勇敢无畏与保护自己珍贵生命之间的辩证关系，决不能麻痹大意、鲁莽行事。要预防犯罪分子的突然枪击，"宁可信其有，不可信其无"。在案发现场要严格控制犯罪嫌疑人，防止其突然使用武器袭击是执法中预防枪弹伤首先要解决的问题，许多人民警察负枪弹伤的案例都从反面证明了这一点。

二、加强实战训练，熟悉手中的武器

人民警察在日常训练中，一定要对手中的武器非常熟悉，知道武器的保险结构及当时的状态，了解掌握武器的特点，如扳机引力有多大，常见故障是什么，如何排除等，以减少因操作不当而对人体造成的伤害，从细小环节实施训练，严格规范操作。

三、养成良好的用枪习惯，避免意外发生

在训练及执行任务过程中，特别要养成良好的使用枪支的习惯：一是动枪先验枪；二是枪口不对人；三是只要不是确定要射击，食指不可放在扳机上，这样可以避免许多意外走火的伤人事故。

四、熟练掌握技术、加强战术意识

熟练掌握各种技术、战术动作，并在实际斗争中合理使用，要学会利用地形、地物来保护自己，特别是要提高战术意识的培养，以达到在与犯罪分子的枪战中，既可制伏对方又可保护自己的目的，这也是积极预防枪弹伤的有效办法。

五、落实安全技防，做实防范措施

在执行任务时，一定要严格按规定进行有效的、必要的技术防范。认真使用防弹器材，戴头盔，穿防弹衣，保护好要害部位，尽量减少致命部位枪伤事故的发生。

六、贴近实践训练、力争首发命中

平时严格按照训练大纲，贴近实战施训。在与犯罪嫌疑人的实战中要冷静、果敢，力争首发命中。这是制伏犯罪嫌疑人、保护自己的最有效的方法。平时加强实弹战术训练，以精湛的射击技术克敌制胜，保全自己。

项目七　现场急救程序

指挥员到达枪弹伤急救现场，一旦确定有伤员需要抢救时，就必须做到有步骤、合理、科学地按现场急救程序进行紧急救治。现场急救程序如下：

一、现场评估

对急救现场进行评估，内容包括对枪弹伤的规模及程度、受枪弹伤的对象、伤亡人数、创伤类型等情况，以及现场可能危及伤员、抢救人员和周围群众的潜在因素，进行尽可能全面的评估。在评估的同时，将枪弹伤伤员安全、迅速地搬运到安全地点。

二、紧急呼救

将现场评估的结果立即向上级指挥员、地方政府报告。根据伤亡情况启动现场急救措施。及时呼叫"120"急救中心（站）医务人员进行现场医疗救治。

三、判断伤情

对枪弹伤伤员进行伤情评估，重点检查伤员的意识、呼吸、大动脉搏动等危及生命的重要体征，以及全身外伤、出血、骨折等伤情。分析判断致伤因素，为进一步有的放矢救治伤员提供依据。若现场急救需要，可根据伤员伤情进行伤员分类处理。

四、现场急救

在判断伤情的同时对伤员进行现场急救。尤其是对危及伤员生命的窒息、呼吸心跳停止、大出血等危重症患者。按照"先抢后救、抢救结合、先命后伤、先重后轻"等现场急救原则。尽最大可能做到维持生命三大元素的气道通畅，呼吸正常，血液循环正常。包括开放气道、人工呼吸、胸外按压、电除颤等救治措施。对出血者进行止血，进行烧伤者包扎、骨折者固定等初步治疗。枪弹伤伤者经现场急救处置后，利用合适的运输工具，将枪弹伤伤者送到医院进一步救治。运送途中要密切观察伤情，必要时边运送边抢救。

单 元 七

警用枪械射击原理

知识目标

1. 子弹的结构，子弹是如何被击发的。
2. 明确弹丸在枪膛内和枪膛外的运动规律。
3. 掌握瞄准具的使用方法。
4. 枪的弹道高的原理，对射击的作用。
5. 枪的后坐对射击的影响。

能力目标

1. 掌握子弹的结构和击发爆炸原理。
2. 掌握不同距离枪的弹道高度。

【案例 7-1】

2014 年 9 月 18 日，广州市公安局对 9 月 16 日警匪枪战细节作出回应称，16 日抓捕毒贩时，民警林某将防弹衣脱下给了锁匠谭某，自己身中 3 枪。

近期，荔湾警方深挖出犯罪嫌疑人黄某与他人一起制毒的线索。9 月 16 日 13 时许，林某和另外 8 名办案民警到黄某藏匿的居民楼。由于小楼大门被锁上，民警联系经常协助警方工作的热心群众、锁匠谭某帮忙打开大楼门禁进入楼道。谭某主动提出"我去帮你们看看门锁的类型吧"，随即跟随林某上楼检查可疑房屋。林某脱下防弹衣套在谭某身上。谭某俯下身子仔细观察门锁时，黄某突然开门向外连开数枪。

警方称，"生死之间，林某下意识用身体堵住门口，用力推了一把谭某，提醒他快速撤离"。林某左手动脉中枪，腹部也被击中 2 枪，血流如注。谭某背部中枪，防弹衣被子弹击穿，倒在血泊中。

随后，林某和谭某被送往医院。谭某经抢救无效死亡。林某所中 3 枪均为贯穿伤，暂无生命危险。当晚 12 时许，特警强攻破门入屋，黄某被警方当场击毙。

【案例 7-2】上海射击射箭中心一队员误被子弹击中身亡

1. **事件经过：训练休息期间酿出惨剧。**据了解，事情发生在 2017 年 12 月 3 日下午 6 点半左右，正在运动中心训练的上海飞碟队发生惨剧，受袭的是飞碟队二线运动员陈泽骏。

记者从有关方面了解到，当时的情景震惊了所有在场队员。按照训练计划，上海飞碟队的二线队员要进行空枪训练。在休息期间，也就是大约前天傍晚 6 点半左右，一名队员从队友手中要来一颗未打响的废弹装入枪内，与陈某玩耍，在这过程中，子弹误中陈某腹部，陈某当即流血不止。

事发后，运动中心紧急拨通 120 急救电话，由于伤势过重，虽经医生奋力抢救两个多小时，陈某最终仍因失血过多死亡。

2. 射击中心：封锁现场禁止外人入内。据了解，为了保证警方顺利取证，从 3 日案件发生后，闵行区银都路上的上海市射击射箭运动中心已不再接待任何外来人员。

本案当事人所住的宿舍目前暂时封存。有消息称，此案件已移交给公安机关处理，当事人也被移交给公安机关。

3. 医院专家：此类枪伤很难挽救。在采访中，记者就此类枪伤问题询问医院专家，专家称："这种类型的受伤因散弹都散落在内腔，导致动脉大出血，很难挽救。"

据悉，击中腹部后，会导致病人动脉大出血，由于所有的枪击伤口都属于高度灼伤的伤口，因此，医院在处理时只能尽力采取措施。

这起事件的另一个主因在于那把出事的枪。如果是一把霰膛枪，那么伤者病情将更严重，而据记者了解，当时两人距离非常近，这是非常致命的。另外，据专家介绍，即使身体外部的伤口很小，但身体内部由于受伤面积太大，而且广泛，将无法挽救。"怕的就是体内受损严重"，专家如是说。

问题思考

1. 为什么锁匠谭某身穿防弹衣还会被歹徒的手枪击穿？
2. 哑弹怎么还会击发？

项目一　枪弹

如果用尖的硬物去击打子弹底部的黄铜帽，会出现子弹爆炸的现象，原因是弹壳底部的黄铜帽受挤压，引与底火爆燃，点燃弹壳里的火药，火药的燃烧推动弹头和弹壳向相反的方向运动，俗称子弹爆炸了。

把子弹使劲向地下摔，有可能出现子弹爆炸的现象，原因是地面有突出来的小石子或尖角撞击到了弹壳底部的黄铜帽引发底火爆燃，火药燃烧，子弹爆炸。这种情况非常危险，无法控制子弹飞行的方向，很容易被乱飞的子弹射中。

枪弹是配用于各种枪械的弹药。为了方便人们管理和使用，按用途将其分为军用枪弹、警用枪弹、民用枪弹、运动枪弹、辅助枪弹等；按性能分为致命性枪弹和非致命性枪弹；由于配用武器的种类不同，还可分为手枪弹、步（机）枪弹、防暴枪弹等。

一、基本知识

（一）枪弹的主要诸元

1. 五一式 7.62mm 手枪弹。

口径：7.62mm

子弹全长：34～35mm

子弹全重：9.94～10.72g

弹丸长：14mm

弹丸重：5.45～5.6g

弹丸直径：7.85mm

弹丸平均初速：424　～440m/s

弹壳形状：瓶形

枪口动能：540J

该弹用于五四式手枪和七九式冲锋枪。

2. 六四式 7.62mm 手枪弹。

口径：7.62mm

子弹全长：24.9mm

子弹全重：7.25～7.65g

弹丸长：12.10mm

弹丸重：4.72～4.87g

弹丸直径：7.85mm

弹丸平均初速：290～310m/s

弹壳形状：柱形

枪口动能：220J

该弹用于六四式手枪和七七式手枪。

3. DAP92 式 9mm 手枪弹（图 7 - 1）。

图 7 - 1　子弹

口径：9mm

子弹全长：21.6mm

子弹全重：钢芯弹 11.5g，铅芯弹 12.6g

弹丸长：钢芯弹和铅芯弹均为 15.65mm

弹丸重：钢芯弹 7.87g，铅芯弹 8.0g

弹壳形状：柱形

装药量：钢芯弹和铅芯弹均为 0.36g

弹丸平均初速：360m/s

枪口动能：钢芯弹 545J，铅芯弹 520J

平均最大膛压：钢芯弹和铅芯弹均为 206Mpa

4. PBL9mm 手枪弹。PBL9mm 手枪弹又叫"9×19mm 巴拉贝鲁姆手枪弹"，或"9mm 派拉贝鲁手枪弹"。

口径：9mm

子弹全长：29.6mm

子弹全重：12.2g

弹丸长：15.51mm

弹丸重：8.0g

弹壳长：19mm

弹壳重：3.85g

弹壳形状：柱形

装药量：0.405g

弹丸平均初速：360m/s

枪口动能：500J

平均最大膛压：215.7Mpa

5. 2005 式 9mm 警用转轮手枪普通弹（图 7-2）。

9mm 警用转轮手枪弹是 9mm 警用转轮手枪的主配弹种，于 2002 年 5 月开始研制，历经 3 年多时间于 2005 年底通过公安部组织的技术鉴定，该枪弹主要用于制服 50m 内有生目标。

该枪弹由弹头、弹壳、发射药、底火四大部分组成。弹头由被甲式平头弹头壳、弹芯、铅垫三部分组成；弹壳为凸缘式黄铜弹壳；底火由底火壳、无锈蚀击发药、锡箔组成，发射药采用高能低烧蚀叠氮硝胺发射药。

图 7-2　2005 式 9mm 警用转轮手枪普通弹

9mm 警用转轮手枪普通弹的主要技术参数：

口径：9mm

全弹长：≤30mm

全弹质量：≤12.6g

弹头质量：8g

弹壳形状：柱形

速度平均值：220m/s±10m/s

平均最大膛压：≤1100kg/cm²

发射声音：103dB

弹丸飞行距离：70～80m

弹道高：9mm 转轮手枪在出厂时，普通金属弹的弹道高在 15 米时为 9cm、25 米时为 13cm、35 米时为 14cm

使用温度范围：-30℃～40℃有效储存年限：≥20 年

6. 2005 式 9 毫米警用转轮手枪橡皮弹（图 7-3）。9mm 转轮手枪橡皮弹是 9mm 转轮手枪射击弹种之一，它于 2005 年年底通过公安部组织的技术鉴定。该枪弹是针对国内当前治安环境的现实情况而开发研制的非致命枪弹，在近距离内起到及时制止犯罪分子违法行为的作用，在中远距离上起到驱散和威慑的作用。

图 7-3　橡皮弹

该橡胶子弹虽然是致伤子弹，但在 5m 距离内射击时，仍可将目标杀伤（致死），如果只需致伤，则必须保持射距在 5m 以外，这样目标被击中时轻者会导致射击部位发紫，重者会让对方疼痛休克。

该弹由弹丸（头）、弹壳、发射药、底火四大部分组成。底火和发射药选用定型的制式枪弹底火和发射药，弹丸由橡塑材料和金属粉末相融合而成。

9mm 警用转轮手枪橡皮弹的主要技术参数：

口径：9mm

全弹长：≤30mm

全弹质量：7.05g

弹壳形状：柱形

平均最大膛压：10.9Mpa

发射声音：98dB

弹丸飞行距离：40～50m

弹道高：9mm 转轮手枪在出厂时，橡皮子弹的弹道高在 15m 时为 -8cm、25m 时为 -13cm、35m 时为 -26cm

使用温度范围：-30℃～40℃

有效储存年限：≥5 年

值得注意的是：使用橡皮子弹对目标进行非致命射击时，在 5m 距离内向头部等要害部位进行射击，射击目标仍会有生命危险。另外，在出厂时两种枪弹的弹道高各不相同，射击时要根据枪内弹种和射击的距离确定瞄准点的高低位置。

（二）枪弹的识别

1. 弹头涂色识别。枪弹的识别主要是在弹尖和底火涂以不同色标。根据色标的不同来选用不同的枪弹。主要弹种具体标志如下：普通弹不涂色；燃烧弹、燃烧曳光弹涂红色；曳光弹涂绿色；穿甲燃烧弹涂黑色和红色；普通空包弹无弹头不涂色；穿甲弹涂黑色；穿甲爆炸燃烧弹涂红色和黄色；DVP88式5.8mm机枪弹口部红色；DVP88A式5.8mm机枪弹口部绿色。训练弹的尺寸、重量和普通弹基本相同，无发射药，底火为橡皮制成，一般弹壳体部钻有孔，有的弹壳体部压有三道凹槽，有的弹头用塑料制成。

2. 枪弹制造标志的识别。枪弹制造标志内容为弹厂代号和年份，还可根据订货方要求标有口径等枪弹类别，压印在弹底上（图7-4）。枪弹制造工厂代号311：枪弹制造的年份05、08、04。

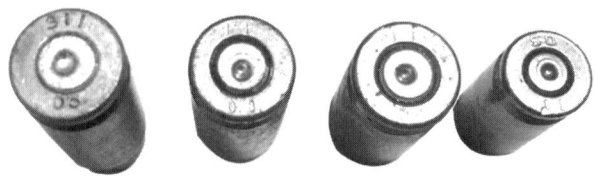

图7-4　弹壳

3. 枪弹口径的识别：现在常见的枪弹口径有5.6mm口径，有九二式军用手枪弹的5.8mm口径，还有51年式手枪弹、64年式手枪弹的7.62mm口径，还有九二式警用手枪弹、05式转轮手枪弹的9mm口径。

4. 枪弹外形的识别：我们的制式手枪弹有的弹壳上有坡肩的瓶形手枪弹，如51年式7.62mm手枪弹。还有的弹壳是圆柱形状的柱形手枪弹，如64年式7.62mm手枪弹、92年式9mm手枪弹、05年式警用转轮手枪金属弹、橡皮弹等（图7-5）。

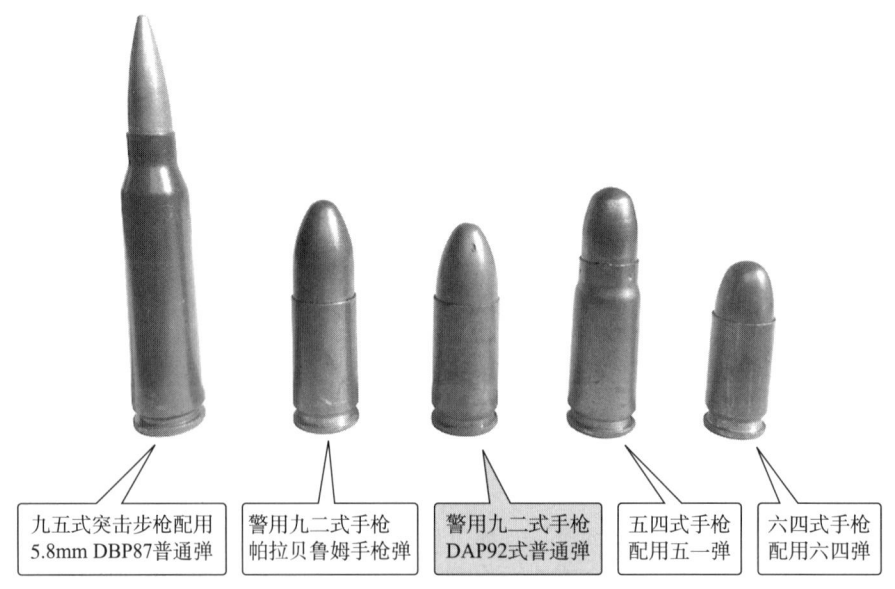

| 九五式突击步枪配用5.8mm DBP87普通弹 | 警用九二式手枪帕拉贝鲁姆手枪弹 | 警用九二式手枪DAP92式普通弹 | 五四式手枪配用五一弹 | 六四式手枪配用六四弹 |

图7-5　子弹

5. 枪弹底火的识别：枪弹从发火形式上可分为中心发火与边沿发火两种形式，军用枪弹击针撞击子弹底火的位置都在底火帽上，而运动枪弹击针撞击子弹底火的位置都在弹底缘的边上，（图7-6）。

6. 弹痕是弹头与枪管内阳膛线摩擦形成的痕迹。子弹的弹痕就如人的指纹，是唯一的。每支枪的弹痕都不相同（图7-7）。

图7-6　边沿发火弹壳

图7-7　弹痕

（三）枪弹中的辅助弹

1. 空包弹（图7-8）：这种子弹无弹头，有弹壳、底火和发射药，弹壳口收紧密封。人们正是利用它和实弹一样的火药燃烧效果模仿发射，达到演练或安全拍摄镜头之目的。使用这种子弹时，一定要注意将它与实弹区分开，否则，后果不堪设想。在电影拍摄过程中就曾经发生过这样的例子。

图7-8　空包弹

2. 教练弹。这是一种外形和重量都与普通子弹非常相似的子弹，它有弹头、有弹壳。但底火为橡胶制成，无法发射。在教学中教练弹可以帮助学员了解枪支的抛壳动作，练习装填子弹到弹匣里，练习验枪动作，以及练习有哑弹时如何处理等。所以，教练弹是非常好的教学辅助工具。

二、工作要点

枪弹是由弹头、弹壳、底火、发射药四部分构成的（图7-9、10）。

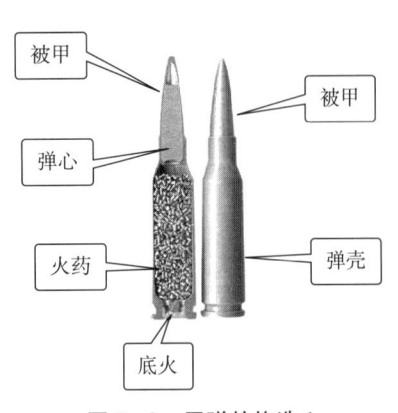

图 7-9　子弹的构造 1

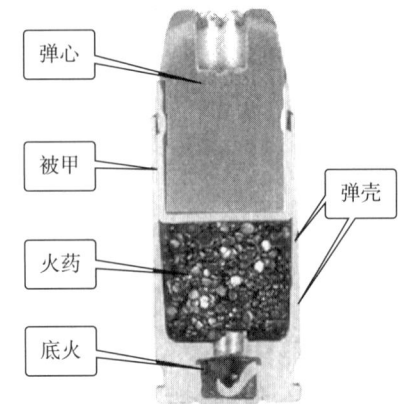

图 7-10　子弹的构造 2

（一）弹头

1. 弹头的材料。弹丸由外部的被甲和内部的铅心组成。被甲由黄铜或复铜钢制成，用以加强弹丸的侵彻力。弹头中部直径略大于枪的口径，以使发射时弹头外层软金属被甲完全挤入膛线，从而密闭火药气体，加大对弹头的推力。被甲就能起到加强侵彻力、提高命中精度的作用，铅心可增加弹丸的飞行距离。因为铅的比重大，在形状、大小都相同的情况下，重的弹丸要比轻的弹丸飞行稳定，飞行距离远，所以弹丸大部分都是铅心的，当然根据射击的不同需要，也有钢心的弹丸。钢心弹是特种弹，装备在特殊部门，如国安部门，特种部队等。

弹头的头部通常呈圆弧状，因此又称弧形部。弹头头部的形状特点，是由空气阻力对弹头飞行速度的影响和弹头对目标的作用效果所决定的。

对于初速较低的手枪弹弹头，其初速一般为 300~400m/s，弹头的飞行速度均在近音速或亚音速范围内，所受空气阻力主要为摩擦阻力和涡流阻力，因此弹头头部形状多为钝圆平形或半球形。对于头部长度较短的钝头弹，弹头在侵入有肌体时利于在肌体内产生翻滚效应，加速弹头能量的释放。对于初速较高的步机枪弹头，初速一般为 600~1000m/s，弹头头部常呈长圆弧状，是产生空气阻力的主要部位，为减小超音速飞行时弹头所受的波动阻力。尖头弹头更有利于对目标的侵彻作用。

（1）普通铅芯弹弹头，在被甲内填充铅芯（图 7-11）。

（2）普通钢芯弹弹头（图 7-12），在被甲内填充有铅套和低碳钢芯。

（3）曳光弹弹头，弹头涂有绿色，弹头内前端是铅心，是一种装有能发光的化学药剂的炮弹或枪弹（图 7-13）。发射后发出红色、黄色或者绿色的光。用于指示弹道和目标。曳光弹较其他子弹弹头不同之处在于弹头在飞行中会发亮，并在光源不足或黑暗中显示出弹道，协助射手进行弹道修正，甚至作为指引以及联络友军攻击方向与位置的方式与工具。曳光弹弹头被甲内除装铅芯外，还装有曳光剂和曳光管，使曳光剂燃烧生成的气体沿弹轴方向喷出。

（4）燃烧弹弹头（图 7-14）。弹头涂有红色，又称纵火弹，由被甲、钢芯、燃烧剂组成。利用弹头命中目标时钢芯与目标撞击的火花，使燃烧剂发火。

图 7 -11　普通铅芯弹

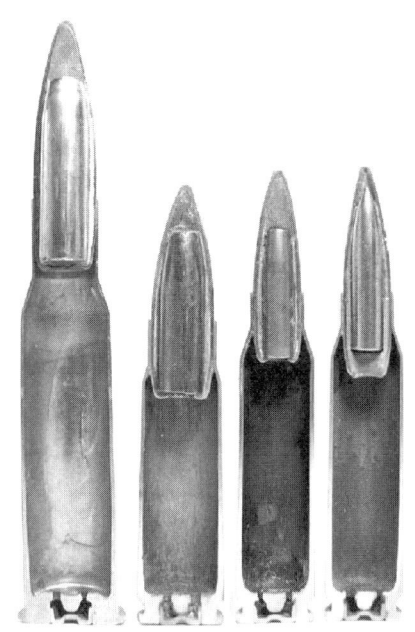

图 7 -12　普通钢芯弹

图 7 -13　曳光弹弹头

（5）穿甲燃烧弹弹头，弹头涂有绿黑色的穿甲燃烧弹，红紫色的穿甲燃烧曳光弹，是一种典型的动能弹，依靠弹丸强度、重量和速度穿透装甲的炮弹，现代穿甲弹弹头很尖，弹体细长，采用钢合金、贫铀合金等制成，强度极高。在被甲内装有高碳钢芯和燃烧剂，在击穿装甲后引燃可燃物。

（6）瞬爆枪弹，简称瞬爆弹。弹头涂有白色物质，常用的爆炸枪弹的弹头主要有延时爆炸弹头和着发爆炸弹头两种。瞬爆弹采用的是后一种弹头即着发爆炸弹头，又称瞬发爆炸弹头、瞬爆弹头。

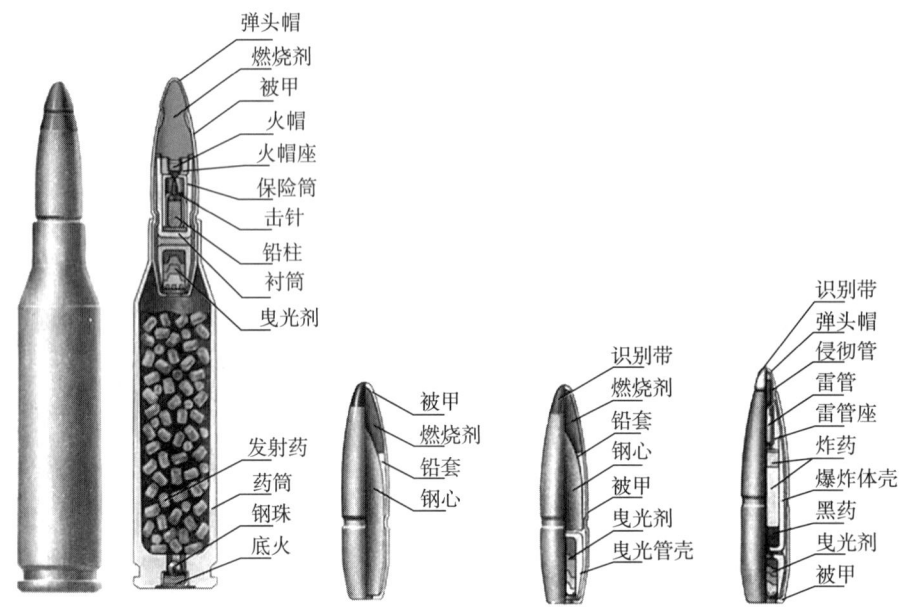

图 7 – 14　1956 年式 14.5mm 高射机枪弹

2. 弹头的构造。早期的弹头是用铁或铜合金，合金制成的单件实心体，没有弹头壳。现在的枪弹弹头都是由包括弹头壳在内的两个或两个以上的零件构成。例如，铅芯普通弹的弹头外面是具有一定强度和塑性的弹头壳，内以铅芯构成；钢芯普通弹由于产量很大，为了节约铅材料，便用钢芯替代铅芯，弹头由弹头壳、铅套和钢芯组成。

弹头壳的作用是用来保持弹头的外形，并使弹头的各个部件组成一体，以及发射时使弹头容易嵌入膛线，从而使弹头在膛内可靠地旋转和密闭火药气体，减缓弹头对膛线的磨损。被甲弹头中的"被甲"即弹头壳，弹头壳曾经一度用黄铜制作，因为黄铜具有适应枪弹需要的弹性、塑性、抗腐蚀性等诸多良好性能，但是由于黄铜材料来源有限且成本高，不宜大量采用，目前，弹头壳主要用覆铜钢制成。

按弹头上弹头壳的结构，弹头分为全被甲弹头、半被甲弹头和无被甲弹头。全被甲弹头的弹头完全被弹头壳包裹着；半被甲弹头的弹头的弹心没有完全被弹头壳包裹住，即弹心有一部分露出弹头壳，如被甲软尖弹头、被甲空尖弹头等无被甲弹头即无弹头壳的弹头；早期的枪弹都是无被甲弹头，弹头是用铜合金或铅锑合金制成的实心体。

3. 弹头的形状（图 7 – 15）。弹头头部形状有尖头型、弹尖中空型、异质弹尖型、圆头型、平软头型、圆软头型等形状。例如，五一式、六四式、九二式手枪弹都是圆头型弹头，9mm 转轮手枪弹是平头型弹头，

弹头的最大直径一般略大于枪管的口径，在发射时可以挤入弹膛，以达到密闭火药气体、引导弹头旋转前进的目的。

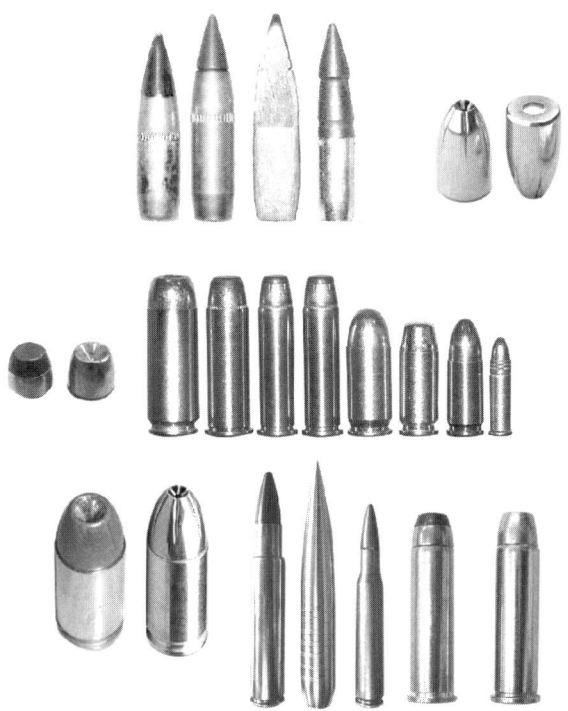

图7-15 弹头的形状

4. 弹头的类型。弹头根据其与目标接触后的状态分为三种：实心型、扩张型和粉碎型。

（1）实心型。弹体为实心铅质的一般弹头，或是内包钢芯的穿甲弹，甚至是含有燃烧剂的曳光弹或燃烧弹，外面通常由一层金属层完全包裹（即全金属被甲）。不论哪一种，在命中目标后只会扭曲变形，不易扩张或粉碎。因此，这种类型的子弹贯穿力很强，但是制停力比较差。由于1899年《海牙公约》的规定，目前，各国军队都只能使用这种类型的弹头。

（2）扩张型。这类弹头在弹尖的设计上使用平头型、弹尖中空型，软头型、异质弹尖型等特别设计，以增加子弹命中目标后的扩张性，达姆弹（Dum-Dum）就属于此类。这类弹头的贯穿力不是很强，但是制停力很好，大部分的动能在很短的时间内就可以传递到目标上。这类弹头普遍用在一般警用或民间自卫用子弹上。

（3）粉碎性。这类弹头在命中目标后会粉碎，将动能一瞬间全部传递到目标上，因此，它们的贯穿力很弱，有时连贯穿较厚的衣物都很困难，但是制停力很强。这类弹头和扩张性弹头一样，被国际公约禁止用在军事用途上。但是，它们在反恐怖分子的行动中有很大的用处。例如，在拯救人质或反劫机的行动中，它们低贯穿力的特性可以减少误伤人质或是降低贯穿机身造成机舱内空气压力下降的可能。

（二）弹壳

关于弹壳的形状结构。弹壳就其外形划分，一般可分为口部、肩部、体部和底部四个部分（如图7-16所示）。

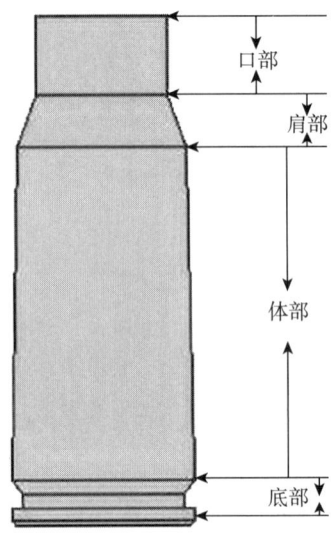

图 7 – 16   弹壳

1. 口部。弹壳口部主要用来固定弹头，保持一定的拔弹力。将弹头从弹壳口部拔出所需要的力称为拔弹力。有些枪弹，如柱形手枪弹，采用口部端面定位，使全弹在弹膛内处于正确的位置。

2. 肩部。瓶形弹壳有斜肩部，它是从口部过渡到体部所必需的。弹壳有斜肩，可在口径不变的情况下，增大弹壳容积，盛装更多的发射药。斜肩还起定位作用。有斜肩的弹壳称为瓶形弹壳；没有斜肩的，弹壳口部与体部直径基本相同的弹壳称为柱形弹壳，手枪弹多属此类。

3. 体部。弹壳体部主要用来盛装发射药，所以要求体部有足够的容积，为了便于抽壳和枪弹进膛，通常弹壳体部有一定的锥度。

4. 底部。弹壳底部由底火室、底火台、传火孔和底槽或底缘等组成。底火室用于安装底火。底火台与击针配合，以确保底火被撞击时起爆药可靠发火。

（1）传火孔又叫导火孔，是使底火发火后产生的火焰进入弹壳体内点燃发射药的通道，带有火台的弹壳通常有二个传火孔。弹壳底槽或底缘主要是用来供拉壳钩抓住弹壳，以便将弹壳从弹膛内抽出。有凸缘的弹壳，凸缘也起定位作用。

（2）底火：其作用是靠自身燃烧的火焰，通过导火孔引燃发射药。它是由安装在弹壳底部中央底火巢内的起爆药和黄铜帽组成的（图 7 – 17）。起爆药是用来点燃其他火药的一种火药，常用的有雷汞和三硝基间苯二酚铅。它的敏感性很强，受到外界的轻微撞击、摩擦，或受热后便能发生爆炸，人们正是利用它爆炸后产生的火焰可以点燃其他火药的特点将它作为起爆药的。

（3）发射药：发射药是靠自身燃烧产生的大量火药气体抛射弹丸出枪膛的一种火药枪用无烟火药。一般可分为单基药和双基药两大类，单基药以硝化棉为主要成分，它是由硝酸、硫酸、棉花、布头、亚麻等植物纤维素混合制成的。双基药以硝化棉和硝化甘油为主要成分。它们的特点是燃烧后几乎不产生烟，差不多全部变成气体，产生很高的温度和压力，推送弹丸脱离弹壳，通过枪膛射出枪口，故用它作为发射枪弹的能源。即便它被叫作无烟火药，但发射后还是会给枪膛留下火药燃烧残渣，火药残渣对枪支的金属有腐蚀作用，所以每次实弹射击后都必须分解擦拭枪支。

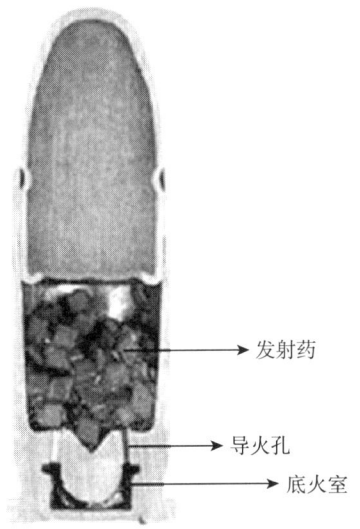

发射药

导火孔

底火室

图 7 - 17　底火

项目二　发射与后坐

一、发射

发射是指火药气体压力将弹头从膛内推送出去的现象。

（一）发射过程

击针撞击子弹底火，使起爆药发火，火焰通过导火孔引燃发射药，产生大量火药气体，在弹壳内形成很大的压力，迫使弹头脱离弹壳，沿膛线旋转加速前进，直至推出枪口。

发射过程可分为四个阶段：

第一阶段：准备阶段（图 7 - 18、19）。发射药开始燃烧起至弹头开始运动时止。此阶段发射药在密闭的固定容积内燃烧并产生气体，气体逐渐增加，从而使压力逐渐增大，当气体压力足以克服弹头运动阻力时弹头即从静止转为运动，脱离弹壳，嵌入膛线。弹头完全嵌入膛线所需要的气体压力，称为起动压力。各种枪的起动压力为 $250kg/cm^2 \sim 500kg/cm^2$ 不等。

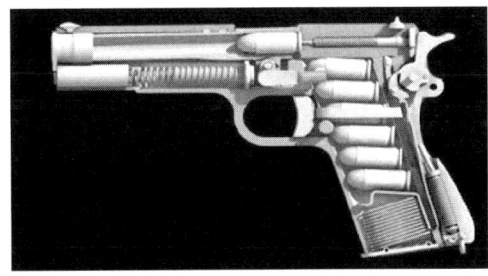

图 7 - 18　准备阶段 1

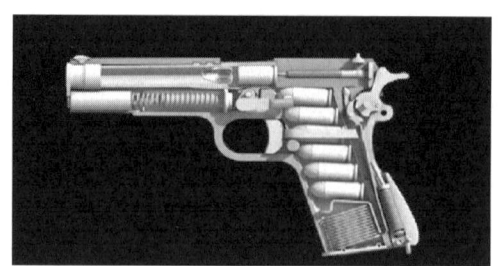

图7-19　准备阶段2

第二阶段：基本阶段（图7-20）。自弹头开始运动起到发射药燃烧完为止。此阶段发射药迅速变化且在容积内燃烧，膛内压力随气体的增加迅速加大，弹头运动速度随之加快。当弹头在膛内前进6cm～8cm时，膛内的压力最大，此压力称为最大膛压。各种枪的最大膛压为1400kg/cm²－3000kg/cm²不等。

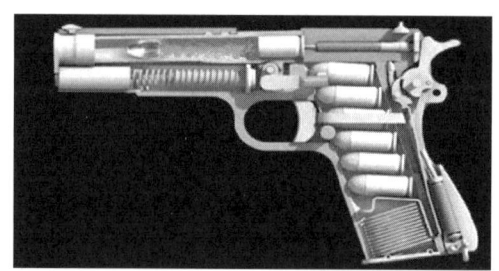

图7-20　基本阶段

第三阶段：气体膨胀阶段（图7-21）。自发射药燃烧完到弹头底部脱离枪口前切面时止。此阶段弹头是在高压灼热气体膨胀作用下运动的。虽没有新的火药气体产生，但原有的气体仍储有大量的能量，继续做功使弹头加速运动，直至脱离枪口。弹头脱离枪口瞬间的气体压力，称为枪口压力。各种枪的枪口压力为200kg/cm²～600kg/cm²不等。

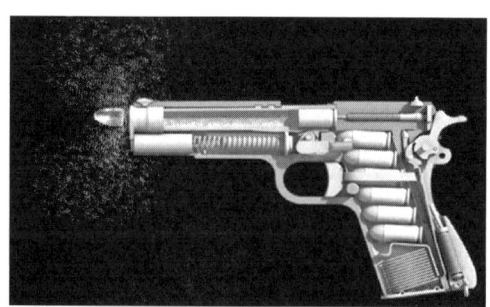

图7-21　气体膨胀阶段

第四阶段：火药气体作用的最后阶段（图7-22）。自弹头底部脱离枪口前切面时起到火药气体停止对弹头作用时止。弹头飞出枪口时，火药气体形成一股气流，从膛内喷出，其速度比弹头速度大得多。因此，在距枪口一定距离处（各种枪为5 cm～

50cm 不等），火药气体仍继续对弹头底部施加压力，并加大弹头的运动速度，直至火药气体压力与空气阻力相等时为止，此时，弹头飞行的速度最大。

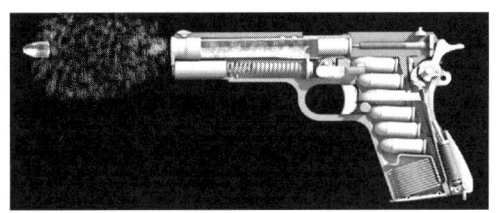

图 7－22　火药气体作用的最后阶段

从发射的四个阶段可知膛压的变化规律是（图 7－23）：由小急剧增大，而后逐渐下降；弹头速度的变化规律是：由静到动，由慢到快，始终是加速运动。

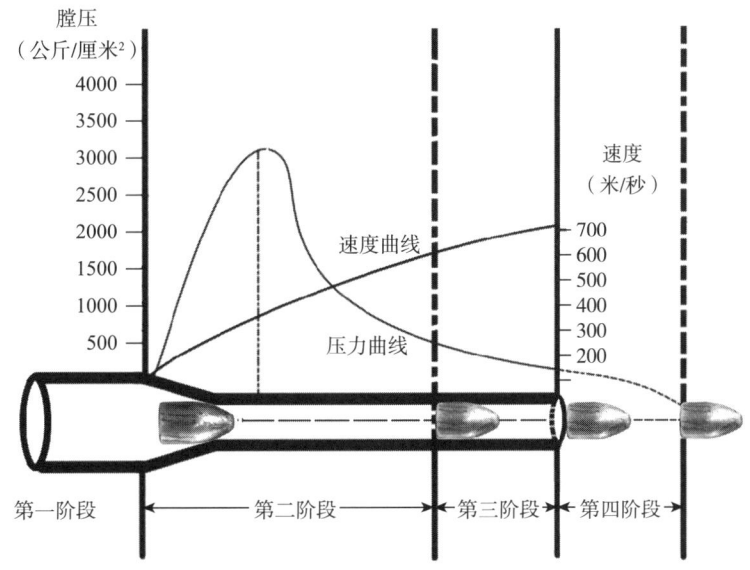

图 7－23　膛压的变化规律

（二）枪管的堪抗力

枪管能够承受膛内一定的火药气体压力而不致变形的能力，称为枪管堪抗力（图 7－24）。

枪管都具有一定的备用堪抗力，比最高膛压超出一倍或更多。在工厂制造枪管时已根据火药气体和最高膛压制造出很坚固的枪管，使它能经得住发射时所产生的巨大压力，所以通常情况下枪管不会膨胀和炸裂。

五四式 7.62mm 手枪的平均最大膛压是 196.1Mpa。

六四式 7.62mm 手枪的平均最大膛压是 137.3Mpa。

七七式 7.62mm 手枪的平均最大膛压是 143.2Mpa。

九二式 9mm 手枪配用国产 9mm 手枪弹时的平均最大膛压是 206Mpa，该枪配用 9mm 巴拉贝鲁姆手枪弹时的平均最大膛压是 215.7Mpa。

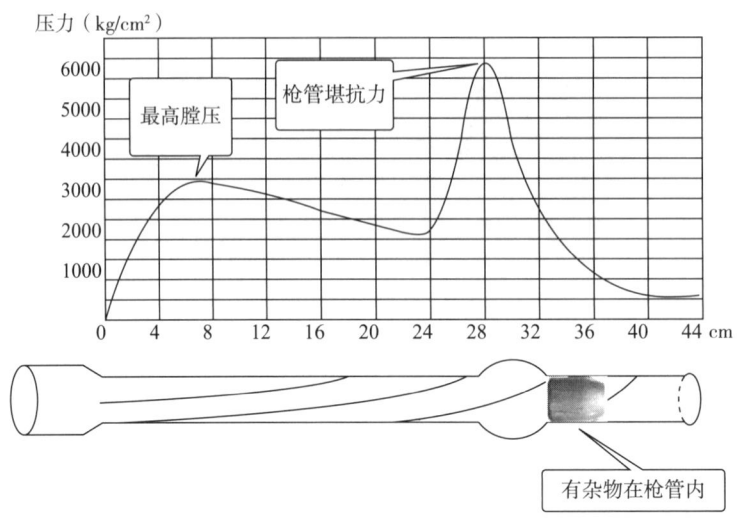

图 7 - 24 枪管的堪抗力

（三）枪管的寿命

枪管能发射一定数量子弹的能力，称为枪管的寿命。

枪管的寿命以武器在丧失其使用性能以前所能发射的弹药数表示。超过此数量，枪膛就会因磨损而使射弹散布显著增加，初速减小，弹头飞行不稳定。枪管的寿命由弹头（被甲）的材质、弹头与枪管的摩擦面积、发射药的质量（高温和化学销蚀程度）、非射击状态下的磨损锈蚀等因素决定。在一般情况下，大型手枪的枪管寿命为3000 发，小型手枪为 1500 发。我国警察列装的五四式手枪是 3000 发，六四式、七七式手枪是 1500 发，九二式手枪是 3000 发。国外很多枪械制造公司生产的枪械的使用寿命远大于国内的枪械，如世界十大名枪之一的奥地利格洛克 17 型手枪的使用寿命是15 000发。

枪管是射击类武器的关键部位，特别是枪口部（弹头出膛位置），直接决定该枪的散布密度和精度。因此，应重点注意保护枪管、枪口。为保护枪管，防止各部机件的非自然磨损，延长手枪的使用寿命，必须做到细心的爱护、严格的保护和仔细的检查相结合。射击前认真检查枪膛内有无杂物，射击后及时将枪膛内的烟渣和各部机件擦拭干净。

（四）膛线

膛线指的是炮管及枪管内呈螺旋状凹凸的线，英语称作"rifle"（来复线），是 19世纪中叶英国一位叫"来复"的人发明的。所以膛线被音译为"来复线"，步枪也就被译为"来复枪"（图 7 - 25、26）。

枪管内部有几条螺旋状的来复线，所以枪管的横截面并不是一个光滑的圆，而是一个内部呈锯齿状的圆。以口径为 7.62mm 的枪管为例，它的阴膛的深度是 0.1mm，弹头的直径是 7.62mm。射击的时候，火药燃烧产生巨大的冲击力，把弹头压入枪膛，然后受膛线的影响，在枪管内快速螺旋前进，所以弹头离开枪管时，是高速旋转的。在以前的火绳枪时代，弹丸都是球形，子弹出膛以后旋转与否对飞行轨迹并没有影响。

但是，现在的弹头大都是前尖后粗，如果没有膛线的话，弹头在出膛之后就不会旋转，在飞行过程中，底部粗的一端就会转到前面，从而增大了空气阻力，降低了枪支的杀伤性。所以说，膛线是现代枪支必不可少的一部分。

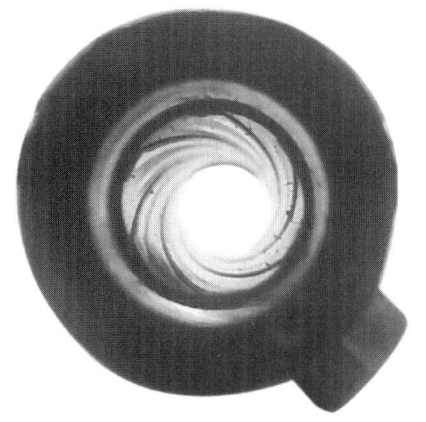

图 7 - 25　九二式手枪膛线　　　　　图 7 - 26　九二式手枪膛线

不只是步枪有膛线，手枪、机枪和大炮也都有膛线。在美国，步枪统称为来复枪，在独立战争中立下了汗马功劳。在当时，美国民兵持有的都是带有来复线的步枪，而英国士兵使用的则是没有来复线的步枪。来复枪让英国士兵吃尽了苦头，并最终帮助美国赢得了战争的胜利。

枪管内壁无膛线的枪支叫滑膛枪，如猎枪、信号枪及民间自造的土枪等。18 世纪中叶时所用的武器都是光膛的，弹丸不能旋转前进，因此初速小，射程近，侵彻力与杀伤力都小，命中精度也差。

枪管内壁冲旋有膛线的枪支叫线膛枪。膛线又叫来复线，是为了保证弹丸在空气中飞行稳定的一项重要措施，也是决定武器精度的重要因素。膛线在枪管内呈螺旋形排列，向左或向右旋转。

膛线的主要作用是：

1. 提高飞行的稳定性：使弹丸前进时沿弹头纵轴做旋转运动，在飞行时始终保持弹头向前，重心稳定，使弹头重心保持和弹尖一致的方向，从而提高射击精度。

2. 增加飞行的距离：使弹丸飞行时与空气接触面小，减小飞行阻力，增大飞行距离。

3. 增强子弹的穿透力：弹丸用子弹头部击中目标以后，由于膛线的作用，弹丸旋转着侵入目标，与目标接触的面积很小，所以更容易侵入目标内部，增大侵彻力。

膛线对射击精度的影响很大，膛线的好坏是决定线膛武器寿命的重要标志，膛线若不能镶嵌住弹头，那么枪支就报废了。枪口部分的膛线更为重要，因为它要最后规正弹丸前进的方向，稍有磨损、碰伤，就会影响命中精度。所以应该特别注意爱护，不要因为擦拭、保管不当，使其生锈和磨损。

二、后坐

（一）概念

发射时，武器向后运动的现象叫作后坐。

后坐是影响连续射击稳定性和杀伤效率的重要因素之一，它对射手心理影响比较大。半自动、自动手枪（步枪）利用后坐能完成弹药自动装填等动作。

（二）后坐的形成

发射药燃烧时产生的气体压力同时作用于整个枪膛。作用于弹头底部的压力推动弹头沿枪膛加速运动；作用于膛壁周围的压力使枪膛产生弹性膨胀变形；在弹壳底部的压力经过枪机传导给整个武器，使武器产生与弹头运动方向相反的后坐运动。武器的后坐和弹头的运动是同时开始的，后坐方向基本上是沿枪膛轴线正直向后，对于整个后坐过程来说，称为一期后坐。

在弹头脱离枪口的瞬间，大量高温高压火药气体随弹头后部从膛内向外从枪口处喷出，在夜暗条件下会呈暗红色火团，即"枪口闪光"或"枪火"，它会暴露射手位置，因此射击后要立刻转移掩蔽。火药气体在枪口向前喷出的同时，也给枪一个很大的向后反作用力，使武器的后坐更加明显，称为二期后坐。

（三）后坐对射击的影响

由于弹头在膛内运动时间极短（约1‰秒），枪又比弹头重得多（枪与弹头的比重：五四式是1∶150，六四式是1∶120，七七式是1∶105），所以弹头在脱离枪口以前，枪的后坐距离只有1mm左右（被手部肌肉的弹性所消化），并基本上是沿枪膛轴线向后正直运动。学员感觉到的后坐，主要是二期后坐，此时，弹头已脱离枪口。所以，在正确握持的前提下，后坐对单发（连发首发）射击的命中影响极小，在实战和打靶时，也可以说没有影响。

1. 后坐对射击动作的影响。武器后坐是沿枪膛轴线正直向后的。射击时，火药气体给枪一个向后的力使枪后坐；学员用在枪膛轴线以下手掌虎口作为据枪的支点，在承受枪后坐力时，沿握持处向前也给枪一个反作用力。这两个力大小相等，方向相反，作用在枪上不在一条直线的两点上，形成了力偶，而力偶的作用结果是使物体发生旋转直至两个受力点在一条直线上，达到平衡静止。因此，后坐会使枪身在射击时向上转动（枪身跳起），出现发射差角。发射差角，是指发射前武器瞄准目标后，枪膛轴线的延长线（即射线）与弹头飞出枪口瞬间枪膛轴线延长线（即发射线）之间的夹角（图7－27）。

如果学员握持动作不正确，枪与手臂、身体不能形成整体，改变了原来的力臂定量，射击时就会因增大发射差角而扩大射弹散布范围。

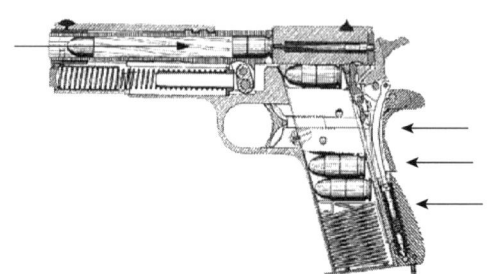

图7－27　发射差角

正确的握持动作要求：尽量使枪膛轴线与手臂轴线相平行，并持握枪握把上部，使枪膛轴线与持握手支点相接近，以降低力偶，从而减少发射差角。

后坐对连发射击的命中有一定的影响。因为连发射击时，第一发子弹发射后，由于枪的二期后坐改变了原来的射线，使枪口"上跳"，出现发射差角；第二发子弹在枪没有回位前打响，继续"上跳"；第三发；第四发……这使得连续射击时，枪身会猛烈连续跳起上扬。

所以，后坐对速射的第二发和以后的射弹命中有一定的影响，但只要学员握枪要领正确，适应连发射击时的后坐规律，就能减小后坐对连发命中的影响，提高射击精度。

2. 后坐对学员心理的影响。由于手枪枪管短，承受后坐力部位（手掌、手腕）的质量、面积较小，学员对二期后坐及枪声的感受较为强烈，易形成规避心理，导致对后坐做出提前反应，在扣压扳机至即将形成发射时就下意识地以手臂前迎（手腕下压）对抗后坐力，或以回缩肩关节以承受后坐力，造成枪口偏差，这是手枪射击中常见的错误，一旦形成，较难改正。为减少后坐对射击命中的影响，射击训练时应使学员了解后坐产生的原因和结果，在实弹中不要顾虑后坐对射击命中的影响，更不能试图用力控制武器的跳动（近距离概略射击除外），因为这样做不仅不能避免武器的后坐和跳动，反而会增加据枪时肌肉的紧张程度，降低食指的感觉和灵敏度，导致击发质量下降，从而影响射击精度。

弹头在脱离枪口前，后坐距离只有1mm多，在枪支生产厂校定枪的准星和照门时已经把枪支后坐的距离都考虑进去了。

后坐方向是正直向后的，没有破坏原来的瞄准线。后坐对连发射击时第一发之后的命中有一定影响，因为连发射击时，第一发子弹发射后，由于枪支的剧烈跳动明显改变了原来的瞄准线，增长了重新瞄准的时间，所以后坐对手枪速射和连发射击的第二发以后的各发命中都有一定的影响。但是只要射手据枪要领正确，保持一定的握枪手形、身形、站位，熟练射击时的枪支后坐规律，熟练地、正确地掌握射击动作、身体与射击方向的角度得当，每次后坐后复原的时间，眼睛瞄准枪支的准星照门的位置，手的用力方向正直向后；或者握力适当增加，射击时肘尖向下，手上穿上防滑手套等等，都能减少后坐对射击命中的影响。

问题思考

1. 枪的后坐对学员枪械慢射的射击成绩有没有影响？
2. 在连续射击中，如何才能减少后坐对射击的影响？

项目三 射击初速

一、初速的定义和数据

弹头脱离枪口瞬间所具有的速度叫射击初速。射击初速以 m/s 为计算单位。测算初速用公式 V = s/t。V 是子弹在枪口至靶测点之间飞行的速度；s 是枪口至靶测点之间的距离；t 是弹头在经过 s 这段距离时所需的时间。

五四式手枪的初速：420 ～ 440m/s

五九式 9mm 手枪的初速：290 ～315m/s

六四式手枪的初速：310m/s

七七式手枪的初速：310m/s

九二式 9mm 手枪的初速：350m/s

警用转轮手枪的初速：220m/s（金属弹）和 200m/s（橡皮弹）

八五狙击步枪的初速：830m/s

五六式半自动步枪的初速：735m/s

五六式冲锋枪的初速：710m/s

七九式微型冲锋枪的初速（该枪使用五一式 7.62mm 手枪弹）：515m/s

八二式微型冲锋枪的初速（该枪使用五九式 9mm 手枪弹）：325m/s

小口径步枪的初速：310～328m/s

匕首枪的初速：140m/s（三管匕首枪使用 5.6mm 运动短弹，有效射程为 5 ～8m；四管匕首枪使用 5.6mm 运动长弹，有效射程为 20 米）

二、决定射击初速大小的因素

1. 弹头的重量：在装药量相同的条件下，随着弹头重量的增加，弹头的初速降低。

2. 发射药的重量：弹头重量相等时，发射药重量越大，弹头初速越大。

3. 枪管的长度：在一定范围内增加枪管的长度，初速也会增大，因为这样能延长火药气体对弹头的作用时间，提高火药能量的利用率。

4. 发射药燃烧的速度：合理地选择火药燃烧速度，有利于提高火药能量利用率和弹头初速，一般短管武器选用速燃火药，长管武器则选用缓燃火药。

三、射击初速的实用意义

1. 枪弹射击初速大弹头动能也大，弹头对目标的杀伤力和侵彻力也都大。

2. 枪弹射击初速越大，弹道越低伸。

3. 能减少外界条件对弹头飞行的影响。

4. 枪弹射击初速越大弹头飞行的距离越远。

5. 枪弹射击初速度的大小能反映枪械威力的大小，是衡量枪械威力大小的重要指标之一。

📝 问题思考

1. 枪的口径越大，射击初速就会越大吗？

2. 相同口径的枪支，射击初速度是否一样？

3. 枪支的射击初速度是越大越好吗？

项目四　弹道形状及其实用意义

一、弹道

(一) 弹道的含义

弹头脱离枪口在空气中飞行其重心所经过的路线，叫弹道。它是一条升弧较长较直、降弧较短较弯曲不均等的弧线。

(二) 弹道的形成

弹头脱离枪口后，在空气中飞行时，同时受到两种力的作用：一是地心吸力的作用，使弹头逐渐离开发射线向下降落；二是空气阻力的作用，使弹头飞行的速度逐渐减小，越飞越慢。

由于地心吸力的作用使弹头逐渐下降，空气阻力的作用使弹头越飞越慢，因此形成了一条不均等的弧线。其特点是升弧较长较直，降弧较短较弯曲（图 7 - 28）。

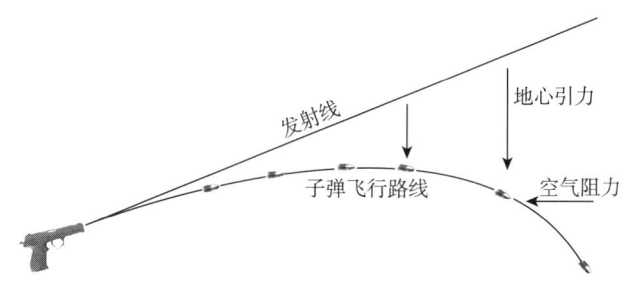

图 7 - 28　子弹飞行路线

(三) 弹道要素

弹道通常包括以下要素（图 7 - 29）：

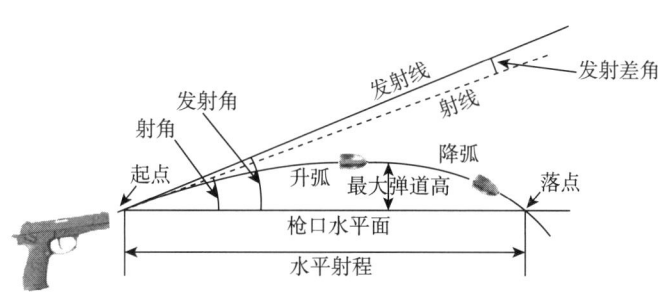

图 7 - 29　弹道要素

1. 起点：枪口中心点（外弹道开始点）。
2. 枪口水平面：通过起点的水平面。
3. 射线：发射前火身轴线的延长线。
4. 射角：射线与火身口水平面所夹的角。
5. 发射线：发射瞬间火身轴线的延长线。

6. 发射角：发射线与火身口水平面所夹的角。

7. 发射差角：发射线与射线所夹的角。发射线高于射线时，发射差角为正；低于射线时，发射差角为负；相重合时，发射差角为零。

8. 落点：弹道降弧与火身口水平面的交点（射表落点弹道最高点：火身口水平面上弹道最高的一点）。

9. 升弧：由起点到弹道最高点的弹道。

10. 降弧：由弹道最高点到落点的弹道。

11. 弹道高：弹道上任何一点到火身口水平面的垂直距离。

12. 射程：起点到落点的水平距离。

13. 最大弹道高：弹道最高点到火身口水平面的垂直距离。

二、直射及其实用意义

（一）直射和直射距离

瞄准线上的弹道高在整个射击距离上不超过目标高的射击，叫直射。这段距离叫直射距离（图 7-30）。

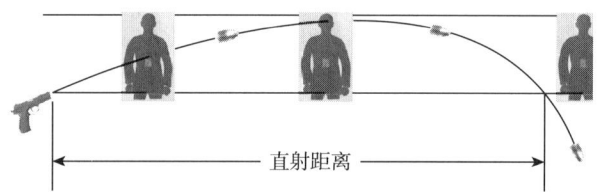

图 7-30　直射和直射距离

各种手枪在 50m 内射击效果最好，这段距离上的弹道高都没有超过正负 22cm，没有超过人头目标的高度（30cm）。

（二）实用意义

根据手枪弹道高表，各装备手枪（弹道高为 12.5cm/25m）的弹道数值在 50m 以内是递增的，即弹道呈上升趋势，处于升弧阶段。因此，手枪实用弹道的特点，就是在直射的前提下，主要用瞄准线上弹道的升弧阶段杀伤目标。

手枪射击时，只要目标处于直射距离之内，即使不改变瞄准点或者测定距离有误差，只要瞄准目标下沿（当手枪在 25m 的距离上弹道高为 0 时，瞄目标中央）都能命中目标（图 7-31）。

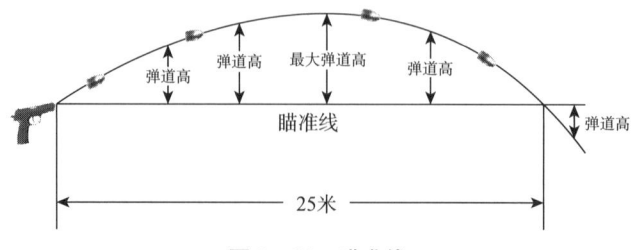

图 7-31　瞄准线

问题思考

同一支枪械有没有可能在 50m、100m、150m、200m 上弹道高都是零呢？

项目五　瞄准与瞄准具

进行实弹射击的环节就是据枪—瞄准—射击，瞄准作为枪械射击不可缺少的一个环节。如果不懂枪械的瞄准方式方法，便不可能命中目标。

一、瞄准

为使弹头能命中预定目标，而赋予枪膛轴线在水平面和垂直面上的一定位置的操作，叫作瞄准。

手枪射击由于瞄准基线短，射击时的误差远大于长枪，所以手枪的瞄准技术难度远大于长枪的短距离射击技术（狙击枪的射击技术和自动步枪远距离射击技术除外）。

二、瞄准要素

组成瞄准的各种因素叫作瞄准要素（图 7－32）。

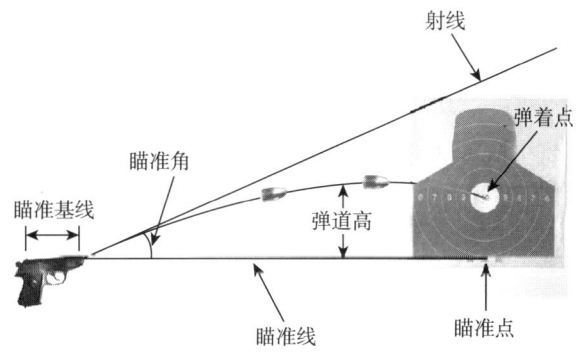

图 7－32　瞄准要素

1. 瞄准基线：缺口上沿中央至准星尖之间的连线。五四式手枪的瞄准基线长是156mm；六四式手枪的瞄准基线长是 117.2mm；七七式手枪的瞄准基线长是 127mm；九二式手枪的瞄准基线长是 152mm；转轮手枪的瞄准基线长是 108.5mm。

当射手射击时，准星和照门的关系不能做到平正，准星最顶端高于照门最顶端1mm，准星在照门缺口正中间（图 7－33），此点，在 25m 的靶纸上，五四式手枪打出去的子弹弹着点会偏高 16cm，六四式手枪的弹着点会偏高 21.4cm，七七式手枪的弹着点会偏高 20cm。如果射手的瞄准基线偏差 2mm，五四式手枪弹着点会偏高 32cm，六四式会偏高 42.8cm，七七式手枪会偏高 40cm，那子弹脱靶就在所难免了。在同等情况下，如果射击距离是 50m，各种枪的偏差会大一倍。所以，手枪射击中能否正确运用瞄准基线，意义重大。

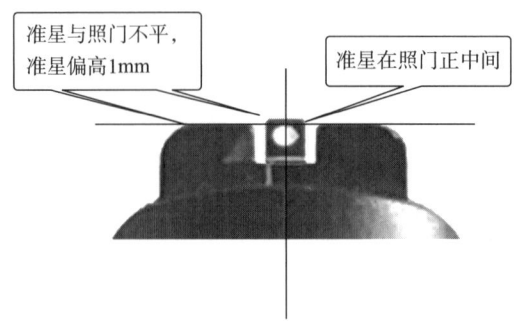

图 7 – 33　准星与照门不平

　　下图中准星与照门的关系是准星偏高 1mm，偏右 0.5mm（图 7 – 34），如果是五四式手枪在 25m 的靶纸上弹着点就会向上偏 16cm，向右偏 8cm，弹着点在右上方。

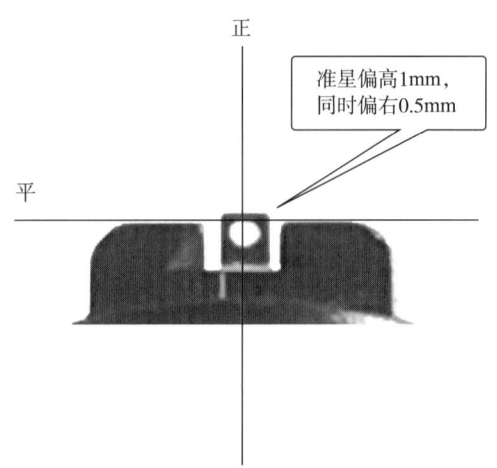

图 7 – 34　准星与照门不平不正

　　准星与照门的平正关系的不平正情况（不正确的瞄准）可简单分为偏高（图 7 – 35）、偏低（图 7 – 36）、偏左（图 7 – 37）、偏右（图 7 – 38）。

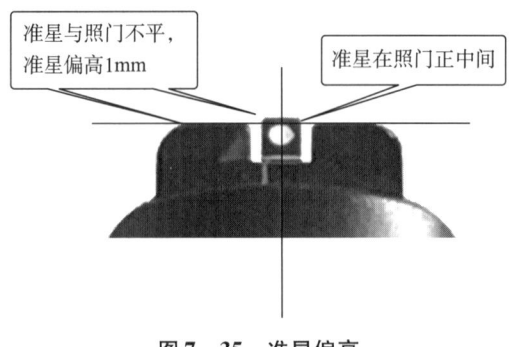

图 7 – 35　准星偏高

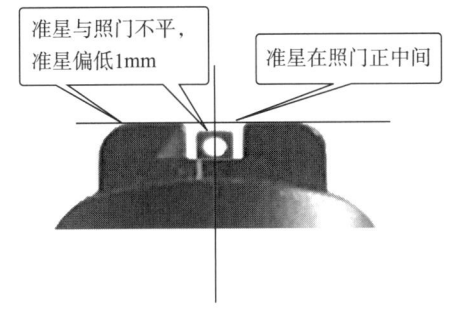

图 7 - 36　准星偏低

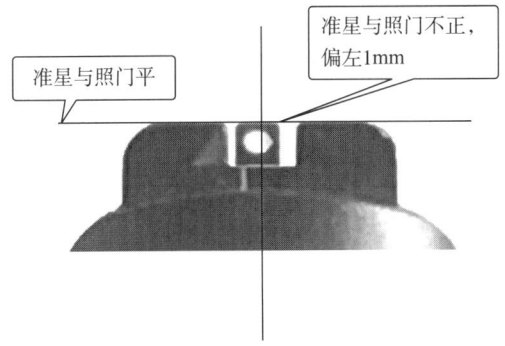

图 7 - 37　准星偏左

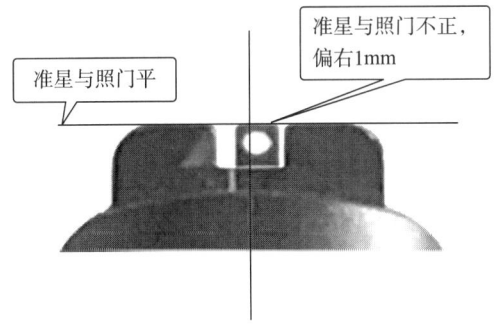

图 7 - 38　准星偏右

　　从不同枪种的弹着偏差量数据的不同可以看出：枪械的瞄准基线越短，射弹所产生的偏差就越大。六四式手枪的瞄准基线最短，弹着偏差量最大，因此人们普遍感觉六四式手枪最难打。而五四式、九二式手枪的瞄准基线长，弹着偏差量最小，所以大家得出的结论是五四式、九二式手枪好中靶，射击精度高。

　　2. 瞄准线：由射手眼睛通过缺口上沿中央至准星尖并指向瞄准点的直线（图 7 - 39），也就是构成瞄准时瞄准基线的延长线。

　　3. 瞄准点：瞄准线指向的那一点。警察在手枪射击时不是选择瞄准点，而是以瞄准点为中心的一个面也就是瞄准区域。

　　4. 瞄准区（图 7 - 40）：以理想的瞄准点为中心，以枪的自然晃动为一个大概的区域，这个区域就叫作瞄准区。警察在手枪射击中都是选择瞄准区。水平高的瞄准区域小，水平低的瞄准区域大，特别是手枪慢射，更是如此。

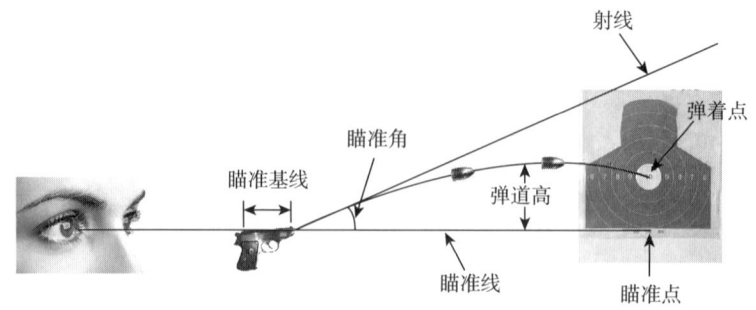

图 7 - 39　瞄准线

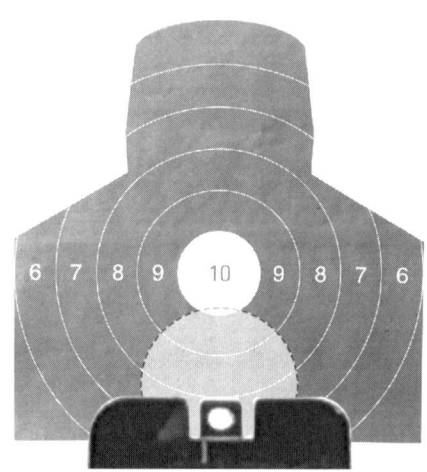

图 7 - 40　瞄准区

5. 弹道高：弹道上任意一点到瞄准线的垂直距离。各类手枪射击在 10m 以内的弹道高很小，约在 5cm 以内，因此在手枪速射中可以直接瞄准目标而不用考虑弹道高。

6. 落点：弹道飞行轨迹与瞄准线的交点。

7. 弹着点：弹道与目标的交点。

8. 射击距离：由起点到弹着点之间的直线距离。

9. 高低角：瞄准线与枪口水平面的夹角。

10. 平正准星：射手用右眼或左眼通视缺口、准星时，准星尖与缺口上沿平正的关系。

三、瞄准具

瞄准具是用来进行瞄准的工具，常用手枪上的瞄准具是机械瞄准具，其包括准星和照门两部分。

弹头在空气中飞行时，由于受了空气阻力和地心引力的影响，形成长弧形的弹道，其特点是前段飞行轨迹较平直，后段较弯曲。射击时通过抬高枪口，让子弹的飞行轨迹与瞄准线形成交叉点，让子弹在空中飞得更远，同时便于枪支进行瞄准。所有枪的机械瞄准具都是准星短而照门长，就是为了能让枪口上抬。如果我们想象战争中的大炮，就能明白枪口为什么要上抬，就如大炮为什么都是抬起来的，没见大炮的炮口是平的或是向下的。因此，要使子弹能打中目标，就要让枪口抬高到合适的位置，使枪身与枪口水平面之间形成一个角度，即射角。手枪的瞄准具是固定的，为适应不同距离射击的需要，设计了较大的瞄准角，在对不同距离目标射击时，以改变瞄准点来构成相应的瞄准角。（图 7 - 41）

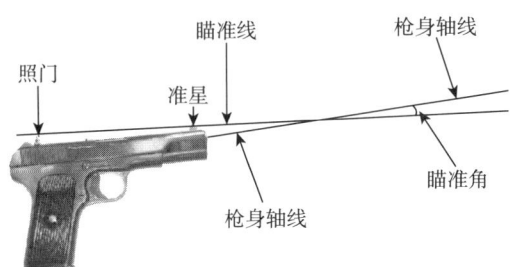

图 7 - 41　瞄准角

常用的瞄准具分机械瞄准具和光学瞄准具两种。

（一）机械瞄准具

使用这种瞄准具瞄准时，看见的范围大，射击移动目标方便，但构成正确的平正准星较为困难，在做精确瞄准时比较费时间。机械瞄准具包括普通表尺式瞄准具和觇视瞄准具。

1. 普通表尺式瞄准具。普通表尺式瞄准具是由表尺板和准星组成的，各种步枪、小口径步手枪、机枪、手枪等都广泛使用。步枪在使用这种瞄准具时，要设定好表尺分划。表尺分划是根据弹头在各个距离上的降落量，分别给武器以一定的仰角而刻制的，距离越远，瞄准角越大。手枪在使用这种瞄准具时，要把准星对准缺口中央，并使准星尖与缺口上沿平齐，再对准目标上的瞄准区。

常见缺口的形状有三种：矩形、半圆形和三角形（图 7 - 42、43、44、45、46）。准星也有圆柱形、三角形等不同的形状。经验证明，在一般情况下，矩形或半圆形缺口与柱形准星相结合的瞄准具效果最好，所以运动手枪多采用矩形缺口、柱形准星的瞄准具，军用和警用手枪多采用半圆形缺口、柱形准星的瞄准具。

图 7 - 42　瞄准具的形状 1

图 7 - 43　瞄准具的形状 2

图 7 – 44　瞄准具的形状 3

图 7 – 45　瞄准具的形状 4

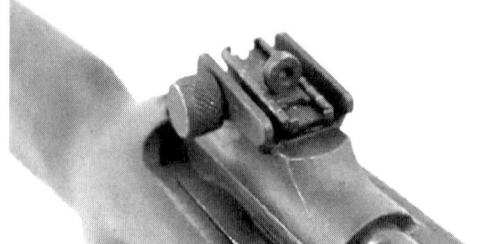

图 7 – 46　瞄准具的形状 5

2. 觇视瞄准具。觇视瞄准具多用在运动射击中，且多用于长枪上。它是由带觇孔的表尺和准星组成的，觇孔直径一般在 0.75 ~ 1.5mm，瞄准时由觇孔中心通视准星尖，使准星位置在觇孔中央，若用柱形准星就将准星尖指向瞄准点，若用环形准星就将准星均匀地套住整个目标（图 7 – 47、48）。

图 7 – 47　觇孔瞄准具 1

图 7 – 48　觇孔瞄准具 2

（二）光学瞄准具

瞄准镜，或称光学瞄准装置（Optical Sight），其起源已经很难考证。据说至少在16世纪的欧洲，就已经有人尝试过在枪托上固定眼镜镜片。有文字记载，在19世纪以前，火器上已经有了望远镜式的瞄准装置，可用于在弱光条件下的瞄准。到了19世纪40年代，一些美国枪械技工就开始制造带光学瞄准装置的枪械。1848年纽约州的摩根·詹姆斯设计了一种与枪管同样长度的管形瞄准装置，该装置的后半部安装了玻璃透镜，并有两条用于瞄准的十字线。后来，类似的瞄准装置在美国内战中得到应用。但真正具有实用价值的瞄准镜，则诞生在1904年，由德国的卡尔蔡司研制，并在第一次世界大战中使用。在第二次世界大战中，瞄准镜开始发展成熟。到现在，瞄准镜主要分为以下两大类：望远式瞄准镜（Telescopic Sight）（图7-49）；反射式瞄准镜（Reflex Sight）（图7-50）。

图7-49　望远式瞄准镜

图7-50　反射式瞄准镜

望远式瞄准具绝大多数是采用开普勒望远系统，是由1片凸透镜为物镜，2片正像透镜为中心镜片，镜管，分划板，2片目镜，高低左右弹道调节钮，变倍环组成。

它所成的像在正像透镜以后为倒像。然后经过目镜转化在人眼中转化为正像。采用开普勒望远系统可以更清楚地看清物体的细节，加大远距离人眼观察远距离目标的能力。

望远式瞄准镜具有放大作用，能看清和识别远处的目标，适用于远距离精确射击。由于常常用于狙击，因此又常常被称为狙击镜（Sniper Scope）。

常见的瞄准镜瞄准景况如下（图7-51）。

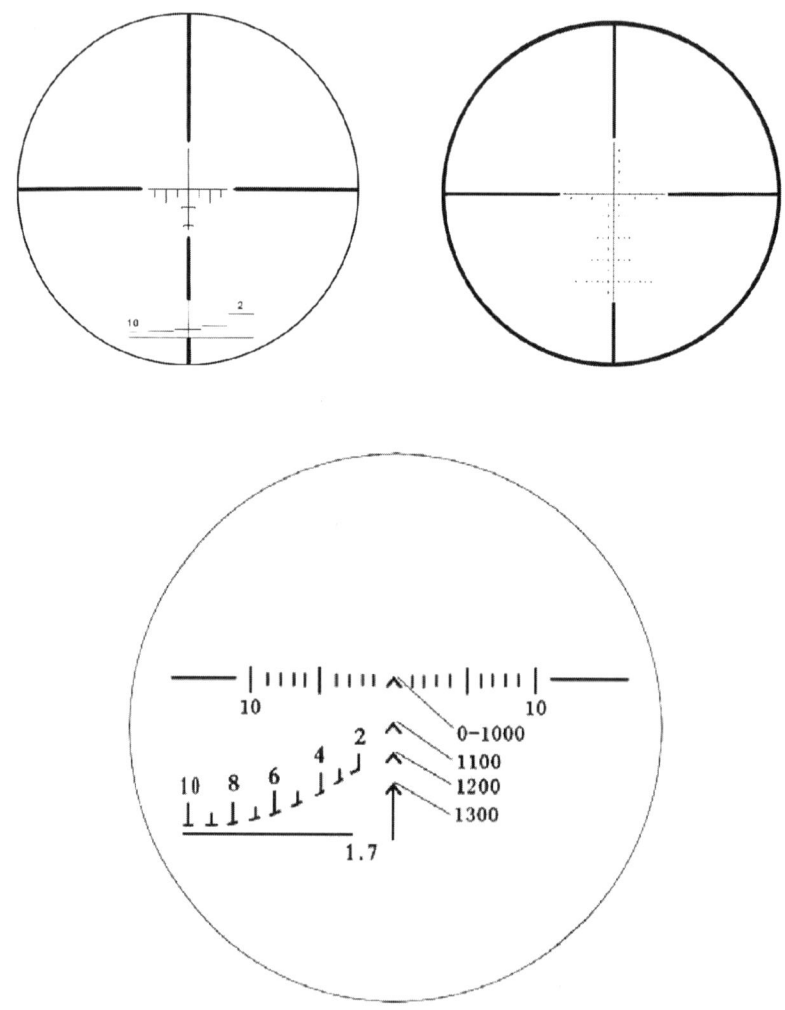

图7-51 八五式光学瞄准镜分划板

光学瞄准具的特点是：利用瞄准镜的倍率和光度，可以射击远距离上的目标和小的不显著的目标，以及伪装目标和肉眼不易看见的目标。例如，人头、枪眼、射击孔、潜望镜及潜望孔等。此外，在照明度不良，如黄昏、日落、黎明时；或能见度受限制，如月、雾、下雪等的条件下也可实施射击。但光学瞄准具的视界不大，造价昂贵，所以不易普及（图7-52）。

反射式瞄准镜（Reflex）虽然也被称为"瞄准镜"，但和望远式瞄准镜的原理不一样，其光学系统比较简单，通常没有放大系统，因此也没有倒像系统。其原理是通过析光镜的凹面上镀有一层或多层析光膜，由照明系统发出的光线通过分划板然后在析光镜上形成圆点（或圆环等瞄准标记）并反射以平行光进入人眼，同时人眼透过析光镜看到目标，当瞄准标记与目标重叠时，即完成瞄准。这种瞄准镜还有另一个名称——红点（Red Dot）瞄准镜（图7－53、54），因为这种瞄准镜的瞄准标记通常是一个红色或鲜橙色的光点。

图7－52　光学瞄准具

图7－53　反射式（红点）瞄准镜1

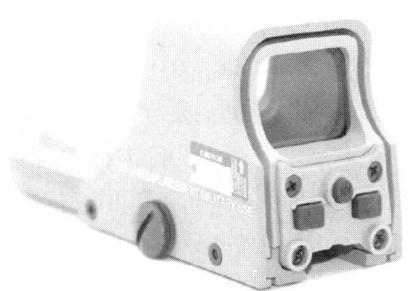

图7－54　反射式（红点）瞄准镜2

反射式光点瞄准镜通常有两种结构，一种为筒形，另一种为窗式。窗式结构比较简单，但析光镜完全暴露；筒形结构看起来和望远镜式瞄准镜很相似，析光镜被包在筒形镜体内，前后有物镜和目镜作保护。现在有一些光点瞄准镜和望远镜式瞄准镜相结合的产品，即具有放大功能的光点瞄准镜，例如，Trijicon公司的ACOG和Aimpoint公司的5000 2X等。

四、国内常见狙击步枪光学瞄准镜使用方法

（一）八八式狙击步枪瞄准镜（图7－55、56）使用方法

图7－55　八八式狙击步枪瞄准镜

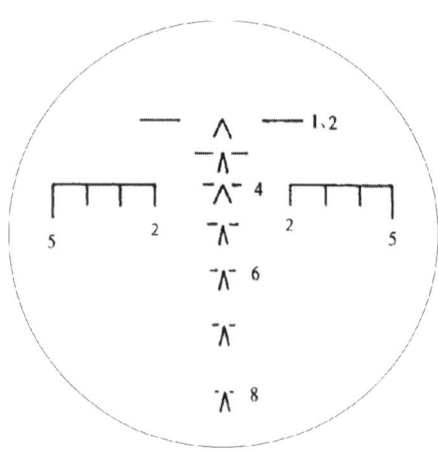

图 7 - 56　八八式光学瞄准镜分划板

八八式 5.8mm 狙击步枪所配用的白光瞄准镜，用于对 800m 距离内的重要目标实施昼、夜间精确瞄准和战场观察，同时能够对宽约 0.5m 的目标进行简易测距。

该瞄准镜放大倍率为 3~9 倍可调，出瞳直径大于 4mm，放大倍率为 3 倍时，视场 9°；放大倍率为 9 倍时，视场 3°。

八八式狙击步枪瞄准镜分划板中央纵向排列的 " ⌒ " 为瞄准分划，"八" 两侧的短横刻线为测距分划。另外，分划板中左右两侧数字 2~5 为密位分划，每个刻度代表 1 密位。测距分划及密位分划均可用于对宽 0.5m 的目标进行测距。

" ⌒ " 右侧的数字 1、2、4……8 分别代表 100m、200m、400m……800m 的射击距离。" ⌒ " 顶点为瞄准标记点，最上面的 " ⌒ " 顶点为 100m 及 200m 距离的瞄准标记点。下面的 " ⌒ " 顶点依次为 300~800m 瞄准标记点。瞄准时，根据目标的距离，用相应的瞄准标记点瞄准目标即可。

用测距分划测距时，分别用这些短横刻线与目标宽度进行对比，哪条刻线能够与目标宽度重合，则该刻线所表示的距离即为目标距离。

该瞄准镜的密位分划，又称测角分划或方向修正分划，能够对宽 0.5m 的目标进行测距，并能够对射击时在左右方向上的偏差以及横风对射弹的影响进行测定并修正。

测距时，看目标宽度（间隔值）共遮挡几个密位刻度，即可读出目标距离的密位值，然后用密位公式距离 =（间隔 × 1000）/密位求出目标的距离。例如，所测目标为人员目标，人体正面宽为 0.5m（即间隔值为 0.5）目标遮挡了两个分划（即密位为 2），则目标距离为（0.5 × 1000）/2 = 250m。

利用该分划测得偏弹的方向角（密位数），并根据射弹的距离，利用密位公式即可求出射弹的偏差量，利用偏差即可对射弹进行方向修正。例如，已知目标的距离为 200m，射击时由于风的影响导致射弹偏右，用瞄准镜测定射弹相对于瞄准点的方向角为 2mil。由公式：偏差量 =（目标距离 × 密位数）/1000，得到射弹的偏差量即为（200m × 2）/1000 = 0.4m。这样既可以将瞄准点向左修正 0.4m，也可以逆时针转动瞄准镜方向调整转轮 10 小格（每转动 1 小格，在 200m 距离上平均弹着点修正量为 4cm），然后瞄准目标中心射击即可命中目标。

（二）八五式狙击步枪瞄准镜（图7-57、58）使用方法

图7-57　八五式狙击步枪瞄准镜

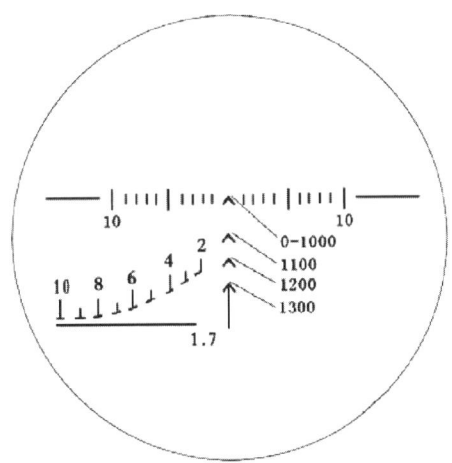

图7-58　八五式光学瞄准镜分划板

国产八五式7.62mm狙击步枪所使用的瞄准镜主要用于对1300m射程内的目标进行瞄准射击，并具有测距功能。

八五式狙击步枪瞄准镜分划板中横向为密位分划，纵向"︿"为瞄准分划，瞄准分划右侧的0~1000m、1100m、1200m、1300m分划代表相应的射击距离；分划板左下侧的曲线是测距分划，可对高1.7m（标准成人身高）的目标进行测距。

与九五式枪族和八八式狙击步枪所用的瞄准镜相比，八五式狙击步枪瞄准镜分划板上瞄准分划比较少，只有4个"︿"，0~1000m共用一个瞄准标记点，这是因为该瞄准镜的表尺装定采用内、外装定相结合的方式。如对1000m以内的目标进行瞄准时，首先根据目标距离，将瞄准镜上的表尺转螺转至相应位置，然后用分划板上第一个"︿"顶点对目标进行瞄准即可。当目标距离大于1000m而小于1300m时，则先将表尺转螺装定1000m距离表尺，而后利用其余相对应的"︿"顶点瞄向目标即可。

测距分划由一系列线段组成，线段上的数字2、4……10分别代表200m、400m……1000m的射击距离，自上至下，各线段端点分别对应200m、225m、275m、325m……1025m的射击距离。测距时，将目标下端与水平基线对齐，目标顶点与测距曲线相接，根据接触点判定目标距离。

分划板上中间的密位分划，左右各有 10 个密位，每一小格为 1 密位。其可对宽 0.5m 的目标进行测距，也可对左右方向偏差及横风对射弹的影响进行测定与修正，测距与修正方法参照八八式狙击步枪瞄准镜。八八式瞄准镜可进行 3～9 倍连续可调放大，通常光照条件下射手可选用较大的倍率进行重点观察和瞄准，在昏暗环境中改用较小的倍率以满足镜内光强要求和获得较大的视场，在若干不同距离的目标间切换和捕捉瞬间目标时更加迅速和方便。八八式瞄准镜分划为内装定，并可进行概略测距和测定方向角，其简易测距尺与瞄准箭标在同一位置上，瞄准时只需将相应距离上的箭标指向目标方向即可，测距同时即构成瞄准，提高了快速反应能力。

五、阳光对瞄准的影响及克服方法

（一）阳光对瞄准的影响

在阳光下瞄准时，由于阳光照射作用，缺口部分产生虚光，形成三层缺口：虚光部分、真实部分、黑实部分（图 7 - 59、60）。如不注意辨清真实缺口的位置，就容易产生误差，使射弹产生偏差。

1. 用虚光部分瞄准。若用虚光部分瞄准，射弹就偏向阳光照来的方向（图 7 - 61）。阳光从右上方照来时，缺口左边和上沿产生虚光，用虚光部分瞄准，准星实际上偏右高。因此，射弹偏右上。阳光从左上方照来时，用虚光部分瞄准，射弹则偏左上。

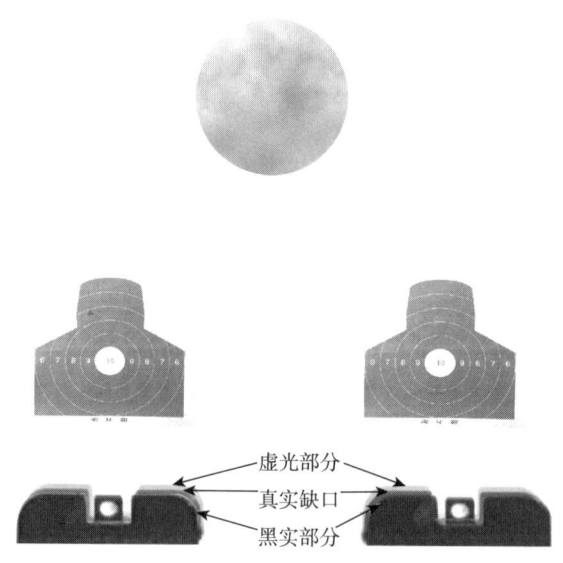

图 7 - 59　阳光对瞄准的影响

2. 用黑实部分瞄准。若用黑实部分瞄准，射弹就会偏向阳光照来的相反方向（图 7 - 62）。用黑实部分瞄准，阳光从右上方照来，准星实际上偏左低，因此射弹偏左下；阳光从左上方照来时，射弹则偏右下。

3. 用缺口和准星同时产生的虚光或黑实部分瞄准。在阳光照射下，缺口和准星同时产生虚光时，若用虚光部分瞄准，射弹偏低；若用黑实部分瞄准，射弹偏高。

图 7 – 60　阳光从左上方照射对瞄准的影响

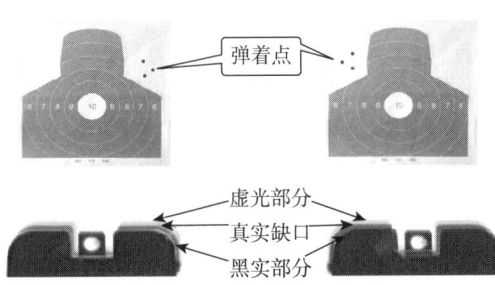

图 7 – 61　用虚光部份瞄准产生的弹着点

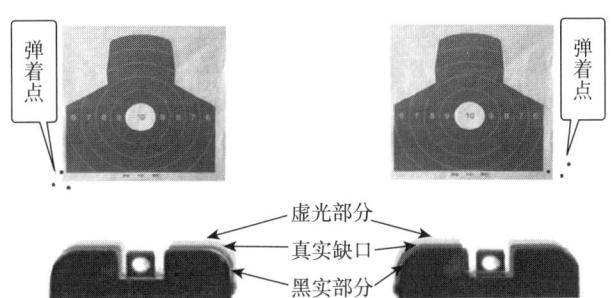

图 7 – 62　用黑实部分瞄准，射弹偏向阳光照来的相反方向

（二）克服方法

1. 辨清正确瞄准的景况。在不同方向的阳光照射下练习瞄准，可采取遮光瞄准，不遮光检查；不遮光瞄准，遮光检查的方法，反复练习，确实辨清真实缺口的位置和正确瞄准的景况。

2. 瞄准要细致。瞄准时应正确平正准星与缺口，但瞄准时间不宜过长，以免眼花而产生误差。

3. 要保护好瞄准具。平时要注意保护好瞄准具，不使其磨亮而反光。

> 🖐 问题思考
>
> 1. 枪械的射击是否一定要通过瞄准具进行？
> 2. 常见的光学瞄准具有哪几种？

项目六　子弹的散布及弹着点

一、射弹散布

同一把枪在相同条件下进行多次射击，射弹的弹着点总是在一定的范围内的分散现象，叫射弹散布。

每个弹头从同一把枪射出后都有自己不同的弹道，在发射多发子弹时，弹着点总是互相分离的，这种分离的现象就叫作射弹的自然散布。同一支枪在发射多发子弹后，目标上仍会出现散布面，把这些弹道综合起来看，就形成了集束弹道（图 7-63）。

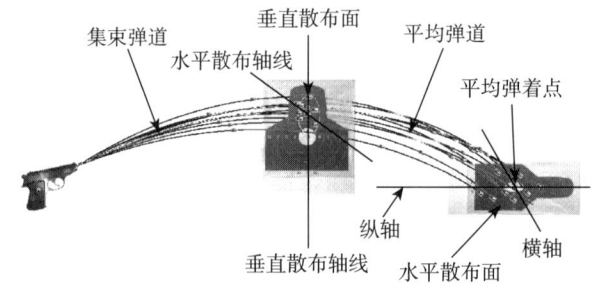

图 7-63　子弹的散布

集束弹道：是一束逐渐远离起点而向外扩散的近圆锥形的弹道，距离越远扩散范围越大。

平均弹道：是通过集束弹道中心的一条设想的弹道。射表内的弹道诸元都是以平均弹道为准的。

平均弹着点：是平均弹道与目标相交的一点。实际上在此点上有时是没有弹着的。

散布面：当集束弹道与某一个面相交时，即可得到许多弹着点。这些弹着点占有的面积叫作射弹的散布面，在垂直面上的叫做垂直散布面，在水平面上的叫做水平散布面。在垂直面上的射弹散布分为高低散布和方向散布；在水平面上的射弹散布分为距离散布和方向散布。

二、产生射弹散布的原因及规律

（一）射弹散布产生的原因

射弹散布是由一些偶然原因和人为因素造成的，主要有以下三个方面：

1. 射手操作的原因。射手在发射多发子弹时，由于体力和精力的消耗，射击姿势、据枪、瞄准、击发等动作不可能完全保持一致，自动武器连发射击时，由于武器的后坐和枪管的跳动，操枪更加困难，这些都会引起每发射弹的发射差角及射向不一致，使射弹产生散布。

2. 武器和弹药方面的原因。

（1）武器：射击时，枪管的温度不同，射弹的初速也就不同，在一定的范围内，温度增高，射击初速增大；超过一定范围，温度增高，射击初速反而减小。因此，发射多发子弹时会使射弹的高低（距离）散布增大。

枪膛内生锈和有锈痕时，也会增大射弹散布。如用射击后数天未擦拭的武器射击时，平均弹着点的位置将会增大，而射弹散布将增大20%～30%。

（2）弹药：由于弹药制造时有一定的公差（许多误差），同一批弹药中的每一发子弹的发射药的重量、质量、装填密度、温（湿）度和弹头形状、重量、弹径的大小等都有微小的差别。这些差别均会使射弹的射击初速度不一致，造成射弹的高低（距离）散布。

3. 外界条件的原因。射击时，气温、气压、风速和风向是不断变化的，特别是风速、风向的变化更大，即使在晴朗无风的条件下也不可能完全一致，总有细微的差异。因此，每次发射的弹头在空气中飞行时受到的影响不一样，必然造成弹头到达目标的高低（距离）方向不一致。

（1）枪弹的射击初速度不同。由于枪弹里的装药量、装填密度、弹丸的重量、形状及表面光滑度等不可能绝对一致，弹径弹长不能绝对相同，这些细微差别都会影响射击初速度：射击初速度大，弹着会打高或打远；射击初速度小，弹着会打低或打近。而且枪管的发热程度、磨损程度和膛压的变化也有区别，使每一发子弹形成自己不同的弹道。例如，装药成分和形状稍有不同，燃烧速度就不一样，燃烧速度快初速就大；又如，枪管越打越热，打第一枪时枪管是冷的，打到最后枪管会越来越热，冷枪管时发射和热枪管时发射每发枪弹的初速都有微小的差别，弹丸的飞行路线就会各不相同。

（2）气象条件多变。射击时天气的条件不完全一致，气温、气压、风速、风向是不断变化的，特别是风速、风向的变化更大，横风、斜风对方向散布影响很大，纵风会影响高低散布。再有，不同时间弹丸所遇到的空气密度不一样，即使在无风的条件下也不可能完全一致，总会有细微的差异。另外，有阳光时瞄准会产生虚光，阴雨天会增加瞄准的困难，等等，这些对弹丸的飞行都会产生一定的影响。

（3）射击手自身的原因。射手的握枪姿势，食指扣动扳机的力量大小、朝向，射击手瞄准时的准星缺口的平正关系等都会影响到子弹的飞行轨迹。由于上述原因，使弹头具有各自的弹道和弹着点，便形成了射弹的散布。

（二）射弹散布的规律

根据实验证明，射弹的散布是有一定规律性的，这种规律性在发射子弹数越多时表现得越明显。射弹散布的规律表现在以下几个方面：

1. 对称的散布。射弹围绕散布中心对称散布，即在散布中心（平均弹着点）的一边有一个弹着，在相对一边间隔大约相等处也有一个弹着点。在散布轴线两旁同等宽度的散布面内，所包含的弹着数量是相等的，这就是射弹散布的对称规律。

2. 不均匀的散布。在弹着较多的靶纸上可以看出，距散布中心越近弹着越多，这就是散布的不均匀的规律。由于每次射击时造成误差的原因很多，但这些误差毕竟很小，产生大的误差的机会少，所以靠近散布中心的弹着较为密集，远离散布中心的弹着较为稀少，射手的技术越高，这一现象越明显。

3. 有范围的散布。每一个弹着点都占有一定的位置，许多弹着点在一起形成了散布面，这种散布面的形状是椭圆形的，表现在高低（距离）散布大于方向散布。由于发射每一发弹头时，造成射弹散布的因素中，影响高低散布的多，影响方向散布的少，所以它的散布形状是椭圆形的。但在近距离内，立靶的高低散布和方向散布相差较小，散布面接近于圆形。随着距离的增大，高低与方向散布的差距逐渐加大。

三、射弹散布的实用意义

研究射弹散布是为了掌握其规律，尽量把射弹散布控制到最小程度，使射弹的密集度增加，提高射击的准确性。

在射弹散布中，瞄准误差、枪面不正、握枪动作不正确、武器弹药的性能不同、气象条件中的阳光、风向、风力等会使射弹的方向散布大一些；而弹丸形状、重量、初速大小以及气温、空气密度等会使射弹的高低散布大一些。了解了射弹散布的现象、产生原因及规律，就可以从以下三个方面减小射弹散布：

（一）枪械方面

平时要加强对武器的保养和维护，经常认真检查，细心擦拭。

（二）弹药方面

弹药要按批次放置，注意防潮、防晒，尽量使装药温度差别缩小。射击中要尽量使用同批次的弹药，尤其是在精度要求较高的射击中。

（三）操作方面

射手的身体姿势、射击动作、持枪力度、瞄准和击发技术等都与射弹散布有直接关系，应加强训练。例如，瞄准时应该把主要精力放在平正准星上，而不应该放在目标上，否则射击精度就会降低，射弹散布肯定就大。

四、平均弹着点的求法

散布面上各个弹着都是围绕着某一点的，这一点就叫作平均弹着点。在平均弹着点的那一点上常常是没有弹着的。

平均弹着点的地方就是整个散布面的中心。射击时每个射手都希望枪枪命中靶心，但有时射弹却会偏在目标中心的某一方向上，这时就应该按平均弹着点与目标的中心检查点（10 环的中心位置）的距离来调整、修正武器，使弹丸正好命中靶心。

求平均弹着点可根据发射弹数的多少选择方法，主要有以下几种：

（一）等分法

此方法一般适用于 3 ~ 5 发弹着，用逐次等分线段的方法求出平均弹着点。

1. 求两发弹着的平均弹着点。将第一发与第二发子弹弹着点连线，分为二等份，中间的等份点即是这两发子弹的平均弹着点。求三发弹着的平均弹着点，先连接两个弹着点，取连线中点与第三个弹着点相连，将此线段分为三等份，靠近前两发弹着连线中点的那个等份点就是这三发弹着的平均弹着点（图 7 - 64）。

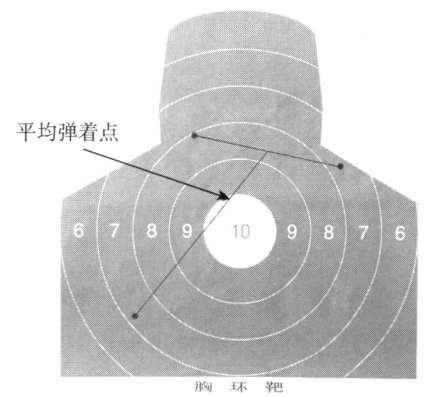

图 7 - 64　平均弹着点 1

2. 求四发弹着的平均弹着点。先求出三发弹着的平均弹着点，再将这三发弹着的平均弹着点与第四发弹着点相连，将此线段等分为四份，靠近前三发弹着平均弹着点的等分点就是这四发弹着的平均弹着点。

如果四发弹着点的位置是对称的，可将弹着点以十字交叉线连接起来，两线的交点就是平均弹着点。

还可以采取两个相近的弹着为一组，用直线连接起来，然后将两条直线的中点相连接，此连线的中点就是这四发弹着的平均弹着点。

（二）轴线法

在弹着较多时可以根据弹着散布的对称规律，数出上、下、左、右相等的弹数，中间用轴线的方法求出平均弹着点。

具体做法是：先数出散布上的总弹数，然后从上向下数出总弹数的一半，画一条水平散布轴线；再从左向右数出总弹数的一半，画一条垂直散布轴线，两条轴线的交点即是平均弹着点。画轴线时，纵线要垂直，横线要水平，靠近散布轴线最近的两发弹着，不论上下或左右与散布轴线的间隔都要相等，两条轴线的交点上往往没有弹着；若总弹数是奇数时，垂直、水平散布轴线则必须画在中间的一发弹着上（图 7 - 65）。

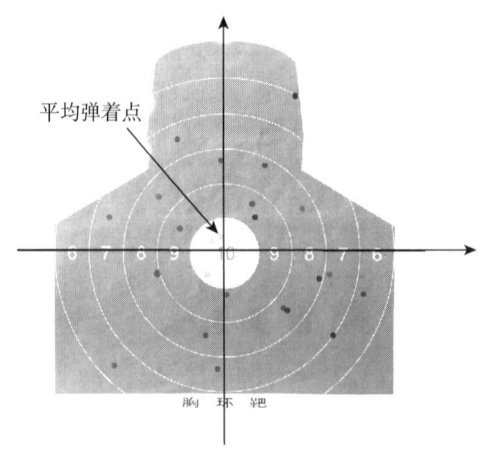

平均弹着点

胸　环　靶

图 7-65　平均弹着点

问题思考

1. 射弹的散布与枪械的长短有没有关系？

2. 怎么能最快找出平均弹着点？

项目七　射击精度

【知识链接】国产 7.62mm 高精度狙击步枪精度世界第一

央视财经频道近期播出了采访国产 7.62mm 高精度狙击步枪项目负责人范方梅的报道。尽管央视的节目中并没有明确说出这款高精度狙击步枪的具体名称，但军事爱好者应该能想到，它就是 CS/LR4，曾在热播大剧《人民的名义》中出现过，而且在今年中国援助菲律宾的武器中也有它，菲律宾总统亲自试用该枪的画面相信已经印在了许多人的脑子里。

《人民的名义》中出现的 CS/LR4 高精度狙击步枪（图 7-66）。

说起 CS/LR4 高精度狙击步枪的研制，作为项目负责人的范方梅颇有感触。

2009 年国际狙击大赛，中国选手使用国产 7.62mm 口径狙击步枪参加比赛，令人意外的是，由于枪支的精度不够，中国选手第一轮就被淘汰出局了。

而这次使用的 7.62mm 口径狙击步枪就是大家比较熟悉的八五式，在这之前，我军对八五式还挺满意的，800m 内可以准确击中目标。所以说，一支军队必须要走出去，否则总是待在自己家里，怎么能发现差距呢？

八五式的精度有多差？

衡量一款狙击步枪的精准度，国际上通常使用的指标是角分，如果射手所持狙击步枪精度为 1 角分，则意味着该枪在 100 码距离上的射弹散布直径为 2.9cm。我国的八五式 7.62mm 狙击步枪在 100 码内的精度水平只有 3~5 角分，而国外狙击步枪却能达到 1 角分，远远超出中国狙击步枪的精度。

三角分与一角分对比示意图（图 7-67、68）。

图 7-66　CS/LR4 高精度狙击步枪

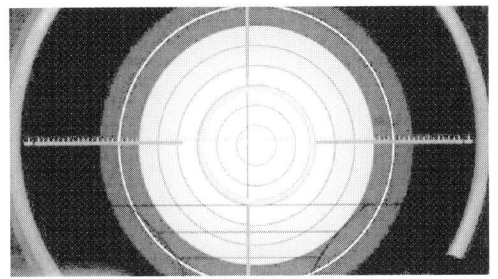

图 7-67　三角分与一角分对比示意图 1

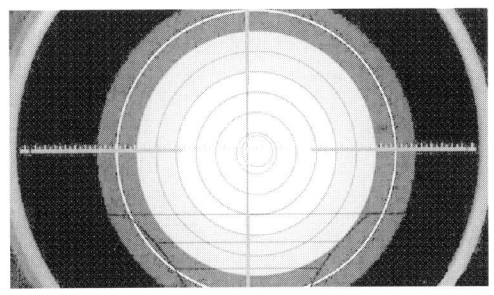

图 7-68　三角分与一角分对比示意图 2

八五式的精度为什么差?

原因就在于采用了半自动装填方式,让步枪在射击过程中存在运动,而且枪、弹、瞄准镜也没有匹配设计。

一个有着百万军队,有着全体系生产链条的中国军工制造,竟然没有一支合格的狙击步枪,比赛失利的消息,深深刺痛了范方梅。她决定一定要靠自己的力量把国产 7.62mm 高精度狙击步枪做出来。

范方梅担任项目负责人。

2009 年,国产 7.62mm 高精度狙击步枪项目正式上马,范方梅担任项目负责人。

100m 距离,一个硬币大小的射击范围,这是范方梅负责研发的 7.62mm 高精度狙击步枪的射击精度。0.02mm,一根头发丝的粗细,这是这款步枪试制样品的零件加工精度。

然而,按照这个设计标准造出来的第一支枪打靶结果显示,并没有达到设计的精度要求。

问题最终出在了枪管的弹道上,看似简单的一支步枪,其实是军工制造最尖端的一项技术。试验的失败，使得范方梅只能带领团队，重新在 400 余根枪管，8 万余发子弹，8 万多个试验数据中，重新设计这支步枪的枪管内膛。

优化后的 7.62mm 口径高精度狙击步枪，百米开外，三发子弹连续击中靶心，精度达到 0.5 角分，这可是国际精度先进水平。

优化后的样枪，百米开外，三发子弹连续击中靶心（图 7-69）。

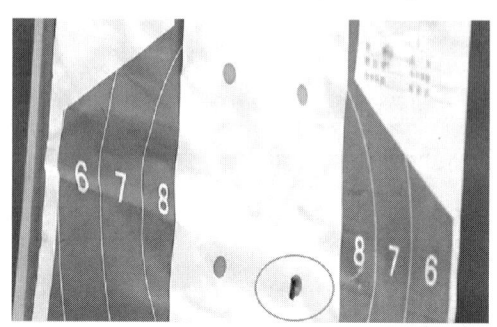

图 7-69　弹着点

2012 年 7 月 27 日，中国代表队第一次带着这只国产 7.62mm 高精度狙击步枪，在哈萨克斯坦参加了国际特种狙击手比赛，获得了 17 个比赛科目 14 个领先的优异成绩，两个小组以绝对优势分获总分第一名、第二名。

然而，范方梅并没有就此止步，她和她的团队平均每年都要对 7.62mm 高精度狙击步枪进行上百处改进，小到一个工艺参数，大到产品结构甚至加工工艺。以枪管的内膛为例，为了延长产品寿命，适应高温雨水等恶劣环境，过去一般是通过表面镀铬来进行处理。镀铬会有先天性不均衡的问题，看似薄薄的一层铬会改变枪管内膛的尺寸和光滑度，进而影响到枪支的射击精度。范方梅反复试验，终于找到一种新的替代方案：枪管不镀铬，在提高射击精度的同时，依然还能够抗腐蚀。

【知识链接】国产弹道枪

五六式 14.5mm 测压弹道枪（图 7-70）。

图 7-70　五六式 14.5mm 测压弹着枪

检验新型枪弹的弹道性能或要生产出符合标准的枪弹，弹道枪这一鲜为人知的幕后功臣是绝对不可或缺的。本文则为读者呈现几种国产弹道枪。

什么是弹道枪？

提起弹道枪，人们总是会与"样枪"或"试验枪"相混淆。其实弹道枪并非样枪，也非试验枪，它是用于枪弹弹道性能检测、标准弹和标准装药鉴选、枪弹和发射药验收以及弹道研究的专用器材。由于其"特殊"的用途，弹道枪在生产过程中必须严格控制与弹道性能密切相关的枪管内膛尺寸的精度，尤其是线膛尺寸的精度，其内膛尺寸的公差一般要控制在同类战斗用枪枪管尺寸的一半。至于弹道枪的结构则力求简单，除了枪管、发射机构、击发机构和保险机构等核心结构以外，握把、护手、枪托和供弹机构等都被省略了，因此弹道枪与战斗用枪在外形上的差异很大。由此形象地说，弹道枪可谓"高精度简易"枪械。

弹道枪可分为测速弹道枪和测压弹道枪两大类：测速弹道枪用于配合测速仪器设备测定弹丸的膛口初速；测压弹道枪用来测定枪膛内火药燃气的压力。测速弹道枪按照弹道性能的精度又可分为工作级弹道枪和检验级弹道枪：工作级弹道枪主要用于发射药和枪弹的弹道性能测试；检验级弹道枪主要用于标准弹的鉴定以及仲裁工作级弹道枪评定结果的可靠性。测压弹道枪不分级别，而是根据各自适用的枪弹分为普通弹测压枪及高压弹测压枪等。由于高压弹发射时产生的膛压高于普通弹，为了保证试验安全而专门制造了耐压强度更高的专用测压枪用于高压弹及其发射药的膛压测定。

我国的弹道枪及其相应的性能检测方法，最初随同 14.5mm、12.7mm 及各种 7.62mm 口径的枪械、枪弹同时从苏联引进。随着我国轻武器生产与科研的发展，弹道枪也同制式枪、弹一样实现了国产化，其种类随着枪弹种类的丰富而不断增加。由于每一种枪弹性能不同，因而我国生产的各型制式枪弹、运动枪弹及外贸枪弹均配有专门的弹道枪用于性能检测和验收。下面就介绍几种最常用的弹道枪。

五六式 14.5mm 测压弹道枪枪管的中部设有片状准星，准星座两侧各设有一个支耳，用于将枪管固定在专用枪架上（图 7-71）。

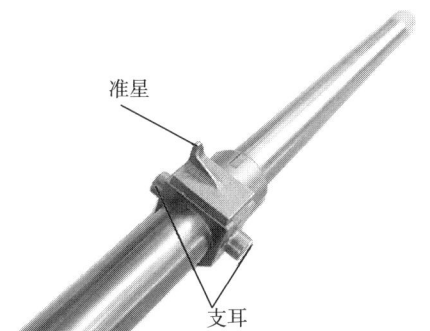

准星

支耳

图 7-71　五六式 14.5mm 测压弹道枪枪管

五六式 14.5mm 测压弹道枪枪管的后部设有缺口式照门，照门后方是用于安装测压器的测压孔，枪管尾部设有断隔（图 7-72）用于连接枪机组件。五四式 12.7mm 及五六式 14.5mm 弹道枪都有测速/测压弹道枪之分，两者的区别仅在于测压弹道枪的枪管上开有测压孔，而测速弹道枪的枪管上则不开测压孔。最初也曾针对这两种弹专门生产过高压弹及强装药弹测压弹道枪，后因普通测压弹道枪的强度也能承受高压弹及强装药弹发射时的火药燃气压力，所以就取消了高压弹及强装弹药测压弹道枪的生产，直接使用普通测压弹道枪来测验高压弹及强装药弹。

五四式 12.7mm 及五六式 14.5mm 弹道枪的结构基本相同，但由于发射不同口径的弹种，因此枪管及枪机部件的尺寸有所不同。下面就以五六式 14.5mm 测压弹道枪为例，介绍这两种弹道枪的结构及工作原理。下图是五六式 14.5mm 测压弹道枪由枪管组件、枪机组件（图 7-73）、击发机组件以及测压器组件 4 个部分组成（图 7-74）。

枪管组件由枪管和瞄准装置组成，枪管的中部和后部分别设有片状准星和缺口式照门。准星座两侧各设有一个支耳，照门座上则设有一个通孔，用于将枪管固定在专用枪架上。枪管尾部设有断隔螺纹用于连接枪机组件。

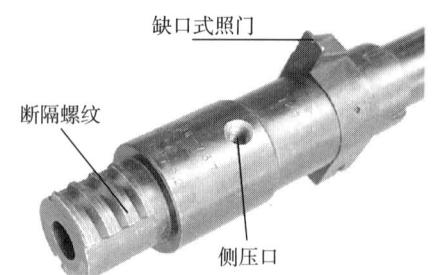

图7-72 五六式14.5mm测压弹道枪照门

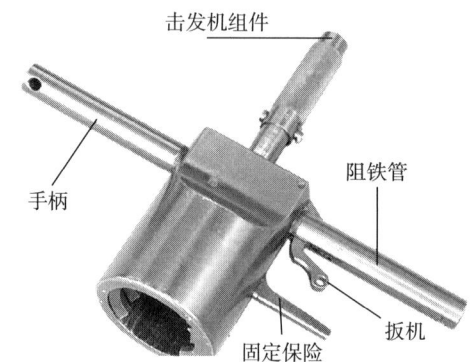

图7-73 56式14.5mm弹道枪枪机组件特写

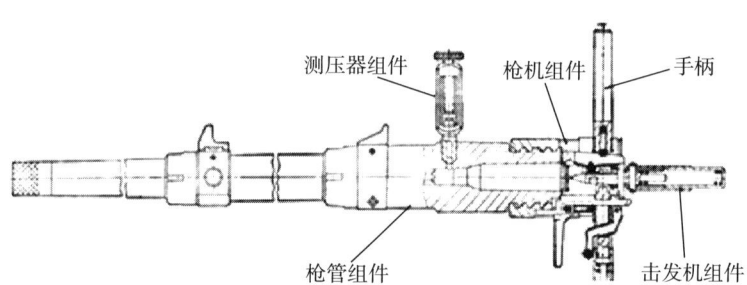

图7-74 五六式14.5mm测压弹道枪结构示意图

　　枪机组件由枪机体、发射机构、手柄及保险机构组成。枪机体前端设有断隔螺纹，用于与枪管组件连接，枪机体下方设有发射机构，由阻铁管、阻铁、阻铁簧、扳机等零件组成。阻铁管内部容纳阻铁及阻铁簧。扳机固定在枪机体后部的下方，扣动扳机就可将阻铁压下，释放击针，实现击发。

　　为了保证测压操作的安全，该弹道枪设有保险机构，由固定保险和自动保险（闭锁不到位保险）组成。在枪机体向前旋转闭锁的过程中，枪管的后端面将固定保险和自动保险推向后方。闭锁到位后，固定保险在其簧力的推动下插入枪管后端面下方的开槽内，防止枪机体转动，以确保测压安全。与此同时，自动保险上的保险缺口正好对准阻铁，使阻铁可以在扳机的带动下向下移动而释放击针；如果枪机体未完全闭锁到位，则固定保险后退距离不足，其上的保险缺口未对准阻铁，使阻铁移动受阻不能释放击针，从而确保枪机未闭锁到位时不能击发，以保证安全。

五六式 14.5mm 弹道枪枪机组件结构示意图（图 7 - 75）。

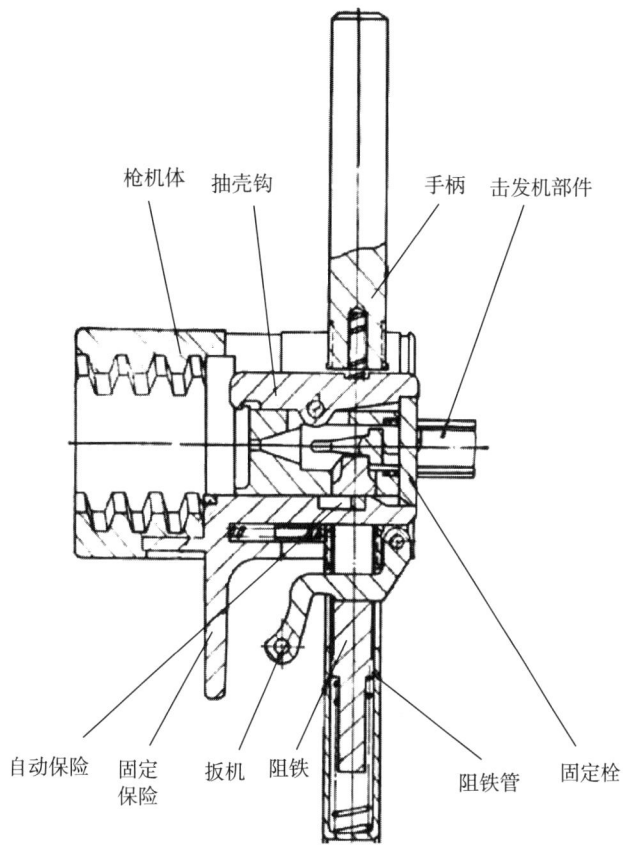

图 7 - 75　五六式 14.5mm 弹道枪枪机组件

　　射击完毕后，后拉固定保险，使其退出枪管后端面下方的开槽，枪机即可旋转实现开锁。同时，固定保险尾部的斜面推动固定栓向上移动，使抽壳钩沿逆时针方向偏转从而抱住弹壳底缘，在枪机开锁的同时将弹壳抽出，以便于装填下一发枪弹。

　　击发机组件由击针管、击针、击针簧、外套管及击针销等零件组成。击针管通过螺纹连接在枪机后端，其内部容纳击针与击针簧。击针外套管套在击针管外侧，并通过击针销与击针连接成一体（图 7 - 76）。用手向后拉动外套管，其可以通过击针销带动击针沿击针管外侧的纵向槽向后移动，当击针向后移动到位时被阻铁扣合而形成待击状态。

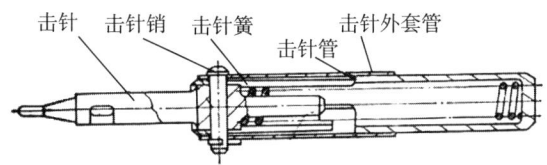

图 7 - 76　五六式 14.5mm 弹道枪击发机组件

　　在击针管外侧的纵向槽尾部还设有一个横向槽，向后拉动击针外套管并旋转 60°，击针销一端的突起便被卡在横向槽内，使击针无法向前运动，起到击发保险的作用，可避免枪机向前旋转过程中意外击发。

　　测压器组件通过螺纹安装在枪管上方的测压孔中，由测压器体、活塞、垫圈、支座、螺杆、弹簧及固定销等零件组成（图7-77）。测压器体上方装有螺杆，下方设有活塞孔。螺杆的下方连接有支座，通过转动螺杆顶部的旋钮可以调整支座的高低。活塞孔内部容纳活塞，并保证活塞在活塞孔内既能灵活运动，又具有良好的气密性。

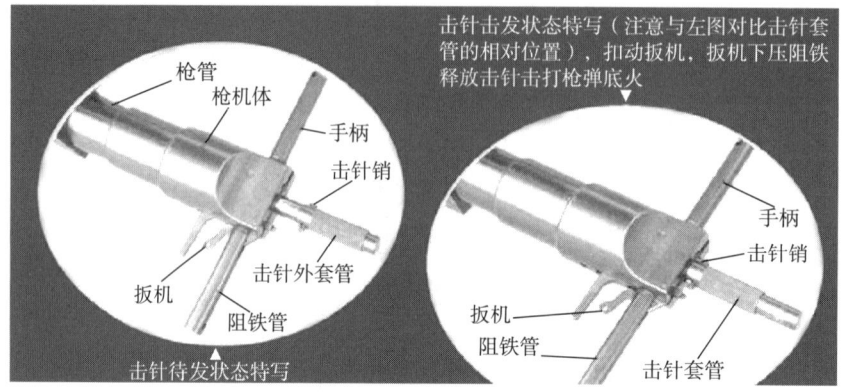

图7-77　测压器组件

　　测压器需要与特定规格的测压铜柱配合使用才能进行膛压的测量。测压前，先将测压铜柱放置在活塞顶端的正中位置，转动螺杆顶部的旋钮使支座的下端面与测压铜柱刚好接触，支座在螺杆内部弹簧的作用下将测压铜柱轻轻压住，以防止其在射击时被震落（图7-78）。射击时，测压器活塞在火药燃气的作用下向上运动，由于支座固定不动，致使测压铜柱受到活塞的挤压而发生形变，再测量出铜柱的形变量就可以利用相关公式计算出该位置上火药燃气的最大平均膛压。

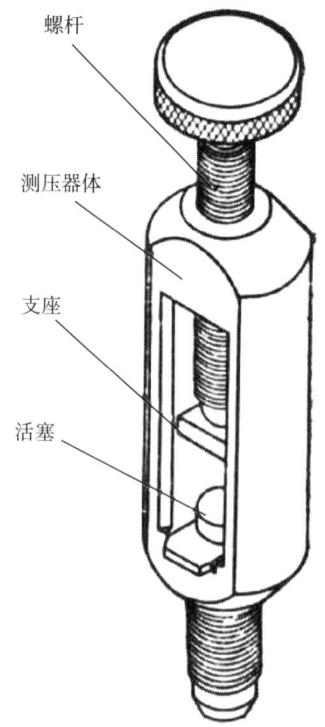

图7-78　测压器

五三式及五六式 7.62mm 弹道枪。

五三式及五六式 7.62mm 弹道枪的核心结构与五三式步骑枪相同。但由于发射不同的弹种，因此五三式及五六式 7.62mm 弹道枪的枪管及枪机部件尺寸有所不同，二者同样分为测速弹道枪与测压弹道枪。

这两种弹道枪的主要特点是枪管与机匣为非固定连接，二者通过螺纹连接在一起，方便更换枪管。下面以五三式 7.62mm 测压弹道枪为例，介绍这两种弹道枪的结构及工作原理。

五三式 7.62mm 测速弹道枪外貌（图 7-79）。

图 7-79　五三式 7.62mm 测速弹道枪外貌

该枪由机匣组件、枪机组件以及测压器组件 3 个部分组成。机匣组件机匣前部设有螺纹用于固定枪管，其最前端设有定向键，当枪管连接到机匣上时，定向键插入枪管上的键槽内，防止枪管松动，起到保险作用。在机匣中部的两侧各有一个支耳，机匣尾端下方设有一个通孔，用于将机匣固定在专用枪架上。

发射机构安装在机匣下方，由扳机、阻铁等组成。阻铁同时起到扳机簧的作用，扣动扳机时阻铁被压下，释放枪机尾部的击铁实现击发。

枪机组件由机头、机身、抽壳钩、衬管、击铁、击针以及击针簧等零件组成（图 7-80、81）。机身前端设有 2 个闭锁突榫，与机匣内部的闭锁支撑面配合实现开锁及闭锁。击针贯穿于衬管、机身和机头的击针孔中，并通过其尾部的螺纹固定在击铁上。

五三式 7.62mm 测压弹道枪，与测速弹道枪的区别在于枪管上开有测压孔并且其上安装有测压器（图 7-82），用手推动拉机柄带动枪机向前运动时，击铁下方的突起与阻铁扣合，击针也同时被阻挡并压缩击针簧。枪机前进到位后，将拉机柄沿顺时针方向扳倒，此时机身上的闭锁突榫进入机匣内的闭锁支撑实现闭锁，全枪处于待击状态，扣动扳机便可击发枪弹，进行测压操作。

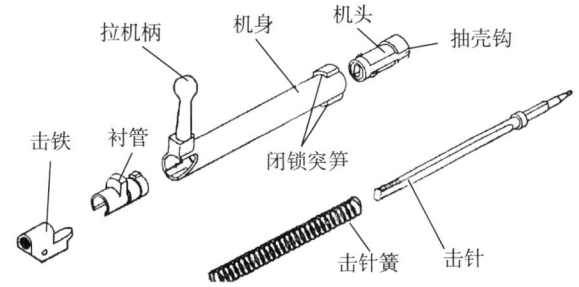

图 7-80　五三式 7.62mm 测速弹道枪发射机构

该枪枪机未设置专门的保险机构，但当闭锁不到位时，机身后端的螺旋槽不能对正击铁，扣动扳机后击铁前进不到位，致使击针凸出量不足而无法引燃枪弹底火，起到了一定的保险作用。

测压器组件与五三式 12.7mm 及五六式 14.5mm 弹道枪使用的测压器结构与工作原

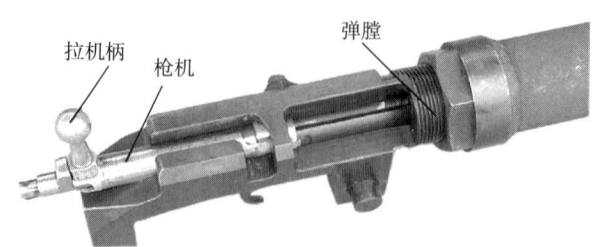

图7－81 枪机组件

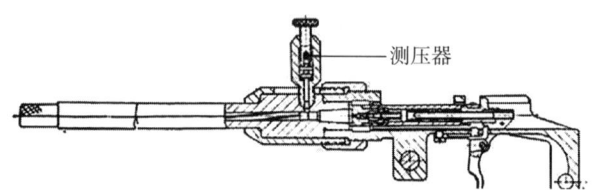

图7－82 五三式7.62mm测压弹道枪

理基本相同，区别仅在于连接螺纹及活塞长度稍短。

五三式及五六式7.62mm高压弹测压弹道枪与普通弹测压弹道枪的结构基本相同，不同之处有以下三点：一是高压弹测压弹道枪开有2个测压孔，一个用于测定最大膛压，另一个则用于测定枪口膛压。测压操作时，这两个测压孔中分别装入一个测压器；二是根据高压弹在射击时膛内压力大、温度高以及烧蚀严重的特点，枪管改用合金钢材料制成，提高了枪管的机械性能；三是改变了击针的结构，将击针分解为大击针和小击针，并将小击针的运动范围限制在击针突出量范围内（图7－83）。击发后，弹壳与大、小击针在火药燃气的推动下同时后退，当小击针前端面退至弹底窝平面处，小击针受阻不再继续后退，枪弹底火被弹底窝平面和小击针抵住，防止枪弹底火被冲切出碎屑。否则这些碎屑会随火药燃气进入枪机而引发故障。

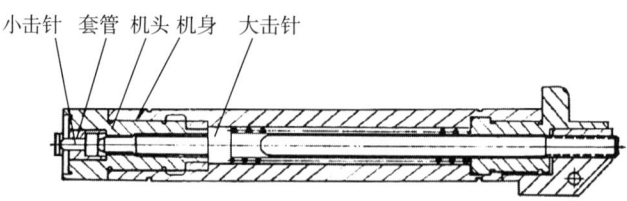

图7－83 击针结构

问题思考

1. 决定枪械精度的因素是什么？

2. 测速弹道枪和测压弹道枪各有什么作用？

射击精度分枪械的射击精度和射手的射击精度两部分。

枪械的射击精度，是指枪械在理想条件下，在有效射程内，弹着点的密集度。

枪械的射击精度，是在武器设计生产阶段，由专业人员在专门的靶场进行测试得到的精度。他考核的是武器本身的技术性能。自动武器的精度测试，通常是100米射程，安装固定枪架，单发射击，少则 3～5 发一组，多则 10～20 发一组，然后计算弹着点密集度。

枪械的射击精度，主要包括枪弹本身的精度和枪支的精度。枪弹的精度是所有射击精度的根本，如果选用的枪、弹不够精密，无论什么枪都打不准。枪支本身的精度，只是把枪弹本身的潜能发挥出来，跟枪支的设计制造有直接关系。一般来说，枪支的测试精度，要在枪弹精度误差的基础上，再加上枪支本身的精度误差两部分

枪弹的精度是由专门的弹道枪测试得到的。弹道枪其实就是一根高标准的枪管，用螺纹锁死枪弹，固定在枪架上。为了充分吸收射击的震动，弹道枪是刚性连接的，尽可能排除后座的干扰。

射手的射击精度包含着射弹的密集度和准确度两个概念。所谓的密集度，是指很多数量的弹着在射击目标上的聚集情况，聚集的面积越小密集度越高，表明射手的稳定性越好。而准确度是指弹着点距离靶心（10 环）的距离，距 10 环（靶心）越近准确度越高越好。学员要想提高射击成绩，就必须提高射手的射击精度，既要有很高的密集度，也要有很好的准确度。

影响射击精度的因素分内因和外因，即射手的原因和外在环境、枪弹条件。所以要想提高射手的射击精度，主要指的是人的因素。因此，提高学员的射击技术技能水平，是提高射击精度最重要的环节。

一、外因——枪弹条件影响枪械的射击精度

虽然技术水平很高，但是如果使用一支精度不高的武器进行射击，则很难取得良好的射击成绩，因此，枪弹条件对射击精度的好坏有很重大的影响。

1. 枪支方面的原因。枪膛的制作精度不高，枪管膛线磨损或不洁、机件结合不良或游隙过大都会影响到射弹的密集度。

2. 子弹方面的原因。子弹弹头的重量、外形是否统一和标准，弹壳的火药的剂量是否相同，起爆药的剂量，到枪弹装配、钳合的松紧度及运输、包装等方面的原因，枪弹是否受潮等。

二、外因——外界环境对射手射击精度的影响

射击时，外界环境会影响枪手射击的子弹密集度。这里讲的外界环境主要是指照明和气象两个方面。

照明条件指光线的明暗和强弱。如果射击时能见度不好，瞄准模糊不清，瞄准时产生的误差会增大射弹的散布；如果在强烈的光线（阳光）下进行射击，由于强光的照射，准星缺口上沿会产生虚光，射弹也会产生偏差。一般来讲，太阳高照或从上向下直射时，准星和缺口上沿会有亮亮的虚光，虚光会使人看不到原来的瞄准具轮廓。此时用虚光去瞄准，实际准星在下面，射弹就会偏低；如果用黑实部分去瞄准（其实黑实部分也不是真实的瞄准具），射弹就会偏高。如果太阳光从左侧方照过来，则准星左侧发亮右侧偏暗（图 7－84），缺口右边和上沿因有虚光而发亮，若用虚光部分去瞄准，准星实际偏左上，射手容易忽略缺口右侧的距离，射弹易偏左上；若用黑实部分

去瞄准，准星实际偏右下，射弹就会偏右下。如使用长枪（自动步枪或狙击步枪），有风的气象条件对射击精度影响最大。对长枪的射击，就得把风力大小，风向，风速全都考虑进来，计算出相应的偏移量，找出瞄准点。

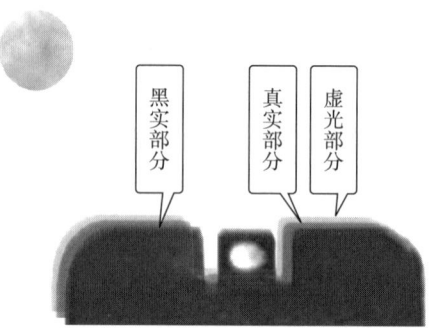

黑实部分　真实部分　虚光部分

图7-84　阳光对照门的影响

气温也能对射弹的精度产生影响。气温变化时，空气密度也随着改变，对射弹的阻力也就不同，所以会影响弹丸的飞行速度，使弹道形状发生变化。气温升高时，空气密度减小，弹丸在飞行中受到的空气阻力也减小，因而射弹容易偏高；同理，气温降低，弹着就容易打低。射击距离越远，弹道的这种变化越明显。

枪弹出场检定表上标明的弹道诸元，都是在标准气象条件下射击求得的。标准气象条件是指：大气压力为750mm水银柱高，气温在15%，空气相对湿度是50%，完全没有风（0级状态），没有高低角，只校枪管。枪械在室内条件下进行射击受气象条件影响小，但是在室外条件下的射击训练、比赛及实战时的因气象条件的复杂，射击精度容易受到影响，密集度和精确度都会产生误差。

三、内因——射手的射击水平影响射手的射击精度

射手本身的因素是影响射击精度的主要原因。例如，射击姿势、据枪动作、力量保持、每次射击瞄准与击发之间的衔接、击发动作和击发时机，以及射手的心理状态、情绪、精力等，都会影响射击的精确度。

四、在射击训练中的射击精度问题

射手射击精度的提高主要靠改变内因。射手首先要掌握枪械的慢射，枪械的慢射对射手的射击精度要求非常高。

在训练中首先要使射手射击时的弹着点尽量集中，然后通过对射手动作的分析判断，纠正动作上的错误，让射手的弹着点集中在靶心周围，从而提高射手的射击水平。

在枪械课的学习过程中，一个学员从不会射击到会射击，从打不准到打得准，从子弹散布面非常大到子弹散布很集中，这是一个漫长的过程。按照射击技术技能形成的规律，要经过粗略地掌握动作、逐步熟悉和提高、动作固定和熟练运用三个阶段。

1. 粗略掌握阶段。在初学时许多学员大脑皮层兴奋度高，动作生疏，射击动作紧张不协调，缺乏自我控制能力，还伴随一些多余的动作，因此射弹散布较大，弹着点不密集。因此，这一阶段的主要任务是纠正学员在射击时牵强、多余、错误的动作，

尽可能使学员掌握良好的、正确的射击动作概念。经过一段时间的训练，学员能够逐步消除射击动作中牵强的、多余的、错误的动作，不断提高动作的质量，特别是瞄准、击发等精细动作的质量，射击动作逐步变得协调、连贯和准确，射弹密集度也会有所提高。

2. 逐步改进和提高阶段。从提高射击精度方面考虑，这一阶段主要解决的是射手的弹着散布问题，如果射弹散布面减小，即收到了提高动作质量的训练效果。解决了射弹散布，即密集度问题，就说明射手的射击技术有了一定的提高，但并不意味着枪枪都能打 10 环，要想百发百中，枪枪打出高环数，还要进一步解决准确度的问题，从而提高射手命中目标的可靠性。此时，射手的技术中会存在这样或那样的问题，这些问题会导致射弹准确度降低。例如，右手握枪的射手由于击发动作时食指不能正直向后扣扳机，射弹容易往左侧偏，或左手握枪的射手易往右侧偏；也有的射手由于瞄准区把握得不好，弹着点会随瞄准区的升高和下降而抬高和降低，不易准确击中目标，这时教师必须给予专门的指导，帮助射手找到射弹偏差的原因，指出改正的办法，提高其准确度，这样才能使射击精度继续提高。

3. 巩固和运用自如阶段。此阶段，大脑皮层的兴奋与抑制过程更加集中与准确，每个动作能以连锁形式反映出来，瞄准、击发等精细动作几乎是凭"感觉"完成的。此时动作完成起来虽然已趋于自动化，但射击精度的提高仍需射手认真对待，每一次击发都可能因射手的疏忽而精度不高，所以说射击技术技能虽已形成，但射手对射击精度的追求却丝毫不能放松。

提高射击精度，射手应该首先学习动作外形，掌握正确的瞄准技术和击发动作，提高上靶率。脱靶率高就是因为射弹散布太大，所以说提高上靶率本身也就是在提高射弹密集度。有了一定的射弹密集度，子弹都能上靶了，射手才能从中看到自己在射弹准确度上的不足。例如，弹着点是否偏向某个方向，是否距靶心还有距离等。此时的教学重点应转移到纠正细小的错误动作上，特别是击发技术、瞄扣配合技术，待射手的动作符合要求，对自己的瞄准、击发技术有所把握时，再强调射击准确度，重点改正影响射弹准确度的错误动作，解决"环数不低，10 环不多"的问题，使射弹聚集靶心，在有一定密集度的基础上更具有准确度。

在教学中，教官应该首先教学员学习如何在射击时上靶，掌握正确的瞄准技术和击发动作，提高上靶率。这是第一个目标，下一个目标是提高射击的环数，只有射击精度高了，学员的射击成绩才能提高。5 发子弹 25m 手枪慢射能达到 45 环以上为优秀。学员的射击水平不是一成不变的，经常的空枪练习和实弹射击对射击水平的保持有非常重要的促进作用。所以说提高上靶率本身也就是在提高射弹密集度。

在教学中射击精度与命中目标是两个不同的概念，射击精度在手枪教学中主要是指慢射，上靶环数要高。在干警手枪实战中，最短时间命中疑犯使其丧失抵抗能力才是最重要的。在学员手枪慢射达到优秀水平后，下一阶段就是应用射击，首先是提高学员的速射水平。学员手枪慢射水平的学习时间不能少于 32 个课时。应用射击的学习至少为 32 个课时，并且要在学完手枪慢射的课程之后才能进行。

警察手枪射击的射击的精度不容轻视。一方面它是手枪射击的基础，是学习、掌握射击技术技能的一个阶段，可以说，具备一定射击技术的标志就是射击密集度和射击准确度都高。另一方面，在对劫持人质的犯罪分子射击时，对射击精度的要求是相当高的，否则没命中犯罪分子，人质却被射伤，那就是严重工作失误了。为了使人民警察更好地完成射击任务，达到"指哪儿打哪儿"的水平，就应高标准、严要求地科学学习和训练。所以，手枪射击精度不仅在基础射击练习时要抓，在掌握了一定应用射击技术技能后，还应该继续加强该项训练。

单元思考

1. 手枪的口径越大，枪的威力就越大，这种说法对吗？
2. 枪械在某一距离的弹道高是固定的吗？
3. 枪的射击速度是越快越好吗？
4. 弹头所用的材料是越坚硬越好吗？

单 元 八

枪械的分解和结合

知识目标

1. 各枪械的不同部件和用途。
2. 枪械各部件的名称。
3. 各枪械分解和结合的顺序。

能力目标

1. 掌握五四式、六四式、七七式和九二式手枪的不完全分解和结合。
2. 掌握七九式微冲、九五式、九五－1式自动步枪的不完全分解和结合。
3. 掌握九七式、九七－1式、九七－2式霰弹枪的不完全分解和结合。

项目一　警用手枪的不完全分解和结合的工作要点

一、五四式手枪

分解、结合是为了枪械擦拭上油、检查和排除故障。在日常实弹射击训练完毕，执行任务使用枪械后和日常必要时，均需分解、结合、检查、擦拭武器。

（一）分解与结合的要求

1. 分解前必须验枪。
2. 分解与结合要按顺序、要领进行，不可强敲硬卸。
3. 分解的机件应按顺序摆放在干净的物体上。
4. 不可借助枪支以外的工具进行分解，五四式手枪一般分解成六大部件和两个小件。
5. 结合后需验枪，检查机件结合是否正确，枪支是否正常工作。

（二）分解要领

分解与结合时需双手配合。正确的手形、手法可以快速对枪支进行分解与结合，同时防止快速分解、结合时零部件的掉落，提高手枪结合的正确率（手枪结合不正确时拉不开套筒，手枪无法使用，需重新分解再结合）。因此，学习分解、结合时不仅要学习分解与结合的正确步骤、要领和方法，还要十分注意手形与手法，按部就班地完成。五四式手枪分解与结合步骤与九二式手枪接近，均能把枪支的六大部件分解开来。具体步骤如下：卸弹匣——取出连接轴——套筒与套筒座分离——复进机与套筒分离——枪管套与套筒分离——枪管与套筒分离——击发机与套筒座分离。

1. 卸下弹匣：右手握握把，用左手或右手拇指按压弹匣卡榫，左手接住弹出的弹匣（图8-1、2、3）。

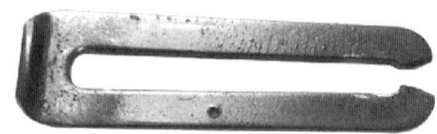

图8-1　弹匣卡榫

图8-2　弹匣与枪支分离

图8-3　套筒

2. 卸下连接轴：左手握握把，右手用弹匣盖平齐一端推连接轴卡簧片向后（图8-4），待卡簧片被卡在连接轴上时，再用弹匣盖平齐一端继续推连接轴卡簧片向后，直至使卡簧片脱离连接轴为止。然后，左手掌抵住枪口部，中指拉住扳机护圈，连接轴向下，稍推套筒向后，用右手接住从枪身掉出来的连接轴。

图8-4　连接轴

3. 卸下套筒：右手握握把，左手握住套筒，并用大拇指按住复进机，防止其弹出，慢慢右手向右，左手向左把套筒与套筒座分离（图8-5、6）。

图8-5　套筒

4. 取出复进机：左手握套筒，翻转手腕，使复进机朝上，右手拇指压缩复进簧底部，食指、中指、无名指固定复进簧并向外取出复进机。（图8-7）

图 8 - 6　套筒座

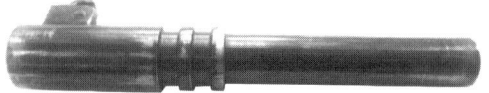

图 8 - 7　复进机

5. 取出枪管套和枪管：左手握套筒，右手将枪管套转动半圈取下，然后套筒口朝下，左手食指从抛壳口顶起枪管，右手从套筒口将其取出（图 8 - 8、9）。

图 8 - 8　枪管

图 8 - 9　枪管套

6. 取出击发机：右手拿起套筒座，再用左手取下击发机（图 8 - 10、11）。

图 8 - 10　击发机

图 8－11　套筒座

（三）结合要领

结合时的顺序与分解时的顺序刚好相反，最后分解下来的零部件要最先装上。

1. 装上击发机：右手握住握把，左手将击发机装在套筒后座上，装好后在握套筒的同时用食指从上面压住击发机，以防放下时击发机掉出。

2. 装上枪管和枪管套：左手握套筒，并使枪机向上，右手握枪管前端并使绞链向上，将枪管插入套筒内，然后将枪管套装入套筒转动半圈到原位。

3. 装上复进机：这是结合时最难的一步。左手握套筒，掌心朝上，枪口方向朝前朝下（准星向下）。用右手竖起铰链，再用右手拇指、食指和中指捏住复进机的导杆座，食指应贴在复进簧导杆的平面上，将复进簧帽插入套筒的复进机巢内，用力压缩复进簧。此时左手的食指、中指和无名指应该从上面按压住复进簧（此时右手的手型就像吹笛子时的形状），防止复进簧弹出。复进机的导杆座完全卡住枪管凸出部时，左手的食指、中指一直都要包握住复进簧。

4. 装上套筒：右手握握把，左手握套筒，此时左手食指、中食、无名指及小指始终包住复进机，将套筒座上的导棱对正套筒上的导槽，平行移动，左手食指、中指、无名指及小指顺序松开，左手将套筒向后推到定位。此时套筒与套筒座的尾部完全吻合。

5. 装上连接轴：左手掌心抵住枪口，中指扣住扳机护圈，稍推套筒向后，当套筒座和绞链上的连接轴孔对正时，右手将连接轴插入孔内，松开左手中指。然后，用弹匣盖平齐一端向前推连接轴卡簧片到定位。推卡簧片时的手法是：左手握枪，右手持弹匣，用左手的拇指推弹匣的侧面，将卡簧片卡牢。

结合后验枪，拉套筒两次以上，检查机件结合是否正确，手枪能否上膛。如果连接轴插入时与绞链上的连接轴孔没有对正，结合后的枪支就拉不开套筒，此时需分解开重新安装，然后装上弹匣，将击锤送于保险位置。

由于结构的特点，五四式手枪关闭保险时必须当心，验枪时枪口对准正前上方 45° 角，卸弹匣，打开保险，连拉两次套筒，右手握枪，左手拇指按压在击锤上，右手食指轻缓地扣动扳机，左手拇指逐步放松击锤。随着左手拇指的前送，右手食指松开扳机，使击锤送达保险位置。

（四）易犯错误与纠正方法

1. 枪在分解时枪管座分解不开。原因是枪管座在分解时未转够 180°，用大拇指、食指去取枪管座，造成受力不均。

纠正方法：分解时枪管座转 180° 后用用大拇指，食指，中指固定好枪管座，取出枪管座。

2. 枪在结合后不能验枪。原因是枪的套筒和套筒座在结合时连接轴没装对，未从绞链上的连接轴孔穿过造成结合失败。

纠正方法：重新取出连接轴，让套筒与套筒座完全结合，让连接轴从绞链上的连接轴孔穿过，结合完成。

3. 五四式手枪在验枪时套筒不能复位。原因是在验枪时先装上了空弹匣，造成五四式手枪出现空仓挂机。

纠正方法：在验枪时，先拉套筒验枪，验完后再把空弹匣装入枪的握把内。

（五）注意事项

1. 五四式手枪分解时击锤不用打开。

2. 在套筒与套筒座分解的过程中，注意其中一手要握好复进机以防止复进机跳开。

3. 分解出来的六大部件和两个小零件（枪管座、连接轴）要按顺序由左至右放好。

4. 结合时要按由右至左的顺序装件。

5. 五四式手枪组装好后要验枪，检验枪是否组装正确。

二、六四式手枪

六四式手枪的分解与结合比五四式手枪的分解与结合简单得多，手形与手法也不复杂，只需运用正确的手形与手法便可快速完成。

（一）分解与结合的要求

1. 分解前必须验枪。

2. 分解与结合要按顺序、要领进行，不可强敲硬卸。

3. 分解的机件应按顺序摆放在干净的物体上。

4. 不可借助枪支以外的工具进行分解，六四式手枪一般分解成四大部件。

5. 结合后需验枪，检查机件结合是否正确，枪支是否正常工作。

（二）分解要领

1. 取出弹匣：右手握握把，拇指按压弹匣卡榫，左手取出弹匣（图 8 - 12）。

2. 卸下套筒：右手握握把，左手将扳机护圈前端向下拉出并稍微推向一侧，使扳机护圈抵在套筒座上。为了不使其掉下影响卸套筒，可将拉出的扳机护圈前端向左抵在套筒座上，并用右手的食指向左加力，帮助抵牢。然后，左手的拇指和食指拉套筒向后到定位，再将套筒后部向上抬起，借复进簧的伸张力，向前卸下套筒（图 8 - 13、14、15、16），取下复进簧：右手握握把，左手顺枪管方向拉出复进簧（图 8 - 17、18、19）。

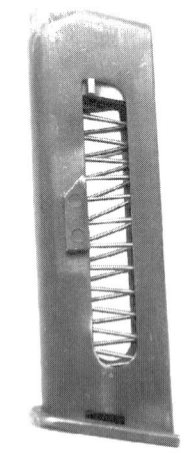

图 8 - 12 弹匣

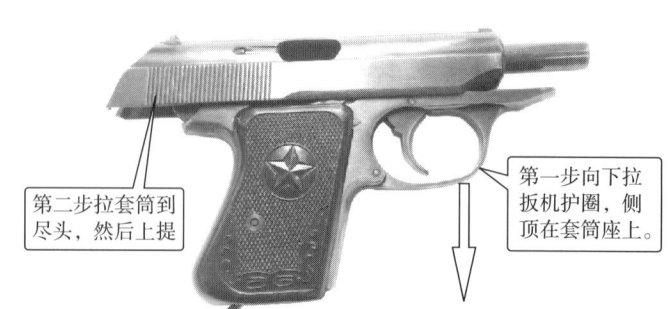

第二步拉套筒到尽头，然后上提

第一步向下拉扳机护圈，侧顶在套筒座上。

图 8 - 13 卸六四式手枪套筒

图 8 - 14 拉开扳机护围

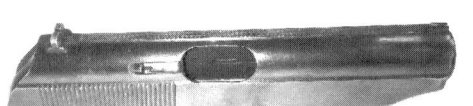

图 8 - 15 套筒

图 8 - 16 套筒座 1

图 8 - 17 复进簧

图 8 - 18 套筒座 2

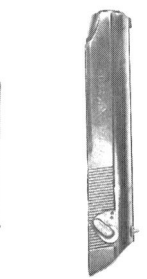

图 8 - 19 六四式手枪零件摆放

（三）结合要领

1. 装上复进簧：右手握握把，左手将复进簧直径较小的一端套在枪管上，并向后推到定位。

2. 装上套筒：右手握握把，左手持套筒，先使复进簧进入复进簧巢内，用力拉套筒向后到定位，稍压套筒后部，使套筒的导棱进入套筒座的导槽内，借复进簧的伸张力，使套筒回到前方位置。然后，右手握枪，左手拉起扳机护圈前端归放原位。

结合后验枪，拉套筒数次，击发。检查机件结合是否正确，然后装上弹匣，关闭保险。

（四）易犯错误与纠正方法

1. 六四式手枪不能分解。原因有两个：一是扳机护圈未打开。二是枪的击锤不是在待发状态。

纠正方法：一是将扳机护圈前端向下拉出并稍微推向一侧，使扳机护圈抵在套筒座上。二是用手按击锤成待发状态。

2. 六四式手枪结合后不能正常上膛。原因是复进簧装反了，错误地将复进簧口径大的一头装里面，口径小的在外面靠枪口。

纠正方法：是取出来后重装，先装复进簧口径小的一头。

（五）注意事项

1. 六四式手枪在装复进簧时，先装簧口小的一头。

2. 扳机护圈拉开抵在套筒座，枪才能分离。

3. 六四式手枪在组装时让弹匣卡榫一边向下，另一边朝上，这样在套筒与套筒座结合时，枪身的零件不会因松动影响结合。

4. 六四式手枪在验枪时套筒不能复位。原因是在验枪时先装上了空弹匣，造成六四式手枪出现空仓挂机。解决方法是在验枪时，先拉套筒验枪，验完后再把空弹匣装入枪的握把内。

三、七七式手枪

（一）分解与结合的要求

1. 分解前必须验枪。

2. 分解与结合要按顺序、要领进行，不可强敲硬卸。

3. 分解的机件应按顺序摆放在干净的物体上。

4. 不可借助枪支以外的工具进行分解，七七式手枪一般分解成四大部件。

5. 结合后需验枪，检查机件结合是否正确，枪支是否正常工作。

（二）分解要领

1. 取出弹匣：右手握握把，拇指按压弹匣卡榫，左手取出弹匣（图 8－20）。

2. 卸下套筒：右手握握把，将保险杆推至拆枪位（保险杆有三个位置：①开保险状态；②保险状态；③拆枪状态），左手握套筒向后推到定位并松开（给七七式手枪完成上膛动作一次），然后左手拇指将保险机向下推到与枪管方向垂直成90°（保险杆拆枪位置），左手拉套筒向后到定位，使套筒后端向上抬起，借复进簧的伸张力，向前卸下套筒（图 8 – 21）。

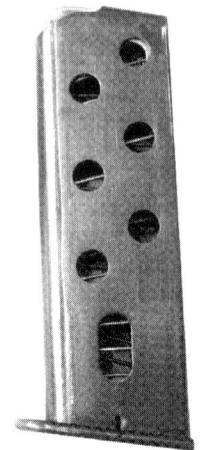

图 8 – 20 弹匣

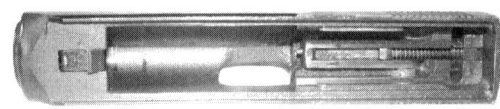

图 8 – 21 套筒

3. 取下复进簧（图 8 – 22）。

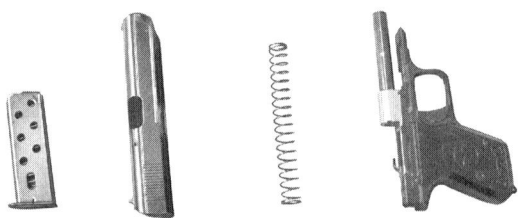

图 8 – 22 七七式手枪零件摆放

（三）结合要领

1. 装上复进簧。

2. 装上套筒：右手握握把，左手持套筒，先使复进簧进入复进簧巢内，用力拉套筒向后到定位，压套筒后端使套筒座的导棱进入套筒的导槽，借复进簧的伸张力，使套筒回到前方位置。

结合后，验枪，拉套筒数次，向安全方向击发。检查机件结合是否正确，然后装上弹匣，关上保险。

（四）易犯错误与纠正方法

1. 七七式手枪不能分解。原因是在分解时没有拉套筒。

纠正方法：在卸弹匣后，手握套筒拉动一次到位后松手。

2. 手枪不能分解。保险没有按到垂直位置。

纠正方法：用手将保险机向下推到与枪管方向垂直成 90°。

（五）注意事项

在分解时，一定要注意卸弹匣后要给手枪做一次上膛动作，不做上膛动作，枪则分解不开。

四、九二式手枪

在使用九二式手枪实弹射击后，或在练习使用后或进行日常检查、保养时，都要进行枪支的分解与结合。

（一）分解与结合的要求

1. 分解前必须验枪。

2. 分解与结合要按顺序、要领进行，不可强敲硬卸。

3. 分解的机件应按顺序摆放在干净的物体上。

4. 不可借助枪支以外的工具进行分解，九二式手枪一般分解成十个部件。

5. 结合后需验枪，检查机件结合是否正确，枪支是否正常工作。

（二）分解要领

1. 分解注意事项。

（1）分解前应进行安全检查即验枪。

（2）分解应在干净的桌面或垫布上进行，零部件应按分解的顺序依次摆放。

（3）卸下枪机后，不允许扣动扳机解脱击锤。

2. 分解步骤。

（1）验枪：右手持握手枪，左手拇指将保险机扳到使用档的白点处，左手拇指和食指捏住套筒后方的防滑槽处，用力向后拉，从抛壳口观察弹匣和枪管内有无实弹。

（2）卸下弹匣：大拇指按弹匣扣，从握把下方抽出弹匣（图 8－23）。

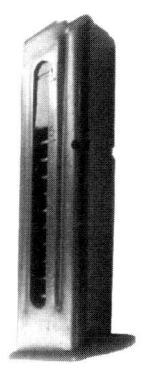

图 8－23 弹匣

（3）取下枪机部分：击锤位于击发位置或联动停机位置，用弹匣盖按压枪身右侧的挂机扳把轴球头，迫使挂机扳把窜出 2~3mm，再用弹匣盖前端插入挂机扳把和握把之间，撬出挂机扳把并拨下（图 8－24）。套筒（图 8－25）与套筒座（图 8－26）分离。

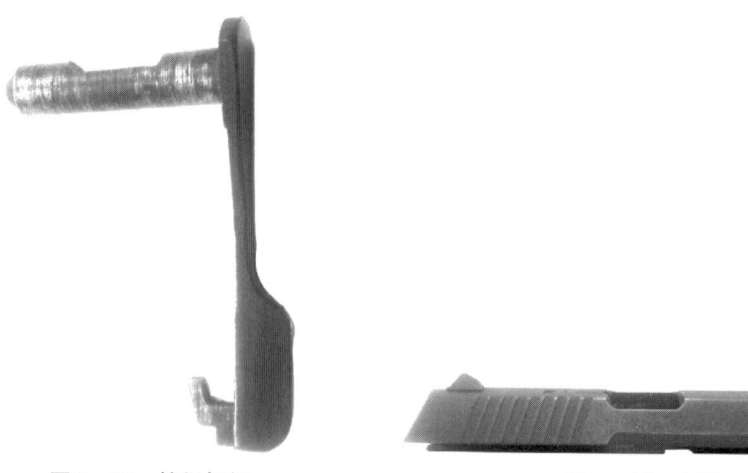

图 8 – 24 挂机扳把   图 8 – 25 套筒

图 8 – 26 套筒座

（4）左（右）手握握把，右（左）手食指和中指、无名指握住套筒向前沿导棱导槽平行移动，从前方抽出枪机部分，取下枪管等零部件：手握枪机使其底面向上，同时压缩、上抬、取出联接座、复进簧及复进簧导杆（图 8 – 27、28、29、30），旋转枪管套45°，并拉出枪管套（图 8 – 31），然后把枪管从枪机组件中抽出（图 8 – 32）。

图 8 – 27 复进机组件   图 8 – 28 联接座

图 8 - 29 复进簧导杆

图 8 - 30 复进簧

图 8 - 31 枪管套

图 8 - 32 枪管

（5）取下发射机组件：左手持握枪的握把部分，右手用小指上抬套筒座（图 8 - 33）的前端，食指向后压缩发射机座前端，再向上抬，待扳机尾部脱离握把时，从前上方抽出发射机的组件（图 8 - 34），完成全枪的不完全分解（图 8 - 35）。

图 8 - 1 - 33 套筒座

图 8 - 34 发射机组件

图 8 – 35　九二式手枪零件摆放

（三）结合

1. 结合注意事项。

（1）结合前应将零部件擦拭干净，并涂上薄层枪油。

（2）结合完毕应进行动作检查，然后，使各机件处于保险状态。

2. 结合步骤。

（1）结合发射机组件与握把组件：左手拿起握把组件，右手拿起发射机组件，用食指压缩发射机组件内的扳机拉杆，再成 45°将发射机组件的保险机部分放入套筒座内，将发射机组件上的扳机放入握把组件上的扳机槽内，再缓缓地将发射机组件下压，结合好后放下。

（2）结合枪机部分：左手拿起套筒，右手拿起枪管的线膛部分，将枪管的弹膛部分从枪机前端装入，装入时必须将弹膛上的开闭锁凸起从套筒之间插入，旋转后使闭锁齿卡入旋转槽；右手拿起枪管套，从枪管前端成 45°插入，再将枪管套旋转 45°结合好；将复进簧导杆装入复进簧内，再将其装入联接座。左（右）手捏住联接座，将复进簧导杆装入套筒前端的复进机圆孔，压缩复进簧，将联接座放入套筒，并卡住枪管凸起。

（3）结合枪机部分与发射机组件、握把组件的结合体：右手握握把，左手握套筒，将击锤处于联动停机状态，枪机部分在上，发射机组件在下，导棱对准导槽，将枪机部分从发射机座前端推入（若到中途推不动时，则应检查拉杆轴是否窜出扳机侧面），调整三孔（底座孔、发射机孔和联接座孔），使其能够通视过去。

（4）装上挂机扳把：右手捏住挂机扳把的中间部位，将食指垫在挂机扳把与枪支左侧面之间，并使其与枪管成垂直角度，边旋转边用力，将挂机扳把放进联接座孔后再用力推入到定位。

进行动作检查：反复拉套筒向后，以保证各机件结合顺畅，再装上弹匣，最后使击锤处于保险状态，完成枪支的结合。

（四）易犯错误与纠正方法

1. 九二式警用手枪在结合时套筒与套筒座结合不上。原因是拉杆轴窜出，影响套筒继续在导槽运动。

纠正方法：让九二式手枪的击锤成击发完的状态，再用大拇指稍按击锤使击锤稍离开击针，后击锤自动定在此处。这时的拉杆轴不容易窜出，再把枪的套筒与套筒座结合。

2. 九二式手枪不能锁保险。原因是在锁保险时击锤未在待发状态。

纠正方法：先使击锤成待发状态，然后再用大拇指推上保险机。

3. 九二式手枪在验枪时套筒不能复位。原因是在验枪时先装上了空弹匣，造成九二式手枪出现空仓挂机现象。

纠正方法：在验枪时，先拉套筒验枪，验完后再把空弹匣装入枪的握把内。

（五）注意事项

1. 在九二式手枪分解时击锤成击完的状态，不要按成待发状态。以使结合时容易操作。

2. 在九二式手枪套筒与套筒座结合时导棱对准导槽，将枪机部分从发射机座前端推入，若到中途推不动时，则应检查拉杆轴是否窜出扳机侧面。

3. 在九二式手枪验枪完锁保险机时，要注意让击锤成待发状态，才能锁上保险。

五、警用转轮手枪

枪支分解与结合的目的主要是检查、维护、保养和排除故障。枪支的分解分为完全分解与不完全分解，枪支的日常使用与维护一般只进行不完全分解。当枪支内部机构出现重大故障或零件破损通过不完全分解无法解决时，应当进行完全分解。完全分解应由专职人员进行。在此只介绍不完全分解。在日常使用中，或是射弹不多时，只需将枪支推柄向前推，按压转轮的右侧，向左侧转出转轮，或是拧松转轮限位螺钉，向前推动转轮，卸下转轮组件的状态，便可对枪管内腔和转轮弹膛进行擦拭和涂油。当射击弹数较多，残渣和污垢明显时，需要进一步分解，直至转轮组件的分解。

在进行枪支的不完全分解之前，应当进行安全检查，确定弹膛内无子弹和枪管内无异物时方可进行不完全分解。

（一）分解与结合的要求

1. 分解前必须验枪。

2. 分解与结合要按顺序、要领进行，不可强敲硬卸。

3. 分解的机件应按顺序摆放在干净的物体上。

4. 不可借助枪支以外的工具进行分解，警用转轮式手枪一般分解出转轮组件即可。

5. 结合后需验枪，检查机件结合是否正确，枪支是否正常工作。

（二）分解要领（图8-36）

1. 安全检查：将推柄向前推，再按压转轮的右侧，向左转出转轮，检查6个弹膛内是否有枪弹，检查枪管内腔是否有异物。

2. 分解转轮组件：沿逆时针方向拧松转轮限位螺钉，转出转轮呈开膛状态，向前推动转轮，卸下转轮组件。此时应注意：限位螺钉下有垫圈，不要丢失。

当射击少量枪弹，且机构运转正常时，分解到此，便可以擦拭枪管内腔及转轮的6个弹膛和转轮前、后端面，完成一般保养。在射击大量子弹，或者武器使用中发生故障时，应进一步分解。

3. 分解握把护板部件：用工具将握把螺钉按逆时针方向拧下，轻撬握把底部的接缝处，便可取下左、右握把护板部件。

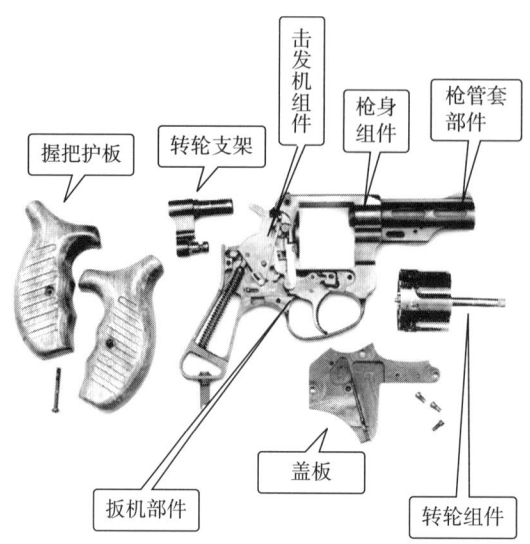

击发机组件

转轮支架

枪身组件

枪管套部件

握把护板

扳机部件

盖板

转轮组件

图 8 – 36 警用转轮手枪零件

4. 分解盖板部件：用工具将盖板部件上的三颗盖板螺钉拧下，从盖板部件的下边缘轻轻地向上撬动，便可取下盖板部件。取盖板部件时应注意外露面向上，防止转轮限位螺钉的垫圈掉落丢失。不完全分解到此结束，如果需要完全分解，可继续。

5. 分解扳机复位簧及复位簧座部件：借助工具压缩扳机复位簧，然后取出扳机复位簧和复位簧座部件。

6. 分解击锤部件：压倒击锤，使击锤簧杆下端的孔露出，用随枪工具的小冲头插入此孔，固定击锤簧杆。释放击锤回位，到位后便可拆下击锤，拨出冲头，取下击锤簧和簧杆。

7. 分解扳机部件：向后拨棘爪，转出枪体把，将扳机部件向上抬起即可取出扳机部件。

8. 分解转轮限位块：下压转轮限位块的头部，借助工具取出转轮限位块及弹簧。

9. 分解击针：用击针专用工具逆时针转动击针套，取出击针套后依次取出击针和击针簧。

10. 转轮组件的分解：顺时针旋转退壳轴，旋开后，依次取出转轮中各零部件。

（三）结合要领

9mm 警用转轮手枪分解后的结合，应按分解的相反顺序进行。结合后，分别进行单动和联动空枪击发，以检验手枪工作是否正常。

（四）易犯错误与纠正方法

1. 分解转轮组件时把限位螺钉下的垫圈丢失。

纠正方法：注意在分解时看好垫圈。

2. 学员把转轮手枪彻底分解。

纠正方法：一般分解只是把转轮组件分解出来，就可以完成警用转轮枪的维护，转轮枪的分解工作就已结束。所以要严格要求分解和结合的课堂纪律，学员必须完全按教官的要求完成。

（五）注意事项

分解时的注意事项：转轮手枪正常的分解是不完全分解，只需分解完转轮组件，就已分解结束。

结合时的注意事项：

1. 退壳轴必须拧紧。

2. 区分盖板螺钉中的转轮限位螺钉（转轮限位螺钉稍长）；同时确保其他螺钉处于拧紧状态。

3. 在装盖板部件时应将跌落保险推到最上方位置。

4. 检查各销轴是否有松动。

5. 检查击针是否灵活运动。

6. 检查中心轴及转轮的运动是否灵活。

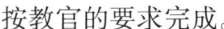 问题思考

1. 枪械分解和结合的注意事项有哪些？

2. 掌握枪械分解和结合的意义是什么？

项目二　国内制式手枪分解和结合训练方法

一、五四式手枪

1. 在训练时，手枪的分解和结合可在教室内的课桌上完成。两人为一组，一把五四式手枪，按教官的要求进行分解、结合的练习。练习时间为 1.5 小时。

2. 记时：五四式手枪要求 60 秒内完成分解，90 秒内完成结合。考核时 7 人一排，听教官口令"开始"，则分解手枪，分解出的零件按要求按顺序摆好。60 秒时间一到，教官喊"停"，则分解结束。手枪结合时，听教官口令"开始"，则结合枪支。90 秒时间到，教官喊"停"，则时间到。考核时，分解、结合未在指定时间内完成的，不合格。结合错误，不合格。

3. 盲拆训练：让学员闭上双眼，对五四式手枪进行分解练习和结合练习，让学员进一步熟悉五四式枪支。

二、六四式手枪

1. 在教室内，一桌两人一组，用时 45 分钟，对六四式手枪进行分解和结合的练习。注意课课堂纪律，不允许带枪外出、用枪指人、玩枪。练习时采用站立姿势。

2. 记时：六四式手枪要求 30 秒内完成分解，60 秒内完成结合。考核时 7 人一排，听教官口令"开始"，则分解手枪，分解出的零件按要求按顺序摆好。30 秒时间一到，教官喊"停"，则分解结束。手枪结合时，听教官口令"开始"，则结合枪支。60 秒时间到，教官喊"停"，则时间到。考核时，分解、结合未在指定时间内完成的，不合格。

3. 盲拆训练：让学员闭上双眼，对六四式手枪进行分解练习和结合练习，进一步熟悉枪支。

三、七七式手枪

1. 在教室内，一桌两人一组，用时 45 分钟，对六四式手枪进行分解和结合的练习。注意课课堂纪律，不允许带枪外出、用枪指人、玩枪。练习时采用站立姿势。陪练同学在一旁观看。

2. 记时：七七式手枪要求 25 秒内完成分解，45 秒内完成结合。考核时 7 人一排，听教官口令"开始"，则分解手枪，分解出的零件按要求按顺序摆好。25 秒时间一到，教官喊"停"，则分解结束。手枪结合时，听教官口令"开始"，则结合枪支。45 秒时间到，教官喊"停"，则时间到。考核时，分解、结合未在指定时间内完成的，不合格。

3. 盲拆训练：让学员闭上双眼，进行枪支的分解练习和结合练习，进一步熟悉枪支。

四、九二式手枪

1. 在教室内，一桌两人一组，用时 90 分钟，对九二式手枪进行分解和结合的练习。注意课课堂纪律，不允许带枪外出、用枪指人、玩枪。练习时采用站立姿势。陪练同学在一旁观看。

2. 记时：九二式手枪要求 60 秒内完成分解，90 秒内完成结合。考核时 7 人一排，听教官口令"开始"，则分解手枪，分解出的零件按要求按顺序摆好。60 秒时间一到，教官喊"停"，则分解结束。手枪结合时，听教官口令"开始"，则结合枪支。90 秒时间到，教官喊"停"，则时间到。考核时，分解、结合未在指定时间内完成的，不合格。

3. 盲拆训练：让学员闭上双眼，进行枪支的分解练习和结合练习，进一步熟悉枪支。

4. 对九二式手枪分解和结合组织技能比武。一组 10 人，按时间长短得出最优选手。

五、警用转轮手枪

1. 在教室内，一桌两人一组，用时 45 分钟，对转轮式手枪进行分解和结合的练习只分解到取出转轮为止。注意课课堂纪律，不允许带枪外出、用枪指人、玩枪。练习时采用站立姿势。陪练同学在一旁观看。

2. 记时：转轮式手枪要求 30 秒内完成分解，40 秒内完成结合。

3. 盲拆训练：让学员闭上双眼，进行枪支的分解练习和结合练习，进一步熟悉转轮手枪。

问题思考

1. 在手枪分解时，枪的六大部件你都能找出来吗？

2. 熟练掌握手枪的分解和结合，对解决枪械故障问题有作用吗？

项目三 国内长枪不完全分解和结合的工作要点

一、七九式 7.62mm 微型冲锋枪

（一）分解要领

1. 卸下弹匣（图 8 - 37、38）。

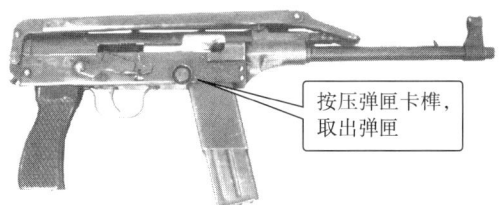

图 8 - 37 七七式微型冲锋枪

图 8 - 38 弹匣

2. 取出附品（图 8 - 39、40）。

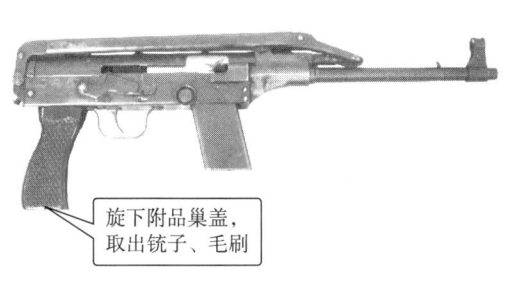

图 8 - 39 取出附品

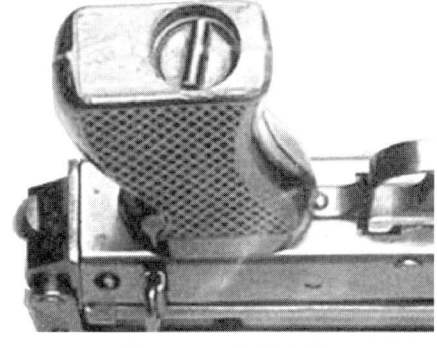

图 8 - 40 握把底部

3. 打开枪托（图 8 - 41、42）。

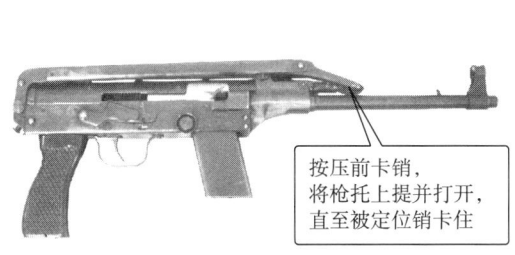

图 8 - 41 打开枪托 1

图 8 - 42 打开枪托 2

4. 卸下机匣盖。打开保险，将保险定在"1"或"2"的位置。右手握枪托架杆，同时拇指向前推复进簧导杆，使其解脱机匣盖，左手将机匣盖尾部向上提起，取下机

匣盖（图8-43）。

图8-43 卸下机匣盖

5. 卸下复进机。左手握握把，右手捏住复进机簧和导杆向前推，当复进机导杆后端从机匣尾部上解脱后，向上提起，取下复进机（图8-44、45）

图8-44 卸下复进机

图8-45 卸下复进机

6. 取出缓冲垫和枪机。左手握握把，右手食指和拇指协力将缓冲垫由下向上提，从机匣内取出。右手拉枪机向后到定位，向上取出枪机，再从机框上取下机体（图8-46、47、48、49）。

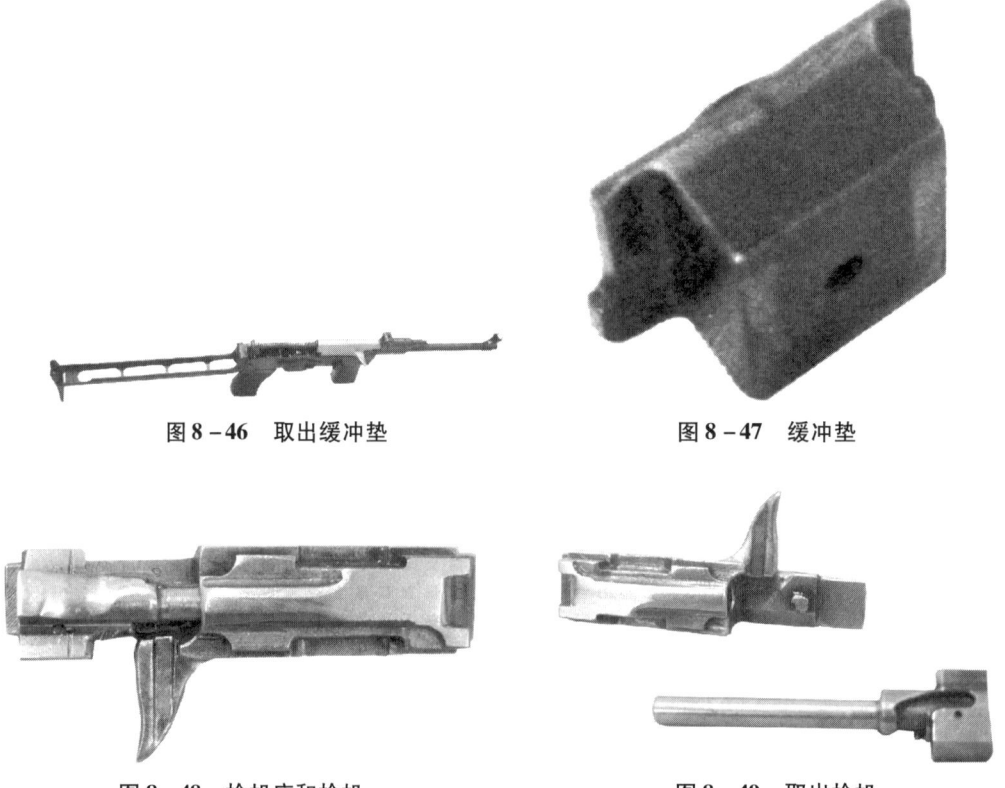

图8-46 取出缓冲垫　　　　　图8-47 缓冲垫

图8-48 枪机座和枪机　　　　图8-49 取出枪机

7. 取出活塞。左手握结套，右手用铳子扳开限制簧片，再用铳子从左向右顶出气塞销，然后，从气室内取出活塞。

（二）结合要领

结合时按分解的相反顺序进行。

1. 装上活塞。左手握结套，右手将活塞装入气室内（活塞不得装反，否则不能实施连发，正确装配应为活塞小头向内），之后，装上气塞并使气塞销孔对正，将气塞销插入孔内，扳下固定限制簧片。

2. 装上枪机。右手握机栓使导榫向上，左手将机体结合在机栓上，使导榫进入导榫槽内并转到定位。然后，左手握握把或架杆前端，右手握枪机将其装入机匣后端，前推到位。

3. 装上缓冲垫。左手握握把，右手食指和拇指协力将缓冲垫装上。

4. 装上复进机。左手握握把，右手将复进机前端插入复进机巢内，两手协力装上复进机。

5. 装上机匣盖。右手握架杆前端，同时拇指推复进机导杆向前，左手握机匣盖后部，对准机匣盖凹槽，并顺势下压，装上机匣盖。

6. 折回枪托。左手握握把，拇指抵压枪托定位卡销，同时，右手将枪托上提，向前回转到定位，并用前卡销固定住枪托。

7. 装上附品。左手握机匣上方，右手将附品装入附品巢内，拧上握把盖。

8. 装上弹匣。左手握结套，右手将弹匣进弹口插入弹匣结合口，听到声响为止。

结合完毕，右手拉枪机数次，检查结合是否正确，然后，扣扳机，关保险。

（三）故障原因与排除方法

1. 七九式微型冲锋枪装好后不能连发射击。原因是活塞装反了。

排除方法：应为活塞小头向内，按分解方式取出活塞，按正确的方向将活塞小头向内装入。

2. 七九式微型冲锋枪不退弹。原因是弹匣（仓）过脏或损坏，机件过脏，枪机后退不到位。

排除方法：擦拭机件或弹匣（仓）或更换弹匣。

3. 七九式微型冲锋枪不退壳。原因是枪机、机匣、弹膛及火药气体通路过脏，枪机后退不到位或抓弹钩过脏或损坏。

排除方法：用通条捅出膛内弹壳，擦拭过脏机件，更换抓弹钩。

4. 七九式微型冲锋枪不发火。原因是击锤簧弹力不足或击针损坏。

排除方法：更换机针或击锤簧。

5. 七九式微型冲锋枪枪机前进不到位。原因是弹膛、机匣、枪机和复进机过脏或枪油凝结，还有就是子弹或弹匣口变形。

排除方法：推枪机到定位；擦拭过脏机件；更换子弹或弹匣。

6. 七九式微型冲锋枪不抛壳。原因是火药气体通路过脏或机件脏、枪机后退不到位。

排除方法：卸下弹匣，取出弹壳；擦拭过脏机件。

二、九五－1式半自动步枪分解结合的要领

（一）分解的要领

1. 卸下弹匣：左手托握枪托，枪面稍向左，右手握弹匣（图8－50），拇指按压弹匣卡榫（图8－51）（也可掌心向前握弹匣，以手掌肉厚部分推压弹匣卡榫），前推卸下（图8－52）。

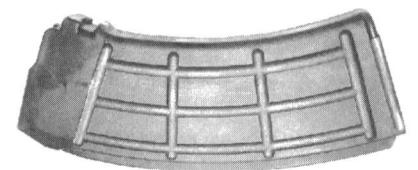

图8－50　弹匣

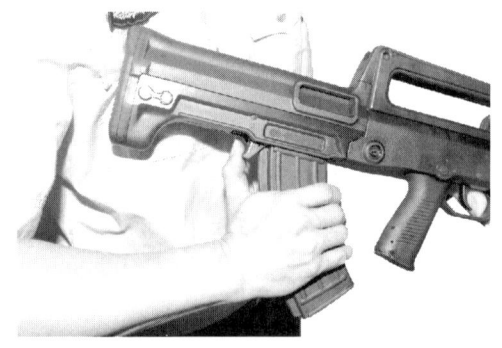

图8－51　按压弹匣卡榫

图8－52　弹匣与枪支分离

2. 取出附品：打开握把上的附品筒盖，取出附品筒（图8－53、54、55）。

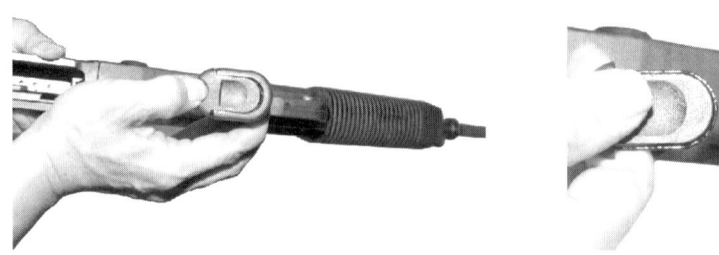

图8－53　握把底部

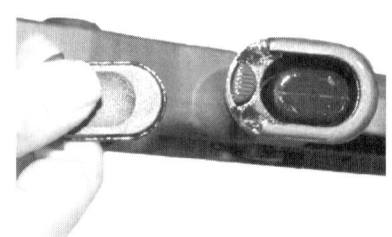

图8－54　打开附品筒盖

图8－55　取出附品

3. 卸下枪托：右手握住枪托底下部，拇指、食指及中指用力捏住枪托底中下部位，左手拇指从左向右将连接销顶出，并将其向右拉到定位。然后，左手托握机匣，右手握枪托并向后拉，卸下枪托（图 8 – 56、57、58）。

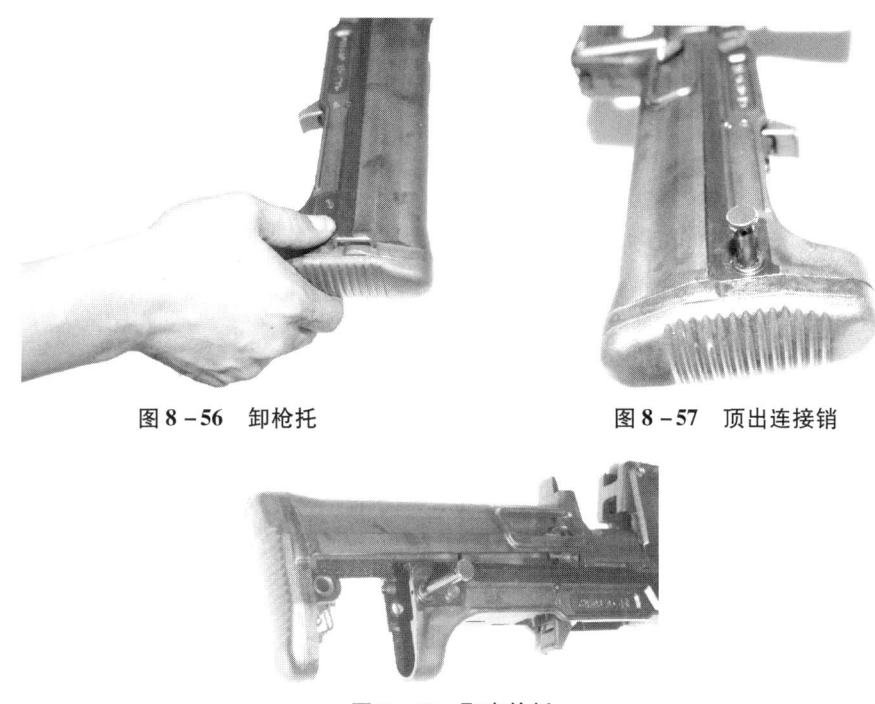

图 8 – 56　卸枪托　　　　　　　　　　　图 8 – 57　顶出连接销

图 8 – 58　取出枪托

4. 取出击锤及复进簧：左手托握机匣，右手取下击锤簧、击锤，抽出复进簧（图 8 – 59、60、61）。

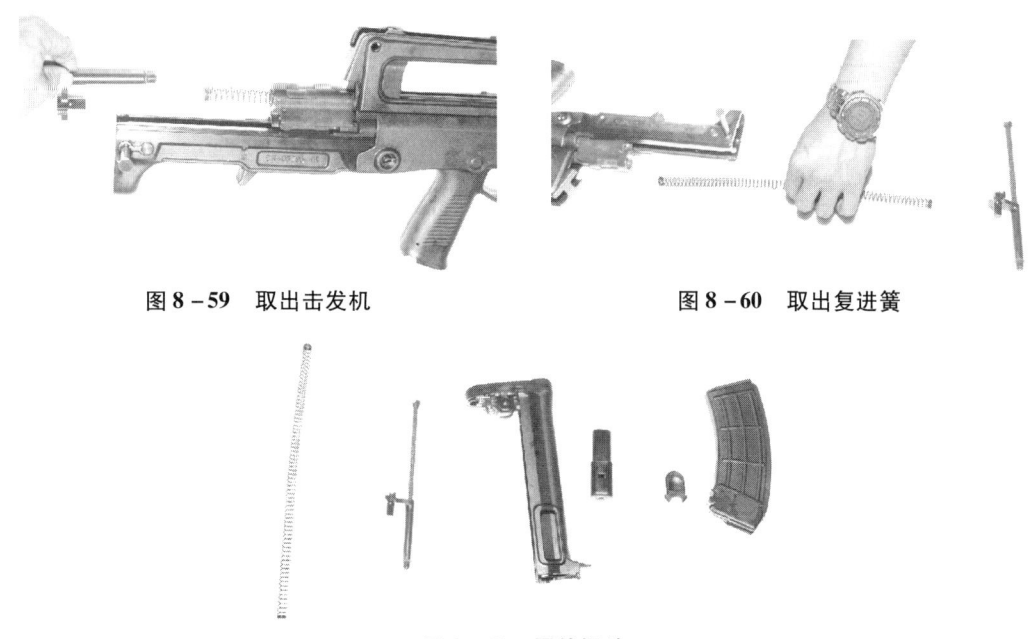

图 8 – 59　取出击发机　　　　　　　　　图 8 – 60　取出复进簧

图 8 – 61　零件摆放

5. 卸下枪机：左手托握机匣，右手握枪机向后拉取出。左手向左转动机头使机体上的导榫脱离机栓上的导槽，向前取出机头（图8－62、63）。

图8－62　卸下枪机

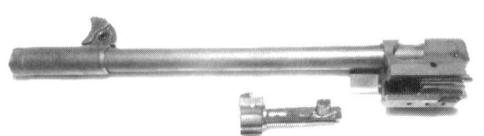

图8－63　机体与机头分离

6. 卸下上护盖：左手握机匣，右手握提把，先将上护盖向后移动5~8mm，使上护盖前端脱离准星座，后端脱离表尺座，提把孔对正瞄准镜座，向上取下上护盖（图8－64）。

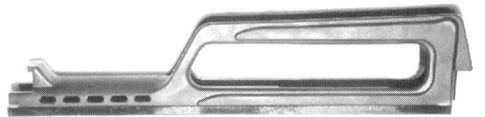

图8－64　卸上护盖

7. 分解导气装置：左手握下护盖，右手按压气体调节器卡榫，使其退出定位槽，然后转动气体调节器至水平位置，向外取出气体调节器、活塞、活塞簧。（图8－65、66、67、68）。用右手食指将左侧内的通条体向后推出一段，然后捏住推出的通条体将活塞及活塞簧抽出机匣。

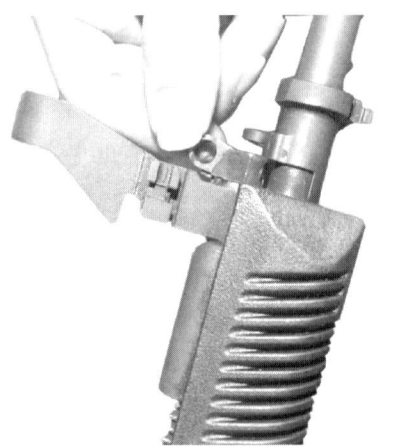

图8－65　按压卡榫

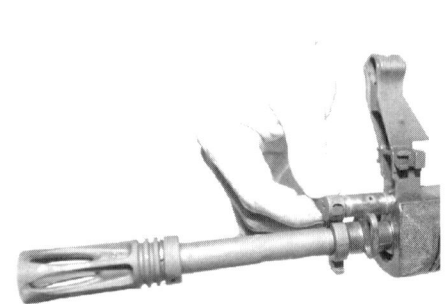

图8－66　取出调节器

图8－67　取出调节器

图8－68　气体调节器、活塞、活塞簧

（二）结合的要领

结合时按分解的相反顺序进行。

1. 装上通条体和气体调节器：按照分解的相反顺序装入通条体。右手将气体调节器两平面呈水平放入导气箍内，按压调节器卡榫并转到"1"的位置。

2. 装上上护盖：左手握机匣，右手握提把，将上护盖前端对正准星座上的卡槽，后端提把孔对正瞄准镜座，下压前推到位。

3. 装上枪机：右手握机栓，左手将机体结合在机栓上，并向右旋转机体，使导榫进入导榫槽并到定位；然后左手握机匣，右手将枪机从机匣后端装入机匣，前推到定位。

4. 装入复进簧及击锤：左手握握把，右手将复进簧装入复进簧巢内，再将击锤从机匣后端装入机匣，前端对正复进簧，左手食指扣住扳机，右手将击锤向前推到头左手握机匣，拇指卡住击锤，右手装上击锤簧。

5. 装上枪托：左手握握把，右手握住枪托使击锤簧后端对正枪托底部的缓冲器座，枪托前端对正上下护盖的缺口，前推到定位，食指将连接销向左推到定位。

6. 装上附品：将附品装入附品筒内（通条接杆头朝内）并盖好；左手握握把，右手将附品筒（筒盖朝外）装入附品筒巢内并盖好。

7. 装上弹匣：左手托握枪托，枪面稍向左，右手将弹匣前端插入结合口内，再向后扳弹匣，听到卡榫卡住的声音为止。然后，右手拉送枪机数次，检查各部机件结合是否正确，扣扳机，关保险。

（三）故障原因与排除方法

1. 不送弹。原因是弹匣过脏或损坏；机件过脏，枪机后退不到位。

排除方法：更换弹匣；擦拭过脏机件。

2. 不发火。原因是子弹底火失效；击锤簧弹力不足或击针损坏。

排除方法：更换子弹；更换击针或击锤簧。

3. 不退壳。原因是子弹、枪机、机匣、弹膛及火药气体通路过脏；枪机后退不到位；抓弹钩过脏或损坏。

排除方法：捅出弹膛内弹壳；擦拭过脏机件；更换抓弹钩。

4. 枪机未前进到位。原因是弹膛、机匣、枪机和复进机组件过脏或枪油凝结；子弹或弹匣变形。

排除方法：推枪机到位；擦拭过脏机件；更换子弹或弹匣。

5. 不抛壳。原因是火药气体通路过脏；机件过脏，枪机后退不到位。

排除方法：卸下弹匣，取出弹壳；擦拭过脏机件。

三、九七 –1 式 18.4mm 防暴枪分解结合要领

（一）基本要求

1. 分解必须在确保枪中无子弹的情况下进行，分解时不要强敲硬卸，应轻拿轻放，

防止卷碰以保护枪支表面钝化层。

2. 未经许可，禁止完全分解，一般只进行不完全分解。

3. 不完全分解时，卸下枪管后不要拉动前手柄，应使前手柄始终处于中间位置以利于结合，更不许打开扳机保险扣动扳机。

4. 在清洗击发机组件时，允许打开扳机保险，将击锤送回后清洗。扣动扳机时应注意击锤，以免伤手。

5. 在擦拭过程中，不要用力磕碰，对机匣内退壳挺片簧、枪机上的拉壳钩等易损零件要注意爱护，不要改变其形状，以免影响性能。

6. 当分解弹仓时，不得将起子旋转90°时突然松手，以免弹仓帽在弹仓簧作用下冲出弹仓对人体造成伤害。

7. 擦拭干净后涂适量的枪油。

8. 结合后，拉前手柄数次，检查机件结合是否正确。

（二）九七–1式18.4mm防暴枪（图8–69）分解要领

图8–69　九七–1式18.4mm防暴枪

1. 取出枪管。在分解时，应验枪确保枪膛、弹仓无子弹；压下到位保险，将前手柄向后拉20～50mm；旋下枪管固定螺帽，左手握住机匣前至前手柄处，防止前手柄滑动，从机匣中抽出枪管（图8–70、71、72、73、74）。

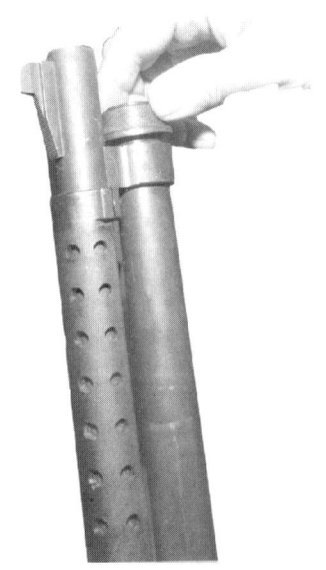

图8–70　旋下枪管固定螺帽1

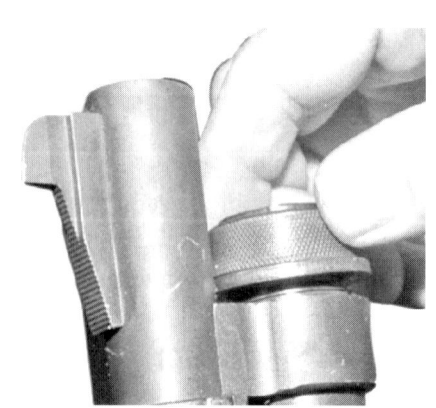

图8–71　固定螺帽1

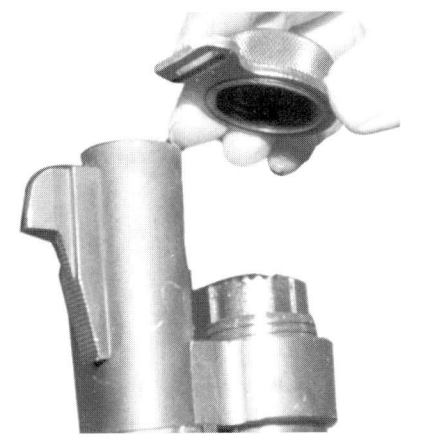

图 8 - 72　旋下枪管固定螺帽 2

图 8 - 73　固定螺帽 2

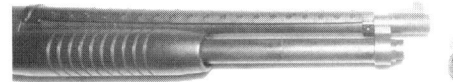

图 8 - 74　枪管固定螺帽与枪支分离

机匣中抽出枪管（图 8 - 75、76）。

图 8 - 75　从机匣中抽出枪管　　　　　　　　图 8 - 76　枪管

2. 抽出游体及枪机组件。用手指压下左开关片簧的前端，同时向前推前手柄，将游体组件携带枪机组件从机匣中抽出（图 8 - 77、78、79）。

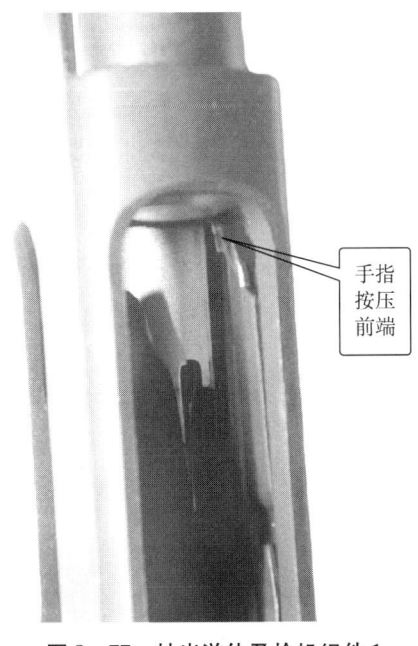

手指
按压
前端

图 8 - 77　抽出游体及枪机组件 1

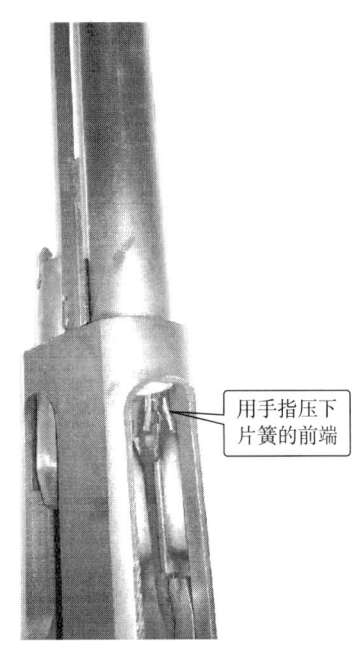

用手指压下
片簧的前端

图 8 - 78　抽出游体及枪机组件 2

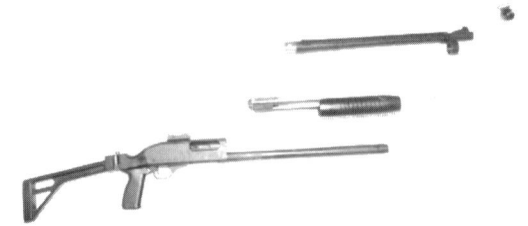

图 8 - 79　枪身、游体、枪管、固定螺帽

抽出游体组件及枪机组件，压下左开关簧片（图 8 - 80、81、82）。

图 8 - 80　游体组件 1

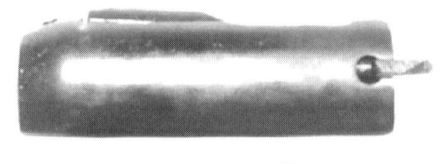

图 8 - 81　枪机组件

图 8 - 82　游体组件 2

3. 取出弹仓帽、弹仓簧和输弹帽。当需要清擦弹仓时，用起子伸入弹仓前端弹仓帽横槽内用力向里推至能旋转 90°时，慢慢退出，弹仓帽、弹仓簧、输弹帽即取出（图 8 - 83、84、85、86）。

图 8 - 83　弹仓帽、弹仓簧、输弹帽

图 8 - 84　弹仓帽

图 8 - 85　输弹帽

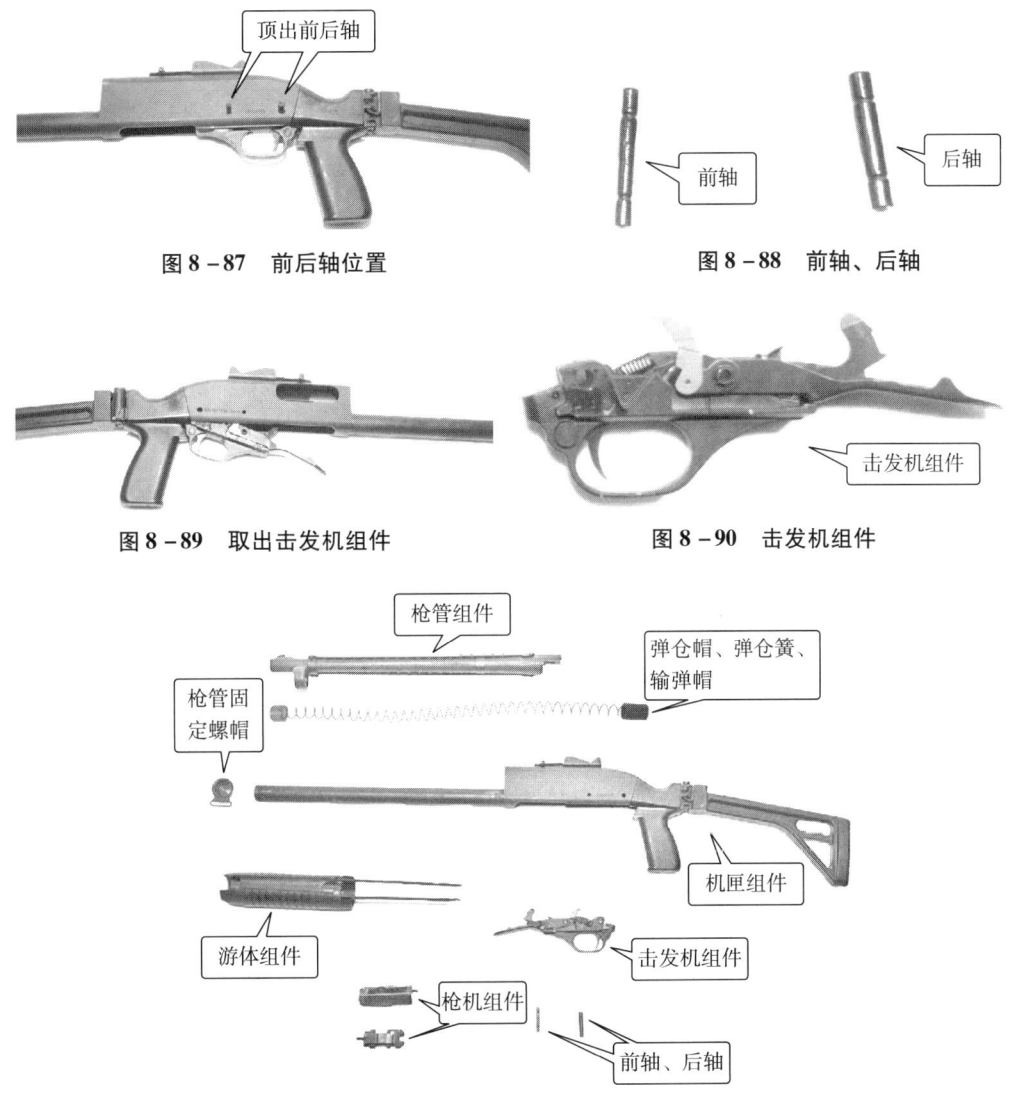

图 8 - 86

4. 取出击发机组件。用附具中的冲子顶出前、后轴，握住扳机护圈，向外拉出击发机组件，完成不完全分解（图 8 - 87、88、89、90、91）。

图 8 - 87　前后轴位置

图 8 - 88　前轴、后轴

图 8 - 89　取出击发机组件

图 8 - 90　击发机组件

图 8 - 91　九七 - 1 式 18.4mm 防暴枪分解零件摆放

（三）结合要领

结合方法按分解逆顺序即可，具体操作方法如下：

1. 装入击发机组件。击发机座组件击锤挂火后，扳机保险处于保险位置；将击发机座组件前端先装入机匣，输弹器可伸入弹仓中，向后压入后拉到位，对准前、后轴孔；压入机匣连接前、后轴，前、后轴端面与机匣齐平即可。装击发机座组件安装前、后轴（图 8 - 92）。

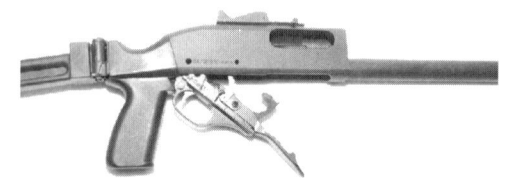

图8-92　九七-1式18.4mm防暴枪装入击发机组件

2. 装入输弹帽、弹仓簧和弹仓帽。将输弹帽、弹仓簧、弹仓帽依次装入弹仓，用起子将弹仓帽左右转动，推入弹仓转90°露出锯齿（图8-93）。

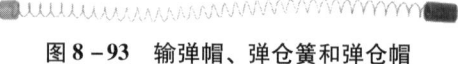

图8-93　输弹帽、弹仓簧和弹仓帽

3. 枪机组件装入游体。将枪机组件按相应位置装在游体组件上，前手柄中游体管套入弹仓管上，将枪机对准机匣上的枪机孔（图8-94）。

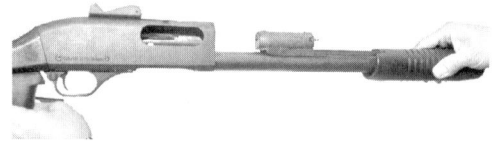

图8-94　枪机组件装入游体

4. 装入枪机组件与游体组件。将枪立起，前手柄朝下，用左、右手食指同时放在弹仓左、右开关片簧上，左、右手拇指放在游体杆上将游体、枪机组件稍微向上推起2~3mm，然后用食指同时压住左、右开关片簧，拇指压住游体支杆将游体、枪机组件向下推入机匣，然后松开左、右食指，压下到位保险，将前手柄向后拉到位（图8-95）。

5. 装入枪管。将枪管尾端定位槽对准机匣中的退壳挺座前端，枪管固定座套在弹仓管上，安装枪管固定螺帽并旋紧，结合完毕（图8-96）。

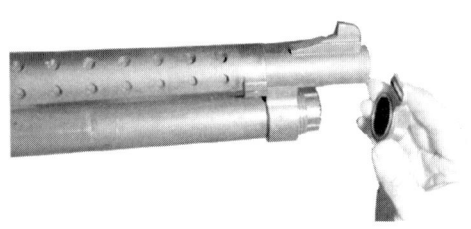

图8-95　装入枪机组件与游体组件　　　　**图8-96　装入枪管**

左、右手食指压下弹仓左、右开关片簧（图8-97、98）。

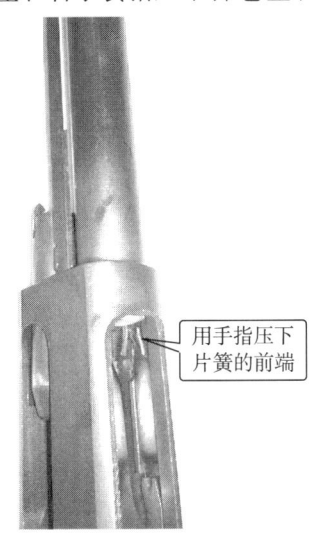

用手指压下
片簧的前端

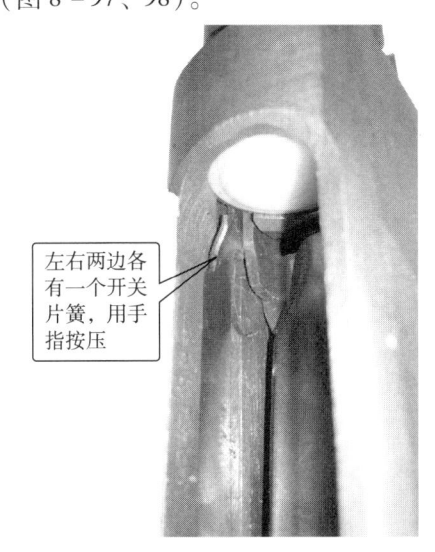

左右两边各
有一个开关
片簧，用手
指按压

图8-97　左、右手食指压下弹仓左、
　　　　右开关片簧1

图8-98　左、右手食指压下弹仓左、
　　　　右开关片簧2

6. 枪支性能检查。压下到位保险往返推拉，检查结合情况，枪口指向安全方向击发，关保险，结合完毕（图8-99）。

图8-99　验枪

（四）故障原因与排除方法

1. 向弹仓中装填子弹不到位时，子弹会从弹仓中直接出来落到输弹器上，影响继续装填。

排除方法：①右手压下到位保险；②左手握前手柄稍用力向后拉，即可从抛壳窗中取出该弹；③也可以向前推前手柄直接上膛，之后可以继续向弹仓中装填子弹。

2. 不发火，即保险机构、击发机构均已解脱，击锤已击发，膛内子弹不响。

产生的原因：①子弹因受潮等原因使底火或发射药失效；②击针破损，运动受阻；③击锤簧失效。

排除方法：①子弹在击发后不响，应在过几秒钟后退出该弹，更换子弹；②更换击针；③更换击锤簧。

3. 不击发，即保险机构已解脱，扣动扳机后击发机构不击发。

产生的原因：前手柄向前没有推到位导致闭锁不完全。

排除方法：稍用力向前推前手柄到位。

4. 卡弹，即向前推前手柄用力过猛时，子弹在进膛过程中被卡住，不能顺利进入弹膛。

排除方法：只需将前手柄向后稍缓一下，再向前推就可以顺利上弹。

5. 不抽壳，即射击后向后拉前手柄时子弹壳不能从弹膛中抽出。

产生的原因：①弹膛由于保养不善锈蚀或油污过多；②枪管尾部在分解时或其他原因受磕碰重压产生变形；③拉壳钩齿磨损；④拉壳钩簧失效。

排除方法：①经常保养擦拭，防止锈蚀；②更换枪管；③更换拉壳钩；④更换拉壳钩簧。

6. 不抛壳，即射击后弹壳被抽出弹膛，但未抛出机匣。

产生的原因：退壳挺片簧破损。

排除方法：当出现不抛壳时，应快速向后拉前手柄，弹壳就会抛出，但要彻底排除，需更换退壳挺片簧。

7. 空膛（不出仓）。

产生的原因：①弹仓中有异物或灰尘、油渍过多；②弹仓簧失效；③输弹帽变形，运动不畅。

排除方法：①卸下枪管固定螺帽，取出弹仓帽、弹仓簧和输弹帽，对弹仓进行清理擦拭，擦拭后不宜涂过量的枪油，以免挂灰再次造成故障；②更换弹仓簧；③更换输弹帽。

单元思考

1. 枪械的分解和结合有什么要求？

2. 各种枪械的不完全分解和结合的目的和意义是什么？

3. 保养时，每种枪械的哪些位置最脏、最需要加强清洁？

单 元 九

警用枪械基本射击技术

 **知识目标**

1. 据枪、瞄准、击发的要领。
2. 三种双手握手枪方法的。
3. 正确的射击程序步骤。

 **能力目标**

1. 正确携带和使用枪支。
2. 掌握手枪射击的包夹式和下托式握法。
3. 掌握立姿慢射和跪姿慢射。

警用枪械的基本射击技术主要指的是枪械的慢射技术，以提高射击精度为目标的教学与训练。基本射击的训练条件是在室外或室内的射击场进行，射击条件相对固定、外界干扰少、时间充裕、对学员的射击精度要求高。警察掌握枪械的慢射技术，进而才有机会进一步学习枪械的快速射击技术，也就是应用射击和实用射击技术。枪械的慢射技术采用的是固定靶位，射击目标明确、固定，有利于初学者在射击中命中目标。只有熟练掌握枪械的慢射技术这个基础，才有可能进一步学习实战中的枪械技术。所以把基础射击技术学好后要与实战应用相结合，也就是应用射击技术。基本射击技术是枪械学习的基础，应用射击技术是枪械技术的提高，就如小学与初中的关系。

据枪、瞄准、击发三大要素组成了基本的枪械射击技术。它们互相联系又互相作用影响。稳固而持久的据枪，正确一致的瞄准，均匀正直的击发，三者有机地结合，是准确射击的基本要素。

项目一　基本射击准备

射击准备工作包括：携带枪、持握枪、验枪、装填子弹和更换弹匣等。

一、枪支携带方法

（一）短枪的携带方法

1. 胸前佩带（图9-1）。胸前佩带方法由特种部队的官兵最先发明和使用，即将枪套固定于胸前战术背心外，在战斗中由长枪换成手枪时可以缩短手的行程，节约换枪时间，从而能够达到先敌开枪，抢占先机的目的。由于特警的作战环境优于特种部队，所以目前该佩带方法只有少数特警队要求队员着战训服时使用，人民警察着其他制式警服时无此佩带方法。

图 9 - 1　胸前佩带手枪

2. 挎枪法。挎枪法一般是使用制式枪和枪套。携带时，背带左肩右斜，背带穿过腰带，枪套位于右小腹前，这种携带方法适用于比较正规、庄严的场合。

3. 腰间携带法。腰间携带法一般是将枪套系于腰带上某一部位。又分为左腹前携带法（图 9 - 2）、右腹前携带法（图 9 - 3）、腰后携带法、腰侧携带法（图 9 - 4）等几种方法。佩带时，腰带穿入枪套上的腰带环内，分别将枪套位于右小腹前、左小腹前、腰后、腰侧。腰后携带法便于行动，但隐蔽性差，并且不利于迅速出枪。腰侧携带法较隐蔽，便于行动但出枪动作不如右腹前和左腹前携带法迅速。人民警察穿着常服出席重大场合需要佩带手枪时应使用右腹前佩带法，右腹前携带法便于迅速出枪，但隐蔽性差，且不利于匍匐运动。干警便装执行任务时可采用左前腹佩带枪套，出枪隐蔽性好，不用抬肘即可掏枪出来。

4. 腋下携带法。腋下携带法一般用于执行特殊任务穿着便装如西装、夹克或风衣外套等，需要隐蔽携带枪支又需要在紧急情况下快速出枪时。佩带时，将专用的枪套穿套在身上，手枪装于快枪套内，调整枪套使枪支位于左侧腋下不影响行动的适当位置，有条件时，也可将备用弹夹固定于右侧腋下，随后穿上外套。具体佩带方法以便于行动、便于出枪为标准（图 9 - 5、6、7）。

5. 腿部携带法。腿部携带法即使用特质枪套，将枪置于腿上，常见的携带形式是将枪放置于大腿的外侧（图 9 - 8、9）和小腿的内侧（图 9 - 10）。特警队员在战斗着装时，因腰际携带出枪不便，将枪置于大腿外侧上的快枪套内，方便战术动作的开展和快速出枪。另外，在骑摩托、驾车等用其他方法拔枪困难时或女警穿着较薄的裙服，不宜在服装外佩带枪支时使用。佩带时用专门的固定带将枪固定在大腿外侧或者小腿近踝部内侧。

图 9 - 2　左腹前携带

图 9 - 3　右腹前携带

图 9 - 4　腰侧携带

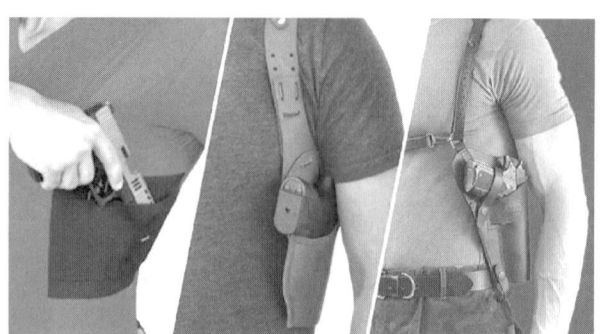

图 9 - 5　腋下携带法 1

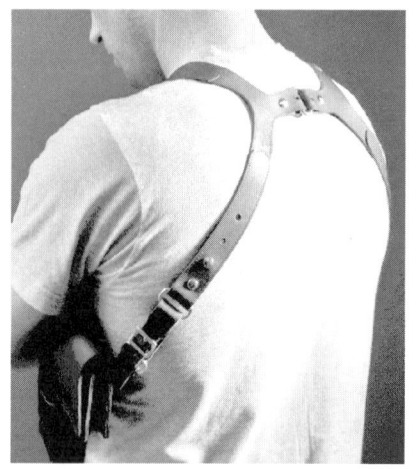

图 9 - 6　腋下携带法 2

图 9 - 7　腋下携带法 3

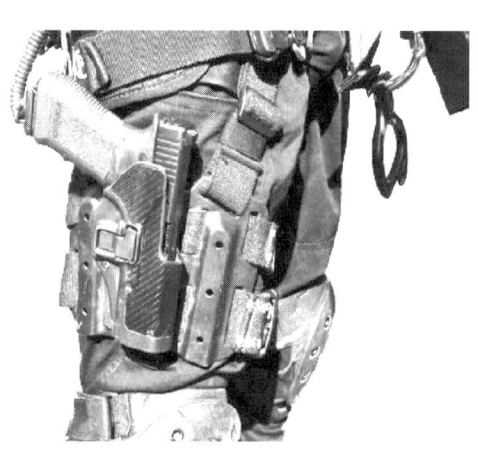

图 9 - 8　大腿外侧携带法 1

图 9 - 9　大腿外侧携带法 2

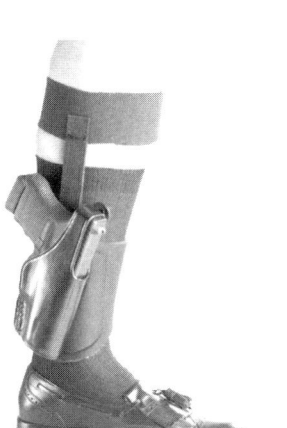

图 9 – 10　小腿内侧携带法

6. 衣袋携带法。衣袋携枪又分为上衣袋、下衣袋、内衣袋和外衣袋等几种形式。常见的有上衣内袋和下衣外袋携带法。

7. 包内携带法。各种轻便手提包及背包都能使用。常见的有公文包携带、文件包携带和挎包携带等几种形式。

无论使用哪种携枪的方法，每次把枪放入枪套前，手枪都要锁保险。执行任务时子弹可以上膛，但仍要锁上保险（五四式手枪不允许上膛后锁保险）。

（二）长枪的携带方法

人民警察携带长枪类枪支时，应根据不同的枪种采用不同的携带方法，其携带合理、规范，便于完成战术射击动作。携带长枪时战斗操枪的动作要领如下：

1. 肩枪。肩枪是将枪支背带挂于右肩，枪口向下，枪身垂直于右大臂后侧，右手在右胸前握背带，拇指由内向外顶住背带，右大臂紧贴右肋（图 9 – 11、12）。

图 9 – 11　肩枪的正面　　　　　图 9 – 12　肩枪的侧面

2. 挂枪。挂枪有三种姿势：一是将枪背带绕过颈部，使枪挂于胸前，枪口高，枪托低，枪身在胸前呈45°角，一手抓握握把，另一手抓握护盖前部（图9-13）。二是枪口朝下、枪托朝上挂于胸前，成跨立姿势（图9-14）。三是将枪背带套于肩上，手臂伸直，手掌抓握护盖前部，枪口向下，枪身自然贴于肩臂后侧（图9-15、16）。

图9-13　枪口朝上的胸前挂枪

图9-14　枪口朝下的胸前挂枪

图9-15　肩侧挂枪正面

图9-16　肩侧挂枪侧面

3. 挎枪。挎枪是将枪背带背于左肩上，枪身在胸前呈45°角，枪口向上，右手握枪托（挂折叠冲锋枪时，握复进机盖后端）（图9-17）。

图9-17　挎枪

4. 背枪。背枪是将枪背带置于左肩上，枪身在身后约呈45°角，枪口向下（图9-18、19）。在特殊情况下，需要秘密携带枪支时，可将枪放入各种包、箱等物内。

图9-18　背枪　　　　　　　　　　　　图9-19　背枪

5. 提枪。右臂微曲，右手抓握握把，拇指贴于提把卡槽，用五指的握力将枪身固定，右臂自然下垂，将枪置于身体右侧，枪口向前稍向上；左臂自然下垂（图9-20）。

图 9 – 20　提枪

二、手枪持握枪

持握枪的方法是根据射击目的、要求而定的。在进行手枪精度训练时可采用单手握枪，单手握枪特点是暴露面小、容易隐蔽自己、机动性大，缺点是如果单手射击稳定性极差，不易命中目标；在执勤、实战中的射击时应该多采用双手握枪（枪械的速射 90% 是采用双手握枪方式）。各种握枪方法的具体动作要领是：

1. 单手握枪。以右手虎口部位对准枪握把的弯曲部分，右手拇指自然伸直贴于枪的侧面，用右手大拇指与食指夹住枪其余 3 个指并拢，自然放于握把上。扣动扳机时食指指腹自然置于扳机上（图 9 – 21）。

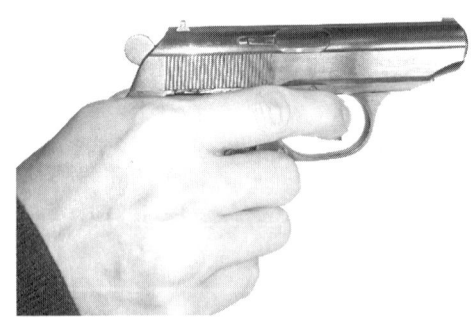

图 9 – 21　单手握枪

2. 双手握枪。双手握枪的方式是在单手握枪的基础上发展、改进而来的。双手握枪的常见方法有三种：

第一种是下托式，以强手（通常是右手）握枪，用另一只手从下面托住持枪的右手（图 9 – 22）。

第二种是抓腕式，握住持枪手的腕关节（图 9 – 23）。

图 9 - 22　下托式握枪

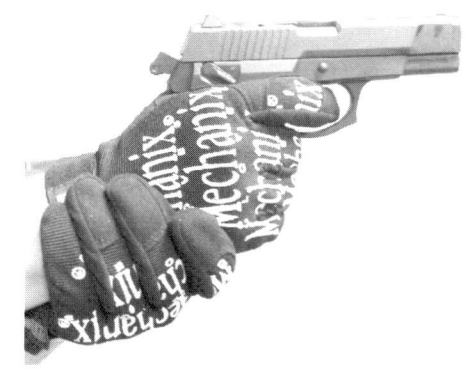

图 9 - 23　抓腕式握枪

第三种是包夹式，用弱手包住握枪的强手手指，强手与弱手把枪的握把完全包住（图 9 - 24）。

图 9 - 24　包夹式握枪

在持握手枪时容易存在的错误动作：

（1）虎口不对正枪握把的弯曲部分。这种方法使得枪支轴线与手臂形成一定的夹角，影响快速出枪动作的动力定型，也使得食指扣扳机时不能正直向后用力，枪口易产生摆动。

（2）虎口不能紧贴枪管轴线。手枪的枪管轴线在枪握把的上方，射击时造成枪支后坐明显，在速射中影响下一次击发，同时也使枪支不易控制。

（3）包夹式弱手拇指与强手拇指交叉。枪支发射时在火药气体的作用下，套筒向后运动抛出空弹壳，再把下一发子弹撞上膛。左手拇指若是握在右手虎口处会被快速向后运动的套筒划破，造成损伤。

（4）用食指第二指关节扣压扳机。在使用六四式、七七式手枪时，感觉食指太长，很难用第一指节的指腹扣扳机，结果用第二指节来扣动扳机，这样的扣扳机动作不能将力沿着枪管正直向后，在击发过程中破坏了准星与缺口的平正关系，影响射击精度。

三、验枪

（一）手枪的验枪

验枪是一项保证安全的重要措施。使用武器前首先要验枪，确认枪内无子弹后才可以使用。特别是空枪练习前、实弹练习后和分解武器前必须要认真检查枪膛、弹匣内有无子弹。射手不仅要学习和熟练掌握验枪的动作方法，而且要养成良好的验枪习惯，以保证安全。

1. 验枪口令。验枪时的口令是："验枪""验枪完毕"。

2. 验枪动作。听到"验枪"口令后，右手打开枪套扣，取出手枪置于右胸前，大臂自然下垂，手约与肩同高，枪口指向前上方大约45°角。用左手拇指按压弹匣卡榫，取出弹匣用右手尾指夹住。然后解开枪支保险，按压击锤呈待发状态（七七式手枪没有击锤所以少这一步）。用左手拉动套筒尾部的防滑槽，连续拉动两次以上（每次必须拉到尽头），朝前上方扣动扳机，锁上保险（九二式手枪要再次按动击锤呈待发状态才能锁上保险），把空弹匣装回套筒座。此时喊："某某射手，验枪完毕。"教官喊："手枪入套。"学员按口令把手枪放回枪套并扣好。

3. 验枪时的要求。

（1）身体保持立正姿势，面向前方。

（2）枪口始终指向前上方，枪口摆动不得超过安全射界，即左右摆动不超过45°，上下摆动不超过90°。

（3）右手食指应放在扳机护圈外边，不要贴在扳机上，防止枪膛内有子弹而走火。

（4）按照正确的验枪动作顺序完成：先卸下弹匣，查验弹匣中有无实弹，再拉套筒，将弹膛内的子弹拉出。

（5）验枪时除查验弹匣、弹膛有无实弹外，还应查验枪管，做法是：对着光从抛弹孔看看枪管内是否有光线射进来，如果枪管内有堵塞，或有子弹留膛（击发后枪弹未能飞出枪口，镶嵌在线膛内），光线就射不进枪管去。

（二）长枪的验枪

1. 七九式微型冲锋枪的验枪。

（1）双手将枪平端，打开枪托，枪口指向安全方向。

（2）确定保险在安全位置。

（3）右手大拇指按压弹匣卡榫，左手顺势取下弹匣。

（4）左手持握活塞部位，右手大拇指打开保险。

（5）右手向后拉枪机到位，检查枪膛（看弹膛）。

（6）送回枪机，空枪朝安全方向瞄准击发、关保险、装上空弹匣。

2. 九五式突击步枪的验枪。

（1）双手将枪平端，枪口指向安全方向，确定保险在关闭状况。

（2）左手卸下弹匣。

（3）左手向后拉枪机两次，再拉枪机向后到位、检查枪膛（注：打开保险或不打开保险都可以进行上述操作）。

（4）打开保险拉枪机后空枪瞄准击发、左手关保险、装上空弹匣。

四、手枪装填子弹

（一）向弹匣内装子弹

口令："装子弹。"

方法：听到口令后，右手打开枪套扣，取出空弹匣交给左手，左手握弹匣使托弹钣向上，板叉向右，右手拿子弹使弹底向左，将子弹放在弹匣口，并以右手拇指向下推压子弹，两手协力将子弹压入弹匣内。六四式手枪的弹匣除以上方法外还可用拇指按压下侧齿，另一只手拿子弹顺序放入弹匣内。

（二）退子弹

因为某些原因停止射击时或枪械故障时，应将枪内子弹全部退出。

口令："退子弹。"

方法：听到口令后，左手拇指按压弹匣卡榫，取出实弹匣。左手扳动击锤向后到定位（六四式和七七式手枪打开保险机），用左手拇指、食指捏握套筒，虎口对准抛壳口，快拉套筒向后，用左手掌接住抛出的子弹松回套筒。将退出的子弹装入实弹匣内，然后使击锤位于保险位置（六四式和七七式手枪关上保险机）。

（三）受伤情况下的装弹

人民警察要学会在受伤的情况下如何装填子弹以利于继续作战，这项技术对保存自己，持续打击歹徒有极其重要的意义。

根据受伤的不同部位及地形地物的特点，可以采用以下方法固定弹匣装弹（以右手为例）：

1. 将空弹匣放在腋下，用大臂靠腋下的位置夹住，用另一只手装填子弹。此法适用于仅一侧小臂或手部受伤时（图9-25）。

2. 将空弹匣夹在肘窝处，弹匣口朝身体方向，屈肘后将受伤的手臂内旋贴近身体，用另一只手持子弹头部，由弹匣口向下按并向里推（图9-26）。

图9-25 空弹匣放腋下

图9-26 空弹匣夹肘窝处

3. 在半蹲姿的状态下双腿并拢，用双膝夹住空弹匣，弹匣口朝前（图9-27）。

4. 采用坐姿用双脚夹住空弹匣，用一只手向匣内先压后推子弹（图9-28）。

图9-27 双膝夹空弹匣

图9-28 双脚夹空弹匣

5. 利用台阶以一只脚踩住空弹匣，弹匣口朝向自己一侧，用异侧手装弹（图9-29）。

6. 将弹匣插在鞋与脚之间可以起到固定弹匣的作用。屈膝下蹲，向匣内装填子弹（图9-30）。

图9-29 脚踩空弹匣

图9-30 弹匣插鞋脚之间

7. 将弹匣别在腰带上固定，用一只手向匣内装弹（图9-31）。

图9-31 弹匣别腰带上

8. 使用六四式手枪的射手用一只手装弹时，还可以用健侧手的拇指按压下弹匣侧面的侧齿，用嘴衔子弹一颗颗装入。

9. 下蹲，大腿和小腿折叠，用膝窝向内或向外夹住弹匣，健侧手装弹（图 9 - 32、33）。

图 9 - 32　膝窝内夹弹匣　　　　　图 9 - 33　膝窝外夹弹匣

10. 下蹲，用手臂和前臂包夹住弹匣至膝盖侧，另一侧手装弹（图 9 - 34）。

图 9 - 34　手臂前臂包夹弹匣至膝盖侧

五、更换弹匣

手枪没有子弹，射手的生命便会受到极大的威胁。实战中需要射手在最短时间内取下空弹匣，换上实弹匣，迅速转入射击动作。在射击训练中，要重视重新装弹的手法练习和重新装弹的速度练习，加强对射手快速更换弹匣意识的培养。

六四式手枪拥有弹匣回闩机构，装实弹匣时不用像五四式手枪那样再拉套筒向后。当射击呈空匣挂机时，用持握枪的右手拇指按压弹匣卡榫，取出空弹匣，左手持握实弹匣用力将弹匣向上顶，套筒即可自动还原，使弹匣中首发子弹自动撞上膛。

值得注意的是，七七式手枪不能空匣挂机，实弹时射手必须密切注意子弹数量，及时更换弹匣。另外，在紧张的枪战中，不一定要将子弹打完后才更换弹匣，等到有安全间隙就要换上装弹较多的实弹匣，以保证火力的持续性。

六、持枪姿势

（一）手枪持枪姿势

1. 手枪单臂持枪姿势。以持枪手同侧侧对射击方向，双脚左右开立稍宽于肩，若右手持握枪，左手自然放置，右手的大小臂弯曲成锐角，大臂紧贴于右肋，枪口指向前上方，头部侧转注视射击方向，准备实施射击（图9－35）。

图9－35　单臂持枪

2. 双臂等边式持枪姿势。双脚左右开立与肩同宽，面对射击方向，双手握枪于胸前，枪口指向前上方，屈臂贴身，肘尖朝地（图9－36）。

3. 双臂威沃尔式射姿持枪姿势。面对射击方向时，左脚向前迈出半步，呈左45°，侧对射击方向，右手握枪，左手包于右手外面，呈双手持握枪方式至头部右侧方，右大臂贴身，枪口指向前上方，眼睛盯住射击方向，准备实施射击（图9－37）。

图9-36　双臂等边式持枪　　　图9-37　双臂威沃尔式持枪

（二）长枪持枪

人民警察持长枪类枪支所使用的姿势有以下四种：

1. 高姿持枪。两脚自然前后开立，保持重心稳固，双手持枪于胸前，枪口朝左前上方，眼睛目视危险目标。

高姿持枪的优点：可长时间保持戒备状态，一旦发现警情，可以立即转换成瞄准射击姿势。

高姿持枪的特点：机动灵活，动作迅速。

高姿持枪的要求：如不予开枪，食指不要放在扳机上（图9-38）。

2. 低姿持枪。两腿自然分开，保持重心稳固，双手持枪，枪口指向地面呈45°角，双臂伸直，该动作多用于高度空间不够的情况下使用。

低姿持枪的优点：长时间持枪时可以缓解手臂疲劳，节省体力，在长枪持枪三种姿势中是最常用的一种。

低姿持枪的特点：适用于各种戒备场合，易于被接受。

低姿持枪的要求：食指不要放在扳机上（图9-39）。

3. 腹前持枪。枪托抵紧肩窝。

腹前持枪的优点：举枪瞄准射击迅速，散弹面小，打击准确，如图9-40所示。

4. 肩平持枪。两脚自然站立的基础上，持枪双手稍向下移，枪托抵住右肩关节内侧。以不遮挡射击视线为准。

肩平持枪的优点：该动作用于高危险状态下的观察，当目标出现时，能在最短时间内恢复射击姿势。

图 9 – 38　高姿持枪　　　　　　图 9 – 39　低姿持枪

肩平持枪的特点：射击迅速，打击准确（图 9 – 41）。

图 9 – 40　腹前持枪　　　　　　图 9 – 41　肩平持枪

📑 问题思考

1. 射击准备与持枪戒备是什么样的联系？

2. 单手装弹你还能想出哪些实用的方法？

3. 验枪的正确步骤是什么？

项目二　基本射击姿势

一、手枪射击姿势

手枪的基本射击姿势有立姿、跪姿、坐姿和卧姿四种形式。在每种姿势中都可以运用单臂或双臂的据枪技术。根据不同的环境和射击条件来灵活运用，以便能迅速完成射击，准确命中目标。

（一）立姿

立姿射击时，只有两脚支撑地面，重心高于卧姿，是稳定性最差、又最难以掌握的一种射击姿势。但是立姿射击的机动性最大，是最常使用的射击姿势。立姿按单手、双手持枪可分为单手立姿射击和双手立姿射击。

1. 单手立姿。

第一种站位是射手身体侧对射击方向，两脚自然开立略宽于肩，身体重心落在两脚上或在两脚连线的后 1/3 处，上体稍后仰但不宜过大，肩部放松，头侧转，右臂自然伸直，右手握枪指向目标，手腕挺直，枪面保持平正，左手自然下垂或插入口袋内，或扶在腰带上，以自然舒适为准（图 9 – 42）。

第二种站位是双脚自然分开，身体与目标呈 90°角，持枪手握枪自然伸直指向目标，弱手自然下垂。重心稍向弱手位，这种射击的姿势多在专业射击训练队伍里采用，是一种精度射击常用姿势（图 9 – 43）。

身体重心稍向后仰偏向左脚，右手自然伸直，左手放松。

图 9 – 42　单手立姿 1　　　　　　　图 9 – 43　单手立姿 2

　　第三种单手射击姿势是正对射击目标，右手前伸进行射击（图9－44）。身体重心在两脚间，根据需要可以移重心偏左脚或偏右脚。这种射击姿势难度较大，多出现在执行任务单手紧急出枪时。

图9－44　单手立姿3

　　2. 双臂立姿：双臂立姿中又有等边式和威沃尔式两种方法。

　　（1）等边式。身体面对射击方向，两脚自然开立，一般与肩同宽或稍宽于肩，两臂向前自然伸直。右手持握枪，左手五指并拢包夹住右手手指缝。左手形成的拳面正朝前。右手握枪的力量约40%，左手握枪的力量约60%（图9－45）。

　　（2）威沃尔式。该射姿是美国著名的射击运动员杰克·威沃尔在1957年的一次射击比赛中初创的。他把传统的手枪射击方法改为现代的射击方法，并在警务工作中推广使用，经过多年实战加以改进。目前全美警察广泛采用了这种射击姿势，1986年传入我国。由于这种射姿大幅度地提高了手枪射击的稳定性和精确性，节省了射击训练的时间和弹药，减小了射手身体的暴露面，增加了战斗中的生存率，符合警察手枪射击的特点，所以正在被我国广大人民警察选用。

　　具体姿势是：身体半边向右转，身体侧向射击方向45°角，两脚开立与肩同宽，仍保持双脚开立并与肩同宽，右手持握手枪，右臂伸直，左手从前面包夹住右手，左手虎口向上，掌心向后，拳面向前，右手臂向左前方自然伸出，两手拇指相靠于枪同一侧，左臂弯曲约呈45°，左肘尖向下（图9－46）。

图 9 - 45　等边式　　　　　　　图 9 - 46　威沃尔式

（二）跪姿

跪姿是指在射击时射手有一个或两个膝关节接触地面的射击姿势。跪姿射击动作的特点是射手重心低，能增强射击时的稳定性，暴露面积小，提高射击时射手的自身安全。

1. 跪姿射击的优点。

（1）缩小射手的暴露面，减少其被杀伤的概率。

（2）易于利用环境中的隐蔽物进行射击。在实际枪战中，土包、墙角、栏杆、窗户、汽车等都可作为隐蔽物，射手在这些地形地物后，采用有依托跪姿进行射击。

（3）身体与地面的支点多，而且跪姿多采用的是有依托射击的方式，稳定性强。

（4）身体重心低，利于快速移动。可以快捷、隐蔽地转移身体位置，还可以接滚翻、卧姿、匍匐前进。

2. 跪姿射击的种类。其种类有单膝跪姿和双膝跪姿，单膝跪姿中又分为单臂射姿和双臂射姿，双膝跪姿中又分为双臂高射姿和双臂低射姿。按有无依托又可分为有依托跪姿射击和无依托跪姿射击。

（1）跪单膝单臂射姿。

第一种是身体面向目标，左脚在前曲膝，右腿膝关节跪于地上，大小腿折叠，与正前方约呈45°，右臀坐于右脚后跟上，左手自然方于左膝，右手握枪自然平伸，指向靶位（图 9 - 47）。这种射击姿势的射击难度较大，稳定性较差。

图 9 – 47　跪姿单手射姿 1

　　第二种是射击时射手的左脚向左前方迈出一步，同时右膝跪下，右膝手垂直于地面，高重心单手无依托射击（图 9 – 48）。高重心无依托射击的射击姿势难度较大，射击稳定性差。这种射姿是在不得已的情况下采用。

　　第三种单手无依托跪姿射击是右腿屈起，左脚大小腿折叠，左脚脚背正面贴地，左臀部坐在左脚跟上，两腿开度为 30°～45°夹角，右手持枪尽量前伸，持枪指向靶位，左手自然下垂（图 9 – 49）。

图 9 – 48　跪姿单手射姿 2

图 9 – 49　跪姿单手射姿 3

　　（2）跪单膝双臂有依托射姿：身体面向目标站立，左脚向前迈一大步下蹲，左膝屈起，大小腿之间保持 60°～70°夹角，两腿开度为 60°～70°夹角，右膝撑地，臀部坐在右脚后跟上。上体稍向前倾，左大臂支撑在左膝上，左手采用下托式或抓腕式，右手持枪，右臂尽量前伸。跪姿单膝双手射击也可采用无依托射击方式，下体姿势不变，上体姿势双手采用抓腕式、下托式或包夹式，左肘不触左膝盖（图 9 – 50、51）。这种射击姿势的特点就是稳定性强，缺点是移动不便。

图 9 – 50　跪单膝双臂有依托射姿　　　图 9 – 51　跪单膝双臂有依托射姿

（3）跪双膝双臂高射姿无依托射击：身体正对目标，以双膝着地支撑地面，双腿自然分开与肩平，上体挺直，臀部提起不接触两脚，两臂伸直，双手持枪前伸，指向目标（图 9 – 52）。

（4）跪双膝双臂低射姿无依托射击：以双膝着地支撑地面，身体面向目标，上体下沉，收腹，使臀部坐在两脚后跟上，双脚脚背正面贴地，大脚趾相靠，两脚掌呈八字形。两腿并拢，两臂伸直，双手持枪呈等边式前伸，采用下托式或包夹式握枪指向目标（图 9 – 53）。

图 9 – 52　跪双膝高姿无依托射姿　　　图 9 – 53　跪双膝低姿无依托射姿

跪姿射击在整个射击的姿势中学习和掌握的难度最大，但因在实战中其实用性极强，所以在教学中要重点学习。

（三）坐姿

坐姿是指射手射击时臀部接触地面的射击姿势。它是一种稳定性仅次于卧姿的低姿射击姿势，由于坐姿的重心低，射击时射手身体的晃动较高姿射击要小，射击精准度较高。坐姿射击分有依托和无依托两种持枪方法。坐姿射击的姿态有很多种坐法，主要以双手持枪射击为主。

1. 单手持枪坐姿：臀部坐在地面上，身体面向目标，弱手后伸支撑地面，持枪手一侧单腿曲膝，强手手臂靠在膝关节上，为有依托坐姿单手射击，如果手臂此时未触及膝盖的为无依托坐姿单手射击（图9-54）。

2. 双手持枪坐姿常见的有四种：

第一种是臀部坐在地面上，身体面向目标，双腿盘坐地面，采用双手持枪无依托对准目标的姿势射击（图9-55）。

图9-54　单手持枪坐姿

图9-55　双手持枪无依托坐姿

第二种是身体正朝前，双手采用包夹式、下托式握枪方式对准目标，双肘支撑在抬起的双膝上。这个姿势比较容易掌握，射击的稳定性好，是实弹训练常用的姿势（图9-56）。

第三种也是稳定性极高的姿势：身体侧朝射击目标45°，握枪手一侧的腿盘上，弱手一侧的腿曲膝立起用于支撑弱手，采用下托式、包夹式或抓腕式的握枪方式，强手手臂与枪身轴线重叠。要重点说明的是，在采用这种双手握枪有依托坐姿射击时，非持枪手也就是弱手的肘尖是斜靠在膝关节前面一点，弱手肘尖与地面大约呈45°角，瞄准时眼睛偏向强手手臂（图9-57）。

图9-56　双手持枪有依托坐姿

图9-57　双手持枪有依托坐姿

第四种坐姿射击姿势有些似仰卧的姿态，射手坐地下后，双腿前伸，用右脚上勾勾住左腿的膝盖窝，左腿伸直，右大小腿折叠，膝盖正朝上方。上身后倒，双手采用包夹式持枪，用双手握枪前臂形成的尖角扣在右膝上，套筒的高度要超过右膝盖，以免射击时枪的套筒撞到膝盖而受伤。PPC 射击训练中，常采用这种姿势（图 9 - 58）。

图 9 - 58　双手持枪有依托坐姿

（四）卧姿

卧姿是射手身体平卧于地面，支撑面最大、枪支重心位置最低、最稳定、非常利于隐蔽的一种射击姿势。

卧姿分三种姿势：正朝前俯卧、侧朝前俯卧、仰卧。

动作要领：

1. 正朝前俯卧：身体及手臂尽量俯卧在地面上，身体正朝前方俯卧倒，抬头目视准星照门，持枪手臂完全伸直呈等腰三角形，双手握枪，用弱手的手掌托在枪握把下，起依托和固定作用。双腿在后分开呈八字（图 9 - 59）。

图 9 - 59　正朝前俯卧

2. 侧朝前俯卧：这种姿势头部侧躺于强手手臂上，强手伸直握枪，弱手包夹住强手，身体与正前方的夹角在 30°~45°之间，双腿自然放于弱手那一侧，比如右手握枪，双腿就置于左侧地下。双腿可以自然分开，也可以一腿脚背正面压于另一腿膝盖后面，以动作舒服为准（图 9 - 60）。

图 9 - 60　侧朝前俯卧

3. 仰卧射姿：身体仰卧地面，双腿分开呈 Y 字形，靠腹肌收缩抬起上体，双臂持枪射击。此方法观察视线好，但稳定性差。射击的灵活性大于俯卧射姿，但对射手腰腹肌的力量要求较高（图9－61）。

图9－61 仰卧

二、长枪射击姿势

由于长枪枪体相对手枪要重、体积大，所以在射姿上与手枪区别很大。具体可以分为长枪立姿、跪姿、坐姿和卧姿的射击，其中卧姿分仰卧和俯卧射击两种。

（一）立姿射击

两腿自然站立，左脚在前，身体重心前倾，枪托抵右肩，右手肘自然下垂，并贴于右肋，左手成三角支撑，左手肘朝下，双手持枪，目视危险点（图9－62）。

特点：暴露面小，动作灵活，瞄准射击迅速。

图9－62 立姿射击

（二）跪姿射击

跪姿射击是在战术射击过程中最常用的射击动作，步长枪的姿射击有高跪姿（图9－63）和低跪姿（图9－64）两种，在单膝跪地低跪姿中，一般都采用单膝跪地有依托的射击姿势。

图 9 - 63　高跪姿射击

图 9 - 64　低跪姿射击

方法：在自然站立情况下，左脚向前迈一大步，降低重心，双腿屈膝、右腿跪下，右膝关节面垂直于地面，右脚尖着地，身体重心在两腿之间，身体稍向前倾，枪托抵肩，右大臂内侧靠于右肋。采用高跪姿时，上体直立，髋角打开，左手肘关节不与左膝接触。采用低跪姿时，臀部坐在右脚跟上，可将左肘关节放在左膝上面，依托枪支。

要点：强手边的膝关节跪地，弱手边的膝关节不易超出左脚尖，否则，不利于身体重心稳固，右手食指放于护圈上面。

优点：动作暴露面小，机动灵活，动作稳定，射击精准度高，适合不同环境中的高低掩体。

（三）坐姿射击

左脚向前跨出一大步，左手伸向右后侧，右手持枪，枪口朝前，目视射击点，右腿弯曲屈膝坐下，双腿分丌，上体前倾，将枪托紧贴于肩关节内侧（图 9 - 65）。

优点：重心稳固，隐蔽性强，射击精度高，可长时间保持射击姿势。

缺点：不利于移动。

图 9 - 65　坐姿射击

（四）卧姿射击

卧姿射击是射击动作中最稳定的一种射击姿势。卧姿射击有腹卧姿射击和仰卧姿射击两种姿势。其优点是适宜进行远距离射击和长时间埋伏。缺点是战术动作机动性不强，动作幅度大。

1. 腹卧姿射击。全身腹卧于地面上，上体微向强手边翻转，以不影响胸腹部呼吸为准，让身体和手臂形成一定夹角并处于舒服状态。弱手边的腿可自然弯曲放在右腿上，两手握枪射击（图9-66）。

优点：隐蔽性强，持枪射击姿势长久，有利于呼吸。

缺点：不利于行动。

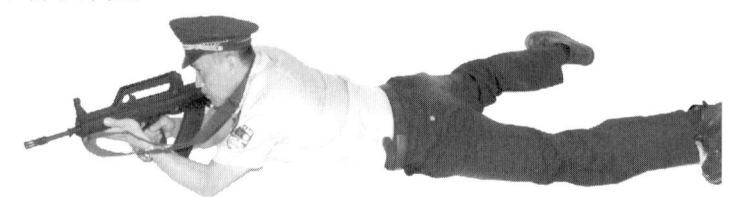

图9-66 腹卧姿射击

2. 仰卧姿射击。在坐姿的基础上，两腿分开并前伸，保持重心平衡，两手持枪，上体后移，枪托抵实右肩，枪口朝前，目视前方成仰卧姿射姿（图9-67）。

优点：近距离快速射击。

缺点：不利于移动，对腹肌力量要求较高，射击难度大。

（五）抵近射击

两腿自然开立，双手持枪，右肩抵实枪托，枪口朝前，两眼目视前方（图9-68）。

优点：隐蔽性强，便于机动。

特点：隐蔽接近，适用于低空间。

图9-67 仰卧姿射击

图9-68 抵近射击

 问题思考

1. 各种射击姿势的动作要领是什么？
2. 有依托射击姿势有哪几种？

项目三 基本射击技术

据枪、瞄准、击发这三个动作组成了基本射击技术，它们互相联系又互相影响。成功的射击离不开稳固据枪、正确一致的瞄准、均匀正直的击发，这三者有机地结合才是精确射击的关键。

一、据枪

（一）手枪据枪动作要领

射手为了准确命中目标，对持枪的手臂所实施的动作叫据枪。它包括手的据枪和手臂的举枪动作两部分。

正确的据枪动作是：手从枪套中抽出手枪后，枪口上抬，朝前，手臂前伸，指向目标。

具体的动作要领是（以右手为例）：据枪时右手虎口对正据把后端的弯曲部位，由上向下握满枪握把，用右手大拇指和食指夹住套筒座，食指伸直贴于扳机护圈外，中指、无名指和尾指放于握把上。握枪的力度以握住后手枪不会滑落为准。如果是手枪速射，右手握枪的力度稍大于手枪慢射。

右手臂自然伸直，手臂放松，身体放松。呼吸平稳，手腕固定，枪身平正，前臂与枪身轴线平行。

（二）步枪据枪动作要领

1. 依托物的选择和利用。依托物分为自然形成和人工构筑两种。在条件允许的情况下，应充分构筑或改造依托物，以增强据枪的稳固性，提高射击效果。构筑依托物时，软硬要合适，不能过软或过硬。依托物过硬，射击时会与武器产生抗力，增大枪身的上跳和摆动；过软时枪口部易下陷，增大射弹散布。依托物的高低也要适宜，过高时，易使据枪时腹部离地，姿势不稳。过低则使据枪时两肘外张过大，造成抵肩不实、右手向右后拉枪等。依托物的高低可以根据射手身体高矮特别是右大臂长短而定，一般在 25～30cm 比较合适。依托物高了易使射弹偏高，低了易使射弹偏低。自动步枪利用依托物进行点射时，可将枪口前切面之后 3～10cm 处的枪管放在依托物上。这样武器的前支点靠前，可以减小射手身体晃动对命中产生的影响。射手很难做到据枪的合力绝对与后坐力共线反向，这样在后坐过程中，或多或少总会产生微小的上体上抬、下压或左右晃动。根据杠杆原理，同样的身体晃动，支点靠前弹着偏差小，支点靠后则弹着偏差大。此外，支点靠前还可以相对增大双手对枪的控制，减小武器跳动。

2. 有依托据枪。

（1）卧姿有依托据枪。下护木或枪管放在依托物上，右手握握把，食指第一节靠在扳机上。左手握下护木（根据枪的不同也可握弹匣），两肘保持稳固。上体自然下塌，使枪托确实抵于肩窝。头稍前倾，自然贴腮（图9-69）。

图9-69 卧姿有依托据枪

枪身与身体的角度。有依托据枪时，枪身与身体的右侧略成一线，两脚分开略宽于肩，腹部紧贴地面。这主要是为了适应武器的后坐方向是正直向后这一特点，使后坐力通过右肩传给整个身体。如果不成一线，肩部受力后必然向右后倾斜，引起枪口向左下摆动。练习方法是将枪概略指向目标，然后调整身体，当射手感觉枪托对正上衣衣扣线时据枪，一般就能使枪身与身体右侧略成一线。如果射手感觉枪托位于身体右侧时据枪，枪身与身体右侧一般不成一线，而有一定的夹角。

第一，右手的动作。右手虎口向前，手腕里合下塌紧握握把。注意要满把握住，掌心紧贴握把右侧，手掌肉厚部分（小鱼际肌）要靠住握把下端。射手的感觉就好像是要用力将握把向前下方折断似的。握好后挺住手腕，以避免右手受力后，由于右手拱腕向右后带枪而引起枪身的角度摆动。右手食指第一节靠在扳机上。

第二，左手的动作。在自动步枪（冲锋枪）点射据枪中，左手处于辅助地位。这也是许多射手可右手单手据枪进行连发射击的原因。因此，左手握枪的位置比较随意灵活，可根据射手的手臂长短及其习惯而定。第一种是左手握弹匣，大多数人比较习惯于左手握弹匣，其要领是左手虎口向前握弹匣下方，主要是负责掌握枪面的平正，可轻微向下用力，控制枪口上跳，但不得前推后拉。第二种是左手吊腕握护木，其要领是左手掌心向上，虎口向前，拇指在护木左侧，余指在护木右侧捏握护木，手腕下塌轻吊，以控制枪的跳动，长点射时下塌的力量要适当加大。这种要领比较适应于手臂较长，右手握力较小的射手。第三种是左手握机匣，其要领是左手掌心向上，虎口向前，拇指在机匣左侧，余指在机匣右侧，托握扳机护圈处的机匣，小指根部紧贴右手四指，握好后稍向下向后带枪。这种要领最大的优点是能迫使右手腕下塌，防止其拱腕。适应于手臂短，力量较小的射手。女射手采用这一要领通常能获得较理想的射击效果。

第三，抵肩的位置。大多数射手习惯于将枪托抵于肩窝。抵于肩窝时，枪托不能过高或过低，也不能将枪托抵在肩窝外侧和右大臂上。正确的位置是把托底钣约2/3抵在肩窝内，约1/3在肩窝下悬空。这种抵肩位置的优点是据枪比较舒适、自然。但是它也有两点不足：一是枪托抵肩位置靠外，易使枪身与身体产生角度，这样就使后坐力的作用线距身体中心线较远，使射手上体向右后偏转的力矩增大，在后坐过程中，枪身在射手上体的带动下所产生的角度摆动增大，从而增大了射弹散布，降低了连发射击的命中率。二是贴腮动作别扭。由于抵肩位置靠外，所以贴腮时头要向外再向下，这种贴腮动作易使头部对枪托施加一向右向下的推力，使射弹偏左偏高。改进办法是将枪托抵在肩窝内侧 3~6cm 处的锁骨下方。这种抵肩的优点是：其一，身体的右侧与枪身形成了一直线，武器后坐力作用线与射手身体中心线间隔很小，射手上体在后坐力作用下一般不会产生角度摆动，即使会摆动，角度也相对较小，因而减小了后坐过程中枪身的角度摆动，能提高命中率。其二，便于瞄准，头稍前伸正直向下贴腮即可，这样，贴腮既舒适又增强了瞄准的正确一致性。

第四，两臂动作。右大臂内合，正直后收，与左手协力将枪托确实抵于肩窝，右肘稍内合，并在枪托外侧 5~10cm 处着地，稍向右前用力撑地，将肘皮固定在肘部的左后侧。左肘稍向前伸，着地稳固。在第 4、5 个动作中要特别注意四点：一是抵肩前要略抬起上体并挺胸，尽量使胸脯与地面垂直，这样可增大枪托托底钣与肩窝的接触面，使枪与身体结合紧密，形成一体。如果不抬上体挺胸就抵肩，枪托与肩窝的接触面小，枪与身体结合不紧密，一方面易使武器在后坐过程中产生跳动，另一方面有可能在后坐过程中，枪托滑离原位，增大射弹散布。二是抵肩时，首先要保持上体自然姿势（即两肩平正）不动，尔后两手协力向后带枪，使枪托抵于肩窝或肩窝内侧。有的射手常常将右肩向前送去顶枪托，也有的射手抵肩后，意欲抵紧一点，两手过分向后用力，使枪托将右肩顶得向后倾斜。这两种动作乍看起来，似乎是枪与身体结合得非常紧密，但实际上这是一种错误动作。因为此时是靠射手有意识地强制右肩向前去顶枪托，但是人都有一种恢复自然姿势的本能，当后坐力作用于抵肩位置的那一瞬间，射手的"有意识"就会变成"无意识"，不再强制右肩向前去顶枪托，而是在无意识之中使右肩恢复到自然位置（两肩平正），枪身在两手握力的作用下自然也随右肩向后（或向前）运动，这样必然使枪产生一定的角度摆动，从而影响点射命中。这可通过实验得到证实。方法是让射手有意识使右肩向前去顶枪托，发射 1~3 个点射后再检查射手右肩的位置，你将发现射手的右肩已回到后方自然位置，两肩平正。所以，抵肩时千万要注意"是以枪去抵肩，而不是以肩去抵枪"。三是两肘不能过分里合，致使两肘间的宽度小于上体宽，这样，上体的三个支点——腹部、左肘、右肘之间距离太近，上体的两个前支架（左大臂和右大臂）是由里向外斜向上支撑上体，易使上体晃动，带动枪身产生角度摆动。正确的应是两肘间的横向间隔等于或略大于上体宽，这样两大臂是由外向里斜向上支撑上体，姿势比较稳固。四是抵好肩及两肘稳固着地后，要绷紧右大臂和右小臂的肌肉，目的是使右大臂和右小臂之间的夹角保持不变，这样可防止在后坐过程中右手腕向后上松动，造成枪口向下（或左下）偏转。

第五，上体下塌。上体稍向前跟，自然下塌，使两肘稳固地支住上体，头稍前倾，自然贴腮。下塌时要注意两点：一是两手、两臂的用力大小和方向均不能改变，防止上体下塌过程中枪身向前移，造成抵肩不确实。二是上体要正直向下塌，千万不能使上体向前下方塌致使向前顶枪。

据枪的要领可归纳为 10 个字，即正、握、抵、定、塌，不顶又不拉。

正：身体右侧与枪身基本对正，枪面要平正。

握：右手虎口对正握把握紧，击发时保持握力不变，右手腕要里合、下塌、挺住。

抵：抵肩位置正确，紧密确实。

定：两肘要定位稳固。

塌：上体自然下塌，保持握枪姿势稳固。

不顶又不拉：指完成据枪动作后，保持用力大小和方向不变，不得向后拉枪和向前顶枪。

以上的动作要领是根据"据枪要符合后坐规律，尽量使据枪合力与后坐力共线反向"这一原理确定的。另一方面，如果用强力稳固据枪，使作用力大于或等于枪的上跳力和后坐力，以抵消后坐力的作用，使枪身跳不动或只作极其微小的跳动，从而不产生角度摆动或角度摆动极小，同样也可提高连发命中率。在使用泥土构筑的依托物时可以使用强力据枪的方法：在依托物上靠近射手的一侧，挖一深约 5～10cm 的容纳弹匣的凹坑，凹坑处的泥土软硬要适中。据枪时与前面所介绍的动作要领大致相同，不同之处在于：将下护木放在依托物上，弹匣下端进入依托物的凹坑并紧紧抵住依托物，抵肩后整个身体往前下方压，左手握弹匣并向下拉。整个据枪动作的用力就是要尽量使枪身在后坐过程中不后退也不上跳。

（2）跪姿有依托据枪。在构筑好的掩体内，或利用土坑、矮墙、沟坎等地物跪姿据枪时，通常跪左膝（也可跪右膝），右膝靠掩体前崖或右脚向右后蹬。上体靠近遮蔽物，下护木放在依托物上，上体稍向前倾，右手握住握把向后用力，使枪托抵紧肩窝。瞄准需要修正方向时，可左右移动膝或脚（图 9 – 70）。

图 9 – 70　自动步枪跪姿有依托据枪

（3）立姿有依托据枪。如在构筑好的掩体内立姿据枪时，上体左前侧紧靠掩体前崖，左腿微屈。右脚向后蹬，两肘抵在臂座上；如利用墙壁、较高堤坎立姿据枪时，左手握弹匣，小臂里合，右手握握把，大臂自然抬起。将弹匣或下护木放于依托物上，两手正直向后用力使枪托确实抵于肩窝。瞄准需要修正方向时，可移动两脚（图 9 – 71）。

图9-71　立姿有依托据枪

3. 无依托据枪。

（1）卧姿无依托据枪。卧姿无依托据枪时，八一式自动步枪左手托握下护木或弹匣，九五式自动步枪左手托握小握把或下护盖，七九式冲锋枪左手托握表尺下方或弹匣。左小臂尽量合于枪身下方，小臂与大臂约成90°角，将枪自然托住。右手握握把，大臂略成垂直，两肘保持稳固，两手正直向后用力，使枪托确实抵于肩窝，自然贴腮（图9-72）。实施点射时，两肘向外分开，弹匣着地，右手握紧握把，内合下塌，左手握下护木（盖），适当向下用力。

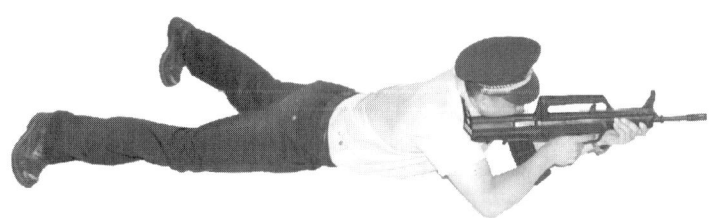

图9-72　卧姿无依托据枪

（2）跪姿无依托据枪。据枪时，右膝向右跪下，左小腿略成垂直。左手托握下护木（盖）或弹匣，左肘尖略过左膝盖或在膝盖后，使枪、左小腿和左小臂略在同一垂直面上。右手握握把，大臂自然下垂。上体稍向前倾，两手正直向后用力，使枪托确实抵于肩窝（图9-73）。

（3）立姿无依托据枪。据枪时，两脚分开约与肩同宽，左手托握下护木，大臂紧靠左胁，小臂尽量里合于枪身下方。也可以左手托下护木，大臂不靠左胁（图9-74）。右手握握把，大臂自然抬起，两手正直向后用力，使枪托下部确实抵于肩窝外侧。

图9-73 九五式自动步枪
跪姿无依托据枪

图9-74 九五式自动步枪
立姿无依托据枪

二、瞄准

（一）手枪瞄准动作要领

为了使子弹射向目标，射击时在水平面和垂直面上，赋予枪管轴线以一定方向和高低角的各种动作称为瞄准。

正确的瞄准动作是：右眼通过照门与准星，使准星尖位于照门正中央，并与照门上沿平齐（图9-75），构成平正准星指向瞄准区域（图9-76）。

图9-75 准星与照门

图9-76 瞄准区

瞄区的选择应根据射击距离、目标大小和弹道高（见弹道高表）而定。例如，用五四式手枪对 25m 距离上的胸环靶射击时，弹道高是 12.5cm，瞄区就应选在下 8 环为瞄准点（圆心）的区域（图 9 - 77），对 50m 射击时，弹道高是 21.8cm，瞄准区就应该选择在靶下沿。

瞄准区大小的选择应该根据射手据枪的射击水平来定，射击水平高，瞄准区域就小，反之则大（图 9 - 78）。

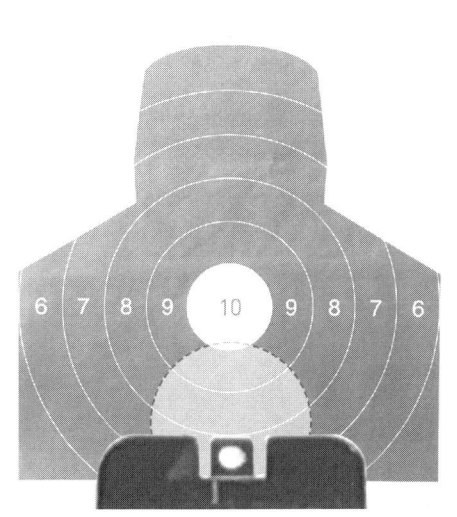
图 9 - 77　瞄准区域小

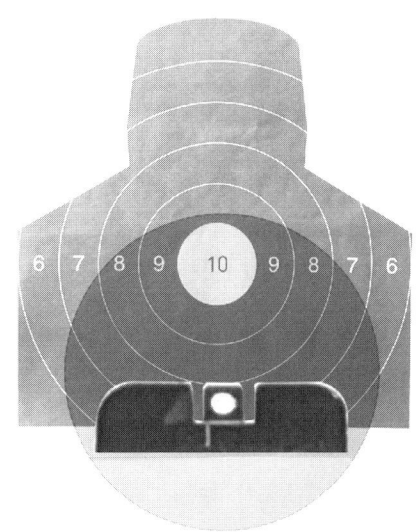
图 9 - 78　瞄准区域大

瞄准时应以肩关节为轴，使手臂与枪成为一个整体运动，调整好准星与照门，找出自身的晃动规律，在晃动中把握好时机，为正确扣扳机提供了良好的条件。在运动中瞄准，在瞄准中击发。

（二）步枪瞄准动作要领

右眼通视觇孔和准星，使准星尖位于觇孔中央，指向瞄准区。瞄准时，应集中主要精力于准星、觇孔的位置关系上，如果集中精力于准星、目标的关系上，就会忽略准星与觇孔的位置关系，从而造成瞄准误差。正确的瞄准景况是：准星与觇孔的位置关系看得清楚，而目标看得较模糊。

连发射击时的瞄准与精度射击时的瞄准要领、要求是基本一样的。但连发射击据枪瞄准时，据枪之初要特别注意进行概略瞄准。要求据枪后瞄准线能自然指向预期瞄准点的下方，待身体正直自然下塌后，能使瞄准线自然指向预期瞄准点。这里所说的"自然指向预期瞄准点"，含有"刚好指向瞄准点"之意。也就是说完全按要领据好枪后，瞄准线刚好指向预期瞄准点，丝毫没有勉强。如果没有指向预期瞄准点，不可迁就和强扭枪身或改变据枪动作，应修整依托物或调整姿势后重新据枪瞄准。修正方向时，通常应移动整个身体，不宜单独改变两肘位置；修正高低时主要应修整依托物，一般不宜前后移动身体，这样会改变枪身与依托物之间的相对位置关系，从而改变着力点，影响点射命中率，更不可通过两肘的里合外张，或通过改变上体下塌的多与少来修正高低，这会改变枪的用力大小与方向，使点射难以命中。

三、击发

用右手食指第一节均匀正直地向后扣压扳机，余指力量不变。扣到底后食指第一节迅速松开，松开时食指依然靠在扳机上，只是轻轻地向前松回一小段即可。千万不可为了防止点射过长，扣到底后食指像触电似的猛向前松，最终整个食指完全伸直，离开了扳机，这样极易造成余指联动，握握把的力量发生变化，点射弹着随之产生偏差。瞄准和击发虽然是两个不同侧面的动作，但绝不是决然分开的具有先后顺序的两个环节，也即不是待完全瞄准好了，再开始击发。应该是边瞄边扣，边扣边瞄。当瞄准线接近预期瞄准点时，就应慢慢地预压扳机并减缓呼吸，当瞄准线指向预期瞄准点时，应自然屏住呼吸，并继续增加对扳机的压力，直至完成击发。在击发过程中一定要突出一个"稳"字，切忌在扣压扳机时拱腕，余指握击发时要确实做到姿势不变，用力不变和正确瞄准不变。

👉 问题思考

1. 手枪的据枪要领有哪些？
2. 枪械瞄准的动作概念是什么？
3. 如何才能正确地击发？

项目四 狙击步枪基础使用

QBU 八八式 5.8 mm 狙击步枪是由狙击步枪与白光瞄准镜组成的狙击手单人使用的武器，以隐蔽、突然、准确地射击杀伤 800 m 内单个重要有生目标为主。警察主要将其用于射击较远距离上局部的严重暴力犯罪分子和解救人质等。

一、使用方法

（一）脚架的使用

本枪配有可拆卸、可折叠、可调节火线高低的轻便脚架，仅供战时或紧急情况下无依托时架枪使用，平时装在挂袋内，不随枪作训练使用。

1. 火线高低调整。拉出滑动脚火线高增高；按下卡榫，推动滑动脚缩入脚架体，火线高降低，可调节范围 250～300 mm，间隔 10 mm。

2. 左、右脚架体的折叠。分别向下拉顶头拉筒到位，使顶头脱离脚架柄，同时向前转动脚架体 90°放开顶头拉筒，使顶头卡入定位槽即可。

（二）机械瞄准具的使用、校正

1. 机械瞄准具的使用。本枪的机械瞄准具是由可翻倒的表尺和准星座组成，当使用光学瞄准镜时，应扳倒表尺和准星座；当瞄准镜损坏或失效时，卸下瞄准镜、直立表尺和准星座，使用机械瞄准具。

表尺采用觇孔形式，用手转动表尺盘装定 "0"～"8" 码，分别在 100～800 m 距离上使用。

"0"码为夜间使用，准星顶端设计有荧光剂的小圆孔与表尺"0"码荧光点配合，便于夜间瞄准。

2. 机械瞄准具的校正。通过调节准星的高低及左右方向偏差，来修正平均弹着点的偏差，用准星扳手旋转准星高低和用准星滑座调节器左右移动准星滑座达成目的。准星每旋转90°对应的高低修正量在100m射距上为50mm，准星滑座移动0.5mm（调节器旋转180°）对应100m射距上的方向修正量为125mm。

当弹着点偏高时，准星扳手逆时针旋转就调高准星；当弹着点偏低时，准星扳手顺时针旋转就调低准星。

当弹着点偏左时，用调节器将准星滑座向左移动；当弹着点偏右时，用调节器将准星滑座向右移动。

在100m射距上，平均弹着点高100mm、偏左100mm，此时按准星每旋转90°修正量为50mm，将准星逆时针旋转180°；准星滑座移动0.5mm（调节器旋转180°）修正量为125mm，此时准星滑座应移动0.4mm（调节器旋转约144°），即可修正平均弹着点。

（三）气体调节器的使用

用弹壳或拇指向后压卡榫同时转动，可使卡榫卡在前背带环的三个任一槽内。卡榫对应数字"1"时为小孔位置（卡榫缺口向左）；卡榫对应数字"2"时为大孔位置（卡榫缺口向右）；卡榫缺口位于中间向上时为闭气位置。一般情况下用小孔射击；在恶劣的自然条件下枪机后坐能量不够时，可用大孔进行射击；当需要时可采用闭气射击。

（四）准星滑座调节器的使用

当弹着点偏离检查点时，用准星滑座调节器可调整准星滑座的左右位置，从而改变弹着点的方向。若要使弹着点向右移动，用调节体的内平面，靠在准星座的左面，顶销从右侧顶住准星滑座，旋转手柄准星滑座就向左移动。

二、狙击步枪基础射击

（一）瞄准

瞄准是狙击手实施精确射击、杀伤目标的基础，必须严格地加以训练。

1. 用瞄准镜瞄准。首先装定相应的距离分划、方向分划，右眼距目镜约7cm（白光瞄准镜约4.5cm），保持镜内横标水平线水平，将相应的"⌒"尖点指向瞄准点，就是正确瞄准。光学瞄准镜的精度除受制作精度的影响之外，还受使用精度的影响，主要因素是出瞳距离。出瞳距离取得合适，瞄准具视场内各点的光线均能进入眼内，若做不到这一点，瞄准就会产生偏差。如果射手眼睛离出射光瞳过远或过近，则瞄准具视场内将出现月牙形暗影，使视场缩小并增加观察和射击的困难。如果眼睛偏向了瞄准具光轴的一侧，则在瞄准具视场内眼睛偏向的一侧会出现月牙形暗影，此时射弹会偏向暗影的相反一侧。

2. 用瞄准具瞄准。右眼通视觇孔和准星，使准星尖位于觇孔中心，自然指向瞄准点，就是正确瞄准。瞄准时，应集中主要精力于准星与觇孔的平正关系上。如果集中主要精力于准星与目标上，就会忽略准星与觇孔的正确关系，造成瞄准误差。正确瞄准景况，应是准星与觇孔的正确关系看得清楚，而目标看得较模糊。

3. 瞄准误差对命中的影响。

（1）准星与觇孔关系不正确。若准星与觇孔的关系不正确，对命中会影响很大。如八八式狙击步枪准星在觇孔内偏差 1mm，在 100m 距离上射弹偏差 25cm。距离增加几倍，偏差量就增加几倍。为了使射弹准确地命中目标，射击时，狙击手应根据目标距离、大小和弹道高，选定相应的表尺分划和瞄准点。

（2）瞄准线指向的偏差。瞄准时，若准星与觇孔的关系位置正确，而瞄准线指向产生偏差时，射弹也会产生偏差，射弹的偏差与瞄准线指向的偏差相一致。如瞄准线指向偏左 20cm，射弹也就偏左 20cm。

（3）枪面倾斜。枪面倾斜对命中精度也有一定影响，因为枪面倾斜，使枪身轴线的指向产生了偏差。枪面偏左，射弹偏左下；枪面偏右，射弹偏右下。

（二）卧姿有依托据枪、瞄准、击发

1. 据枪。

（1）利用枪脚架。依托脚架进行射击时，脚架触地面要尽量水平，脚架着地后要适当向下用力来回推拉数次，使之形成平滑的脚架槽，尔后将枪适当后拉，使脚架位于脚架槽中央，并使枪管位于脚架游隙中央，不要硬顶枪身。在紧急情况下，脚架打开后用力下按前推，卧倒后迅速将枪适当后拉，并前后晃动身体尽量使脚架、游隙位于中央位置。

八八式狙击步枪据枪时，由于枪管与脚架结合采用抱合结构，使用脚架时，为减少枪身颤动时与脚架套箍的相互作用，据枪应采用左手与脚架共同支撑枪管的方法，尽量使套箍与枪管外壁平滑接触，枪管不能用力压在套箍上，左手托握下护盖，左肘着地外撑；右手虎口向前紧握握把，食指第一节靠在扳机上，右肘里合着地外撑，两肘保持稳固；身体前跟，两手适当用力内合将枪握紧，再正直向后用力抵于肩窝；头稍前倾，自然贴腮。

（2）利用靶台作依托物。据枪时，打开脚架固定在地上（或将下护盖前端放在依托物上），身体右侧与枪身略成一线。左手托握枪托后踵（或掌心向后托握枪托又称骨架支撑法），右手虎口向前正握握把，食指第一节贴在扳机上；两肘着地外撑，保持稳固；身体重心前移；两手正直向后用力，使枪托抵实肩窝，自然贴腮。

2. 瞄准。瞄准时，首先使瞄准镜分划板上"︿"的顶端（瞄准线）自然指向目标。若未指向目标，不可迁就而强扭枪身，必须调整姿势，需要修正方向时，可左右移动身体或两肘需要修正高低时，可前后移动身体或两肘稍里合，外张，也可适当调整依托物的高低。瞄准要做到认真细致、精益求精，瞄准指向自然，瞄准景况正确。

3. 击发。击发时，用右手食指第一节均匀正直地向后扣压扳机（食指内侧与枪身应有不大的空隙），余指力量不变。当"︿"点（瞄准线）接近瞄准点时，开始扣压扳机并减缓呼吸。当"︿"点（瞄准线）指向瞄准点或在瞄准点附近轻微晃动时，应停止呼吸，继续增加对扳机的压力，直至击发。击发瞬间应保持正确一致的瞄准。当

"⌒"点（瞄准线）偏离瞄准点较远或不能继续停止呼吸时，应停止扣压扳机，即不增加也不减小对扳机的压力，待修正或换气后，再继续扣压扳机。击发瞬间应做到姿势、瞄准、用力三不变。依托脚架进行射击时，脚架触地面要尽量水平，脚架着地后要适当向下用力来回推拉数次，使之形成平滑的脚架槽，而后将枪适当后拉，使脚架位于脚架槽中央，并使枪管位于脚架游隙中央，不要硬顶枪身。在紧急情况下，脚架打开后用力下按前推，卧倒后迅速将枪适当后拉，并前后晃动身体尽量使脚架、游隙位于中央位置。

（三）呼吸的调整

当射手进行呼吸时，其胸部会产生循环性的膨胀与收缩，而这种周期性的膨胀与收缩运动又会在射击时传递给手中的武器，从而导致武器产生上下起伏的运动。

通过控制呼吸的训练，射手在发射枪弹时会人为地保持一个短时间的呼吸平静期，这时步枪就会非常的稳固，这时如果扣动扳机将会有效地提高射击精度。但是说起来容易做起来难。

问题在于射手如何把握这个屏气的过程。如果射手停止呼吸的时间过长，将会导致人体缺氧，从而影响射手的视力而使步枪产生一定的晃动。一般情况下，当射手屏住呼吸盯住远方的目标时，8 秒钟就会产生视线模糊的景象。

这里介绍一种正确呼吸的办法。首先，深呼吸一两次，使体内的含氧量急剧增加，不管射手将要采取以下哪种呼吸方法，都应以此开端。

如果射手特别注意的话，会发现，在呼气之后和吸气之前存在非常短暂的停顿。这两秒停顿的时间被称为自然呼吸停顿，正是这段时间射手据枪最稳，射手应该在此时瞄准击发。但是因为这段时间过于仓促，所以射手要在呼气之后强行屏气以延长呼吸停顿时间。这种方法被称为"空肺"呼吸法。

现在将这呼吸过程完整的叙述一遍。首先，深呼吸一两次，使得体内的氧气量急剧增加。其次，平和地呼出气体，然后屏住气息，这时射手据枪最稳最平静，是瞄准击发的最佳时刻。出色的步枪手一般都采用这种呼吸方法用来射击，因为这种呼吸方法能够确保射击的稳定性。

但是对于狙击手来说，却很难有足够的时间进行预备的呼吸调整，甚至有时不得不在没有全部呼出气息之前进行击发。在有的特殊环境情况下，狙击手必须在得到命令后或者目标瞬现时迅速击发。

所以狙击手要训练各种呼吸状态下的瞄准击发，如半呼吸状态、四分之三呼吸、三分之二呼吸等。这些呼吸方法所达到的瞄准稳定性比空肺呼吸差，但是它却具有较强的灵活性。

（四）击发的控制

在狙击步枪射击过程中，扳机的正确控制是构成精确射击的重要环节，如果扳机的扣力控制不正确，就可能导致击发的不准确，甚至完全脱靶。

扳机的控制就是当扣动扳机使击针处于击发状态那一刹那，不会因为扣动扳机而使步枪产生任何的晃动。导致扳机控制不当的主要原因是一种有意识的抢先击发，具体表现就是猛地扣动扳机，从而使步枪产生振动。

为了克服这种问题，普通的射手一般采用无意击发的办法，也就是在扣动扳机时，射手要忘却扣动扳机这件事情。但是对狙击手来讲，却不合适。

刚好相反，狙击手在击发时要高度的警觉，全神贯注地去感知自己将要扣动的扳机，要非常清楚地判断什么时候应该进行击发，也就是说，狙击手在扣动扳机时是有意击发。在营救人质的行动中，狙击手这种瞬间决定击发的能力是赢得行动胜利的关键。

空枪击发是提高食指感知能力的最好方法。只有在空枪击发时，射手才不会受到后坐的影响，从而更加有效地控制扳机。而且空枪击发这种训练方式有其固有的优势，那就是射手可以在靶场实弹射击的间隙进行训练。这里要特别注意，空枪击发训练时，要使用教练弹进行练习，这样不会对击针产生非常大的损坏。

八八式狙击步枪使用的是二道火扳机，射手可以在击发之前非常有效地消减松弛量，直到扳机碰到阻铁为止。射手可以将扳机扣到即将击发的临界状态，然后稳住扳机，此时可以进行瞄准和呼吸的调整。

在扣动扳机时，指尖是首选部位，因为指尖的灵敏度最高。千万不可使用食指第一关节扣动扳机。应该将指尖放置于扳机的下 1/3 位置，这样能够尽快地消除松弛量。当发现了指尖放置的舒服位置，就要自始至终地放置于此。

除了指尖位置接触扳机以外，其他部位不应触及步枪，这样才能够保证扣拉扳机时的直行无碍，同时不要前推枪托。

问题思考

1. 狙击步枪的击发要领是什么？与手枪射击的击发有什么不同？
2. 步枪射击如何调节呼吸？

项目五　基本射击训练方法

一、手枪射击

手枪射击技术的学习从基础到提高是一个渐进的过程。基础射击的教学从枪械的理论、手枪握法、身型、站位开始，学习据枪、瞄准、击发、靶位固定，主要掌握正确的手枪慢射动作。射击姿势主要掌握立姿与跪姿，相对的卧姿与坐姿较前两种姿势要容易很多。握枪手型以双手包夹式为教学的重点，以便在应用射击时学习手枪速射。

（一）据枪训练方法

1. 端空枪练习。通过端空枪，加强学员单臂据枪的静止耐力，使肌肉在一定静止时间内保持用力稳定一致，身体与枪成为一体，姿势定型，体会在身体姿势最易发生变化时肌肉和力量的感觉。

2. 负重端枪练习。负重端枪时，所悬挂重物的重量要由轻到重。学员往往会因悬挂重物而使据枪稳定的时间缩短，这一点要和据枪的时间相配合，也要由短到长，并且悬挂重物越重，起始时间相对要短。其目的是让学员逐步体会在正确姿势下肌肉的感知力和力量的保持。

3. 单手立姿据枪，眼睛不用关注准星和照门，握枪的力量以握住枪不掉就行，单组一次2分钟至2分半钟，每组6～8次。右手练完练左手，让左右手的稳定性都能提高。

（二）瞄准训练方法

1. 白纸靶练习。瞄准时，学员可以将精力完全集中于准星缺口的平正关系上，利用瞄准线上的弹道高，在白纸靶的任何位置选择瞄准区，就像练习四点瞄准一样，要将准星、缺口的平正关系与瞄准线所指向的瞄准区映在大脑里，熟记瞄准景况，并应用在实弹训练中。通过练习，可以提高瞄准的一致性，解决射弹散布的问题。

2. 固定瞄区练习。所谓固定瞄区，就是在目标上根据武器的弹道高来标示出瞄准的范围（瞄准区域）。学员通过固定瞄区的练习，可以使手臂减小颤抖，加强稳定性，增强对正确瞄区位置的记忆。

（三）击发训练方法

1. 握力圈练习。右手（或左手）按握枪的手形，采用合力握住握力圈，在一定时间内保持对握力圈的力量不变，也就是不改变握枪的力量。食指自然弯曲，进行击发的动作练习。

2. 皮筋练习。这主要培养学员食指的力量及敏感度。将皮筋绑在一个固定物体上，食指（食指第一指节的指肚）贴在扳机靠上的部位勾住皮筋，按击发要领反复体会用力的方向和大小。皮筋的松紧可根据枪支扳机的行程长短来定，扳机行程长，适当增大皮筋的力度；扳机行程短，适当减小皮筋的力度。

3. 平稳性练习。学员在据枪姿势的基础上，将一枚弹壳竖放于准星后方，学员按要领进行击发，并确保弹壳不落地。通过练习，可以直观地注意到击发的平稳性，容易发现自身存在的问题，便于及时纠正。

4. 抗干扰的练习。在空枪练习中大声播放枪声，让学员逐步适应实弹射击的环境。

5. 盲射练习。射手立姿双手握枪，距离射击靶7～10m，手枪上膛后，眼观射击靶3～5秒，闭双眼，凭印象对目标进行慢射。体会射击时的手感。

6. 观摩对抗射击练习。在众多学员观摩下与本队其他学员进行射击比赛，有助于提高学员射击时的心理素质和竞赛水平。

二、步枪射击

（一）据枪训练方法

1. 体会动作练习。该方法主要是在学习正确据枪动作要领后，通过自我体会，达到理解、掌握的目的。

2. 定型练习。该方法主要是在检查发现问题后，通过反复操作、反复练习达到据枪动作的定型定位。

3. 稳定性练习。该方法主要是在正确掌握据枪要领后，通过长时间计时端枪或悬挂重物训练，使据枪逐渐达到稳固和舒适的状态。

4. 互助练习。该方法主要是在正确掌握据枪动作要领后，通过两人或多人的相互练习，达到巩固提高的目的。

（二）瞄准训练方法

1. 个人体会练习。此方法主要是通过对正确瞄准景况的了解，可采取近距离对白纸靶进行个人体会瞄准练习，以此来帮助学员熟悉并掌握正确瞄准景况。

2. 固定枪缩短距离瞄准练习。此方法主要是通过近距离对胸环纸靶进行瞄准练习，使操作者能够清晰地观察到正确瞄准景况，从中发现问题、解决问题，以促进对正确瞄准景况的掌握。

3. 实际距离固定枪瞄准练习。结合实弹射击条件，采取固枪不固人的训练方法进行练习，使学员反复确定瞄准景况正确与否，达到及时纠正、掌握与运用的效果。

（三）击发训练方法

1. 体会动作练习。该方法主要是在学习正确击发动作要领后，通过自我体会，达到理解和掌握的目的。

2. 定型练习。该方法主要是在检查发现问题后，通过反复操作、反复练习使击发动作自然定型。

3. 瞄准、击发配合练习。该方法主要是在正确掌握瞄准、击发动作要领后，通过瞄准与击发的动作结合，实现动作一致。

问题思考

1. 你当前的射击水平最需要哪些训练方法？

2. 负重练习对提升射击水平有哪些重要作用？

项目六　易犯错误及纠正方法

一、手枪易犯错误及纠正方法

1. 据枪用力不当。射手为了控制枪的晃动而握枪用力过大，造成握枪手臂的肌肉僵硬，反而造成身体的晃动加剧。

纠正方法：强调据枪的自然和舒服，用力的大小以握住枪，枪不会掉下来为宜。当然，如果是手枪的速射，据枪的力量就要比手枪慢射时大些，那时是有力但不僵硬。

2. 苛求瞄准点。很多射手以为射击时瞄准基线对准的是瞄准点，其实这是违背手枪射击客观规律的。

优秀射手在射击时也是瞄准一个区域，它的瞄区比普通射手要小很多。比如普通射手的瞄区是靶的 6 环以内，优秀射手是 9 环以内，水平越高，稳定性越强，瞄区越小。

纠正方法：普通射手在瞄准时，要选定一个稍大的瞄区，因普通射手的稳定性差，晃动范围大，瞄区选小了反而会造成瞄准时总晃不到瞄区，容易造成射手紧张焦虑情绪，影响到射击效果。

3. 击发时机掌握不好。掌握好击发时机有利于提高射击精度，击发时机应在射手据枪晃动较小、稳定性最强的时候完成。一般完成一次击发的时间不要超过 35 秒。此时配合平缓的呼吸直至快击发前屏息击发。如时间长了，就得重新换气重新开始。如果错过相对稳定阶段，就会造成枪的更大晃动，贻误击发时机。

纠正方法：右手食指要预先压到扳机上完成第一道火，初学的射手瞄准区域的范围选大些，相当于靶的六环以内的区域大小就行，只要是在这个大小的区域内晃动，就可以大胆地做击发动作，做到"边瞄边扣"，当瞄准线在瞄准区附近轻微晃动时要继续扣压扳机，做到"边晃边扣"。初学的射手，首先是能上靶，然后才是提高射击环数。射手只要是在瞄区内完成击发，就能上靶，所以，射手边瞄边扣，在瞄准中做到无意击发，这就是最好时机。

4. 猛扣扳机。猛扣扳机错误动作是指，在形成了正确瞄准时有意识突然用力扣压扳机使枪口移动，破坏了正确瞄准，结果不能达到预期的射击效果。

猛扣扳机的现象从心理上是有意识击发，人的注意力放在了扳机上，从而造成枪的平正关系的破坏。由于扳机的力量大约有 1.5kg，有不少学员特别是女学员食指的力量弱，扣不动扳机，击发时拼命地扣动扳机，造成枪的平稳关系破坏。

纠正的办法是：

（1）反复强调把视力焦点集中在准星与缺口的平正关系上，把主要精力放在"边瞄边扣、边晃边扣、有意瞄准、无意击发"的技术上，达到无意识的击发的效果。空枪练习，体会如何是无意识击发。

（2）对因食指无力扣动不了扳机的学员就加强他们食指力量的练习。

二、步枪易犯错误及纠正方法

（一）据枪

1. 抵肩不实。

表现为：在射击过程中，学员不能将枪与自己的身体有机地结合起来，导致射弹散布增大。

纠正方法：要求学员按要领正确抵肩，两手适当正直向后用力。

2. 贴腮不实。

表现为：抵肩位置过高或过低直接影响贴腮动作，如果贴腮不实将无法快速构成新的瞄准线对目标实施连续快速射击。

纠正方法：正确使枪托抵肩，在确保眼睛至觇孔之间适当距离的情况下使右腮紧贴于枪托。

（二）瞄准

1. 准星与觇孔（缺口）关系不正确。

表现为：瞄准时，若准星与觇孔（缺口）的关系不正确，对命中影响很大，准星偏哪，弹着点就偏哪。如准星尖在觇孔内偏差 1mm，在 100m 距离上，九五式自动步枪偏差 31cm。

纠正方法：瞄准时由觇孔中心通视准星尖，使准星上沿位于觇孔中央。

2. 瞄准时间过长。

表现为：射击时，学员常因据枪不稳或击发不果断，致使瞄准时间过长，使眼睛产生疲劳，造成视力模糊，勉强击发，从而影响射击效果。

纠正方法：要求学员按要领贴腮，瞄准时间控制在 3 ~ 8 秒；视线模糊时，应收回视力或闭上眼睛休息片刻，再进行瞄准，切忌用手擦眼。

3. 枪面倾斜。

表现为：学员在瞄准时，将全部精力集中在了觇孔、准星和目标的三点关系上，容易造成枪面倾斜，使射弹产生偏差。

纠正方法：学员在瞄准的同时，应反复检查枪面是否平正。

4. 瞄准时，眼睛离缺口（觇孔）太近，缺口（觇孔）看得太大，从而影响射击精度。初学者在练习抵肩射击时，由于紧张眼睛靠近缺口（觇孔），此时也会造成抵肩姿势不正确。

纠正方法：贴腮尽量往枪托后贴靠，固定点（或粘上胶布），每次贴靠在同一点上。

（三）击发

1. 击发过猛。

表现为：击发过猛对命中的影响非常大，由于对扳机突然加力将直接影响据枪的稳定性，从而改变枪身的正常运动节奏。

纠正方法：强化射手要提前扣压扳机的意识，强调扣扳机过程中的预压环节，养成慢而不停扣扳机的习惯。

2. 击发犹豫。

表现为：击发动作迟缓将直接影响操作者的心理，易出现紧张、急躁、憋气等严重现象，从而影响命中效果。

纠正方法：当瞄准线接近瞄准点时，开始预压扳机，当瞄准线指向瞄准点时，应继续增加对扳机的压力，直至击发。

3. 击发方向不正。

表现为：击发方向不正易造成枪支受左（右）外力影响，从而造成枪响瞬间改变射向影响命中。

纠正方法：用食指末关节根部扣压扳机，食指内侧与枪应有不大的空隙；击发时食指应均匀加力，正直向后用力，其余手指力量不变。

4. 过早闭住呼吸，会使大脑缺氧、肌肉紧张，长时间瞄准影响视力，从而造成猛扣扳机，影响射击精确性。

纠正方法：平时在空枪练习击发过程中保持正常呼吸，感觉即将要解脱击锤时自然闭气，正常扣压扳机直至完成击发。

5. 注意力过分集中于扣压扳机动作上，会形成心理暗示，出现畏缩情绪，下意识把前手抓握的位置拉下或以肩窝顶压枪托，从而影响瞄准精确度。

纠正方法：正确扣动扳机是以强手食指第一指节根部，畅顺平稳地扣压扳机，使扳机向后平稳移动，直至击锤释放。枪响瞬间应保持据枪姿势、据枪力量、瞄准线指向不发生变化。

6. 击发瞬间闭眼睛或向前耸肩。

纠正方法：集中注意力于瞄准上，两臂、肩部和贴腮形成合力将枪稳固住（此时可以微微用点力），上体向前微倾；以空枪和实弹射击训练增强射击信心，克服恐惧心理。

7. 射击动作僵硬紧张。

纠正方法：任何据枪姿势都必须符合人体自然生理结构，以身体整体骨架配合肌肉对枪支作稳固支撑，自然指向目标；贴腮于枪托位置固定不变。

单元思考

1. 枪械的基本射击技术由哪些环节组成？
2. 手枪和长枪的击发一样吗？
3. 哪种射击姿势的稳定性好，哪种射击姿势最难掌握？
4. 有句话叫："在运动中瞄准，在瞄准中击发"，你怎么理解？

单 元 十

警用手枪应用射击技术

📝 **知识目标**

1. 手枪速射的动作要领。
2. 概略瞄准的方法。
3. 快速双发连射的方法。
4. 各条件和场景下的射击方法。

📝 **能力目标**

1. 掌握手枪的速射和双发点射。
2. 学会使用概略瞄准的方法。
3. 掌握对运动目标的射击。

【案例10-1】昆明火车站暴恐案告破：1名特警15秒击倒5名砍人暴徒

2014年3月3日下午，3月1日晚发生在云南昆明火车站（图10-1）的严重暴力恐怖案成功告破，公安部组织云南、新疆、铁路等公安机关和其他政法力量40余小时的连续奋战，抓获剩余的3名逃犯，此前，该暴恐团伙被公安机关击毙4人（3男1女），击伤抓获1人（女），让人意外的是，这5名暴徒是同一名特警击倒的。

警方现已查明，该案是以阿不都热依木·库尔班为首的暴力恐怖团伙所为，该团伙共有8人（6男2女），有新疆分裂势力背景，事件现场搜出"疆独"组织"东突"的旗帜。据公安部刑事侦查局官方微博昨晚的报道，3月2日凌晨5时，刑侦局工作组到达现场后，立即组织参战单位开展侦查工作。经现场勘察、调查访问、法医检验、指纹比对和DNA检验鉴定，获取了确实、充分的犯罪证据，查明了在现场实施犯罪的5名暴徒的真实身份，查清了该团伙组织、策划和实施犯罪的过程。

3月1日晚，昆明火车站发生恐怖主义暴徒持刀砍人案件，造成29人遇难，143人受伤。短短25分钟，暴徒何以能够砍死砍伤172人？记者从有关方面获悉，这些暴徒极其凶残，可能受过专门训练，遇难者几乎都是一刀致命。此外，昆明火车站人员密集，暴徒突然疯狂行凶，人们猝不及防，在狭窄空间内躲避不开。

在这样的时刻，现场的人民警察挺身而出，毅然与暴徒搏斗。面对围攻，昆明市特警队员张军（化名）在短短的15秒内，一人就击倒了5名暴徒。而在记者面前，第一次执行实战任务的张军，只是用"职业要求"四个字将自己的举动一语带过。我们也不会忘记昆明站派出所的民警们，他们用自己的肉体对抗着暴徒的长刀做出了英勇的贡献。

昆明特警：15秒击倒5人

3月1日晚9时20分许，数名歹徒在昆明火车站广场上持刀行凶，不少群众被砍伤，现场乱成一团，情况十分危急。

"啪！"事发几分钟后一声清脆的枪声在广场上空响起。

"把刀放下！"云南省昆明市公安局特警队员张军（化名）对不远处的歹徒厉声吼道。

5名正在挥刀砍杀无辜群众的歹徒将注意力转移到了张军身上，他们挥舞着长刀向张军冲来，情况十分危急。

"把刀放下！"张军大喊一声。

"啪！"天空又一声枪响，见歹徒来势汹汹，张军第二次鸣枪示警。然而，5名疯狂的歹徒并没有停下脚步，接到上级指令后，张军立即采取果断措施，将5名歹徒当场击倒在地。

"离我最近的一个不到2米，我若再迟疑1秒钟，倒下的可能就会是我。"张军回忆说。

张军说，他赶到现场时，看见几名歹徒正在挥着手中的长刀砍向无辜群众，现场情况十分紧急。"我们的车停在离歹徒15米左右的地方，我立即跳下车，将子弹上膛。朝天鸣枪两次，并要求他们把刀放下无果，我最终按照上级指示采取果断措施处置。"

"一共是5个人，我看得很清楚。一个蒙着黑纱，身形瘦小的女子冲在最前面，在离我枪口1米左右的地方，我开枪击倒了她，但紧随其后的其他4人并没有被震慑住，他们继续挥舞长刀向我扑来。"张军说，"我来不及思考，以最快的速度分别将这四人击倒在地。整个过程大约用了15秒钟的时间。"

"现场情况十分危险，5名暴徒被击倒以后，第一名倒下的离我最近的歹徒又站起来，把手中的长刀扔向我，我头一偏，避开了刀。"张军向记者描述，现场已经有很多群众被砍伤，如果不果断处置，这伙暴徒还可能继续伤及更多无辜群众，造成更大伤亡。

处置"3·01"事件，是张军从警以来第一次执行的实战任务，也是他一辈子都会记住的事情。"如果我不及时开枪，还会有更多无辜老百姓受到伤害。"张军有些哽咽地说。

"当时你害怕吗？"记者问。

"当时那个情况，根本来不及害怕或者胆怯。从下车鸣枪示警，到击倒歹徒就是10多秒，根本没有时间考虑那么多。要是多想一下，不及时控制歹徒，还会有更多无辜群众死伤。"张军说，"作为一名特警，迅速、果断、坚决地处置是职业要求。"

"我认为，警察这个职业是崇高的，平时默默无闻，一旦发生危险、老百姓需要我们帮助救援、打击黑恶恐怖势力的时候，我们就要冲在最前面！"张军语气坚定地说。

图 10 - 1　云南昆明火车站

【知识链接】遇暴恐分子可直接开枪

为积极应对反恐维稳面临的严峻形势，2014 年 3 月，公安部决定集中 3 个月，在全国公安机关组织开展依法使用武器警械专项训练活动，以规范民警使用枪支的行为，提升实战能力。各地公安机关相继出台政策加强反恐力度，表明对暴恐行为的"零容忍"态度。

北京：根据北京市公安局 5 月份反恐防控总体工作部署，执行反恐防控任务的一线特警，随身配发的子弹已经增加一倍，一旦面对正在实施暴力活动的恐怖分子，无需"亮明身份、鸣枪示警"等一系列警告程序，可直接开枪。

厦门：7 月 4 日，福建厦门警方发布严打暴恐通告强调，对严重危害公共安全、危及公民及民警生命安全的行为，经警告无效的，可以开枪；紧急情形下，对正在实施暴恐犯罪行为的嫌疑人，可以直接击毙。

江苏：为强化街面突发事件的处置，江苏各地参照香港的警察机动部队（PTU）模式，配建了一支机动处突力量。持枪巡特警和武警得到明确指令，对严重危害公民生命的行为，警告无效可以开枪；而对正在行凶的暴恐分子，可以直接击毙，确保公民生命财产安全。

西安：6 月 12 日，西安市公安局制定《西安市公安局公务用枪管理使用规范（试行）》，其中对民警的开枪情形进行了要求：犯罪行为人在警察口头警告或鸣枪警告后仍继续实施暴力犯罪行为或拒捕、逃跑的，可对其开枪射击；来不及警告或警告后可能导致更为严重危害后果，以及犯罪行为人正在实施危及公民生命安全暴力恐怖犯罪的，可以直接对其开枪射击。

【案例 10 - 2】

某省某市警方在一起持手枪解救人质的行动中，一民警开枪射击距离他两米多的劫持者时，竟使 11 岁的人质肖某头部连中 3 枪误伤致死。为此，公安机关支付了

15.1 万元赔偿金。这是全国首例民警营救人质时开枪误伤致死人质赔偿案。无独有偶，某年 5 月 31 日，在菲律宾帕西市的一个公共汽车总站，一名看似精神有问题的男子手持冰凿劫持一名 4 岁的男童。警方接到报警后迅速赶到现场。凶犯先后要求与环境和自然资源部长及公共汽车公司经理见面，均遭到拒绝。被激怒的凶犯突然用冰凿狂刺男童背部。现场的警察面对这突如其来的情况束手无策，迟迟才开枪击毙歹徒。身受重伤的男童送到医院时已经死亡，但法医在验尸时惊愕地发现，男童身上除了 5 处刀伤外，身体内还有至少 4 粒弹头，其中一颗居然命中心脏，警察果然"枪法如神"。事件结束后，警察局长当即被撤职，10 名参与行动的警察受到了杀人罪的指控。

> **问题思考**
>
> 1. 昆明火车站暴恐案特警采用的是什么样的射击技术？
> 2. 近距离射击，采用怎样的瞄准方式？

应用射击是为了应付各种暴力事件和突发事件，在各种复杂的环境和条件下所进行的各种射击。应用射击是在掌握了基本射击的基础上进行的，它是基本射击技术的升华和延续，是基本射击技术在不同条件下的发挥和运用。应用射击的特点是目标、距离不固定，目标出现突然，而且暴露时间短，外界环境和地形地物复杂，射击准备的时间短，重点是突出一个"快"字，要求射手在短时间内，快速而有效地命中单个或多个目标，应用射击射击时受外界的干扰和影响较大。因此，在应用射击的训练中要特别注重提高射手机智、灵活、快速、准确的射击技能，才能在实战中保全自己，有效地打击和制止违法犯罪行为。

警察在执行搜查任务、抓捕逃犯、盘查嫌疑人员、执勤中遇见紧急情况所采用的射击技术大部分都是应用射击技术，如快速射击、双发点射、选择射击、夜间射击、运动射击、抵进射击、行进间转身射击等。这就要求人民警察要练就过硬的射击本领。

项目一　快速射击

一、快速射击的概念

快速射击是指射手迅速从枪套内取出手枪，完成子弹上膛、瞄准、击发动作的射击技术。

在实际工作中，取得枪战胜利的三要素是速度、准确度和连续射击。首先，要求出枪快，快出枪射击应采用概略瞄准方法；其次，射击准确，有效击中对方；最后，养成连续射击的习惯，出枪就要击发两次以上，直至对方彻底失去抵抗能力。但要注意枪内的弹药量，不可用尽。

手枪速射动作要领分据枪、瞄准、击发三部分：

（一）据枪

手枪速射采用立姿据枪。手枪速射立姿据枪姿势分单臂、双臂两种据枪姿势，其中双臂又分为平行式和威沃尔式两种据枪姿势。

1. 手枪速射立姿单臂据枪。立姿单臂据枪射击姿势在实战中应用较少，使用起来隐蔽性好、被攻击面小，但很难命中目标。

动作要领：右手握枪，握把动作与手枪基本射击单臂立姿射击动作要领基本相同。但速射握枪的力量要比基本射击稍大些。枪据好后，右臂屈臂将枪置于身体右侧，枪口大约与肩同高。据枪时，身体右侧迅速对向目标，同时，两脚左右开立比肩稍宽，避免身体前倾或后仰。右臂取捷径将枪迅速向前伸出，伸臂出枪的同时，要用力挺臂、挺腕、保持枪面平正。并做到伸臂出枪时边伸臂边构成准星与缺口的平正关系，概略指向目标，左臂顺其自然。

据枪时，头部要转向持枪手臂的一方，两眼注视目标。

有依托物时，应充分地利用依托物，以获得较好的射击效果。有依托据枪时，可用右手掌根部或腕部放在依托物上，也可以用上体或腿部依靠在隐蔽物上。

2. 手枪速射立姿双臂据枪。

（1）手枪速射立姿双臂平行式（等边式）据枪（图10-2）。立姿双臂平行式据枪姿势，其优点是学习起来比较容易掌握，稳定性好，能快速构成概略瞄准，是射手最多采用的射姿。据统计，在手枪速射中有90%的射手是采用双手包夹式的握枪姿势。其缺点是，由于身体正对目标，暴露面积大。

图10-2　立姿双臂平行式据枪

动作要领：身体正对射击方向（图10-3），两脚站立的姿势与应用射击双臂立姿站立姿势相同。持枪手臂的准备姿势，握枪方法与基本射击（慢射）双臂平行式的动作要领基本相同。但双臂握枪的力量要比基本射击稍大一些。出枪时，双臂要取捷径将枪从胸前迅速向目标方向伸出（图10－4、5、6）。准星稍高于照门，在出枪的同时，迅速构成平正准星，使枪面保持平正，把平正准星指向目标（图10－7）。

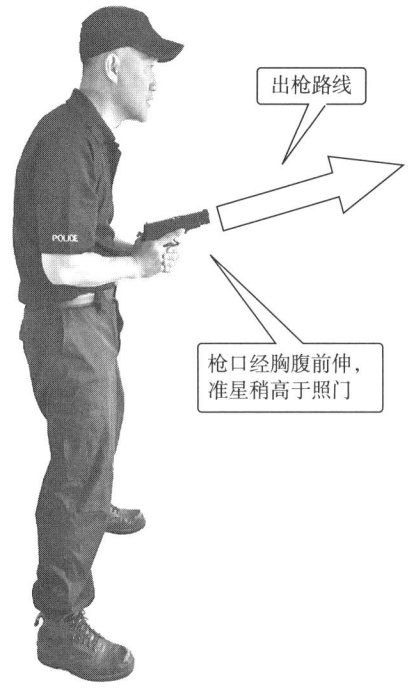

出枪路线

枪口经胸腹前伸，准星稍高于照门

图10－3　出枪路线1

双眼目视射击目标

含胸收腹，重心稍前倾

枪的行进路线

双膝盖微曲

图10－4　出枪路线2

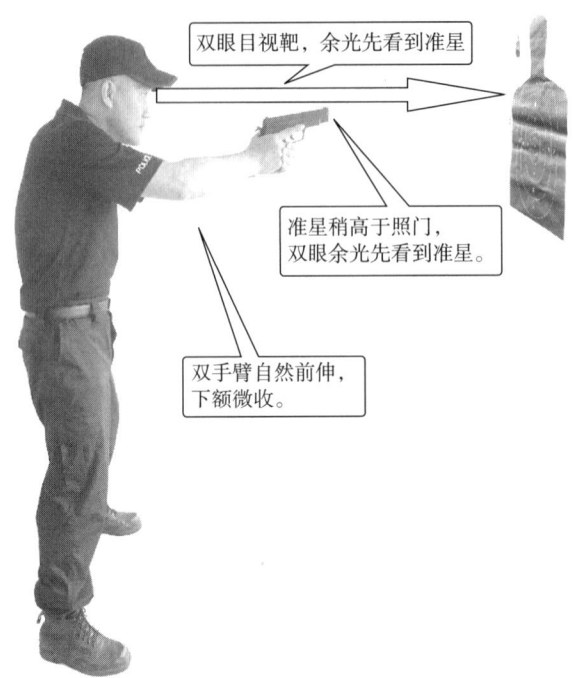

双眼目视靶,余光先看到准星

准星稍高于照门,
双眼余光先看到准星。

双手臂自然前伸,
下额微收。

图 10 - 5 双眼目视靶,准星稍高于照门

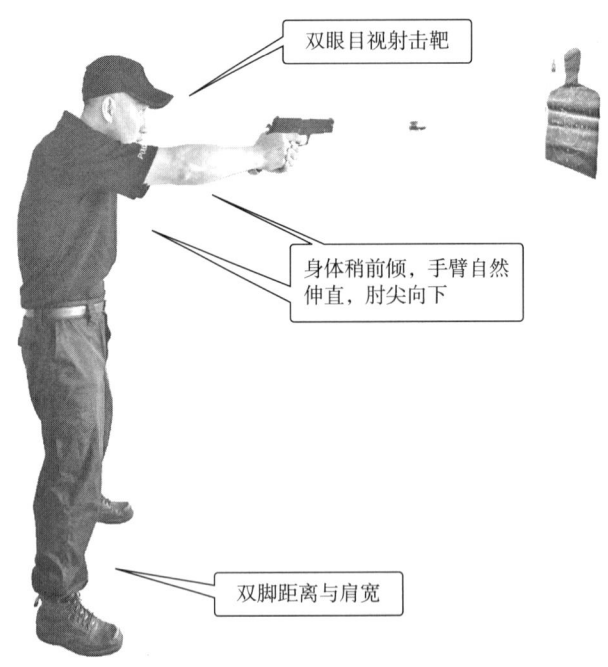

双眼目视射击靶

身体稍前倾,手臂自然
伸直,肘尖向下

双脚距离与肩宽

图 10 - 6 身体稍前倾,手臂自然伸直

据枪时,头部面向射击方向,两眼注视目标。

（2）侧身双手立姿（威沃尔式）据枪（图 10 - 8）。侧身双手立姿形成动作快,出枪迅速，稳定性好，射击中便于观察、隐蔽。近年来，国内外警察常采用这种姿势。

图 10 - 7 出枪路线

动作要领：身体斜侧目标站立，与目标约成45°角，两脚自然开立约与肩同宽，身体上身与下身自然保持在一个垂直面上，（以右手射击为例）右手握枪，右臂自然前伸，左手包住右手从右胸前向左前推出，左臂弯曲，左右肘尖向下，左手包夹的力量在60%左右，右手用40%的力量握枪。头部保持正直，右眼平视目标。

图 10 - 8 侧身双手立姿据枪

（二）瞄准

动作要领：手枪速射的瞄准动作要领与手枪基本射击瞄准动作基本相同。完成据枪动作后，眼睛注视目标，右臂取捷径迅速向目标方向将枪伸出的同时，右眼通视准星与缺口，枪前伸时准星稍高与照门，在快伸展到位时，照门卡入准星，迅速构成准星与照门的平正关系（图10 - 9、10），使平正准星指向瞄准区，并做到边瞄边扣，边晃边扣，直至击发。

双眼目视目标

枪前伸过程中，准星稍高与照门，眼睛余光先看到准星，再卡入照门

图10－9　双眼目视射击目标1

双眼目视射击目标

图10－10　双眼目视射击目标2

当打完一发子弹后，眼睛继续盯住枪的平正关系，快速恢复瞄准。完成下面的击发动作。

（三）击发

手枪速射的第一发击发动作要领与手枪基本射击（慢射）的击发动作要领基本相同。速射击发时，食指扣扳机的速度要比基本射击快，当平正准星接近瞄准区时，食指第一节根应扣落扳机的第一道火，当平正准星构成后指向目标时，开始扣压扳机第二道火，并做到边瞄边扣，边晃边扣，直到自然击发。

打完一发后，扣扳机的食指迅速松开扳机，并回压第一道火，快速恢复瞄准的同时，达到下一发的自然击发。

二、快速射击技术的要求

快速射击技术大多应用在近距离作战中，要求以最短的时间、以最快的速度向目标完成射击。具体要做到"三快一中"，"三快"即是判明目标快、出枪反应快、完成射击快；"一中"即是首发命中。

快速射击大多是采用包夹式的握枪方式。据统计，在手枪速射的射姿中，选用包夹式的射手占90%的比例。射手在掏枪时应该注意握紧、握全握把，中指多用力，其余手指全部放在枪握把上。包夹式握枪时，右手大约用40%的力量握枪，左手大约用60%的力量握枪，同时注意双手臂前伸到位后，双肘尖朝下。这样的姿势有利于射手在连射中手枪迅速还原到射击位置。

在实战中快速射击，根据目标的情况和技能决定射击的顺序：

1. 先射击危险程度大的目标。

2. 先射击大目标。

3. 先射击近距离的目标。

三、快速射击易犯错误及纠正方法

1. 猛扣扳机。破坏准星与缺口的关系，造成较大射弹偏差。

纠正方法：应强调快速均匀、正直向后用力扣压扳机。做到有意瞄准，无意击发，在运动中瞄准，在瞄准中击发，比起手枪的慢射，这种无意击发的时间更短了。

2. 枪支颤动。

纠正方法：应强调握枪时不要用力过大，两臂肌肉用力要协调。

3. 手腕挺不住，造成射弹偏低。

纠正方法：应强调多练习臂力、腕力，握枪时强调手腕用力挺直。同时双臂握枪的力量不能过大，在速射中的瞄准点要比慢射高。

4. 更换弹夹时眼睛看枪。

纠正方法：应强调眼睛始终看向目标方向，右手持握枪的射手枪身稍向右侧，左手掌心握弹匣底部，食指伸直贴在弹匣匣身前，大拇指和中指夹住弹匣匣身（图10 － 11、12），用眼睛的余光看左手把弹匣拍入枪身。

5. 威沃尔式据枪时左手用力不当。

纠正方法：应强调左手握右手大约用60%的力量。右臂形握枪大约用40%的力量，右手主要是负责击发，左手负责稳定方向，用左右手的合力保持枪的稳定性。

6. 射击时，扣扳机的食指不灵活，松开扳机时离开扳机。

纠正方法：应强调多加强食指"两快一慢"的练习，松扳机时向前的引力松开，食指不要有意识地向前弹开。射手的注意力是放在枪的瞄准和目标上，击发后注意力还应放在枪的瞄准和目标上。

7. 射击姿势不正确，重心不稳固。

纠正方法：应强调正确的站姿、跪姿角度，保持身体的稳定性。站姿射击时射手的重心要稍向前倾，含胸收腹。

图 10 - 11　大拇指和中指夹住弹匣匣身

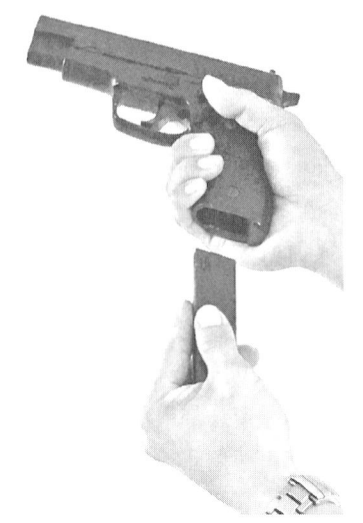

图 10 - 12　弹匣入枪身

8. 速射时，没有节奏感。

纠正方法：射手在速射时，枪后坐快还原到初始射击位时按压扳机，等准星快降到与照门平正时击发。

9. 握枪一致性差。

纠正方法：应强调左右手握枪形成一个整体，双手握枪握的越牢固，速射的效果就会发挥的越好。

10. 速射首发命中率不高，连射效果差。

纠正方法：速射中一个非常关键的要求就是首发命中率，在时间的分配中，首发所要瞄准的时间要稍长些，首发子弹如能射中靶心，后面连射的每一发，就按首发瞄准和击发的感觉进行，可以越射越快，也可以采用均匀保持一定的射速两种方式。

📝 问题思考

1. 怎样提高速射水平？
2. 速射多采用双手还是单手握枪？
3. 速射握枪动作要领与枪械慢射时有什么不同？

项目二　概略瞄准射击

一、概略瞄准的概念

概略瞄准是指射手目视目标，枪口指向目标时，枪的套筒上部大体保持平稳，并使之处于双眼之间的视平线上或略低于视平线时，枪口指向目标就实施射击的技术。

概略瞄准的感觉，就像平时用手指指人或在夜间用手电筒照一个物体一样，而眼睛则必须是直盯住射击目标，并从枪的上部看过去，而绝不要下意识地去看准星与照门的平正关系。即使目光在盯住射击目标的同时，其视野内会出现准星和照门，但眼睛的余光也只能是注意到准星而再不能去看缺口。

如果下决心开枪时，眼睛不是看射击目标的整个身体，而是应盯住所要击中部位的中心部分。如警察若想击毙犯罪嫌疑人，就应在开枪时盯住他胸膛正中心的位置；若要击伤他，则应盯住其膝关节或者大臂的中间部位。假设在射击时，与射击目标之间的距离是在15m之内，可不必过多地考虑弹道高的差距，而直接采用上述概略瞄准的方法去射击。因为在10～15m的距离内，五四式、六四式及七七式手枪的弹道高，平均只有5～10cm的差距（距离越近则弹道高的差距就越小）。因此，只要盯住要打的部位的中心位置进行射击，即使子弹的弹着点有些偏差，也大致会在这个区域内，其击中后的效果也是基本一样的。当然，超过20m以外或者再远一些的距离上，子弹的弹着点的误差会加大。如果现场条件允许（如射击目标背向你逃跑、打出臭弹或者更换弹匣时等），可以在快速地看清准星与缺口并大概选择好瞄准点再进行射击。但是，在警察执行任务时，大部分的枪战突然发生时，双方的距离一般不会超过15m，而在这其中占很大部分比例的枪战，在发生时，双方仅距离5m左右。因此，概略瞄准是近距离枪战中首选的瞄准方法。

二、动作要领

射姿有两种：

第一种射姿：射手正对或向右45°侧对射击目标，两脚开立，身体重心靠前，稍低头，上体稍前倾，两眼注视目标。快掏枪后经射手腹前上膛（图10－13、14），边概略指向射击方向边据枪，枪的行进路线是由腰到胸腹前再到体前与肩同高（图10－14、15）。手握枪在运动的过程中让枪口稍高与枪身，准星稍高与照门（图10－16）。双手包夹式握枪从腹前向前运动时用眼睛的余光先看到准星，眼睛看到目标、准星成一直线时压动扳机，让照门一上抬大约与准星成平正时击发。这是概略瞄准动作的核心。

图10－13　腹前上膛

图 10 – 14　枪经胸腹前再到体前

图 10 – 15　准星稍高

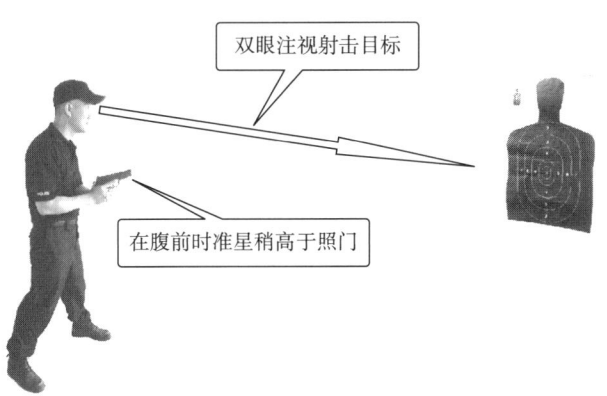

图 10 - 16　射手侧对射击目标射击方式

　　第二种射姿是腰侧射击方式（图 10 - 17），这种方式的站位也是采取正对目标或向右45°侧对射击目标，两脚开立小于肩宽，右手握枪与单手握枪方法相同，大臂后展，右前臂中间紧贴右肋，右肘部靠后，小臂保持水平，枪口指向目标的射姿，概略对向射击方向既可击发。腰侧射击的方式最大特点是无需借助枪的准星照门进行瞄准，完全靠射击的感觉（动力定型）来完成。

图 10 - 17　腰侧射击方式

三、学习要点

　　1. 距离：概略瞄准的距离以 15m 以内为宜。开始训练时要从近距离开始，用 7m

靶，距离近易于上靶，便于射手检查弹道点、改进射击的角度，然后再逐渐加大距离，巩固技术。

2. 时间：概略瞄准射击的教学训练要求概瞄的时间大约在 1.5 ~ 2 秒内完成。

3. 精度：概略瞄准射击只要求命中目标，在训练时以子弹上靶的个数来衡量射手的水平。

4. 角度：在教学训练中应该注重射手出枪时的手臂与目标的角度，特别是双手包夹式据枪瞄准射击时，准星与照门大约在什么位置，枪击发能命中目标，要在反复练习中仔细体会，正常的情况是准星要稍高与照门时击发，容易命上目标，特别是手枪连射。在准星稍高与照门时压动扳机，准星刚降下约与照门平时击发，一定要找好连射时的手前臂与目标的角度，并保持每发都在这种角度下击发。

单手腰侧击发的角度更是要射手用心来体会，手枪在腰侧击发，射角是完全凭射手的感觉来进行的。或高了或低了，要不断地改变射手射击的方向，实现近距离命中目标。再把命中目标的感觉细细体会，总结，反复练习以形成动作定型。腰侧射击开始练习时必须借助外红点瞄准具与枪支配合进行训练。腰侧射击的训练距离一般是从 3 ~ 5m 的近距离开始。

5. 后坐：射手在首发概瞄后，枪支后坐，应迅速还原，进行第二次的概瞄和击发，枪后坐时，双手肘稍有弯曲，肘尖朝下，以利于缓冲枪的后坐，然后再次伸直，只要是连续射击，动作都相同（如果是威沃尔式握枪方式，右手直臂上抬，后还原）。

四、训练方法

（一）7m 近距离空枪的练习

采用原地立姿，双手持握枪正对目标，屈臂与胸腹前，枪口指向射击目标，两眼注视目标，听教官口令后，双臂迅速向前直臂出枪，空枪射击。出枪时准星先行，略抬高，目视射击靶，双手臂前升时先用眼余光看到准星，对到射击靶，照门在升的过程中卡入准星，射手扣动扳机击发。这个概瞄后击发的过程用时很短，约 1 ~ 2 秒完成。射手养成快速瞄准和击发的习惯，为手枪速射的连发打下牢固的基础。

概略瞄准空枪练习要充分，每次训练可以练习 3 ~ 5 组，每组练习 100 次左右。养成良好的概瞄动作定型。其中，腰侧射击的空枪练习每组只练 50 次，每次训练 3 组就行，腰侧概瞄射击以外红点瞄准具与枪支配合进行才会有大的收获。

（二）3 ~ 7m 实弹概瞄射击的训练

先进行单发训练，5 发为一组，分 5 次完成。待感觉有了以后，再加以 5 发连射，5 ~ 10 组。特警的训练更要加大训练量，以一次训练每人完成 400 ~ 500 发的数量为准。对腰侧射击的训练，开始训练时距离 3m 即可，以反复多次的实弹训练来体会射击的角度。腰侧的射击以单发训练为主。枪配备外红点瞄准具，以辅助进行概瞄，达到快速概瞄射击。

（三）15m 中距离带掏枪动作的练习

练习仍然从空枪开始，听到口令后，迅速拔枪，双手包夹式握枪由右腹前到体前进行概略瞄准射击。空枪练习纯熟以后，进行实弹训练。特别要注意的是在概瞄速射时的首发瞄准，所用时间要长于后面的几发。首发概瞄射击时命中目标了，后几发就有参照的位置，就能连续命中。

（四）10m 距离双手曲臂的击发训练

先从空枪练习开始，双手握枪从右腰侧向体前伸展的过程中，从胸腹前右手食指就预压到位，枪在运动到胸前，双手还曲臂时就完成击发，训练射手快速首发击发（图 10 – 18）。此时的枪口大约指向目标，还没有看到准星和照门，枪已经击发。体前击发后，双臂继续向前伸展，直至形成据枪动作，为下一发的连续射击准备好射姿。空枪练习熟练后进行实弹的练习，注意双手包夹式握枪稍用力握牢枪的握把，同时枪口要朝向前方的目标靶。实弹射击一组 5 发子弹，手枪上膛锁保险放入枪套，训练时听到射击口令后，迅速掏枪同时解保险，双手在胸腹前首发射击，双手臂继续自然前伸，直到手形动做成射击姿势，概略瞄准继续连射。

枪经过胸腹前就完成第一次击发

图 10 – 18　双手曲臂的击发

（五）腰侧单手射击完接双手立姿概瞄射击

练习距离 7m：训练时枪械装上外红点瞄准具，先采用腰侧射击 2 发子弹，再转换射姿，双手包夹式握枪概瞄速射 3 发。腰侧连射 2 发后，左手从右腰侧包夹右手向体前据枪，动作到位后快速连射 3 发。

（六）15m 中距离空枪概瞄射击

射手自己下口令，掏枪，上膛，概瞄，击发。练习首发概瞄。每组 100 次。练习 3 组。此时射手的视力分配是，在看目标的同时还应用余光兼顾手枪的瞄准线，此时应该强调视力的回拉，射手视力的分配应该有 40% 在目标上，有 60% 在平正准星上。射手的视觉精力分配会随着射击距离有所变化，近距离和中远距离有所不同，所以射手应在反复练习中仔细体会。

（七）15m 中距离实弹概瞄射击

练习时枪放枪套里，立姿准备，两眼盯紧目标，听到射击口令以后，掏枪解锁双手边向前据枪边概略瞄准和击发，首发概瞄稍慢，随后的几发可加快连射速度，直至手枪全部子弹击发完毕。射击的时间为 13 秒。子弹 5 发。首发射击采用联动射击方式。

五、易犯错误和纠正方法

1. 立姿双手握枪概瞄时眼睛看枪，造成瞄准时间长。

纠正方法：概瞄射击时射手的眼睛放在注意目标上。

2. 立姿双手出枪时枪头向下，枪前伸时枪身难平，概瞄困难。

纠正方法：用右腰前出枪时，枪口稍向上，让准星稍高与照门。

3. 双手握枪概瞄时枪身很难平，造成瞄准困难。

纠正方法：双手握枪要握牢固，采用包夹式握枪方式。左手指要放在右手指缝上面，有条件的可以戴射击专用的防滑手套。

4. 腰侧概瞄指向性不强，难上靶。

纠正方法：腰侧概瞄速射时，枪必须配备外红点瞄准具，才能进行有效的训练，其次是刚开始练习时距离 3m 左右为宜，随手感的提升适当地增加距离。

📝 问题思考

1. 腰侧概瞄的动作要领是什么？
2. 腰侧概瞄怎么给手枪上膛？
3. 概略瞄准的要领是什么？
4. 腰侧射击的枪支一般是配合什么瞄准具一起使用？

项目三　抵进射击

一、抵进射击的概念

抵进射击是指搜索时发现目标，不断逼近对方时，采用火力控制对方所采用的一种射击技术。

二、抵进射击的特点

目标出现突然，距离很近，暴露时间短，可能是单个目标，也可能是多个目标；射手必须在 1~2 秒内完成射击。射击时只能将枪概略指向目标射击，射击准确性差。

三、抵进射击的方法

搜索时射手采用射击准备姿势前进，发现目标时迅速双手握枪据枪，用枪口指向目标，保持枪管轴线概略水平，上体保持稍向前倾，稍低头，两眼注视目标，余光看枪口，将枪概略指向目标，边行进边点射、快速逼近对方。

四、训练步骤

抵进射击技术在实战中难度较大，要不停变换位置和距离，寻找隐蔽点，转换射姿，计算好随身携带的弹量，有计划的边走边射。射击在行进间完成，但是射击距离由远到近，目标由小到大，射击难度由难到易。

1. 原地空枪练习：正对射击方向，双臂体前据枪的射姿训练。

2. 原地空枪腰侧射击练习（枪支必须要配外红点瞄准具）（图 10-19）：正对射击方向，单手持握枪屈肘在腰侧的射姿，单发射击。一组 50 次，分 5 组完成。

图 10-19　配外红点瞄准具手枪

3. 原地实弹练习（枪械配外红点瞄准具）：单手持握枪，屈肘在腰侧的射击技术。一组 6 发，单发点射。

4. 慢速行走中空枪练习：采用体前据枪的方式边走边概瞄射击；采用腰侧屈肘据枪的射击练习方式。使用六四式、九二式手枪联动射击，练习首发联动击发，其余单动射击。

5. 快速行进中，体前和体侧两种据枪姿势的实弹射击练习。体前射击距离 30m、25m 处、20m 处、15m 处各设置隐蔽点，2 个弹匣，训练时从 30m 开始射击，后到 25m 隐蔽物后隐蔽，然后继续射击，再移动到下一隐蔽点，换弹匣，继续射击，最后到 15m 处的隐蔽点伺机点射，直至射击完毕。

6. 原地实弹练习：双臂体前据枪射击技术训练，一组 5 发，点射进行。

7. 慢速行走中实弹射击练习：体前直臂据枪射姿和体侧屈肘据枪射姿。射击靶位于 25m 处，采用体前据枪瞄准射击，12 发子弹，2 个弹匣，从 25m 射击位至 7m 射击位击发完全部子弹。途中换一次弹匣。体侧射击（枪配备专用的外红点瞄准具），距离5m，7发子弹，1个弹匣，射手从射击位开始腰侧射击3发，后边走边射中速后退至10m处，在退的过程中改成双臂体前据枪射击直到退至10m处。

五、易犯错误与纠正方法

1. 行进中射击不易上靶。

纠正方法：行进中身体的重心要平稳，重心的起幅越小越好，尽可能在双脚落地时进行射击。

2. 出枪射击不上靶。

纠正方法：出枪时采用双手包夹式的握枪方式，夹紧夹住枪。

3. 首发联动射击时间过长，不易击发。

纠正方法：加强射手的右手食指的力量练习，采用食指扣动有一定重量的物体，重物用绳子绑住，另一端挂在食指的指腹上的方法进行。

4. 射手射击时重心不稳，出枪后还原慢。

纠正方法：射手射击时重心稍向前，含胸，下额微收，双眼目视目标。

问题思考

1. 抵近射击有什么特点？
2. 抵近射击适用在什么情况下实施？

项目四　对运动目标射击

一、对运动目标射击的概念

对运动目标射击是指对在地面上位置不断移动的目标，如跑动中的罪犯和行驶的车辆等进行射击的技术。

二、对运动目标射击的特点

目标的位置、方向、速度、距离等不断变化，射击难度大。

三、对运动目标射击的要求

射击时要做到"四快"，即发现目标快，求取提前量快，出枪射击快，转移火力快。在快中求稳，稳中求准。

四、运动目标射击求取提前量的方法

正确求取提前量是运动目标准确射击的前提。这是因为弹头飞到目标需要一定时间，而此时目标也运动了一定距离，如果是按固定目标射击，就不能命中。因此，对运动目标射击时，必须根据目标距离、运动方向、运动速度求取适当的

提前量。

1. 对横向运动目标射击提前量的求法。对横向运动目标射击提前量的求取应已知三个条件，即射击距离、弹头飞行时间和目标运动速度（见表 10－1）。

表 10－1　射击距离、弹头飞行时间、目标运动速度表

射击距离（m）	弹头飞行时间（s）			目标运动速度		
	步枪、机枪	冲锋枪	手枪	目标	区分	速度（m/s）
25			0.1	人员	行进	1.5
50			0.2		跃进	3
100	0.14	0.15			奔跑	4.5
150	0.22	0.24		车辆	慢速	4
200	0.31	0.33				
300	0.51	0.54			中速	8
400	0.72	0.78			快速	12
500	0.97	1.05				

计算公式：

横向提前量 = 目标运动速度 × 弹头飞行时间

如果按人体宽求取提前量，即用提前量除以人体宽（0.4m）。其计算公式：

横向提前量（人体）= 目标运动速度 × 弹头飞行时间/人体宽（0.4m）

例：九二式手枪在 25m 距离上，对以 3m/s 横向跃进目标射击，求取提前量应为：

横向提前量 = 3 × 0.1 = 0.3（m）

按人体宽（0.4m）求取提前量应为：

横向提前量（人体）= 3 × 0.1/0.4 = 0.75 = 3/4（人体）

即从目标中央算起，提前 3/4 人体。

2. 对斜向运动目标射击提前量的求法由于斜向运动目标在角度和距离上与横向运动目标相比发生了变化，因此，提前量的求法也就不同。计算时除需知道上述三个条件外，还需知道目标运动方向与射向所成角度的函数值（见表 10－2）。

表 10－2　目标运动方向与射向所成角度的函数值

角度	30°	35°	40°	45°	50°	55°	60°	65°
函数值	0.5	0.57	0.64	0.7	0.76	0.8	0.86	0.9

计算公式：

斜向提前量 = 横向提前量 × 角度函数值

如果按人体宽求取提前量，提前量除以人体宽（0.4m）。其计算公式：

斜向提前量（人体）＝横向提前量×角度函数值/人体宽（0.4m）。

例：九二式手枪在50m距离上，对以3m/s斜方向45°角运动目标射击，求取斜向提前量应为：

斜向提前量（人体）＝（3×0.2）×0.7/0.4≈1（人体）

3. 对纵向运动目标射击时，提前量的求法应该根据目标行进方向和运动速度提高或降低瞄准点（区）来选取。对面向我运动的目标，应适当降低瞄准点（区）射击；对背向我运动的目标应适当提高瞄准点（区）射击。

五、射击方法

（一）对横向或斜向移动目标的射击

射手在对横向或斜向移动目标进行射击时，采用便于观察目标移动的双臂威沃尔射姿射击。这种射姿射向角度大、便于瞄准和命中目标。射手瞄准时应以腰部为轴做角度转动，手腕要挺住，预压扳机和击发动作应在运枪的过程中完成。具体射击方法可分三种：

1. 追随射击。对横向、斜向运动目标射击时，经常采取追随射击的方法，将瞄准线指向目标运动的前方，求出提前量，根据目标运动的方向和运动速度，以腰椎为轴，平稳地转体而移动枪身，保持好提前量和准星、缺口的平正关系，均匀地扣压扳机，边追边扣直至击发。追随的距离不宜过长，移枪和目标的运动速度要一致。

射击方法可归纳为"一取、二随、三扣"。

一取：根据目标运动的方向和运动速度，取好提前量。

二随：以腰椎为轴，上体带动手臂平稳地移动枪身追随目标。

三扣：在追随中均匀地扣压扳机，完成击发。

2. 待机射击。在目标运动的前方，选好待机点，握枪瞄准。当目标接近时，迅速修正高低并扣压扳机，待目标进到求取的提前量时，果断适时击发，切忌犹豫或猛扣扳机。如错过时机或未命中目标，应迅速移向下一个待机点，按上述方法继续射击。待机射击的关键是掌握击发时机。

射击方法可归纳为"一选、二修、三扣"。

一选：在目标运动的前方，选好几个待机点。

二修：当目标接近时，用眼睛的余光观察目标，迅速修正高低。

三扣：当目标运动到求取的提前量时，果断适时击发。

3. 急停射击。当犯罪嫌疑人逃跑时，射手跟踪追击，当追到有效射程内出现射击时机时，要求射手就地停止跑动，瞄准并实施快速射击，这就是急停射击，也称短停顿射击。为了在最短的时间内由疾跑状态转入稳定的射击据枪状态，须采用4步急停法，即疾跑中以持枪手同侧的脚向前迈出为第一步，此时枪从套内拔出；接着第二、三步依次迈出并减速，给手枪上膛，双手包夹式握枪前伸概瞄；当第四步在身体前方落下时制动停稳，同时枪口指向目标随时可以击发。

（二）对纵方向运动目标的射击

对纵方向的运动目标的射击，因为目标移动与射击方向一致，目标的移动只是使射击距离发生变化，也就是使弹道发生高低偏差，这种偏差对于使用手枪向较近距离的运动目标和运动速度较慢的目标射击，对命中影响不大，可以忽略不计。

（三）乘车（船）射击

射击的主体在运动状态，这是运动射击的一个特殊形式。乘车（船）追击犯罪嫌疑人时，车辆上下的颤动、方向左右摆动、行驶速度的变化等运动状态所导致的晃动，都会引起射手身体及武器的不稳定，必然对射击产生很大影响。因此，乘车（船）射击应本着减少无规律晃动和抓住时机的原则来进行，以提高命中率。

我们可以借用惯性原理，用身体一些部位的关节来缓冲和吸收地面传递上来的部分能量，最大限度地减少向前伸出远离身体的枪支的晃动，基本保持原来的指向，为击发创造条件。因此，乘车（船）射击一般以立姿参与缓冲的关节多效果较好，动作要领为：两脚分开稍宽于肩，膝部弯曲并保持适当放松，收腹含胸上体稍向前倾并同样适当放松，身体一般不要靠在车（船）上。若采取跪姿射击，臀部不宜坐于脚跟，左肘也不要放在左膝上，以更好地缓冲震动。持枪手臂尽量远伸，放松，以使其阻断传向武器的能量。击发时，手指对扳机的预压要充分一些，给击发创造便利条件。

六、训练方法

1. 射手空枪对横向运动的靶位进行瞄准和击发，计算提前量。
2. 射手空枪原地边转身边射击，从左向右转，想象有运动的物体从左向右移动。
3. 射手空枪对由前向后移动的靶位进行瞄准和击发。可多人同时进行练习。
4. 射手空枪对由后向前移动的靶位进行瞄准和击发。分组练习，每组 8~12 人同时进行，每练习 10 次后换下组队员练习。
5. 射手立于靶的左侧，练习时移动靶由后向前移动，然后由前向后移动，循环进行。射手空枪反复体会和对移动靶位射击。
6. 射手对横向移动的单个靶位进行实弹射击，每位射手 5 发子弹。在靶移动过程中进行射击，靶移动完毕后严禁射击。
7. 射手对横向移动的 3 个靶位进行实弹射击，每个靶位要求射击 2 发子弹。
8. 射手对由前向后运动的靶位进行射击，当靶移动到 7m 时射击 2 发，靶移动到 15m 时再继续射击 2 发，当靶移动到 25m 再射击 2 发，设置移动靶最后停在 30m。在地表的 7m、15m、25m 设置明显标识。每个射击靶位一位射手，同时进行。

七、易犯错误与纠正方法

1. 瞄准移动靶位射击，就是不上靶。
纠正方法：在瞄准时要根据与移动靶的距离计算提前量，和弹道高因素一并考虑，找到正确的瞄准区域。
2. 在对移动靶射击时，弹着点偏低。
纠正方法：对移动靶位进行追随射击时，双手臂适当放松，目视靶的移动方向，均匀扣动扳机而不是猛扣扳机。

1. 对横向的运动目标射击的动作要领是什么？
2. 对运动目标射击的要求是什么？

项目五　快速双发连发射击

一、快速双发连射的概念

快速双发连射是指快射时，对每个目标快速连射两枪，以提高击中目标的概率的射击技术。

二、动作要领

双发连射的握枪手法比基本射击精度射时握枪力量要大，握枪手型采用包夹式，射姿采用双手臂前伸成等腰三角形的方式进行。射击时腕关节和肘关节都要挺住，以减少后坐对瞄准线的破坏，缩短再瞄准时间。速射中要保持枪面的平正，射击距离近时应将视力前推，即用眼睛盯住目标，用余光观察枪支的准星照门大约平正的关系指向目标，采用概略瞄准的方法射击。射击距离稍远时应将视力回收，将主要精力放在平正准星缺口上，将目标上的瞄区放宽。

手枪速射的关键动作是扣扳机。手枪双发连射多采用的是包夹式的握枪姿势，双发连射的首发按手枪速射的要领完成。首发的概瞄比第二发要慢，以保证首发射击能射中目标，双发连射的第二发概瞄约0.5～0.8秒内完成和击发。食指按动扳机要做到"两快一稳"，预压快，击发完松食指要快，按动扳机的第二道行程要稳。半自动手枪的构造决定了发射一发子弹后必须完全松开扳机，使扳机连杆恢复到定位，方能使枪械恢复到待发状态，如果松扳机位置不到位，手枪的击发机就会不工作，而不能击发。射手在首发击发后食指不离开扳机，借扳机簧的力量向前弹出，使扳机确实恢复到位，再立即扣落下第一道火，均匀扣压第二道火，为下一发的击发做好准备。

手枪双发速射要做到"三快一慢"。第一个是出枪动作先快后慢，即射手屈臂持枪，出枪时伸臂动作应该先快，待射手余光看到准星要慢，以便能进行概瞄。第二个是扣扳机动作先快后稳，即扣落第一道火要快，扣压第二道火要稳，临要扣响时最稳，因为此时是击发的关键，不稳、不均就会跑靶。第三个是首发完毕还原要快，次发概瞄要快，次发击发要快。快速双发连射两发的间隔时间要小于1秒。射击的节奏是："砰砰——砰砰——砰砰"。

三、训练方法

1. 空枪出枪练习：采用包夹式持握枪，正面向前，原地持枪屈臂准备，双手臂直臂出枪指向目标，双肘尖朝下。练习中反复体会首发时持枪手握枪的力度，挺腕挺肘的感觉。由于空枪练习时枪不会后坐，首发后下一发的射击体会只能通过实弹完成。

2. 实弹快速双发练习：单一靶位，距离 10m，子弹 6 发，按两发、两发的射击节奏完成出枪射击。实弹射击时注意体会首发食指扣扳机和次发扣动扳机的不同之处。注意体会首发概瞄和次发概瞄的时间分配，同时还要体会双发连射时的挺肘挺腕的感觉。

3. 实弹快速双发对不同靶的连射：射手射击位固定，设置三个 10m 的靶，子弹 6 发，要求射手在最短时间内按顺序完成对每个靶双发连射的内容。射手双手包夹式持握枪，枪上膛，听到射击口令后按从右到左的顺序射击，每个靶只能连射两发。

4. 实弹快速双发对不同距离目标靶的射击（图 10－20）。射击位固定，设置 7m靶、10m 靶、15m 靶各一个。要求按靶的距离先射击 7m 靶，然后是 10m 靶，最后射击15m 靶。射击时间 10 秒。

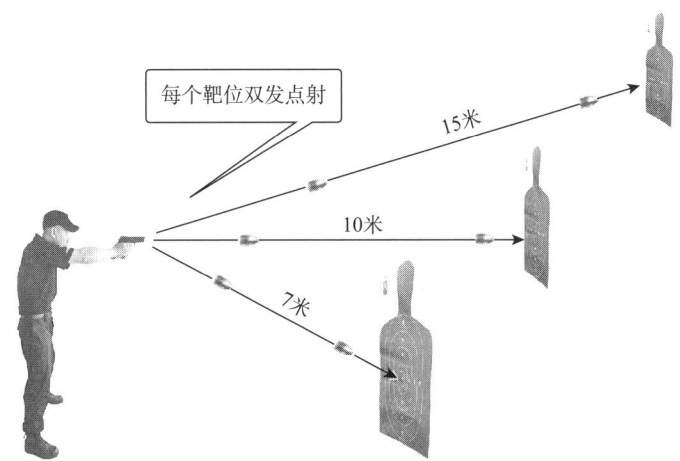

图 10－20　实弹快速双发对不同距离目标靶的射击

5. 移动中对不同目标的双发连射：设置六个 7～15m 距离的射击靶，两个弹匣，一个弹匣 7 发子弹，一个弹匣 5 发，先装 7 发子弹的弹匣。射手按要求从指定位置站好，听到射击口令后给手枪上膛，依次对目标进行双发连射，每个靶打两枪，射击二个靶后移动中换弹匣，继续射击，射击完毕后卸弹匣，验枪。为了保证实弹的安全，练习中以单个靶位、单个射手、单独操作为宜。

四、易犯错误

1. 射手双手握枪力量过大，造成射击时弹着点偏低。

纠正方法：双大臂适度放松，右手持握枪时，左手包夹的力量约用 60%，右手握枪力量用 40% 左右，在射击时最好能戴上射击专用的防滑手套，能有效地稳定枪支，减轻握枪的力量。

2. 射手双手握枪伸臂过快，反而影响到概略瞄准。

纠正方法：在双手臂前伸到位时，减慢出枪的速度，以利于概瞄。

3. 练习中有的射手松开扳机慢了，影响下一次的击发。

纠正方法：专门的进行右手食指的扣扳机的动作练习，以双次扣动扳机的动作为一个完整的击发动作，反复的练习。

4. 射手在双发连射的次发射击过慢，没形成双发连射的节奏。

纠正方法：在双发连射的时间分配上，第一发所用的时间稍长，第二发扣动扳机的时间要快。做到慢快、慢快、慢快的节奏。可以采用专业的扳机练习器进行训练。

5. 射手握枪不牢，在射击时枪不稳定，造成概瞄困难。

纠正方法：双发连射采用包夹式握枪，右手握枪时左手包夹在右手的指缝上，这样的握枪最牢固。

6. 射击准备时弹匣没有上到位，子弹上不了膛，无法射击；或射击过程中大拇指按到了弹匣卡榫，造成弹匣松动子弹没有上膛，打不响。

纠正方法：在双发连射中，上弹匣时采用左手把弹匣拍进去的方式。在射击中，双手大拇指有意识地避开弹匣卡榫的所在位置。

📝 问题思考

1. 快速双发射击的动作要领是什么？
2. 采用快速双发射击的作用是什么？
3. 快速双发射击容易出现哪些错误动作？

项目六　夜间射击

一、夜间射击概念

夜间射击是指射手在昏暗、月夜、全黑条件下采取的一种射击技术。

二、夜间射击的特点

夜间射击的特点是，光线暗、视力受限，难以捕捉目标和进行正确瞄准。发现目标、测定距离、观察弹着要（及）修正偏差都比较困难。目标在夜暗条件下呈隐显、运动等综合性质，射击时机稍纵即逝，不可能有机会在准确、细致瞄准的前提下进行射击。这就需要我们加强夜间射击的训练，在微弱光线条件下有针对性地进行射击项目的练习，掌握在微弱光线条件下的射击技术，提高夜间射击的命中率，有效地打击和制止犯罪分子的犯罪活动。

三、夜间射击的动作要领

夜间射击的方法包括：照明射击、月夜射击、对闪光目标的射击和夜暗射击。

（一）照明射击

照明射击是利用目标所处的街区、室内灯光、车灯、探照灯、手电筒、火花等较明亮的光线照射。它是夜间射击中比较容易掌握的一种。

1. 利用室内外灯光射击的动作要领：射击时，要注意区分、判断目标的性质，根据距离和目标大小确定瞄准点（区）。如照明时间长，能看清目标时，可采用同白天一样的射击方法和要领迅速向目标概略瞄准射击。当目标在瞄准区域时，应果断地实施击发。

2. 利用手电筒照明射击动作要领。

（1）哈里斯握法（Harries Hold）（图 10 - 21）动作要领：发明者是麦·哈里斯，一位退役海军陆战队员，发明于 20 世纪 70 年代初。方法是左手握战术手电，拇指控制开关。左手翻腕紧贴右手，起到了左右平衡的作用，和两手持枪的动作相近。这个握法的优点是，指向性能和稳定性都相对较高。双手分合也较为容易，方便左手进行探索，推门等动作。

图 10 - 21　哈里斯握法

（2）FBI 握法（图 10 - 22）动作要领：最老式也是至今依然相当流行的握法。由美国 FBI 发明。基本上双手分开，左手远离身躯，或在头顶，或在左肩外围，或在左边腰际离开身躯半臂的位置。作用是让敌手对着光源射击时打不中你。

图 10 - 22　FBI 握法

（3）阿若比技术握法（图 10 - 23）动作要领：正常情况下用右手握枪，左手握住手电筒筒身，两手迅速聚合，指向所需方向。当枪因为射击而向张开的手指的方向后坐时，握住手电的左手顶住后坐力，让射击恢复的时间有效地缩短。因为光束角与枪膛成一直线，这个技术适用于小于 10m 的射击距离。

图 10 - 23　阿若比技术握法

（4）查普曼技术握法（图 10 - 24）动作要领：查普曼技术由雷·查普曼发明，专门用于夜间枪战。用副手的拇指与食指夹紧手电筒，像一个"OK"手势。另外三只手指以传统的双手握姿握住握枪的手，然后让筒身与拇指、光束和枪身保持水平状态。

图 10 - 24　查普曼技术握法

（5）颈际握法（Neck - Index Hold）（图 10 - 25）动作要领：这个方法适合快速移动中使用，左手握紧手电紧贴颈部，基本上和视线合一，头动光照到。反应十分快捷。当然缺点是光源就在你脑袋边上，容易被击中。

图 10 - 25　颈际握法

（6）罗杰斯技术握法（图 10 - 26）动作要领：罗杰斯技术由前 FBI 代理商和比尔·罗杰斯射击学校的创始人比尔·罗杰斯发明。比尔的副手使用方法又称为"注射式握姿"。比尔将手电夹在副手与中指之间，就像护士拿着注射器给你打针一样。副手无名指与小指的指尖包住主手，形成标准的双手射击姿势。按照你手指的长短不同和枪支的大小不同，你可能会用副手的所有指尖都包住主手进行射击。

图 10 - 26　罗杰斯技术握法

（7）双手包夹式握法（图 10 - 27）动作要领：左手食指和中指夹住手电筒，然后包夹住右手，右手持握枪。筒身与拇指、光束和枪身保持水平状态指向前方。

图 10 – 27   双手包夹式握法

（二）月夜射击

月夜射击一般是利用黄昏、黎明或是在月光比较明亮的夜晚，以及与之相类似的情况下进行的射击。

动作要领：

1. 当目标只呈现轮廓而有较亮的背景或透空，利用月光和地面的反射光对目标进行概略瞄准射击。

2. 在月夜条件下进行射击时，对目标能看得比较清楚的情况下，可采取同白天一样的方法来对目标实施有效地射击。

3. 对只呈现轮廓的目标进行射击时，由于目标形影模糊，可将枪取捷径直接概略指向目标实施射击。或者是利用目标附近及背景比较明亮处，先构成准星与缺口的平正关系后，再在保持腕力不变的情况下，将枪直接移向目标进行射击。

（三）对闪光目标射击

对闪光目标进行射击时通常可利用其划火柴、吸烟、对方射击时枪口喷射的火光、手电筒等发出的闪光点。闪光的特点是光点短暂，忽明忽暗，而光点通常在目标的右侧。

动作要领：

当发现目标闪光时，射手应迅速调整自己的射击姿势，将枪伸向目标，微动枪口找准星，而后稍降准星找缺口，构成正确的平正关系后，即可对目标果断击发，如瞄准后光点消失，应保持原姿势不变，果断击发。或者待光点再次出现时，再进行瞄准、击发。

如对侧方向目标射击或光点不在目标中央时，应根据枪口火光和光点的变化来判定目标的位置，先以光点瞄准，再向目标位置进行修正射击。

（四）夜暗射击

夜暗射击是在无月光的黑夜或无照明的坑道、山洞及相类似的条件下所进行的射击。夜暗射击是夜间射击中射击条件最差的一种射击方法。在这种条件下，通常只能判定目标的大致方位，没有足够的光线供使用以瞄准目标。

动作要领：

在黑暗条件下进行射击时，射手可根据目标的脚步声、呼吸声、碰撞物体的声音等来判定目标方位，然后再将枪概略指向目标处，对其实施概略瞄准射击。

四、训练方法

夜暗射击的教学与训练在组织上，比平时正常训练要严格，特别是在实弹射击时，要严格执行每一个环节的程序，同时要加强学员严格遵守靶场纪律的意识。

夜暗射击的教学与训练多在室内靶场进行，在室内环境可设置不同的灯光效果，用室内灯光控制练习所需要的光线、亮度和闪亮时间。在室外靶场训练时，教官需要设置好射击位的灯光，须明亮，让射手在射击准备阶段能清晰可见。教官要事先布置好练习场地，准备好相关器材，周密地安排好练习步骤与方法，明确口令，强调统一换靶，以保证夜暗射击教学的安全进行。夜暗射击训练适合在原地固定射击位的形式，不适用移动射击训练。

夜暗射击的教学与训练要循序渐进地进行，一般应该遵照光线先亮后暗、先闪后黑，距离先近后远，目标先少后多的教学步骤进行。

1. 射手在亮处对昏暗目标的射击练习。

（1）射手射击距离为 15～20m 之间，以点射为主。单个射击靶，5 发子弹。听到射击口令后掏枪上膛射击。

（2）射手对 15m 射击靶 2 发点射，子弹 6 发。

（3）射手对 10m 射击靶 5 发速射，时间 13 秒。手枪入套，听射击口令后拔枪上膛射击。

2. 射手在亮处对闪光目标的射击练习。

（1）先编程为亮 3 秒暗 7 秒，共 5 次，5 发子弹。每次亮时开始瞄准射击一次。

（2）再编程为亮 1.5 秒，暗 5 秒，子弹 5 发，射距 20m。共亮 5 次，射手须在 35 秒内完成点射。

3. 射手在暗处对光亮目标的射击练习。

（1）25m 距离，5 发子弹，慢射。

（2）15m 距离，5 发子弹，15 秒时间射击。

（3）7m 距离，5 发子弹速射，时间 11 秒，枪入枪套，出枪，上膛，射击。

4. 射手在暗处对闪光目标的射击练习。

（1）射击的设计为距离 20m，射手准备时亮光环境完成，然后暗灯，靶编程为亮 3 秒暗 7 秒。子弹 5 发，50 秒内完成点射任务。

（2）设置三个闪光靶，距离为一个 15m，两个 20m。6 发子弹，每个靶 2 发。靶编程为亮 4 秒，暗 6 秒。30 秒内完成射击任务。

5. 射手在暗处对昏暗目标的射击练习。

（1）训练时设置 10m 靶，在靶的方向设计声响，5 发子弹，射手手枪上膛双手持枪准备，听射击口令后，关灯，10 秒后发声响，射手循声射击。

（2）设置 3 个 10m 靶，射手原地准备好后关灯，10 秒后第一靶位方向发出声音，20 秒后第二个靶位方向发声，30 秒后第三个靶位发声。射手按发声的方向和顺序射击，每个靶位两枪。

6. 射手黑暗环境下利用手电筒对目标射击练习。

（1）15m 距离，5 发子弹，25 秒时间点射，右手握枪上膛，左手持手电筒。听到射击口令后，开手电筒照射目标靶射击。

（2）7m 距离，2 个目标靶，每个目标靶 2 发。射手右手持枪上膛，左手握强光手电筒。听到射击口令后，开手电，对目标进行射击。

五、易犯错误与纠正方法

1. 射手在亮处，目标在暗处，射击后射手移动缓慢。

纠正方法：执行任务时，射手在亮处射击后迅速离开，移动到昏暗的环境继续实施抓捕。

2. 射手在亮处对昏暗目标的射击易脱靶。

纠正方法：找目标的外在轮廓，瞄准一个区域进行射击，同时考虑射击距离的弹道高的因素。

3. 射手在亮处对闪光目标的射击不易上靶。

纠正方法：抓住靶亮的时刻，找出闪光的规律，在靶有亮光时击发。

4. 射手在暗处对昏暗目标的射击把握不好方向，不上靶。

纠正方法：射手持握枪要采用双手包夹式，握牢枪身，射击时稳定性和指向性才强。

5. 射手黑暗环境下利用手电筒对目标射击时枪身不稳，易晃动。

纠正方法：射手左手握手电筒与右手握枪要形成合力稳定枪身，用左手平行曲肘反握手电筒，右手臂握枪伸直架在左手腕上，射姿与威沃尔式相近。还有一种方式是左手食指和中指夹住手电筒向前，然后左手包住持枪的右手成包夹式握枪的方式。

📝 问题思考

1. 夜间射击的特点是什么？
2. 对闪光目标的射击动作要领是什么？

项目七　行进间转身射击

一、行进间转身射击的概念

行进间转身射击是指射手行进中，对身体左右两侧或身后突然出现的情况需要射击时，所采用的射击技术。

二、行进间转身射击的分类

按转身方向可分为：行进间向左转身、行进间向右转身、行进间向后转身技术，转身后接立姿、跪姿、卧姿等射击姿势。

三、动作要领

1. 行进间向左转身：射手行进中当左脚在前时，右脚向前迈一步，以左右两脚为轴身体向左转（图10-28）；当右脚在前时，以两脚掌为轴，身体向左转。

图10-28　行进间向左转

若接立姿射击技术，在转身的同时，右手取枪成立姿双手据枪射击姿势（图10-29）。若接跪姿射击技术，身体向左转的同时右手掏枪，右腿下跪成跪姿双手据枪射击姿势（图10-30）。

图10-29　行进间向左转接立姿射击

图10-30　行进间向左转接跪姿射击

若接卧姿射击技术，在向左转体的同时右手取枪，转体后左脚向卧倒方向直脚后倒，右腿曲膝，左手撑地，重心左移，然后右腿顺势伸直贴地，成俯卧有依托射击姿势，双手据枪指向目标，两腿伸直，两脚分开成外八字，约与肩宽（图10-31）。

图 10 - 31　行进间向左转接俯卧射击

2. 行进间向右转身：射手行进中当左脚在前时，以双脚为轴右转（图10-32）；当右脚在前时，左脚向前一步，以左右脚为轴向右转身。

图 10 - 32　行进间向右转身

若接立姿射击技术，在转体的同时，右手取枪，左脚向前一步，成立姿双手据枪射击姿势（图10-33）。

若接跪姿射击技术，在转体的同时，右手取枪，左脚向前一步，右腿下跪，成跪姿双手据枪射击姿势（图10-34）。

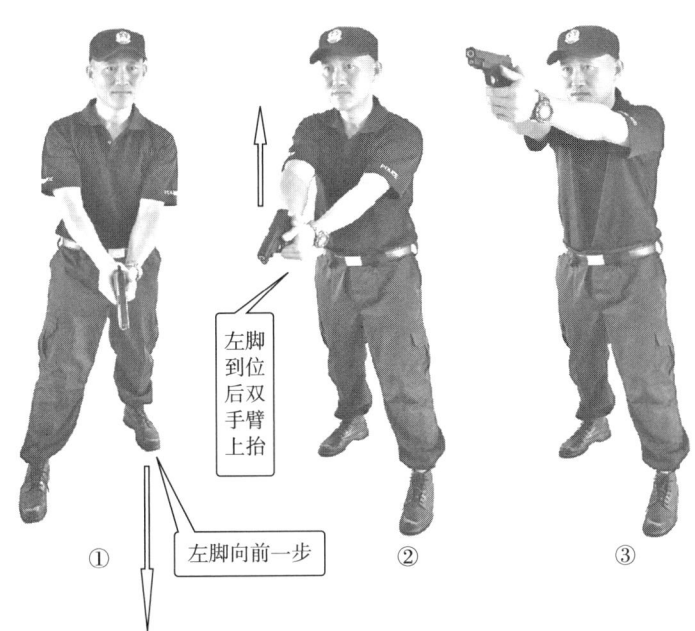

左脚到位后双手臂上抬

左脚向前一步

① ② ③

图 10－33　行进间向右转身接立姿射击

① ② ③

图 10－34　行进间向右转身接跪姿射击

　　若接卧姿射击技术，在向右转体的同时右手取枪，左手撑地，左脚直腿向后贴地，重心左移，右腿先蹲下然后向后伸直，按卧倒动作要领卧倒，成卧姿有依托射击姿势（图 10－35）。

　　3. 行进间向后转身：射手行进中当左脚在前时，右脚向左前方迈一步，以两脚为轴，身体由左向后转（图 10－36）；当右脚在前时以双脚为轴从左向后转，转身后左脚向左前方稍做调整位置。

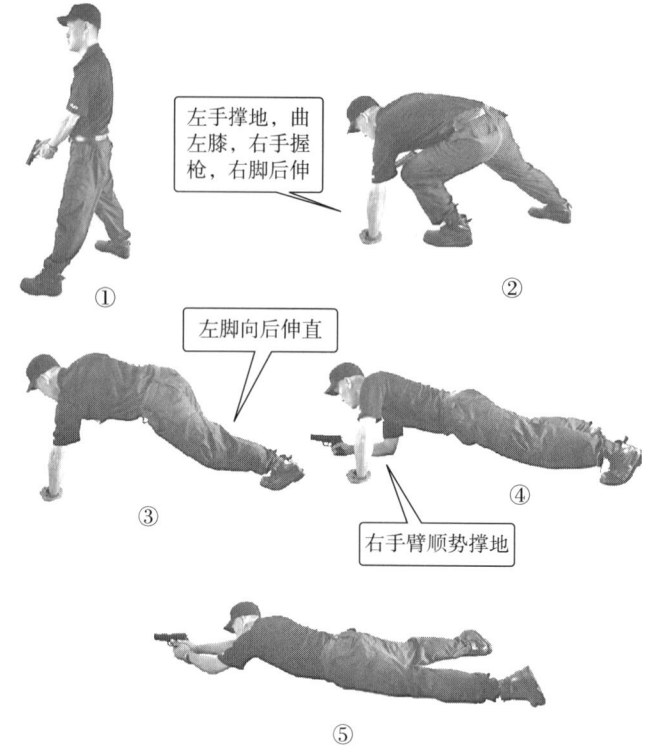

图 10 – 35　行进间向右转身接俯卧射击

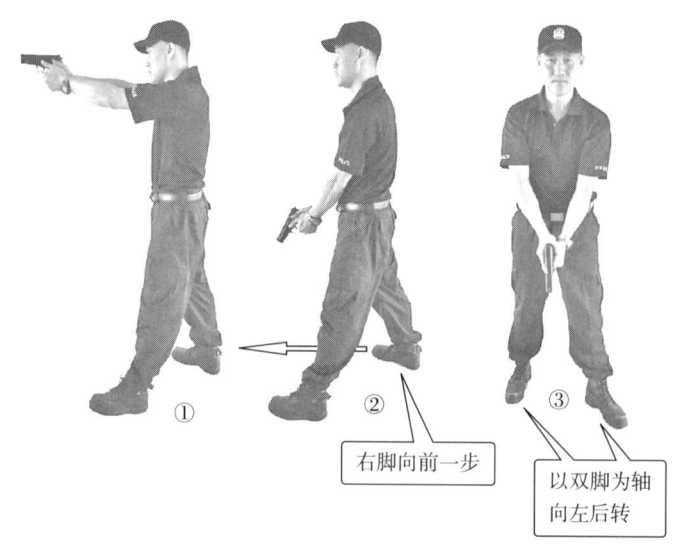

图 10 – 36　行进间向后转身

若接立姿射击技术，在转体的同时，右手取枪，成立姿双手无依托据枪射击姿势（图 10 – 37、38）。

若接跪姿射击技术，在转体的同时，右手取枪，两腿弯曲，右膝跪地，成跪姿双手射击姿势（图 10 – 39）。

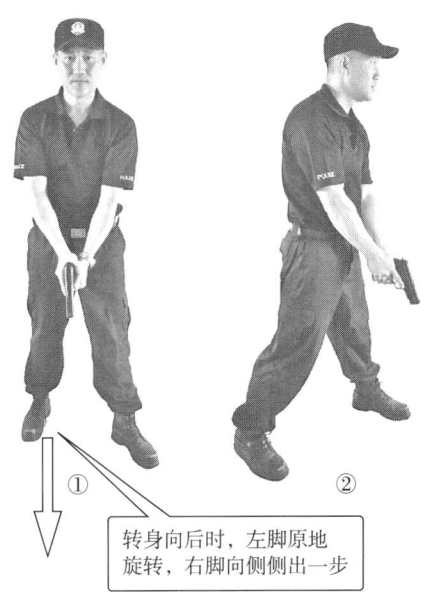

转身向后时，左脚原地
旋转，右脚向侧侧出一步

图 10 - 37　行进间向后转身接立姿射击

图 10 - 38　行进间向后转身接立姿射击

图 10 - 39　行进间向后转身接跪姿射击

若接卧姿射击技术，身体由左向后转的同时，右手取枪，左手撑地，左脚直腿向后贴地，身体重心左移，后右腿先蹲下，然后向后直腿贴地，双脚成八字形，胸腹贴地，按卧倒要领卧倒，双手握枪成卧姿射击姿势（图10－40）。

图10－40　行进间向后转身接俯卧射击

四、训练方法

1. 徒手行进间向左转身出枪的练习：先统一进行分解动作练习，待动作能顺利完成后，再以排为单位的完整动作练习，听教官口令统一转身。待感觉有了后，采用流水作业，一个接一个完成。注意行走的步是正常步，约与肩宽。转身以双脚为轴，重心要平稳。把身形动作体会熟练。

2. 徒手行进间向右转身出枪的练习：以排为单位进行练习，一组6次，配合向左转身一起练习，共练习4组。

3. 徒手行进间向后转身出枪的练习：以排为单位进行，一组4次，共练习3组。

4. 行进间左、右转身立姿出枪的空枪练习：以排为单位进行，行进间左转立姿练习与行进间右转立姿练习各6次为一组，练习4~6组。

5. 行进间左、右转身跪姿出枪的空枪练习：以排为单位进行，行进间左转身跪姿5次、行进间右转身跪姿5次为一组，练习2~4组。

6. 行进间左、右转身立姿实弹射击练习：练习以单人为组别依次进行。射手在室内射击场双手握枪正面向前，向前行进中到达预定射击位后首先左转45°立姿向左前靶位连射两发，然后右转90°立姿向左前靶位连射两发，射击完毕。

7. 行进间左、右转身跪姿实弹射击练习：练习以单人为组别依次进行。射手在室内射击场双手握枪正面向前，向前行进中到达预定射击位后首先左转45°跪姿向左前靶位连射两发，然后重心不变，向右转90°跪姿向右前靶位连射两发，射击完毕。

五、易犯错误与纠正方法

1. 行进间立姿转身射击不易上靶。

纠正方法：射手转身到位后出枪，而不是在转动中出枪。

2. 射手转身不易找到目标。

纠正方法：射手应先向目标的方向转动，带动身体的转体，看清楚目标方位和情况后再出枪射击。

3. 射手转身射击时间过长，掏枪慢。

纠正方法：在转身同时就开始掏枪，待看清楚目标、做出射击决定的时候随着身体的转向和射姿的形成迅速射击。

六、教学训练的注意事项

1. 实弹射击要在射手转身动作完成后，正对靶位才能拔枪射击。

2. 实弹射击应单人进行，每次实弹一位射手。

3. 行进间转身立姿射击时成双臂直臂射姿，这种姿势易于掌握。

4. 安排练习时应该先练习向左侧或右侧转身出枪射击，再练习向后转身出枪射击。

5. 应该先练习转身后成立姿的射击，再练习转身后成跪姿的射击，最后练习卧姿射击。

6. 练习中应该加强对射手进行隐蔽自己、利用地形地物的意识培养。

单元思考

1. 快速双发射击与 IPSC 射击训练的异同有哪些？

2. 转身射击训练要注意哪些问题？

3. 快速射击采用什么方式瞄准？

────────── 单 元 十 一 ──────────

警用战术射击

![知识目标] **知识目标**

1. 战术射击的概念。
2. 常见的几种战术射击动作要领。

![能力目标] **能力目标**

1. 掌握个人战术射击。
2. 掌握队友间互相配合的战术射击动作。

【案例 11 –1】

2006 年以来，深圳市某街道办事处周边地区连发多起盗车案件，辖区派出所针对前期的案件进行调查走访了解到，这帮盗车犯罪分子十分猖獗，不仅驾车撞击过闻讯前来拦截的车主，还曾开枪威胁过车主，初步判断盗车的是一个持有武器、穷凶极恶的犯罪团伙。为打掉这个团伙，辖区派出所决定抽调精干力量组成伏击组，将辖区盗车案频发的某街道办事处周边的天虹商场、中心花园、大世纪花园周边路面作为主战场，发起了年终冲刺的总攻势。

派出所抽调 4 名年轻民警组成专案伏击组，从 9 月 25 日开始，每天在发案较多的区域连续进行伏击。

10 月 9 日凌晨 2 时，一辆绿色的富康小轿车引起了伏击小组的注意，只见车上载着 3 名男子在街面上缓慢地行驶着，一路上 3 名男子不时伸头东张西望，只要是见路边有停靠的货车就会停下观望，最后富康车绕了几圈后便离开了布吉。在接下来的几个晚上，伏击小组又发现了这辆绿色富康小轿车不时出现在中心花园一带。根据富康车上 3 名男子的可疑举动，暗自观察的 4 位民警敏感地意识到这很有可能是犯罪嫌疑人前来踩点，于是将该车及车上 3 名男子作为重点监控对象。

10 月 13 日凌晨 4 时，嫌疑富康车再次出现。过了一会儿，绿色富康车又转回到中心花园门前，然后直接开到对面路边停放着的一辆白色货车后面停住。随后，从车上下来一名穿白色上衣的男子走到草丛中蹲下望风，而另两名男子则下车径直去撬货车的车门。

见时机成熟，专案组民警决定开始行动。一民警来到白色货车前，隔着车窗玻璃见车上两人正猫腰躲在驾驶室内，便拔出配枪站到人货车侧门后，向车内喝道："警察，不许动，否则开枪！"与此同时，另两名民警则拔枪利用横停在货车前的汽车车头作掩体，在一边戒备掩护。货车上两名男子马上跳下车来，看有两名便衣民警，拔腿便跑，其中一男子边跑边从腰间掏出一支手枪。3名民警立即呈扇形逼近两歹徒，并鸣枪警告。这时，其中一名男子转身挥舞手枪，叫嚣着"打死他们"，另一男子也转身把枪对准了抓捕的民警。

3名民警同时向犯罪嫌疑人射击，当场将两名还没有来得及扣动扳机的犯罪嫌疑人击毙。此时，望风的男子听到枪声后持枪从草丛中窜出，向民警冲去。负责在外围控制的民警和巡防队员一棍子打向持枪歹徒。专案组民警及时赶到，快速击发，使这名歹徒应声倒地。

问题思考

1. 民警是如何相互配合采用战术射击的方法的？

2. 民警在射击时的战术站位是在疑犯的什么位置？

一、战术射击的概念

战术射击是指个人或团队成员相互配合，采用各种射击技术技能或队员间的互相配合完成各种战术动作的作战技术。

射击战术分为个人射击战术与团队配合射击战术。个人战术（单兵战术）是指个人，运用多种动作技术的组合，给犯罪分子以打击的技能。团队射击战术是指团队中的这些队员相互配合协调，采用最有效的方式方法等策略，形成对罪犯最有力的打击。

二、战术射击的原则

（一）有备无患的原则

1. 临战前的准备。在抓捕、堵截、搜查等有目标、有信息并有一定的时间进行准备的执法行为前，应做好技战术方案制定、人员布置、武器装备配备、个人的心理及技术战术准备等。

2. 平时的准备。平时的准备主要是心理准备和常规技术战术准备。要求警察具备防卫意识、技战术意识和临战时的警惕性，遇有突发情况时能够冷静、果断地处置。从技术上要求警察在平时的训练中要掌握一定的作战技巧和有效的攻防战术，以便在遭遇突发事件时能够迅速做出反应，变被动为主动。

（二）知己知彼的原则

知己知彼的基本要求：

1. 全面掌握和了解一切情报、情况。

2. 去粗取精、去伪存真地核实、确保情况属实。

3. 作出真实可靠、全面正确地分析判断。

4. 根据掌握的情报情况和分析判断，进行周密的战斗准备，包括警力、警械、武器、战术、保障等一系列组织准备工作，定下行动对策和作战方案。

（三）快速反应原则

快速反应，实质上指警力的机动速度和战斗反应速度，要快捷、迅猛并善于灵活应变。其目的在于抓住战机、增强打击力度。行动的快速能造成对方判断上的失误，减弱对方的反抗机会和反抗能力，增强我们的打击力度和强度，并且可弥补警力不足和装备上的缺陷，特别是有利于迅速抓住战机。

项目一　快掏枪速射技术

快掏枪速射技术是快掏枪动作和手枪速射动作两个单项技术，它属于单兵战术射击。

警察手枪快掏枪射击不但要抓住战机敢打，更应具有较高精确度而善打。警察在执行任务时，遭遇枪战突发性强、危险性大、时间短促、距离近、情况复杂等特点，且对抗双方均处于一种动态射击。置身于这种情况下，警察往往因受到各种客观因素的影响处于劣势，而犯罪分子则无所顾忌，这就加大了警察使用武器的难度。因此，提高警察在实战中进行快速射击的能力，是手枪射击训练改革的当务之急。

一、快速掏枪动作

（一）快速掏枪概念

快速掏枪是指警察在正常状态下（如站立、行走等），迅速将手枪从枪套内抽出、推子弹上膛并立即形成射击姿势动作的过程。

（二）快速掏枪动作要领

在枪支使用中，出枪动作的熟练和快速与否通常能决定对抗双方的生死存亡。当突然发生火力交战或者预感到火力交战有可能发生时，警察都应在瞬间完成出枪动作，从而保证能够随时进行射击和控制。在出枪时，动作应是快速、连贯的，不能有犹豫和停顿的现象。通过反复的训练来养成开枪套扣、握住枪柄将枪抽出、右手握拉套筒推子弹上膛并迅速据枪指向目标等完整动作过程的熟练性，同时应使这一系列的动作过程，在紧急的情况下成为一种下意识的动作反应。快速出枪射击时，要求警察在两秒钟内完成上述整个动作过程，只有这样，才能占据主动，达到安全和控制的目的（即运动动力定型）。

在出枪时，握枪的手一触到枪，即应用力将枪柄握紧，以防止因动作太快而失手滑脱。同时，眼睛要盯住目标或者快速寻找目标的位置，不要低头看枪，整个动作应全凭手感来完成。射击姿势应尽可能采用双手握枪。因为在枪战的过程中，无法做到像在靶场上，面对纸靶打精度射击那样从容。现场的紧张气氛、自我的心理压力和思维的快速变化，都会对呼吸、肌肉产生强烈影响，使握枪的手臂产生不由自主的晃动或抖动。因此，应养成用双手握枪的习惯并用力将枪握紧，尽量保持枪的稳定性，除非是一只手受伤或者在做其他动作，否则，射击的准确性将受到严重的影响，这在快速的连续射击中体现得就更为突出。

双手握枪不仅能尽量保持枪的稳定，对射击目标实施快速射击，而且也适合于射击不同方向的目标。只要在转换射击目标时，快速地利用身体转动，当眼睛看到了目标的同时，枪口也就同时指向了目标并能立即进行射击。

（三）快掏枪射击时枪套的选择与携带的位置

干警执行任务时枪与枪套所携带的位置通常是在腰部的左前侧（以右手为例），这有以下几个有利因素：

1. 当双手在体侧的位置时，这个部位离双手的距离都很近，便于双手协同出枪，同时也可以保护枪支，以防被犯罪分子或犯罪嫌疑人抢夺。

2. 右手在做出枪动作时，无须提起肘关节，即出枪动作小而隐蔽，比起枪处在右前侧或右后侧时更具有实战意义。

3. 在被动的情况下，尤其是被犯罪嫌疑人由后拦腰将两个力臂抱住后，右手仍能将枪抽出，而若枪处在其他位置时，就很难出枪了。

（四）枪的携带状态

为了快速进入射击状态，枪的携带状态应该是：弹匣内压满子弹，不上膛，不关保险（如是五四式手枪，击锤应处于保险位置）。这样当警察出枪时，只需从枪套内取枪，即拉套筒推子弹上膛便可射击。除非在特殊情况下，子弹上膛后又因故暂时不能射击时，才可将保险关上，否则，空弹膛而又关上保险是没有实际意义的，只能拖延出枪的速度。

二、快速射击法

快速射击法就是以最短的时间，在概略瞄准的基础上，以最快的速度进行较准确射击的方法。

快掏枪训练的目的是能快速击发，分腰侧快速出枪与快掏枪双手包夹式体前据枪动作。快掏枪速射战术，包括了什各种射姿下的快掏枪技术，如跑动中、行进间、坐姿、卧倒、失去重心、下蹲过程中、行进间转身过程中、滚翻过程中、倒地过程中的快掏枪技术。射手必须反复多练，使这些单个技术形成条件反射才能运用自如，才能在紧迫的情况下反射性地完成快掏枪技术。

三、训练方法

1. 行进间快掏枪腰侧射击对单靶空枪的速射训练：学员以排为单位开展练习，每组50次。

2. 行进间快掏枪双手包夹式射姿空枪对单靶的速射练习：学员以班或小组为单位进行训练，设置枪套放于腰部的右前侧，听教官口令统一拔枪射击。每组30～40次。设置枪套放于腰部的左前侧，听教官口令统一拔枪射击，每组25～30次。

3. 行进间快掏枪接威沃尔式射姿对单靶的空枪速射练习：学员以排为单位开展训练，每组30次。行进到靶前10米位置开始拔枪射击。

4. 行进间转身体快掏枪接跪姿射击、坐姿射击、仰卧射击、俯卧射击的空枪训练，以排为单位展开练习，每种射姿练 10 次。

5. 行进间快掏枪向前、左、右侧据枪，对多靶的空枪速射练习：设置左前一个靶，正前两个靶，右前两个靶。以排为单体组织练习。

6. 跑动中快掏枪对双靶的立姿速射空枪练习：设置两个靶都在左前方向，射手跑动中到达射击位后分别向两个靶位各击发一次，采用联动方式进行。

7. 实弹速射，在射击场对三个靶位分别进行射击：每个靶位要求射击两发子弹，共 6 发子弹，时间 13 秒完成，每次一位学员，依次开展，带拔枪上膛动作。学员听到教官下达射击口令后，掏枪上膛、瞄准、射击。

8. 原地多种射姿实弹速射。四种射姿：立姿、跪姿、坐姿、俯卧射姿，8 发子弹，4 个弹匣，每种射姿 2 发子弹，按立、跪、坐、卧转换动作，每种射姿 2 发，每种射姿射击完毕后完成下一个射姿动作再给枪上膛继续射击。学员在各自的射击靶位上同时进行。

四、易犯错误与纠正方法

1. 行进间射击命中率低，不易上靶。

纠正方法：行进间射击时双脚着地，命中率提高。

2. 出枪慢，不协调。

纠正方法：要做到掏枪、上膛、瞄扣、射姿各部分动作连接紧凑，动作到位，反复空枪练习，逐步提高掏枪动作速度。

3. 转换射姿慢，转换动作生硬。

纠正方法：对立姿、跪姿、坐姿、俯卧射姿，仰卧射姿的动作要多加练习，熟练每个动作的要领，熟练每种射姿的相互转换。

问题思考

1. 快速射击转换各种射击姿势的动作要领是什么？

2. 快速射击转换各种射击姿势过程中右手食指是在扳机上还是在扳机护圈外？

项目二　突入射击

【案例 11 - 2】

某年，某省市某地区在 3 个月内接连发生 20 多起持枪抢劫、盗窃犯罪案件。公安局刑警队通过摸排，分析作案手段，查明该系列性案件为该地区刑满释放人员陈某伙同外地 2 名刑满释放人员所为。陈某从小父母离异，跟随其母嫁到继父家，到继父家后经常挨打，一挨打就外出不回家，从小就沉默寡言，性情孤僻，心毒手狠，中学没毕业就辍学在社会上游荡，刚满 18 岁就因为持刀抢劫被判刑 4 年。犯罪嫌疑人陈某现藏匿在某小区一座单元楼内，另外 2 名犯罪嫌疑人住处尚不清楚，只是作案时才纠集在一起，只有抓住犯罪嫌疑人陈某才能抓获其余 2 名犯罪嫌疑人。犯罪嫌疑人陈某租住的单元楼为新建小区，住户不多，南边紧邻马路，东边紧邻庄稼地，平常很少有人光顾此地，相对隐蔽。该单元楼为楼语对讲系统，犯罪嫌疑人陈某租住在 4 楼。刑警队曾 3 次组织抓捕小组前往陈犯窝点实施抓捕，均因陈犯外出抓捕未果。

某日凌晨 1 点，刑警队又派探长携带两副手铐，每人携带一把手枪，带领 3 名侦查员一行 4 人乘车前往陈某窝点实施抓捕。4 名侦查员到达犯罪嫌疑人陈某租住地后，由于该楼是楼语对讲系统，又是新建小区，目前还没有物业和保安，按其他住户对讲系统又不知道谁家有人，又怕惊动犯罪嫌疑人。最后探长决定，留 1 名侦查员在楼下守候，其余 3 名由二楼楼道窗户进入。3 名侦查员由二楼楼道窗户进入后，直奔四楼犯罪嫌疑人陈某的住处，到达陈某的住处后，怎样叫开房门又成了问题。冒充保安以断电查房的方式或以收水电费为名，来骗开房门都不属于正常时间。楼门虽然不是防盗门，但也是铁门，撞开房门强行突入突袭抓捕，又怕一下撞不开。最后探长决定以派出所查户口为名，叫开房门，当陈某开门时直接扑上去抓捕。探长以派出所查户口为名敲门时，屋里故意磨蹭，还问是哪个派出所的。当犯罪嫌疑人陈某打开房门后，侦查员直接将陈某制伏推到大卧室。这时侦查员发现大卧室的床上还躺着 2 个犯罪嫌疑人，迅速上前将其制伏，并用 2 副手铐将 3 人铐在一起，集中在大卧室，然后 3 名侦查员又分别对小卧室和客厅进行搜索，当一名侦查员搜索完客厅，进入大卧室时，犯罪嫌疑人陈某举起一把六四式手枪就对这名侦查员射击，但由于子弹卡壳，没有打响，侦查员发现有枪，边喊有枪边迎着枪口扑了上去，死死地抓住陈某的手枪，奋力夺取。听到呼救，另外 2 名侦查员迅速赶来将手枪夺下，并将犯罪嫌疑人制伏。经过搜查，缴获六四式手枪 1 把，子弹 5 发；小口径手枪 1 把，子弹 20 发；匕首 3 把。4 名侦查员将 3 名犯罪嫌疑人带回突审，除陈某外另外 2 名就是陈某的 2 名同案犯，由于当晚 3 人作案差点被抓，心中郁闷就到陈某家来喝酒，由于太晚了，就住在陈某家了。

问题思考

1. 侦查员的突入方式是否合理？
2. 侦查员突入后，队友间的配合有无疏漏？

一、突入射击的概念

突入射击是指双人或多人采取相互配合进入房间对单目标或多目标进行识别射击的战术。

房间突入射击是建筑物内警组基础战术的重要一环，在决定进门前，如有可能应对房内的基本结构和家具等位置有所了解，以掌握犯罪嫌疑人可能藏匿的位置和潜在的危险点。但是无论了解房间内部结构与否，在进门时绝不可以犹豫不决，否则，不仅影响推进速度，更有可能造成整个突入战术行动的失败和人员伤亡。

二、突入的动作要领

1. 进门前的站位。接近房门时，不能使身体暴露在门的前面，防止犯罪嫌疑人从房间内向门外开枪而击中警察。开门时应在保持随时可以开枪的姿势并使身体致命部位不暴露的条件下，伸出不持枪的手去开门。门向里开时，位于门把手一侧的警察用力将门推开，使门以最大力量撞到门后面的墙上，以探明犯罪嫌疑人是否藏在门后面。开门之后不要贸然进入，应用快速窥视法先观察室内的布局和结构及犯罪嫌疑人可能隐藏的部位。此外，进门前还可做佯攻动作，如向室内扔帽子等物品，以牵制犯罪嫌疑人的注意力和火力，使其视线从门口移开一段时间，以便警察安全进入。

2. 进门。进入房间应根据门及推进的站位情况，灵活采用以下四种方法：一是交叉进入法；二是背绕进入法；三是交叉背绕法；四是直线背绕法。

（1）交叉进入法（图11－1）：位于门两边的学员采用一先一后的顺序、前低后高的姿态进入房间的预定位置。此种方法简单而安全。

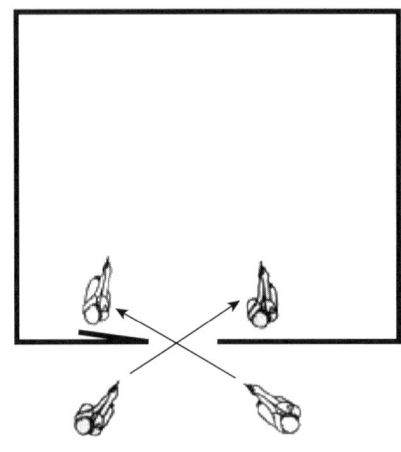

图 11－1　交叉进入法

（2）背绕进入法（图11－2）：进门时，门两边的学员同时绕过就近的门框进入房间。此方法适宜宽阔的大门。

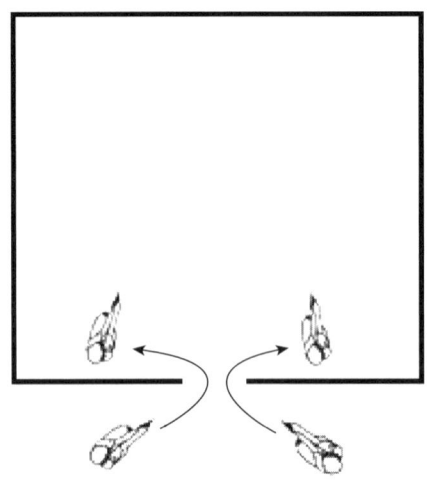

图 11－2　背绕进入法

（3）交叉背绕法（图11－3）：位于门两边的学员采用一先一后的顺序、前低后高的姿态进入房间，走在前边的学员①进入后向右绕，紧跟后面的学员②进入后向左侧绕。

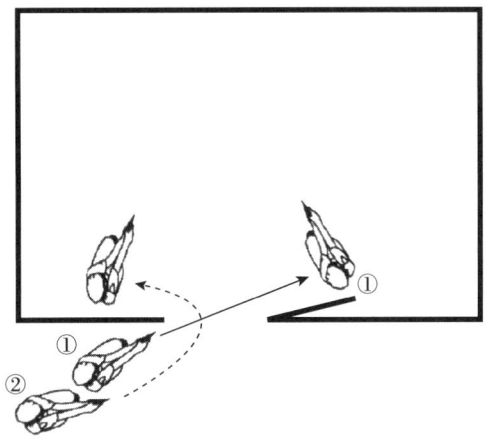

图 11 - 3　交叉背绕法

（4）直线背绕进入法（图 11 - 4）：位于门两边的学员采用前低后高的姿势，按一先一后的顺序，直线、背绕进入房间的预定位置。此方法适宜房门较窄或突入学员较多时采用。

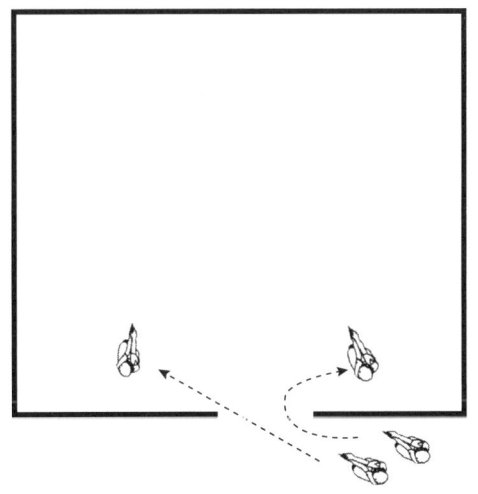

图 11 - 4　直线背绕进入法

（5）房门在中间。如果房门在中间，两人进门后顺着墙边走位，移动到门框后面的墙角处或根据情况再沿着侧面的墙壁向前移动 1/3 处即可，此时观察的角度和射击的角度都是最理想的状态。如果再向前移动，观察的角度和射击的角度随之增大，加大了特警人员的控制难度，同时也容易形成对射（图 11 - 5）。

（6）房门在一侧。如果房门在侧面，一名特警进门后移动到墙角处还要再沿着侧面的墙壁向前移动 1/3 处，另一名特警进门后直接沿着另一侧墙壁向前移动 1/3 处即可，此时观察的角度和射击的角度都是最理想的状态。如果一名特警进门后移动到墙角处不向前移动了，枪口和射击的角度就会对另一名特警构成威胁。如果两名特警沿着两侧墙壁再向前移动都到达位置时，观察的角度和射击的角度随之增大，加大了特警人员的控制难度，同时也容易形成对射（图 11 - 6）。

图 11 - 5　房门在中间的进入方式　　　　图 11 - 6　房门在一侧的进入方式

三、突入射击的动作要领

（一）房间突入对单一目标射击（图 11 - 7）

采用进门战术方法快速突入房间，进入房间后快速横向移动对目标进行射击或控制，后面掩护人员进入后，也快速横向移动对目标进行射击或控制。

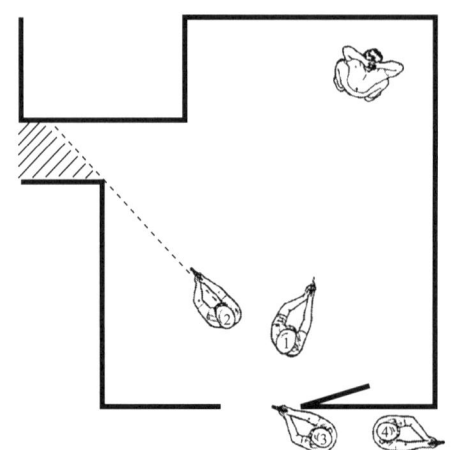

图 11 - 7　房间突入对单一目标射击

（二）房间突入对多目标识别射击

1. 采用进门战术方法快速突入房间，先突入人员进入后，选择目标进行射击。

2. 后面跟进人员配合前方人员，识别（掩护）射击。

（三）突入中交替掩护射击

1. 突入中交替掩护射击。突入时间要快，后面跟进的队员衔接得要快。"突入"前锋（箭头）进门后的走位，通常是根据房门、房间结构制订好的；第一名前锋（箭头）进入一定是向最危险的或是可能要发生危险方位推进。也有的不制订走位，在进门的刹那间前锋根据当前态势变化临时决定改变推进的方位，后面的人员则向另一方向推进；有个别情况会突变的，第一名前锋在进门后，面对的危险和火力都大，第二名

304

前锋一进门应马上进行火力支援，后卫向另一方向推进（图11－8）。

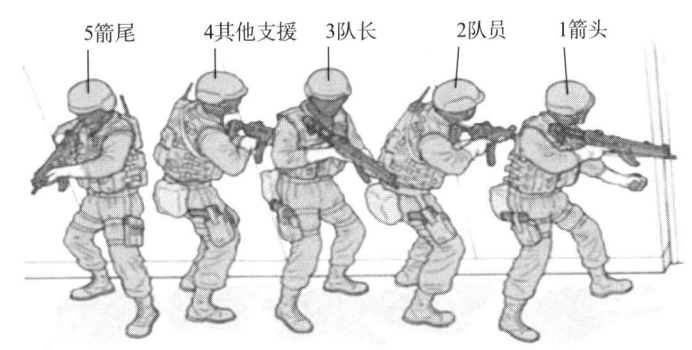

图11－8　突入中交替掩护射击

2. "突入"后撤离交替掩护射击。撤离是在掩护中按逐个撤出的原则进行撤出，最后一名撤出的队员一定是面对比较复杂、较危险的区域，此队员是在戒备中退出房间，或两名前锋交替掩护撤离，其他队员撤离时无须退出，需快速转身撤离。

四、注意事项

1. 尽可能保持肃静。

2. 安全第一，不假设（不被误导）（图11－9）。

图11－9　安全第一，不假设

3. 与墙壁保持适当距离。

4. 注意身体在前方的投影暴露目标（图11－10）。

5. 注意联络、沟通，随时传递信息。

6. 除非收到队友明确的求救信息或确有必要，否则应坚守自己的警戒方向，避免顾此失彼。

7. 警察必须控制所有室内人员，并将他们视为嫌疑人，除非明确知道他们不是嫌疑人。

8. 武力控制下，命令现有人员嫌疑人离开危险区域，到达指定区域进行控制。

9. 对室内其他危险区域有效控制和警戒。

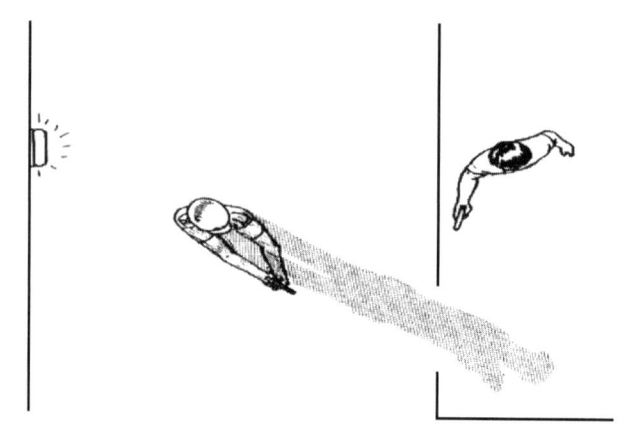

图 11-10　注意身体在前方的投影暴露目标

五、训练方法

1. 以双人为一组空枪练习，在战术训练场，双人背靠背向前移动。

2. 以双人为单位进行交叉法进入房屋的练习：以双人为固定组别反复练习到熟练为准。

3. 以双人为一组进行交叉背绕法的空枪练习。

4. 双人配合先背绕进入法再变成交叉进入法的练习。

5. 五人配合进行直线背绕突入房屋的练习。

6. 五人配合进行交叉进门突入房屋的训练。

六、易犯错误及纠正方法

1. 进入房间时枪口指向同伴。

纠正方法：注意前低后高的行动姿势。

2. 进入房间后堵住后面的同伴进入。

纠正方法：注意进门的方式和行走的路线。

3. 没有观察或观察不到位展开搜索。

纠正方法：先观察，后进入。①伸手开门时，应将枪收于胸前或腰间，做好准备射击姿势。②打开门后，退后两步，以便获得较大缓冲空间。③在查明门后是否安全之前，不可贸然踏进房间。

4. 对危险区域没有全面控制。

纠正方法：①进门后应迅速扫视房间内情况。②若无人活动，应立即判断可能出现威胁的位置，并配合对所有潜在的威胁位置进行控制，然后逐一排查。

📝 问题思考

1. 移动射击时如何保持重心稳固？

2. 警组内配合射击时的站位应当注意什么？

3. 突入射击时如何交替掩护？

项目三　利用地形、地物的射击

【案例 11 – 3】

1999 年一个深秋的早上，8 点 30 分左右，2 名巡逻民警在设卡查找被盗机动车时，发现一辆红色桑塔纳轿车在接受盘查时驾驶员神色慌张，车内的另外 3 人在盘问中口语支吾，遂要求其下车接受进一步的盘查。谁知车辆强行闯卡，民警当即开车追赶。在追赶过程中民警用车去别犯罪嫌疑人的车辆，但犯罪嫌疑人不但不停车反而加大油门将民警的巡逻车撞翻在路边水田内，致使一名民警重伤，一名轻伤。此时受轻伤的民警向逃窜的犯罪嫌疑人开枪射击，击中轮胎，迫使 3 名犯罪嫌疑人弃车逃进了附近的高山峻岭之中，民警同时利用电台向上级汇报，县公安局立即集中了 70 名警力，由局长亲自带队，于 9 点 20 分赶到现场。局长简单询问了情况后，马上派人将受伤的民警送往县医院抢救，并从红色桑塔纳轿车的行李厢内发现中弹而死的司机，估计是杀人抢劫车辆案件，于是指挥员下令沿山沟的小道两侧进行合围搜捕。

由于这里地形复杂，野草丛生，搜索进行得十分困难。加之洞穴很多难于发现，于是从省厅调来警犬配合搜山。警犬找到了一只旅游鞋，以此为嗅源，逐步摸向两县交界处。一名刚参加工作的民警见到 20 米外的山洞口草稞摇曳，就对着山洞喊话："快出来，见到你了。"这句诈语使犯罪嫌疑人误以为真的被发现了，就开枪射击，将喊话的民警左肩击伤。队伍遂由此处集中，齐向洞内扫射。随后派警犬为先导向洞内进行搜索，当行至洞内深处时，犯罪嫌疑人又进行射击将警犬打死，民警撤出洞外，进行喊话政策攻心，犯罪嫌疑人仍不投降，还向洞外射击。到下午 4 点 30 分指挥部决定向洞内投掷催泪弹和烟幕弹，并在洞口四周设置枪手。过了几分钟，一名犯罪嫌疑人持枪企图冲出山洞同民警顽抗到底，几名枪手同时射击将其当场击毙，另外两名犯罪嫌疑人扔出手枪投降，另一名犯罪嫌疑人在洞中自杀身亡。事后经查 4 名犯罪嫌疑人在 50 公里外的某市持枪抢劫小轿车，杀死司机后，驾车准备到外省变卖时被警察拦截。

问题思考

1. 民警利用地形在洞外伏击的位置是否合理？

2. 如何利用地形找到合适的掩护物？

一、利用地形、地物的射击的概念

利用地形、地物的射击是指射手利用能够起防弹和隐蔽作用的地形、地物（掩体）为依托实施的射击。

1. 位于掩护物后不同射击姿势动作要领。

（1）位于掩护物后的立姿射姿：据枪位于掩护物后侧，两腿前后站立与肩同宽且左右相距约 15cm，两膝微屈，重心位于两腿之间，上身略右倾（左倾，弱手边立姿，枪面可向外微倾斜），收腹略前倾（图11－11）。

图11－11　位于掩护物后的立姿射姿

（2）位于掩护物后的跪姿射姿：据枪位于掩护物后侧，双腿屈膝，右腿跪下，右脚板垂直于地面，左脚尖稍向内，小腿与地面垂直，臀部坐在脚跟上，略收腹身体稍向前倾，控制住重心，上身右倾。尽量少地暴露自己身体，枪口出掩护物边缘指向另一侧（图11－12）。

（3）位于护物后的卧姿射姿：全身伏地后恢复双手持枪，双手肘部支撑起枪支，两脚适当分开约与肩同宽，脚尖向外；上身略倾向掩护物边缘一侧，尽量少地暴露自己身体，枪口出掩护物边缘指向另一侧（图11－13）。

图11－12　掩护物后的跪姿射姿　　　　**图11－13　掩护物后的卧姿射姿**

2. 掩护物后查探目标方法。

（1）窥视。接近掩体后快速探头窥视，保持身体平衡（弱手辅助），减少头部及身体的暴露范围，防止衣帽先暴露需要再次窥视时，应尽量改变窥视位置 。

要点：探头要快出快回，尽量暴露少，看得清，不要在同一位置进行二次窥视。

（2）切角（图 11 - 14）。为提前发现目标，要与墙角或掩体保持适当距离，枪口指向危险区（墙角边缘），为了先看到对方，尽量使眼睛领先身体任何部位，以墙角为轴心，利用"猫步"或滑步渐进横向弧线运动，逐步将墙角后面的隐蔽区域纳入视线范围，直至完全拐过墙角或发现对方为止。要特别注意光线对行动的影响，防止将身影首先暴露给对方（图 11 - 15）。

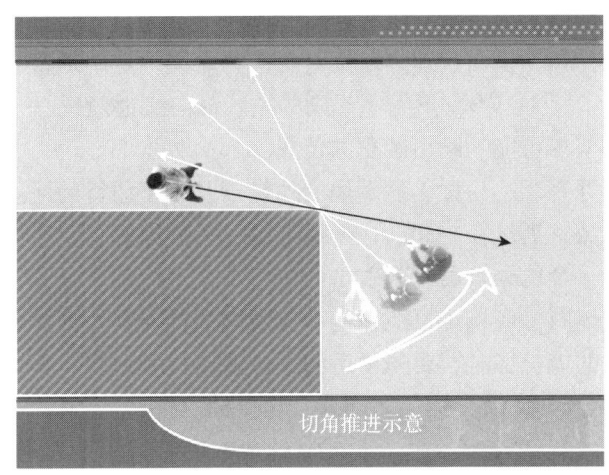

图 11 - 14　切角

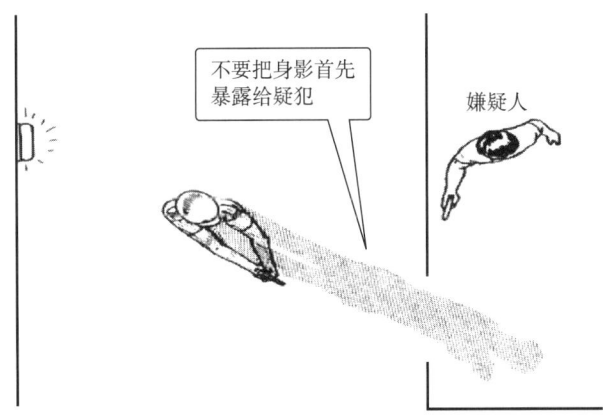

图 11 - 15　不要把身影首先暴露给疑犯

保障自己安全，巧妙利用地形，即地面起伏的形状，有平原、山地、丘陵、盆地、高原等。地物，即分布在地面上的固定性物体，如居民点、道路、水利工程建筑等。选择射击位置，时刻注视顽敌。转换不同掩体，同伴掩护速去。掩护物后移动，避敌火力射击。

处置枪战的任何时间，利用地形和地物掩护都是射手最优先要做的。在掩护体后开枪，比没有任何掩护物的位置开枪，更有安全保障，更容易射击准确。在利用掩体时，必须时刻注视所要追击的目标。追击案犯需要转换掩体时，战友对自己的掩护是必不可少的。总之利用掩体的目的就是避开对方的火力保证射手自身的安全。利用地形地物射击是单兵战术射击的基础，也是人民警察的基本战术动作。

利用地形地物的目的在于隐蔽身体、保存自己，迅速隐蔽地接近犯罪分子，发扬火力、遏制犯罪，有效地制服犯罪分子。警察在实战中使用战术射击动作，应当遵循"打击犯罪与保护自己相结合"的原则，在充分发挥火力的同时，利用一切可利用的遮蔽物和隐蔽物，以图在取得战斗胜利的同时，付出尽量小的代价。

二、选择射击位置及协同作战原则

1. 要坚持便于观察、射击和隐蔽身体的原则。

2. 要尽量压低身体，横向快速奔跑穿过掩护物之间的空旷地带。

3. 要跑"之"型或者"S"形等不规则的路线纵向接近疑犯。

4. 任何时候都要尽可能判断出疑犯的位置。

5. 坚持尽量避开易燃、易爆、易倒塌的物体以及难于通行的地段的原则。

6. 要坚持避免数人拥挤在一起、在一地停留过久的原则。

7. 要尽量选择一个能令自己有利射击的位置。

8. 在转换掩护体时，应该尽可能在掩护体后面进行。

9. 移动到另外的掩护体时，要先预计到达位置及行走路线。

10. 在掩护物之间移动时，同伴之间要互相掩护。

11. 在同一时间只可以有一个人在掩护体之间移动，另一个人进行掩护。

12. 尽量不采取卧姿、蹲姿、坐姿。

13. 除非必要，否则不要轻易离开或转换掩体。

三、利用地形地物射击的原则

地形，是指地面高低起伏的形态；地物，是指地表面的固定或相对固定的物体，如房屋、墙壁、土坎、台阶、树木及大型家具、停放的汽车等。

利用地形时不仅要考虑到地面的形势状态，还要考虑到地物的高低、大小，距离的远近，是否易被犯罪分子发现或被犯罪分子火力威胁的程度等情况，采取适当的移动技术，选用相应的射击姿势。只有在枪战中利用好地形地物，才能做到迅速隐蔽地接近，由下而上地占领，周密细致地观察，不失时机地出枪，突然迅速地离开。

利用地形地物射击，一般应遵循以下的原则：

（一）根据遮蔽物的高度采取适当的射击姿势

如利用高于1.2m的物体时，可用立姿射击，以两腿的跨度或马步调整身体的高低；利用低于1.2m的物体时，可用跪姿射击，以支撑腿和腰部调整身体的高低；物体低于0.7m时则一般采用卧姿射击。

（二）尽可能利用地物做枪身支点

只要情况允许，应首先考虑把地物当作射击依托，将持枪手的掌根部或腕部放在地物上，以取得稳定的支撑，提高射击精度。

（三）利用地物提高身体支撑的稳定性

将身体或某些部位靠在物体上，以提高身体支撑的稳定性，为准确射击提供良好的支撑条件。

（四）避免暴露在掩护物的顶部

（五）不要让枪械接触到掩护物

（六）击中罪犯后，仍需瞄准或戒备

四、利用地形地物射击的具体方法

（一）利用墙壁射击

利用墙壁时，根据其高度取适当姿势。墙高于人体时，可将脚垫高或挖射击孔和利用残缺部。对矮墙可利用其顶部（图11－16）。

图11－16　墙高于人体时的射击

（二）利用墙角、门、窗射击

对墙角，通常利用右侧，左小臂紧靠墙角；对门，通常利用左侧；对窗，可利用左（右）下角（图11－17），根据其高度取适当姿势。

图11－17　利用窗户射击

（三）利用树木、电线杆射击

对树木、电线杆等柱形物体，通常利用其右侧，根据情况取适当姿势。

采取立姿时，应尽量将身体左侧、左大臂（或左小臂）、左膝紧靠遮蔽物，右脚稍向后蹬；取卧姿时，两腿自然并拢，身体尽量隐蔽在遮蔽物后侧；取跪姿时，应将左脚、左小腿紧靠遮蔽物右侧，左肘放在左膝上，右膝稍向里合，左小臂和左手紧靠遮蔽物作依托。

（四）利用屋顶、阳台射击

对屋顶，通常利用护墙、屋脊或其他突出部位；对阳台，通常利用栏杆底部或栏板顶端，并根据利用的部位和射击角度取适当姿势。

（五）利用砖、石、沙、土堆射击

对土（砖、石、沙）堆，通常利用背敌的右侧，如视界、射界受限制或右侧受敌方火力威胁时，也可利用其顶部或左侧对双峰堆，应利用其鞍部，根据高度取适当的姿势。

（六）利用土坑、沟渠射击

对土坑、沟渠通常利用其前切面，纵向沟渠利用其弯曲部分，根据其深度取适当姿势。

（七）利用堤坎、田埂射击

对堤坎、田埂通常利用背敌斜面或残缺部位，根据其高度取适当姿势。堤坎高于人体时，应挖踏脚孔或阶梯，也可将脚垫高。

（八）利用石缝、洞穴射击

对石缝通常利用其左侧或下沿；受视界、射界限制时，也可利用其右侧。对洞穴，应当利用左右侧洞壁，在洞内应利用拐弯处或突出部，根据情况采取适当姿势。

（九）利用车辆射击（图 11-18）

对停驶的车辆，可利用发动机一侧和顶部或车轮，根据其高度取适当姿势。对行驶的车辆，可利用车载货物、车厢板、驾驶室顶部等根据其高度取适当姿势。在驾驶室内，应将两侧车门上的玻璃摇下，并利用其车门。

图 11-18　利用车辆射击

（十）利用倾斜地形射击

倾斜地形是指倾斜角超过25°的地形，在这种地形上常常不利于身体平衡，对运动及射击影响较大。因此，因地制宜地重新建立平衡稳定的射击动作，采取适当的隐蔽姿势，是利用倾斜地形的关键。根据射向的不同，倾斜地形通常可分为上倾角、下倾角等不同地形。

1. 利用上倾斜地形的射击。在上倾斜地形上实施射击时，重心偏向于后方，因此，应灵活地调整姿势使身体重心前移。

（1）立姿射击：射击时左腿在前弯曲，右腿在后挺直，上体前倾据枪射击；手枪射击时，也可右腿在前左腿在后，单手据枪射击。

（2）跪姿射击：手枪射击时双膝跪地，臀部坐在两脚跟上，双手据枪射击。冲锋枪射击时右膝跪地，左腿在前弯曲，左肘放在左膝上据枪射击。

（3）卧姿射击：两脚分开加大支撑面防止下滑，按卧姿射击动作要领据枪射击。

2. 利用下倾斜地形射击。在下倾斜地形上实施射击时，身体重心偏向于前方，应调整姿势使重心后移。

（1）立姿射击：射击时左腿在前挺直，右腿在后弯曲据枪射击；手枪射击时，也可右腿在前左腿在后，左手按在左膝上加强支撑，右手单手据枪射击。

（2）跪姿射击：手枪射击时右膝跪地，左腿在前弯曲，双手同时前伸据枪射击或左肘放在左膝上，左手托住右手腕，双手据枪射击。冲锋枪射击时右膝跪地，左腿在前弯曲，左肘放在左膝上据枪射击。

（3）卧姿射击：两脚分开如大支撑面防止下滑，按卧（仰）姿射击动作要领据枪射击。

3. 利用侧倾角进行射击。身体侧倾的情况下进行射击时，应调节身体重心向倾角上方修正，立姿射击时射手应在两脚站稳的条件下，以腰为轴转动身体朝向目标。跪姿射击时只宜用单腿跪姿，可将上斜坡的腿跪地，另一条腿侧伸于下斜坡上，脚掌内扣蹬控地面，必要时可用非持枪手臂帮助。侧倾角度较大时射手不宜于用卧姿射击。

五、训练方法

1. 学员立于墙角进行窥视动作的练习，轮流进行。

2. 学员利用墙角学习切角动作的练习。

3. 学员空枪在掩体后练习立姿射击。

4. 学员空枪在掩体后练习中跪姿射击、俯卧姿势射击。

5. 两个学员一组，进行共用掩体的空枪射击训练。掌握射姿一高一低，配合默契。

6. 在射击靶场的每个射击靶位设置 1m 宽，2m 高的屏障为掩体，射手右手持握枪立姿在掩体后双手包夹式握枪进行实弹射击训练，每人 5 发子弹。

7. 跪姿在掩体右侧的有依托实弹射击。

六、易犯错误与纠正方法

1. 同一位置多次窥探。

纠正方法：在一个位置窥探完后，改在另一位置进行二次窥视。

2. 窥探时间过长。

纠正方法：采用快速探头方式。

3. 在练习切角时，步子过大，自身暴露。

纠正方法：采用猫步或滑步一点点移动位置。

4. 暴露在掩体后的顶部。

纠正方法：避免暴露在掩护物的顶部。

5. 枪械在射击时接触到了掩体。

纠正方法：枪械在射击时用手握牢，可以用手来做依托，靠在掩体上，或身体靠在掩体上提高身体支撑的稳定性。

问题思考

1. 如何进行窥视和切角的动作才是安全的？
2. 使用掩护物要注意哪些事项？
3. 掩护物选择的原则是什么？

项目四 对隐现目标的射击

一、对隐现目标射击的概念

对隐现目标射击，是指射手对时隐时现的目标采取有效的射击的技术。

二、隐显目标的特点

1. 目标出现突然，暴露时间短暂而且时间长短变化不定。一些犯罪嫌疑人也知道利用隐蔽物、人质实施顽抗或逃跑，给警察实施射击造成困难。隐显目标具有出现突然、暴露时间短、位置变换、不易发现等特点，打击这类目标最需要反映出应用射击快的特征。

2. 目标的状态不可知。隐显目标可能是忽隐忽现的静止目标，也可能是不断运动的移电动目标。因此，射手要善于观察和判断目标可能出现的方位，把握时机，迅速果断地完成射击动作，力争做到首发命中。

3. 目标出现的距离是随机的。当多名疑犯的行进速度和方向不一致时，经常出现目标距离相差很大的现象，具有参差不齐，远近不一的特点。

4. 几个目标可能同时出现，每次出现目标的个数是随机的。疑犯的出现有时会是两三个，有时可能是一伙好几个人，有时又会同时销声匿迹。

三、对隐显目标的判断

隐显目标的隐显时间一般有一定的规律，通常有下列几种情形：

1. 目标显现时间短，但显现的方位相对固定，射手容易判断目标出现的大致位置。
2. 目标不仅显现时间短，且不断移动，根本无法判断下次出现的具体位置。
3. 多个目标同时出现或相继出现，显现时间短，活动范围广，方位难以判断。

因此，射手要注意扩大视野，认真观察分析目标隐显的规律，根据现场目标的不同情形，采用相应的射击方法。

四、射击方法

射手如果能够预先判断目标出现的位置，可以采用待机射击的方法，即将武器概略瞄向目标即将出现的位置，手枪子弹上膛，射手成据枪姿势，挺住手腕，预压好扳机，待目标出现立即射击。如果射手难以判明目标出现的位置，则应不断地观察，注意搜索、寻找目标运动的规律，子弹上膛，成射击准备姿势持握好枪，做好射击准备，一旦目标出现，迅速调整射击方向，果断射击。射手在射击中要做到"六快"：发现目标快、将枪对向目标快、手臂定位快、概略瞄准快、果断击发快、转移位置机动快，才能达到理想的结果。

（一）能预先判定目标出现方位时

此种情况下，射手应将枪精确瞄向目标即将出现的位置，预压扳机，调整呼吸，目标一旦出现，迅速修正射击。这时的击发非常容易受到紧张心理的影响而走形，特别容易出现猛扣现象。此时最好的办法是把扳机的预压做得充分一些，做好快而匀的击发。

（二）不能判明出现目标方位时

这种状况对射手的要求较高。在保护好自身安全的前提下，要眼观六路、耳听八方，准确判断并控制可疑方位，合理选择持枪搜索路线，此时宜采用双眼视线前移搜索、枪口指向同步跟进的概略瞄准方式，以双手手腕保持好平正关系，并做好扳机的预压，目标一出现，即可瞬间击发。

（三）应对多个隐显目标时

考虑到自身安全的情况下要沉着机智，先敌开火，目标选择的原则是先打对自己威胁最大的目标，先打距离近的目标，先打首犯。在战斗中要巧妙运用战术方法，动静结合，虚实结合，即利用掩护物的射击与移动射击并用，精确射击与火力压制结合。同时要注意队友间的相互配合，确保火力优势，维护自身和队友的安全。

（四）对人质后隐显目标时

首先必须强调，如果不是距离非常近，或如果不是情况非常紧急和特殊，通常是不主张用手枪向人质身后的犯罪嫌疑人射击的，毕竟手枪的射击精度有限，并且受干扰的可能性很大，容易误伤人质。为保障人质安全，实施射击必须选择射击技能精湛、心理素质过硬的民警担当这种任务，以力求一次成功。凡处置这类必须近距离射击案件时，射手除了要具备上述两点外，在射击时须选择人的要害部位射击：头面部及心脏位置，以做到一枪即可中止犯罪。最好安排两名射手同时瞄准，犯罪嫌疑人一旦暴露，即实施同时击发。一般由一名射手瞄头部，另一名射手瞄胸部心脏处，以确保成功。

五、训练方法

1. 空枪练习隐显靶，显 3 秒，隐 7 秒。隐显 25 次为 1 组，练习 3 组。

2. 空枪练习，双手包夹式握枪瞄准隐显靶，靶设置为显 3 秒，隐 7 秒，共 5 次。当靶显现时击发。按靶位的多少安排训练。

3. 实弹训练，隐显靶，显 3 秒，隐 7 秒，共显 5 次，子弹 5 发，每显现一次完成一次射击。分批进行实弹训练。

4. 实弹训练，双手包夹式握枪瞄准隐显靶，靶设置为显 3 秒，隐 7 秒，共 5 次，子弹 5 发，每显现一次完成一次射击。按靶位分组进行练习。

六、易犯错误与纠正方法

1. 实弹对隐显靶射击脱靶。

纠正方法：射击时据枪动作先快后慢，边据枪边预压，稳中求快。

2. 靶显现时未能击发，击发不果断。

纠正方法：纠正时应反复练习行进间据枪、瞄准，提高手臂力量，提高据枪稳定性，找出自身用枪的晃动规律，掌握击发时机，在构成瞄准线的同时大胆预压扳机，当瞄准线指向目标时候形成击发。

3. 猛扣扳机，弹着点偏低或是脱靶。

纠正方法：反复练习稳而快的扣压扳机的要领，做到有意瞄准，无意击发。

4. 还没有瞄准，靶已转为隐，射击时间不够。

纠正方法：应强调准中求快，多练习概略瞄准射击、快出枪射击，学会迅速调正枪面的平正关系。实弹时出枪的路线要走直线，由前下方上升到正前方。

📝 问题思考

1. 对隐显目标是采用单手持握枪射击还是双手持握枪射击的射效好？
2. 当目标出现，采用单发射击还是双发点射？
3. 对隐显目标射击有哪些注意事项？

项目五 抓捕战术射击

【案例 11 - 4】"三六"长春特大围剿持枪杀人犯罪嫌疑人战斗

一、基本情况

1997 年 3 月 6 日凌晨，在长春市绿园区青年路花园小区教育公寓里，发生了一场激烈枪战，特大持枪杀人团伙头目袁某某开枪自毙，犯罪嫌疑人柏某某、金某某、王某等 4 人当场被擒获，在他们身上搜出五连发双筒猎枪 2 支、子弹 138 发。

二、战斗经过

3 月 5 日 19 时，长春二道区居民孙某某、鲍某某被 4 名歹徒开枪击伤，孙某某因伤势过重于当晚死亡。经调查得知此案系袁某某一伙所为。

3 月 6 日凌晨 2 时，民警们查到了袁某某在青年路花园小区的暂住处，一栋 7 层居民楼，袁某某住在3楼。3时20分，民警对袁家秘密形成合围之势，让袁的司机姜某某以有事为名，摁响了袁家电控门上的门铃。等了十几分钟，室内没有应答。让姜再摁一次，虽有人答，但拒不开门。

现场指挥员决定用两辆警车大灯光同时射向袁某某的住室窗户，同时打开话筒向室内喊话。这时一男子欲跳楼逃跑，警察鸣枪示警，正告："负隅顽抗只有死路一条，必须马上投降。"歹徒企图用火力掩护从房门突围，被埋伏在楼道内的公安民警用冲锋枪火力压了回去。同时民警向室内房门连续发射催泪弹。

紧接着警方又开始了新一轮政策攻势。片刻，袁某某开枪自毙，随后从室内传出"别开枪，我们投降"的喊声。接着王某和一名女青年双手抱头走下楼来，柏某某、金某某抬着自毙身亡的袁某某下楼，被当场擒获。

【案例11-5】"八三○"云南孟连拦截搜捕持枪杀人犯罪嫌疑人战斗

一、基本情况

1996年8月30日10时许，云南省孟连县公安局接到下属派出所电话称，在马街镇街口发生一起枪杀案，该镇工商所所长被打死，犯罪嫌疑人岩某（缅甸人）抢劫一辆小轿车后，沿公路向边境逃窜。该县公安局几经设卡堵截未果，最后搜索至距国境线500米处将其击毙，缴获手枪1支，我方警员有1人负重伤。

二、战斗经过

1996年8月30日10时30分，孟连县公安局根据案情，迅速命令全县有关路口设卡堵截，并通知各边境口岸，火速出击，紧急拦截。同时局长、政委和刑警大队长亲临案发现场组织指挥。23时30分，县局接到那勒检查站报告，犯罪嫌疑人连冲两道路卡。因群众较多，无法开枪，武警乘车追击至大黑山附近时，犯罪嫌疑人弃车逃入深山密林，警方失去了目标。局长李某某接报后，迅速集中主要警力，赶赴大黑山下，一线组织指挥。通过现地侦查和分析，果断决定，马上对公路山道进行控制。同时抽调20余名警力在黑山脚下，对密林进行拉网式搜索。由于天黑、雨大、警力少，搜索面临极大的困难，3小时过去了也未发现犯罪嫌疑人踪迹。此时，李局长重新调整部署，从县城紧急调动40余名警力参战，协同先期到达的武警，组成了强大的搜索队伍，对正面所有可疑的地方再次进行拉网式搜索。同时，派出几个战斗小组，取捷径直奔边境要点，占领有利的地形进行拦截，防止犯罪嫌疑人逃出国境。

8月31日11时，4名缉毒民警在当地村民的引导下，沿108线直插202号界碑。在距该界碑500米处，发现一可疑男子趴在公路下边休息，当民警向其靠近时，被其发现并撒腿向境外方向逃窜。此时，一名民警一个箭步冲向犯罪嫌疑人，并抓住了犯罪嫌疑人的后背，狡猾的犯罪嫌疑人用力挣脱民警的手后，拼命向界碑跑，又被迂回的3名民警追上，就在追至距犯罪嫌疑人约30米处时，犯罪嫌疑人突然掏出手枪向民警小罗连开3枪，其中1枪击中小罗的腹部，而小罗在腹部中弹的情况下，强忍剧痛，向犯罪嫌疑人连发6枪，其中1发击中犯罪嫌疑人的头部（在送往医院的途中死亡）。战斗至此全部结束，犯罪嫌疑人被击毙，并缴获手枪1支。

📝 **问题思考**

1. 抓捕战术如何组织和实施？
2. 抓捕中如何保证干警的自身的安全？

警察在抓捕实战中，经常面对重特大案件犯罪嫌疑人，此类人对抗警察的特性通常有三种表现，即暴力性、狡诈性和极端性。暴力性主要体现为敢于对抗警察，敢于不择手段采用各种方式，使用各种凶器对警察实施袭击。狡诈性主要体现在诡计多端，阴险作恶，千方百计隐藏自身不法行为，欺骗警察，企图逃避查缉而袭击警察。极端性就是犯罪嫌疑人在与警察的对抗中，丧失人性，敢于赌上自身命运，负隅顽抗，敢于伤害警察。

一、抓捕重特大犯罪嫌疑人应注意的要点

（一）强调枪线控制

在所有的狭小空间战斗行动中，都特别强调小组的集体行动。队伍中，每名队员的枪线覆盖范围既不能重叠又要能互相掩护。小组中每个人的瞄准区域都不大，角度比较小，而角度越小，反应速度就越快，越能先发制人。如果人数不够的话每个人覆盖的角度也不要超过60°，在空间较大的地方或者是地形不熟悉的地方，要始终有人负责后方戒备。后卫队员一定要沉着，当前方发生战斗的时候往往是犯罪分子最容易在后面出现的时候，任何情况下都要坚守岗位。前方的队友要信任自己后方的掩护人员，小组队员的互相信任和默契有赖于平时的训练。警察作战小组在狭小空间实施突击作战时，各队员往往成密集队形，手持武器隐蔽待机，加上突击时心情紧张、动作激烈，转身跨进房间的一刻，往往会有相互拥碰擦身的情况，若对枪口的指向缺乏警觉或训练期间没有建立默契，误击队友的可能性将会很高，增加不必要的意外风险。队员在突击前，除了枪口严禁朝向队友或扣扳机食指放在护圈外，还必须与即将发起的个人机动路线相配合。在采取进房后交替左右挺进的战术安排里，队员在门外埋伏期间，枪口指向应靠在自己进房后机动方向的一侧。这样可避免在突入过程中，枪口横越前面队友背部。要防止意外，枪口必须与挺进路线同一方向。

（二）重视突击演练

妥善的行动计划，警察对各关键环节必须有充分的考虑和缜密的应变措施。没有两个战术形式是完全相同的，因此不能认为单靠策划者的以往经验就可避免计划出错。计划初步拟订后，不管时间如何紧迫，都应该找一处跟现场结构相似的建筑物，或用木板、纸板等简单物料搭建一个相同结构的空间，使行动计划在尽量切合实际战术的环境下演练一次。这样不但可让策划者有机会做仔细的观察和研讨，证实计划的可行性，找出漏洞和补救办法，更会使队员在演练中充分了解各自的职责和位置，降低出错的机会。对需要入室搜查、拘留、抓捕犯罪嫌疑人时，不可麻痹大意，鲁莽行动，行动前要注意检查自身防护装备，叫门时不要把全身正面对门，要用墙壁掩护身体，一手持枪或警械，一手叩门，防止犯罪分子从门里袭击。

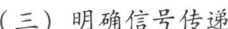

（三）明确信号传递

一旦破门手展开行动，即意味着冲房战斗进入了不可逆转的关键阶段，为防止出现混乱和失误，必须在这最后关头确认各队员均已做好充分准备。由于要保持隐蔽，且队员要紧盯着各自的警戒范围，加上可能光线昏暗，因此口令和手势都不适于使用。此时利用肢体接触传达确认信号是最可靠的通信手段。队员必须做好：射击姿势准备；武器、弹药处于备战状态；警戒范围内没有威胁情况出现，才能回复准备就绪信号。前锋与破门手未收到确认信号，行动就不能开始。

二、抓捕嫌疑人用枪战术要求

（一）充分准备，发挥枪支性能

在查缉严重暴力犯罪行为人时，指挥员必须依法依情周密部署用枪的战术行动方案，做好充分的准备，避免因枪支使用战术方法不当而造成行动的失误，具体包括以下方面。

1. 做好使用枪支的准备。在执行高度危险的任务时，随时都有可能受到犯罪嫌疑人的暴力袭击，因此，行动前应当做好使用枪支的物质准备和思想准备。首先，要了解本人所使用枪支的基本情况，检查枪支，保证其处于良好的状态，对自己所携带的子弹数量做到心中有数，并配备必要的防弹装备。其次，要在心理上做好使用枪支的充分准备，保持充分的警惕性，行动中随时准备出枪。遇有持枪反抗的犯罪嫌疑人，必须要先发制敌，果断处置。再次，要明确职责，做好缉捕、掩护、警戒、接应行动的分工和战术协调，明确参战的同伴，明确相互间的联络方式和暗号，对有外单位参战或相互不熟悉的人员，一定要事先见面或确定明显标记。最后，要实行现场枪支管制，统一指挥，统一号令，防止滥用枪支的情况出现，避免误伤。

2. 利用枪支的威慑功能和杀伤功能。警察使用枪支的最终目的是有效控制犯罪嫌疑人，不是歼灭对方。因此，根据行动目的，慎重选择枪支的使用功能，努力做到录像捕歼，取证留赃。

（二）合理利用城市街区掩体

在与犯罪嫌疑人发生枪战之前或枪战发生过程中，警察首先要以最短的时间找到合适的掩体来保障自身的安全并不断地运用掩体接近射击目标，并寻找最佳的射击位置，或不断地利用掩体撤离现场；如果移动过程中有其他警察配合，应该要求同伴配合自己的移动，在必要时可用火力压制，掩护自己的移动；在离开掩体时，要确认所需要寻找的下一个掩体的位置及移动的路线，并检查枪支中是否还有弹药，选择最短的路线到达下一个掩体；在移动过程中，不要轻易采用滚动方式，因为滚动比跑移动速度要慢得多，很容易被犯罪嫌疑人击中。利用掩体射击时，要使用与掩体形状相适应的射击姿势。如果掩体是电线杆，警察应该侧身站立，才能将身体完全保护起来。在掩体后以持枪强手面为主要活动区域，尽量采取跪姿或立姿射击，避免使用卧姿或坐姿射击。利用掩体进行射击时要在掩体的侧面进行，而不是在掩体的上面进行射击，以减小身体暴露的面积。

（三）首发命中，选择射击目标

面对一名犯罪嫌疑人时的选择战术。如果犯罪嫌疑人只有一名，并开始实施暴力袭击警察的行为，或已掏枪准备向警察射击时，任何一名警察在有效射击距离内都应果断向其开枪射击，终止其暴力行为。面对多名犯罪嫌疑人时，警务战术的首要原则是要在力量对比上占有优势，因此，一般情况下，要尽量避免独自面对多个犯罪嫌疑人。但在万不得已独自面对多个犯罪嫌疑人的情形下，要注意遵守以下几个原则去选择首发射击的目标：

1. 选择构成威胁最大、最危险的目标。在紧急情况下，同一时间内，首发只可能会击中一个射击目标，因此必须选择对自己构成威胁最大、危险性最大的目标进行射击。如果有多个目标同时存在威胁，则按威胁大小的顺序依次选择射击。

2. 选择最明显的目标。如果与多个目标之间的距离相当，而有的目标在掩体后，有的目标则没有掩体，此时应该首发射击没有掩体保护的目标，这样解除其中一部分威胁的概率比较大，一旦成功地将首发目标击中，使其失去反抗能力，则可以迅速将注意力转移到其他目标。

3. 选定射击目标后，应该尽可能采取利用掩体的方法进行瞄准射击。有的警察会因为现场气氛紧张，在心理压力极大的情况下出现恐慌情绪而作出不适当的反应。因此要尽量避免随意向射击目标的大概方向射击，同时利用一切条件观察目标所在准确位置，选择射击目标，瞄准后再射击。如果没有观察和瞄准，或没有理由的，仅仅依靠掩体的保护想凭运气击中目标是不可取的，这样除了浪费子弹，还极有可能误伤其他人。

4. 当目标处于保护性很好的掩体中时，除非掩护队友行动需要，否则不要连续向掩体射击，因为枪支的弹容量都很有限。只有在有把握击中目标的情况下才应该果断射击，在没有后援时耗尽弹药的做法是十分危险的。

5. 在射击之前要谨慎考虑是否可能击中无辜的群众。除非有足够的信心击中目标，否则不要射击，在没有十足把握的情况下，切勿盲目自信射击。

6. 为了提高命中率，瞄准时要尽量瞄向目标暴露的最大身体部分，不要为了证明自己的枪法准确而试图瞄准不易击中的部分（如目标的头部、四肢），这样既不容易击中目标，而且很有可能受到子弹反弹。

7. 确定对一个目标射击直至目标无法构成威胁或无力反抗为止。当向一个目标射击后，必须确定该目标已经无法构成威胁或丧失反抗能力，否则不要将注意力转移到另一目标身上，除非在自己射击后另一目标迫近，并且对自己的安全构成极大威胁时，才有必要重新选择射击目标。

（四）执行追捕时枪支的使用

1. 要占据有利地位，稳定瞄准击发，尽量不要在跑动中射击。

2. 要抓住时机，果断击发。特别是犯罪嫌疑人力图以人群、山林、围塘、庄稼地等作为逃窜的条件，一定要在其意图实现前开始射击。

3. 追击时，多名警察不能与缉捕对象呈一条直线，防止误伤发生。

4. 在繁华街道或有易燃易爆物品的场所追击犯罪嫌疑人时，不到万不得已（一般指犯罪嫌疑人驾车撞人或开枪射击过路行人）时不要轻易向犯罪嫌疑人及车辆射击。这是因为即使击中犯罪嫌疑人或车辆，车辆也会失去控制从而造成道路两旁行人的伤亡，同时还容易误伤周围的群众。

5. 在追击奔跑中，不要将食指放在扳机上，更不能持枪前后摆动，以免误伤后面的同事和周围的群众。

（五）停止射击的时机判断

由于枪战现场情况复杂，警察在作出停止射击或接近犯罪嫌疑人的决定前，一定要保持高度警惕性，严防犯罪嫌疑人采用诈降、诈死的方式继续实施暴力犯罪。在犯罪嫌疑人要求投降后，应由距离犯罪嫌疑人最近的警察喊话，命令犯罪嫌疑人将枪支、弹药和其他凶器扔到其前方位置，然后高举双手、脱去外衣，站在远离武器的空地，在确认没有威胁的情况下，再迅速上铐搜身，将其捕获。当犯罪嫌疑人被击倒后，警察应先稳定自己的情绪，并重新装弹，密切监视犯罪嫌疑人的一举一动，然后再按下面的步骤对付这个已经倒下的犯罪嫌疑人：一是观察犯罪嫌疑人头部指向的方向；二是观察倒下的犯罪嫌疑人是面朝下还是面朝上；三是注意犯罪嫌疑人手中武器的位置和它所指的方向，犯罪嫌疑人是握着武器，还是把手放在武器上；四是注意犯罪嫌疑人是否还在动；五是观察枪击现场周围的物体，如人群、交通情况和建筑物。

📋 问题思考

1. 抓捕战术射击应遵循的原则是什么？
2. 小组配合在狭小空间战斗行动中，队员间如何做好枪线控制？

项目六　遭遇类战术射击

【案例 11-6】"四·七"兰州暴徒袭警反击战斗

一、基本情况

1994 年 4 月 7 日晚 7 时许，在兰州市和政路和铁路文化宫附近，一伙手持尖刀、铁管的歹徒在马路上行凶闹事。有位七旬老人上前劝阻，头部被打得血流如注，栽倒在地，不省人事；一位推自行车的妇女只看了一眼，就被歹徒打倒，其小孩吓得号啕大哭；一位小车司机欲下车问个缘由，歹徒抢起铁管朝其车上乱砸。一时间和政路上哭声、骂声、救命声和歹徒的嚎叫声连成一片。

二、战斗经过

在这紧急关头，兰州市公安局民警李某某路过这里，见此情况后，他扔下手中的自行车，冲上前对一名正在殴打无辜群众的歹徒命令道："我是公安局的，你们立即放下凶器。"歹徒不但没有放下凶器，反而朝李某某围来，狂叫着："老子管你是什么局的，打的就是公安局的！"边喊边挥舞着尖刀、铁管向李某某追来，李某某被迫后退，边退边命令道："请你们放下凶器。"没等他喊完，一名歹徒已冲上来，抡起铁管朝李某某头上劈来。李某某用左臂一挡，铁管被打弯，某某左臂被打断，另一名歹徒趁势挥刀朝某某头部左侧连砍 3 刀，某某当即血流满面。他忍着巨大疼痛掏出手枪，朝天连鸣 3 枪，警告歹徒立即放下凶器停止作恶。可丧心病狂的歹徒不听警告，仍然朝他乱砍乱打。为了不误伤群众，李边退边躲，同时贴着地面朝歹徒的脚下开枪，可歹徒们却狂喊着："他不敢打我们，他的枪声音这么小，是假枪！"边喊边挥舞着凶器冲了上来。李某某忍无可忍，先对准冲到最前面挥舞铁管朝他劈来的歹徒左腿一枪后，又躲过一名歹徒的刀锋，将其右腿击伤。持刀歹徒见势不好一瘸一拐地抓住一位骑自行车的妇女，用刀威逼这位妇女用自行车带他企图逃离现场。李某某见歹徒要逃走，便不顾自己满身鲜血，冲了上去。当他把枪口对准了歹徒时，战友们也已赶来，将歹徒一个个捕获。

【案例 11-7】"一·七"广东陆丰盘查劫车犯罪嫌疑人失误经过

1997 年 1 月 7 日上午，3 名操北方口音的男性青年从广东省潮阳市峡山镇租乘汕头市一红色桑塔纳出租车，沿广汕路（324 国道）西向行驶。途中约 13 时许，其中一人称要大便，司机便按要求将车驶进路南侧叉弯内停靠。车刚停定，该 3 人一前两后，勒住司机颈部，意欲杀人劫车。此时，陆丰市公安局铜锣湖派出所两位民警驾车路过此地，见此车情况有异，便停车上前盘查。一民警下车走近出租车低头向车内察看时，被车内嫌疑人猝然迎头枪击，弹中面部，当即牺牲。紧随其后的另一民警因事起突然，未来得及作出反击，亦被下车追杀的嫌疑人连击数枪，一弹击中胸部而重伤倒地。嫌疑人劫去牺牲民警的七七式手枪一支，驾桑塔纳出租车仓皇逃离现场。

【案例 11-8】"一·〇九"巡警堵卡中的遭遇战斗

1996 年 1 月 9 日上午，海南省某市公安局巡警队 4 名民警在副中队长的带领下，在该市执行设卡堵截任务。4 名民警均持七七式手枪，身穿防弹衣。同时配合行动的还有 5 名联防队员。9 名人员分别组成了拦车、盘查、控制 3 个小组。

约 9 时许，一辆红色的"夏利"出租车驶近了设卡地点，车上除司机外，一前一后还坐着两名男青年。这个看上去极其平常的出租车拉客现象，被警惕的民警从司机惊恐的神色以及企盼的目光中发现了可疑点。拦车组果断示意其靠边停车。

当该车停稳后，控制组的民警立即持枪在车的周围监视，由盘查组上前进行盘查。

在命令前面的乘客下车后，机智的民警首先进行搜身，并在其裤袋内搜出了五四式手枪一支，并随即将其制服。而就在此时，坐在车后排座位上的另一名嫌疑人，在看到其同伙被制服时，突然推开车门从裤袋内掏出一支美式手枪，妄图作垂死挣扎。

就在这关键时刻，负责控制并已持枪在手的副中队长，反应迅速、眼疾手快、抢先射击，一枪命中要害，犯罪嫌疑人被当即击毙。从而保护了在场群众和民警的生命安全，成功地制止了犯罪嫌疑人的犯罪行为，并缴获五四式手枪、美式手枪各 1 支，子弹 27 发。

✍ 问题思考

1. 遭遇战如何防卫？

2. 遭遇战队员间如何配合?

遭遇战来源于军事术语,指的是敌对双方军队在运动中相遇发生的战斗。双方都力求用进攻行动歼敌于运动之中。此分为预期遭遇战斗和不预期遭遇战斗两种情况。遭遇战具有距离近、时间短、突发性强、可能会出现伤亡等特点。在盘查、抓捕、搜索、设卡等执法活动中都有可能出现遭遇战的情况,鉴于警察遭遇战危险性的特点,要加强针对性的训练。

一、遭遇战战术要点

(一) 以快制胜精确控制

常言说,短兵相接,快者胜。这说明了"快"在对抗中的重要地位,只有"快"才能取得胜利。警察在实战的防卫中也是如此,特别是近距离的用枪射击,只有快才能占据主动,有效实施。这主要体现在两个方面:一是"快"会转变防卫的被动性。警察在实战中是主动执法被动防卫的,因为,只要有警情都必须要出警,并且要及时进行处置,这是一种主动行为,而防卫则是警察在犯罪嫌疑人袭警反抗,为保护自身安全而进行的自卫,是一种被动的行为,可见,警察在实战中要有效地进行防卫着实不易,必须要"快"方可由被动转为主动,利于取胜。如果警察防卫速度慢了或与犯罪嫌疑人袭击速度相同,必然处于极其被动的局面。二是"快"能在近距离内迅速控制对方。警察在实战防卫中,要对犯罪嫌疑人实施控制,方式多种多样,视情况的不同,通常会有语言、徒手、警械、枪支等方式,但无论是哪一种,最基本的要素就是要具备一定的力量、技能和速度。力量就是指所需的人力、物力;技能就是指控制所运用的各种技术动作和能力;速度就是要求人力、物力要及时到位,并及时通过各种技术方式运用到实战当中去,对所要控制的对象进行控制。三者之间在技能实施上是紧密相连的,缺一不可,否则控制技能就无法有效完成。

(二) 建立默契紧急支援

如果战斗突然发生,遇上枪械故障、需要更换弹匣、与持枪嫌疑人面对面遭遇等情况发生的可能性便会大大增加,由于事出突然,且警察队员的战斗行动通常距犯罪分子较近,此时队友给予的及时掩护不仅至关重要,甚至关系到队员生死。因此小组队员间的互相火力支援是小组战术训练里重要一环。对于战斗中传达这类要求支援的信息,作战分队在作战时都会预设一些暗号,避免采用明语沟通而让对手识破自己的窘境。小组的成员除了要正确掌握基本战术和搜寻技巧外,更要互相建立起准确可靠的沟通方法与合作无间的关系,队员间必须有团队精神和相互的信任,因为在危险的搜寻任务中,各人的生命都是靠大家的默契和互信来维持的。

(三) 合理发挥交叉火力

交叉火力是从两个以上方向射击同一目标的火力,是发挥火力的重要手段,利用己方优势火力,从两个或多个方向上,同时对犯罪分子展开攻击,形成交叉重叠的火网,使犯罪分子无暇两边兼顾,即使有坚强的掩体来保护,仍无法伸出头来反击,施行交叉射击的一方从而达到火力压制之目的。小组队员在房间搜寻过程中,万一与犯罪分子相遇，会利用数量上的优势，迅速作出交叉射击的部署队形。面对小组队员的攻击，对手的反应必然是火速寻找掩护，一般房间内虽然存在许多阻挡视线的障碍物，但家具、装饰物不能抵御枪弹，因此交叉射击仍是有效的攻击手段。无论对手躲在掩护物的哪一侧来避免其中一方的队员攻击，都会不可避免地暴露在另一方队员的火线里，若直接靠在掩护物后方，则会同时受到两面的夹击。交叉射击有利亦有弊，如果缺乏适当安排，对队员及人质都会造成危险，交叉射击的火线角度切勿接近180°，这虽然可以最大限度地分散对手的注意力，但会在不觉间造成队员互相对峙射击的局面，任何一边的队员若未能击中对手，近距离失弹便会误伤另一边的队友。交叉火力的运用通常有以下几种主要方式：

1. 扇面式交叉火力。小组队员成弧线形站位，武器火线指向处于弧心位置的犯罪分子，对敌实施集火射击，构成扇面形状的火力网。这种方式通常在犯罪分子相对聚集在一起、小组已经对犯罪分子秘密形成半包围之势时采用，便于实现一面制点，将犯罪分子聚而歼之。

2. 斜切式交叉火力。小组队员占据两个成一定角度的重要位置（角度应小于180°），对犯罪分子实施侧向交叉射击，令犯罪分子难以左右相顾的火力部署方式。侧向射击能够增大杀伤覆盖面积，适用于打击相对散乱之犯罪分子，同时秘密占领两个点状位置，比形成弧线形包围更容易实现，因此，斜切式交叉火力是最实用的方式。

3. 立体式交叉火力。小组队员利用接敌时的不同路径，从地下、地面、空中构成三维火力网，将犯罪分子罩于其中，令犯罪分子难以作出反应和对抗动作的火力部署方式。这种方式火力猛烈、隐蔽突然，适用于打击与人质分离的犯罪分子。但由于作战条件限制，可选择的火力点位置往往不以人的意志为转移，突击队员很可能彼此处于相对位置，因此在运用此方法时一定要避免误伤。

4. 移动式交叉火力。小组在对犯罪分子进行攻击时，为保存自己和有效追歼犯罪分子，通常不会固守一地，往往边射击边机动，运动中同样应注意实施交叉射击，这时就要采取移动式交叉火力部署。有两种方式可供参考：一是在原有交叉火力的基础上，向前平推或侧移，始终将火线的焦点集中在犯罪分子身上；二是多点跃进，不断重新组合或变换交叉火力点。这两种方式都有赖于小组成员间默契配合与小组长的灵活指挥。

5. 互补式交叉火力。通常意义主要是指武器火线在空间上的交叉，由于警察作战小组任务的复杂性，不同种类火力的综合使用同样具有重要意义，因此可采用一种互补式交叉火力的方式。即小组成员合理使用步枪、手枪、狙击枪、霰弹枪以及其他枪械，对犯罪分子形成远中近、高中低、打点和控面相结合的火力网。步枪射速快、威力大、容弹多，但转向慢、构成瞄准慢、受空间限制多；手枪小巧灵活、转向瞄准迅速，但威力小、射程近、精度低；狙击枪射程远、精度高，但不适合冲锋陷阵和狭小空间突击，霰弹枪近距离杀伤力大，但不适合有人质有群众或远距离的射击。因此，当犯罪分子既有散兵游勇，又有部分人同人质结合时，小组应当合理搭配火力的种类，实施互补式交叉射击，既打点又控面。

二、警察遭遇战近距离用枪战术

（一）保持冷静，沉着处置

常言道，惊慌失措。其意就是说，人受惊了，就会慌张，在处理问题或应对事态时，就容易出现思路不清或思维空白现象，难以采取有效措施。警察在惊慌时也难免会有不知所措的情况，特别是在与犯罪嫌疑人近距离激烈对抗的情况下，危险时刻存在，随时都有可能受伤或牺牲，心理紧张在所难免。如果此时警察不能保持冷静，沉着地进行防卫处置，势必会使自身的综合处置能力及观察发现问题、分析判断方案、定下处置决心、运用技战术动作等能力下降，如发生出枪速度慢、射击准确度差、控制牢固性不强、弹药使用量把握不准等情况，从而使防卫力度降低，直接影响自身安全。

（二）准确判断，利用战机

在实战中，准确地判断好现场情况和充分利用好每一个战机，对于警察近距离使用枪支进行防卫来说是非常关键的两个前提要素。

警察近距离用枪防卫现场的判断主要包括三个方面内容：一是犯罪嫌疑人情况，包括人数、使用凶器、继续行凶袭击能力、事态恶化的可能性等；二是现场情况，包括有无易燃易爆设施和物品、有无无辜群众、有无可利用掩护体等。警察是以服务人民为天职，一切的防卫行为都是在以保护广大人民群众生命财产安全的基础上进行的，千万不可只顾个人的安危而放弃群众安全，这是违背警察宗旨的。如果警察在近距离用枪进行防卫时，没有对现场的情况进行判断，就有可能伤及无辜，造成更大损失。

战机，从防卫的角度来看，就是警察实施防卫控制的切入点，能否及时、准确利用，关系到警察的安危，事关查缉行动的成败，可以说是警察整个防卫过程的关键点和转折点。通常情况下，战机会在三种情况下出现：一是犯罪嫌疑人在袭击警察的过程中，因自身因素突然中断袭击时，警察迅速抓住此机会进行防卫的瞬间，如犯罪嫌疑人移动摔倒时、低头时、转身时等；二是犯罪嫌疑人在袭警行为间断的瞬间警察进行防卫，如犯罪嫌疑人持枪射击时，必然会有更换子弹的时候，用刀刺砍时，必然会有刺砍后回收重新发力的过程等；三是警察根据现场的情况和犯罪嫌疑人的特性，通过人为方式，设法创造出来的战机，如把握风向，喷射刺激性气体，迫使对方无法睁开眼睛；枪战时，通过火力吸引，以取得迂回机会等。

（三）讲究战术，有效防卫

1. 牢记基本安全要素。警察在防卫的实战中，要确保安全，基本要素有三个，即距离、掩体和戒备。距离，是指犯罪嫌疑人与警察之间彼此位置的远近，是警察安全的因素之一。距离近了，犯罪嫌疑人容易在短时间内采取多种方式攻击警察，而如果距离远了，犯罪嫌疑人袭击警察的难度就会加大，并且随着距离的不断拉远，难度也会成正比的增大。因此，距离拉大，对近距离用枪防卫的警察来说，会有两大好处：一是空间变大，利于施展各种技战术动作；二是反应时间增多，便于警察作出更多正确的应对决策，尽可能地把损失或危险降到最低。可见，设法拉开距离，寻找更大空间，是警察近距离用枪防卫的关键。掩体，就是警察用于掩护的物体，如墙体、汽车、电线杆、粗大树干等，警察如能充分利用掩体就会降低受伤害的危险。戒备，就是警察利用各种装备进行警戒防备的一种状态，这有一定要求，如徒手戒备，就是进入准备格斗的姿势；持枪戒备，就是出枪上膛，时刻做好瞄准射击战斗准备；等等。三者之间从顺序上最好不要出现明显的先后，力求同时进行，因为警察在实战中能够做到迅速拉开距离的同时寻找利用好掩体，并合理使用武器装备做好战斗准备，此时是警察最好的临战状态，极利于其进行安全防卫。

2. 充分发挥自身优势。警察作为执法主体，自身拥有一定的优势。优势体现在：一是警察是一支训练有素的正规化、职业化的专门队伍，整体处置能力较强。二是警察配备有专门的实战装备，如枪支等。这可大大提高警察的应对能力。三是警察查缉行动的主动性较强，如在装备投入、力量部署等方面都有较强的主动权。针对警察近距离用枪防卫来说，有效地发挥自身优势，是警察开展防卫的基础，是克敌制胜的关键。这主要从三个方面入手：一是要有效发挥枪支的威力。就是通过枪支的强大杀伤力来体现警察的强大力量，从而威胁反抗袭警的犯罪嫌疑人，使其自动放弃反抗或恐于打击而终止袭击行为。要达到这种目的，关键要注重"快速"和"准确"两个方面，"快速"就是指警察出枪快，射击快，比袭击行为在先的犯罪嫌疑人还要快，以克服警察防卫于犯罪嫌疑人袭击行为之后而被动的客观困难，以"快"来变被动为主动。"准确"就是警察在使用枪支时要依法准确打击目标。二是要注重团队力量的整合。这是在警察近距离用枪防卫中发挥自身优势的重要途径之一。警察一定要通过加强沟通、紧密配合、增强协同等方式，最大限度地把每个参战警察的特长融合在一起，使彼此之间能够取长补短，优化组合，成为整体，从而发挥其最大威力。三是充分做到有备无患。就是警察在行动前要充分预测危险，并做好相应准备，如做好犯罪嫌疑人趁距离较近之机企图抢夺枪支的应对准备等，以取得行动上的准备优势。

3. 合理锁定处置目标。警察在查缉实战中要开展防卫打击，一个必不可少的环节就是要合理锁定处置目标，这是警察有效精准打击的前提和基础。虽然警察近距离用枪防卫离目标不远，但同样需要合理锁定处置目标，才能使防卫更加准确有效。通常情况下，有人员目标锁定与身体部位锁定之分。人员目标锁定就是对多个犯罪嫌疑人中的较危险人员的优先锁定，主要分为三种情形：其一，就是多个犯罪嫌疑人在同等距离采用同样凶器和方式袭击时，警察首先要锁定的就是其中最明显、最易于处置的犯罪嫌疑人，如一人在室外明显地方，身体全部暴露在外，无任何遮掩，另一人则在室内，只暴露出身体的某个部位。警察在处置选择上就应该先选室外完全暴露人员进行处置，因为这相对于室内的人员来说，在使用枪支对其进行射击时，较为容易瞄准。其二，就是多个犯罪嫌疑人在不同距离采用不同的方式袭击时，警察要锁定处置的先后应该是由近到远，因为从距离上来说，犯罪嫌疑人离警察越近就越容易采取动作袭击。其三，就是多个犯罪嫌疑人在同等距离采用不同的方式或凶器进行袭击时，警察此时锁定处置目标的重点，应首先要放在威胁最大的人员上，如有持枪和持刀两者，那肯定要先处置威胁最大的持枪者，而如果只有持刀具和持木棍的，那就先处置持刀者。部位锁定就是对所要处置犯罪嫌疑人的身体重点部位为目标进行锁定打击，一般来说，主要就是打击其关键活动的部位，因为人一旦失去活动能力就无法移动，同时也会失去使用各种器械的能力，也就无法再袭击他人，如用于持各种凶器袭击的手和用于移动的腿等，这些部位受到枪支的射击后，是很容易丧失其基本能力的。

4. 灵活采取防卫措施。在实战中，犯罪嫌疑人是凶残多变的，警察在近距离用枪防卫时，一定要注意灵活应对，科学地采取防卫措施，特别是在用枪射击时，必须要根据现场不同情形、不断变化而运用不同的方法。方法包括：一是在条件允许的情况下，尽量瞄准射击重要部位，以尽快控制对方，避免造成更大的伤害。二是情况确实紧急无法保证准确性的，如左右移动快速逼近的，警察要果断采取概略射击的方式进行还击，不能因为过于追求精确度而贻误战机。三是在犯罪嫌疑人中枪后未丧失反抗能力依然丧心病狂不顾一切冲向警察的，警察一定要小心应对，讲究战术，迅速处置。首先，要坚持安全为先的原则，该调整战术撤退的要迅速撤退，切莫英雄主义，硬打硬拼，不合理冒险。撤退时要力求做到"五边"，即边后撤、边观察、边提醒、边瞄准、边射击。也就是说，警察在向后撤时要注意多方兼顾，多管齐下，不仅要退还要及时观察防卫对象、周围环境及撤退路线是否通畅等，同时提醒周边群众，迅速配合躲开，同时也提醒犯罪嫌疑人，如果不停止暴力行为将继续使用武力。其次，队友之间要注意配合，注重策略的运用，如当犯罪嫌疑人不断地向其中一名警察进行连续袭击时，其他队友绝不能袖手旁观、被动等待，应积极地从侧面设法牵引对方，使其注意力分散，转移袭击对象，以让受袭击警察的危险得到缓解，同时也利于警察迂回地控制对方。最后，就是合力控制，一招制敌。警察在防卫过程中，一旦控制时机成熟，要迅速形成合力，牢牢地将对方控住，力求一招制敌，如有机会可实施徒手控制的，警察要根据自身所处位置，预先准备，当行动的信号发出后，便同时发力，全面控制，使对方无任何挣扎之机。

问题思考

1. 遭遇类战术射击的基本安全要素是什么？
2. 遭遇战的特点是什么？

项目七 盘查类战术射击

【案例 11-9】勇士迎着枪口上

2000 年 6 月 25 日凌晨 3 时许，两名犯罪嫌疑人潜入平江县城关镇某科技公司宿舍实施盗窃时，被群众发现，在随后逃跑过程中盗贼持枪威胁追赶的群众，群众发现歹徒持有枪支即停止追赶，并立即拨打"110"报警。鉴于该案属涉枪案件，案情重大，刑侦大队民警迅速投入侦破工作。根据现场调查访问，确定为一起外地流窜持枪抢劫案。县局领导立即作出决定：首先，通知全县所有交通干线的派出所紧急派员设卡，盘查所有过往的车辆及行人，寻找操外地口音且与现场反映相符的嫌疑人员；其次，派刑侦大队对县城两个汽车站守候，防止犯罪嫌疑人外逃；再次，沿城关镇街道，特别是东街民建路（老汽车站）沿线查访，寻找犯罪嫌疑人；最后，对城关镇区的旅店逐一清查。

凌晨 6 时许，刑侦大队经侦中队指导员付某带领民警李某沿民建路查访至东街军友公司门口时，发现 3 名形迹可疑人员，两名民警即上前盘问。当付某出示工作证时，李某发现站在一侧距他 3 米左右的犯罪嫌疑人正在掏枪，随即大声叫道："付队，有枪!"由于李某当时没佩枪，他马上向距现场约 200 米、有民警蹲守的汽车站飞速跑去。付某快速掏枪，但发现周围有群众，怕伤及群众；则飞身上前夺枪，被犯罪嫌疑人击中胸部。犯罪嫌疑人分两路仓皇而逃。增援队员赶至现场时，付某已倒在血泊中，但他仍顽强地支撑着，告诉战友："有 3 名犯罪嫌疑人，持有两支手枪。"并将自己的枪交给了战友，后被送到医院抢救。

此时案情变得更为重大，在局长的统一指挥下，当地警方立即调集 300 多名民警，封锁各交通要道，在全县范围内布下天罗地网，追捕 3 名持枪歹徒。通过设卡堵截到上午 9 时许，成功抓获了洪文涛、洪勇林两名犯罪嫌疑人，缴获钢珠火药枪 1 支、匕首 1 把；首犯吴金星乘坐中巴准备往长沙方向逃窜时被设卡民警发现，该犯罪嫌疑人持枪拒捕，被公安民警当场击毙，现场缴获仿制式手枪 1 支、子弹 5 发。至此，3 名犯罪嫌疑人全部落网。

问题思考

1. 干警如何培养在盘查中的战术意识？
2. 在案例中，干警正确的现场处置方法？
3. 警察武装巡逻需配备什么装备？

警察武装巡逻盘查是指警察身着警服、佩带制式武器、警械，以案件高发地带、重点路段、公共场所、交通要道等为主要巡逻地点，采取徒步或乘坐机动车方式，通过巡回、观察、盘问、检查等手段发现、纠正、处理违反公共秩序的行为，维护社会治安秩序，同时发现和打击各种现行违法犯罪活动的警务行动，是国家根据人民警察的职责和任务，以法律、法规的形式，赋予人民警察行使的权力。

警察武装巡逻盘查是公安工作中一种行之有效的手段，在侦查、清查、巡逻、堵卡以及处理治安事件等许多场合下，恰当地运用武装巡逻盘查战术，能够及时有效地发现犯罪分子或犯罪嫌疑人，并相机予以缉捕。

一、武装巡逻盘查的基本原则

盘查不能随心所欲，警察也不能凭主观臆断强制他人。盘查必须遵循一定的基本要求，这样才能盘有所得，查有所获，尽量做到不伤害任何一个无辜群众，不放任何过一个可疑分子。

1. 坚持盘查针对性的原则。盘查首先要找到对象，找准对象。这就要求警察在执行勤务的过程中，要善于观察事物、分析情况，要能够及时发现目标，进而向这些目标逼近，进行盘查。

2. 坚持盘查目的性的原则。盘查的目的无非是弄清人的身份、事的性质、物的来龙去脉，以及被盘查人与他人、他事的关系等。达到目的，即停止盘查。盘查对象该放行就放行，该进一步查处的就送交有关部门，不要对其纠缠不清，耽误时间，避免造成不良的社会影响。

3. 坚持盘查中公开警察身份的原则。进行盘查时，警察首先要公开身份——"我是警察！"实践证明，坚持该原则有三点好处：一是可以起到威慑盘查对象的作用，使他们不敢再乱说乱动；二是可以得到人民群众的理解和帮助，便于警察在执勤中，依法对他人进行盘问、检查；三是可令盘查对象自觉或者不自觉地配合警察的行为，避免引起不必要的麻烦。

4. 坚持盘查中保持高度警惕性的原则。对人的盘问，不论双方人数对比如何，警察都要保持高度的警惕，随时准备对确有违法犯罪行为或确有重大犯罪嫌疑的盘查对象实施现场缉捕。要占据有利地形，严格控制对方，进可攻退可守，防止犯罪嫌疑人穷凶极恶反扑伤人，或者千方百计伺机逃脱。对物的检查，也不可掉以轻心。警察要按照规范的程序，妥善处置，防止引燃、引爆，防止腐蚀剂溢出或者损坏易破易碎物品，造成不必要的损失。

5. 坚持盘查结果妥善处理的原则。对盘查的各种结果，要妥善处理好，不可留下任何后遗症。首先，若盘查对象的嫌疑解除了，则应放行人，归还物，并对被盘查人表示歉意；其次，若查获了违法犯罪分子或重大犯罪嫌疑人，则应立即由盘查专人缉捕，并进一步搜身，同时将其凶器、赃物等一并移交有关部门审理；再次，若经盘查后疑点不能排除，但证据又不充分，则将其控制到有关部门，按照法律程序进一步审查；最后，若并非假冒，确系真正的醉酒人或者精神病患者，则应及时通知其家属或工作单位来领人，但绝不允许放任不理。

6. 坚持警力优势的原则。由于犯罪嫌疑人的反抗行为具有突然性和不定性的特点，为了保障民警在工作中的安全，武装巡逻民警必须以巡逻小组的形式执行盘查任务，时刻保持相对的警力优势，防止出现袭警的事件发生。如果需要盘查的犯罪嫌疑人人数较多，武装巡逻民警应采取跟踪的方法，同时呼叫指挥中心，等待支援，补充警力，切勿贸然行事。

7. 坚持武装巡逻盘查与缉捕相结合的原则。武装巡逻盘查是手段，不是目的。制定武装巡逻盘查方案时，不能只考虑战位、盘问、检查等行为，要将缉捕作为武装巡逻盘查的最后阶段去运作。这样，整个武装巡逻盘查技战术方案才更完善、更有效。

二、接近犯罪嫌疑人时的站位与分工

1. 三对一站位法。当3名民警盘查1名犯罪嫌疑人时，应与犯罪嫌疑人形成1.5～2米的后三角形站位，侧身站立，强脚在后，处于临战状态。左前方为主盘查民警，现场指挥员在中间靠后，右侧为监控民警。在二对一时，左侧民警为主盘查，右侧民警负责警戒、指挥和监控。

2. 三对多站位法。当3名民警盘查多个犯罪嫌疑人时，应站在犯罪嫌疑人一侧2～3米处，左侧民警负责盘查，现场指挥员在中间稍靠后，右侧民警负责监控。按照从左至右的顺序逐个对犯罪嫌疑人进行盘查（图11-19）。

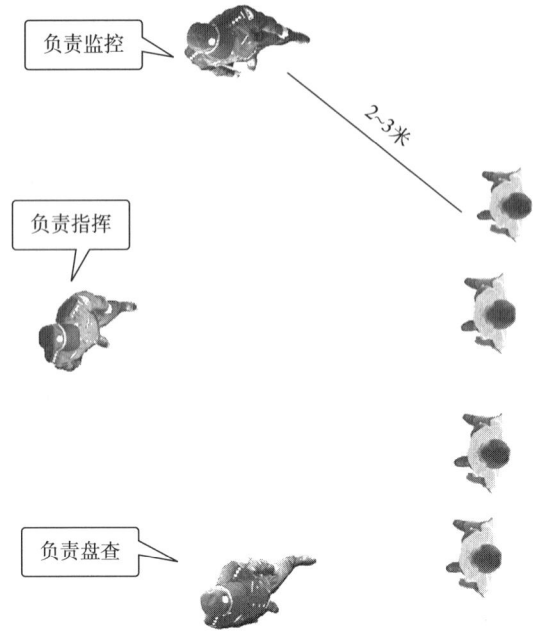

图 11－19　三对多站位法

三、站位盘查的形式

站位盘查的形式是指警察实施盘查与警戒时，与对方所处的位置关系。站位盘查的形式主要有以下几种：

1. 侧应站位盘查。负责盘问的警察正对盘查对象站立，负责监控的警察位于盘查对象的左侧或右侧。以一般人多用右手掏拿习惯来看，站在对方右侧能及时控制其右手（图 11－20、图 11－21）。

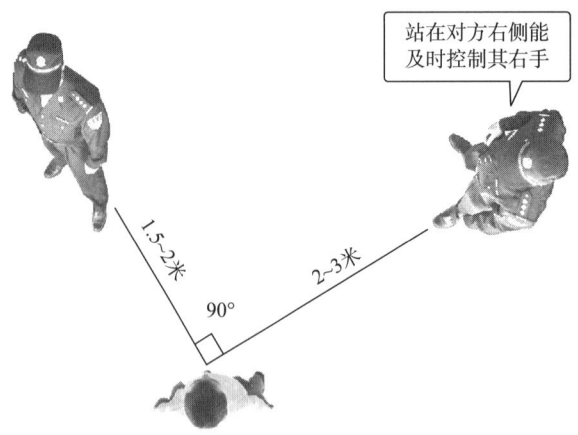

图 11－20　侧应站位盘查 1

2. 三角形站位盘查。当 3 名警察实施盘查时，负责盘问的警察面对盘查对象站立，负责监控的 2 名警察分别站在对方左右侧后方，3 名警察成等边三角形站位，将对方围在中间（图 11－22）。

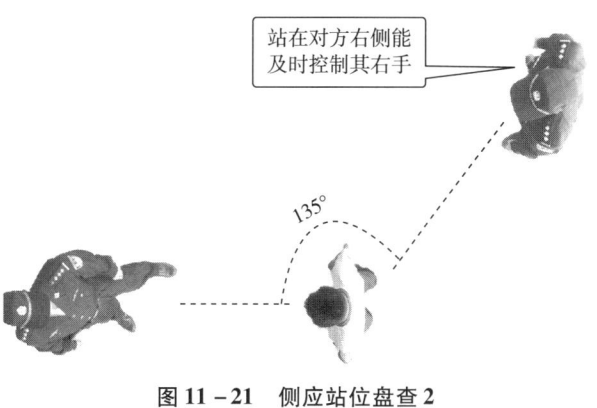

图 11 – 21　侧应站位盘查 2

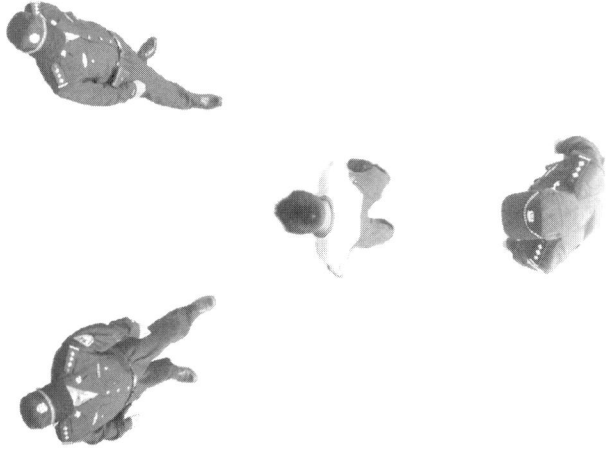

图 11 – 22　三角形站位盘查

3. 左右侧应站位盘查。将盘查对象带至背靠墙面等障碍物前盘查时，负责盘问的警察面对盘查对象，另两名警察分别站在其左右两侧负责监控（图 11 – 23）。

图 11 – 23　左右侧应站位盘查

4. 弧形站位盘查。盘查对象背靠墙面等障碍物，3 名警察面朝盘查对象以弧形站开，由担当主盘问任务的警察负责对目标的盘问，两侧的警察负责对目标的监控及周围环境的警戒（图 11 – 24）。

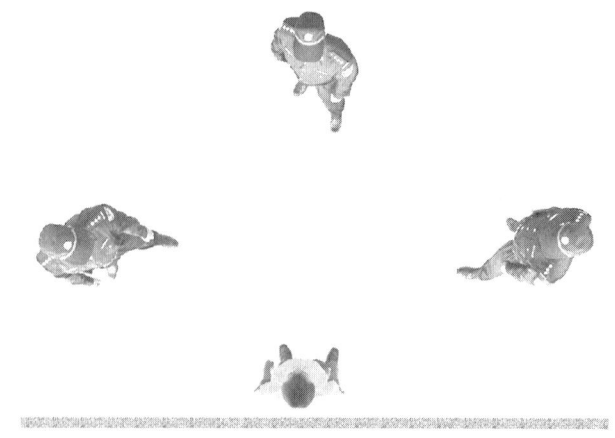

图 11 - 24 弧形站位盘查

四、武装巡逻盘查地点的选择

1. 宜明不宜暗。应选择光线明亮之处，以便观察盘问和检查，便于看清盘查对象身体形态、面部表情、携带物品及各种反常行为。

2. 宜宽不宜窄。选择视野较为开阔，活动余地较大之处，便于观察周围情况，便于发现被盘查可疑人员同伙，防止其同伙袭击。

在盘查中发现其为犯罪分子或重大犯罪嫌疑人时，也便于对目标实施缉捕。

3. 宜僻静不宜喧闹。尽可能选择人员流动少的僻静之处，避免盘查时人群围观，尽量缩小影响面，也便于盘查人员问得清、听得明、判断准、处置得当。

如果盘查对象突然逃窜或袭警，盘查人员也便于采取防卫和缉捕措施。

4. 宜简单不宜复杂。选择地形地物简单、平直、少弯，周围无复杂建筑物、无丛林、无高秆作物及高苗地之处，既便于我控制盘查对象，又可不使其在逃窜反抗之时脱逃。

5. 宜近不宜远。盘查地点尽可能选在距公安局、派出所、治安岗亭、企事业单位门卫室、保卫科距离较近之处，既便于就近实施盘查工作，也便于就近取得支援。

五、武装巡逻盘查的特点

武装巡逻盘查的主要目的在于有效控制各类暴力型犯罪以及各类突发性事件，改变传统意义上警察和保安携带简单警械具的巡逻执勤方式，在武器保障及使用上具有优先考虑的权限，突出了"武装性"与"强制性"，其行动具备以下特点：行动突发性、遭遇性强烈，战斗准备难以周全；接警行动时，情况往往不清，事件性质不明，需要现场查明情况，或者边行动边查询有关情况；执法复杂性突出，涉及法律面较宽，必须根据现场情况依法、适度、有理、有节地采取行动；情况变化迅速，行动转换急剧，动作反应仓促，现场干扰因素较多，战斗方式受限；我明敌暗，后发而动，易受袭击，危险性大；先行防范，先行独立控制现场事态特点突出。

街面武装巡逻盘问检查是警察的重要职责，警察武装巡逻盘查执法行动区别于普通警察的巡逻盘查。区别在于：一是武装震慑效果明显。全副武装的警察对有犯罪企图的嫌疑人具有震慑作用，能够打消一部分犯罪分子的犯罪企图。二是武器装备配备齐全。长短枪配备齐全，枪支携带处于戒备状态，被盘查对象配合程度较高，另外警察队员训练有素，处置突发事件及时。

六、执行街面武装巡逻盘问检查时应注意的要点

1. 从重考虑，确保群众及自身的安全。应从重考虑嫌疑人的反抗趋势、反抗能力、反抗手段及可能发生的变故，增强防卫意识，做好防范准备，确保人民群众及自身的安全。

2. 依法处置、运用法律赋予的盘查权力。警察应正确运用法律赋予的盘查权力，有效使用强制措施，严格遵守有关法律规定和警械武器的使用规定及禁止使用的规定，确保武装巡逻盘查行动的准确性和有效性。

3. 规范操作、强化武装巡逻盘查程序。警察在盘查行动中既要保证执法程序的规范，又要坚持按照盘查的战术要求规范操作，提高盘查行动的成功率。实战中确定盘查对象的工作比较复杂，盘查对象可能是触犯刑法的犯罪嫌疑人，也可能是违反治安法规的行为人，还可能是因误会或错觉、判断失误而受到牵连的群众。因此，初期确定盘查对象时，应当慎之又慎，做到准确、无误、具有针对性。千万不可盲目、草率从事。警察通过盘问和检查弄清嫌疑人的身份和可疑行为，确认其有无违法犯罪行为，一旦决定实施抓捕，就应该果断出击，要根据情况和环境来决定抓捕的战术方法，出枪迅速，按照嫌疑人的反抗行为确定枪支状态，持枪控制要动作规范，抓捕动作要灵活掌握。上铐、搜身要仔细认真，动作要熟练、规范。

4. 控制为先、明确监视警戒任务分工。警察发现可疑情况时，在战术部署上应首先进行控制，人员分工上必须有一人担任监视警戒任务，担任监视警戒任务的警察队员应配备警戒武器，并处于戒备待发状态，发现异常，立即警示其他警察队员，并迅速采取果断措施，必要时依法使用武器。坚持控制为先、监视警戒原则，可以避免队员伤亡事故的发生，有效地制伏犯罪嫌疑人。

七、武装巡逻盘查过程中依法、安全使用警械与武器

1. 规范携装，编组执勤。武装巡逻执勤警察要全副武装，装备齐全，保持足够的警力进行编组执勤。编组执勤一般每组不少于 2~3 人，如遇突然袭击时，即可迅速持械在手，形成合力，互相配合，制服犯罪分子。传统的"以一胜众""以少胜多"理念，或者分散警力处置，以求各个击破的战法，都不符合现实。穷凶极恶的违法犯罪嫌疑人会拼命抗法袭警，若没有优势警力勉强处置，警察的自身安全就很难得到保证。实战中，警察必要时还可以请求增援，避免陷入敌众我寡的境地。如果情况有变而暂时又无法形成优势警力，那么就采取其他应对措施，比如尾随跟踪，拖延时间，识记体貌、车辆或物品特征等，千万不可蛮干逞强，贸然行事。警察充分利用警力优势进行武装巡逻，才是安全可靠的。

2. 明确分工，相互协同。武装巡逻属于团队行为，团队中须有"协同掩护"精

神，相互之间要不断沟通，默契配合，并且每一个人都有义务对"同伴的安全"负责。事实证明，在警务实战中，"同伴安全，我才安全"，"同伴安全，团队才安全"。所以，实战中一定要杜绝不管不顾的各自为战，加强协同掩护才是警察有效的安全防范。

为了确保同伴的安全，警察在武装巡逻的整个过程中，都有必要时刻注意他们在什么位置，他们在做什么；同时还要不断地作出客观地评估，自己在什么时候可以给同伴提供什么样的帮助。能够为同伴提供的有效帮助是多方面的，比如：为处置警情的同伴提供警戒、掩护，在同伴受到威胁或即将受到威胁时提供支持、援助等。

在巡逻中要讲求战术配合，提高处置效能。两人以上出警时，相互间要有分工，有主有辅，互相呼应，未持枪的同志应靠近盘问，持枪的同志保持距离进行观察，及时提醒，保障安全。在对犯罪嫌疑人进行盘查时，要注意互相配合，防止自身受到伤害；对可疑人进行盘查时，要明确分工，有专人负责通信联络，时刻保持与指挥中心及上级的联系；在被盘查人的两侧设置策应警察，持枪或警械保持警戒，防止其行凶或逃跑。

3. 保持警惕，严防突袭。警察在警务实战中可能会面临各种复杂情况：犯罪行为人在何时、何地袭警，袭警的手段、方式及激烈程度难以预料；哪些群众不懂法，哪些群众故意不配合、不支持警察执法，他们什么时候冲动、什么场合动手，也不能预知。公安警察面对现场可能出现的危险，思想上要保持高度的警惕，行动上要采取必要的预防和控制措施，一定要避免临危时措手不及。盘问检查后如对被查控对象疑点不能排除，但证据又不充分时，应首先告知被查控对象情况可疑，需要到指定地点继续接受检查，并应服从警察队员命令。搜身前应选择适当场所，对犯罪嫌疑人进行有效的控制。在到达指定地点之前要做到人、物分离。如果是徒步带离，监控警察队员应在被查控对象左侧稍后 1.5～2m 的距离处，作出随时拔出枪的临战准备。枪支要始终置于腰际，枪口对准犯罪嫌疑人，成准备戒备状态，与对方至少保持 1.5m 以上的距离，并始终保持高度警惕。

在巡逻中遇有人拦路报案，应保持戒备，要使对方尽可能远离自己的佩枪，防止犯罪分子以报案、问事为由接近突然行凶、夺枪；接受陌生人递送的东西时，应与其保持 1m 左右距离伸臂去接，并注意观察其举动，防止其突然袭击；遇人请求到某处处理问题时，不能单独前往，特别夜间遇到这种情况，应保证有足够的警力，要让对方在前边带路，尾随其后持械行进，并随时观察周边动向。

4. 随机处变，力保安全。随机应变是战术的灵魂。兵无常势，水无常形。在武装巡逻中，不论环境多么复杂，情况怎样变化，警察都应当灵活应对，牢牢把握住实战对抗的主动权，坚持"怎么安全就怎么处置""怎么规范就怎么处置"，且不可墨守成规，拘于教条，束缚了自己的手脚。

遇到紧急情况时，也要首先保证安全，在下车巡查时，车上或者车侧应当留一人，保护车辆安全及负责通信联络，必要时请求支援等；在执勤中的巡逻警车，遇有情况临时停车时，要做到车不熄火，占据前不受挡、后不受阻的有利地形；夜间巡逻时更要提高警惕，遇有人拦车或人为设置的障碍时，应立即下车，持枪械在手，密切观察周围动静，做好应急准备，防止遭受犯罪分子的突然袭击；在人群中巡逻，要尽量靠边不走中间；在建筑群区巡逻，不要紧贴墙根行走，在行至巷道转弯处、交叉路口时，应离墙 2m 左右，以利于机动；在夜间巡逻中，要集中精力，保持肃静，要利用阴影处隐蔽行进，便于发现情况。

5. 充分估势，防控为先。在武装巡逻中，警察有必要对当前的警情作出充分评估，客观地分析面临的各种危险因素和可能出现的困难。尤其是处置暴力犯罪，更是要对犯罪行为人所处的位置、当时的情绪状况、携带危险物品的种类和数量、可能反抗的形式及激烈程度、现场其他人员的安危等具体情况作全面评估。充分估计，高度重视，并提前做好应对准备，是保证安全处警和规范处警的有效措施。

当前社会治安形势日趋复杂，在执行武装巡逻任务时，警察身临各种复杂的环境，又随身携带武器、警械，随时可能遇到紧急情况，甚至可能成为犯罪分子袭击的重点对象，因此，从维护警察自身安全和保障人民生命财产安全的角度出发，切实加强警察对于武装巡逻中自我保护意识及正确、合理、合法使用警械、武器的训练，对于提高武装巡逻的实效性，有效打击犯罪，具有重要的现实意义。

八、发现重大嫌疑人时的处置

当盘查过程中发现盘查对象为重大犯罪嫌疑人时，首先是拔枪将其控制，做到人物分离，先上铐后搜身、查物、查车。现行犯和确认的重大犯罪嫌疑人可采用擒敌技术突然将其控制并上铐、搜身。如果是 15 种严重暴力犯罪范畴之内的犯罪嫌疑人，经警告无效可以直接开枪进行射击。盘查时犯罪嫌疑人对警察突然袭击时，如果确认犯罪嫌疑人对警察人身将造成伤亡的，可鸣枪示警；无效的可开枪射击。但应避免在群众聚集场所和有危险物品的地方以及其他规定不许使用枪支的情况下开枪射击。

九、对袭警的处置

1. 对徒手袭警的情况处置。如果一名嫌疑人徒手袭警，警察应慎用警戒具，可利用警力优势，以一招制敌的技术将其抓获并带回审查。若多名嫌疑人徒手袭警，则警察应迅速交替掩护后撤，并掏枪对准嫌疑人，命令其不许动，尽量用语言控制，不与嫌疑人发生身体接触，同时呼叫指挥中心请求支援，如果嫌疑人继续袭警，有危及警察的生命或有抢枪的意图，警察应鸣枪示警，经警告无效可向冲在最前面嫌疑人射击，打其非要害部位，使其丧失攻击能力，同时震慑其他嫌疑人。

2. 对嫌疑人持械袭警的情况处置。警察迅速交替掩护后退，始终与嫌疑人保持一定的距离，并掏枪对准嫌疑人，喝令其不许动，若嫌疑人继续袭警，警察应鸣枪示警，经警告无效可向嫌疑人射击，打其非要害部位，使其丧失攻击能力，然后将其抓获带回审查。

3. 对嫌疑人持枪袭警的情况处置。

（1）当嫌疑人掏枪的一瞬间，警戒员必须迅速掏枪对准嫌疑人，喝令其不许动，盘查员应快速移动，边掏枪边寻找隐蔽物隐蔽自己。

（2）如果嫌疑人服从命令，停止动作，则警察应命令其慢慢地将枪放下，举起双手，十指分开，转过身去，趴在地上，双手伸直，手心向上，控制好以后，警戒警察从其左后方接近，左脚踩住其左手肘关节，持枪对准其头部，同时盘查员收枪从其右后方接近，迅速铐住其右手并拉至后背，然后在警戒员的协助下将其左手拉至后背上铐，及时搜身并带回审查。

（3）如果嫌疑人不听命令，向警察射击，可鸣枪示警，经警告无效或紧急情况下可直接射击嫌疑人非要害部位，使其丧失攻击能力，将其抓获带回审查。对巡逻执勤中抓获的犯罪嫌疑人以及群众扭送抓获的现行犯罪分子，应先进行细致的搜身，再用手铐或警绳加以约束，押送时让其走在前面，警察持械跟在后面，在人多的繁华地段，押送人员应贴身控制前往；过桥时，要走在桥中间，不要靠边行走，防止案犯的推撞，发生危险；禁止用自行车、两轮摩托车押解犯罪嫌疑人，防止其行凶伤人。

问题思考

1. 武装巡逻盘查的基本原则有哪些？
2. 多名民警接近犯罪嫌疑人时应如何站位开展盘查？
3. 对嫌疑人袭警有哪些处置方式？

项目八　彩弹战术射击

彩弹对抗射击训练是从欧美引进的，并在全国逐渐发展起来，成为现阶段枪械战术对抗训练效果较好又较为安全的训练方式。彩弹射击运动在国内又被称作匹特博运动，是英文 Paintball 的译音，20 世纪 80 年代起源于美国，又称野战游戏、生存游戏、模拟实战，它是利用彩弹发射器进行人与人的对抗射击，彩弹在击中人体后会破碎，而留下彩色记号，使训练者既可体会和领悟到"真枪实弹"的感受，又绝对安全可靠。彩弹射击训练能提高学员的指挥作战能力，战术技巧，战术安全意识，团队配合、临阵应变能力。

彩弹射击运动使用的击发器是用液态二氧化碳作为驱弹动力，每次击发时，它就会从气体存储罐内释放一定量的液态二氧化碳，液态二氧化碳在瞬间变成膨胀了的气体，把彩弹推出来，达到射击的目的。

彩弹是用明胶做外壳，里面充满无腐蚀性的，水溶性的，生物降解的使用染料的彩色小圆球，它的直径是 11.7mm 彩弹的外壳和液态内容在微生物的作用下，可自然分解成营养物质被泥土和植物吸收，具有环保性，因此对自然环境没有任何危害和不良影响。

防护装备是参加彩弹射击运动最为重要的安全保障关键，因为彩弹射击后会有一定的冲击力，而眼睛是人体最脆弱的部位，为了保证运动的安全，参加者都必须戴上符合安全标准的防护面罩，面罩要有良好的视野角度和清晰度，无论被彩弹击中时或奔跑时，面罩都不会被击碎及脱落，并且要能保护全面部、太阳穴等。防护装备有专用的比赛服装，如迷彩服、防护背心、护颈、防护手套、鞋、帽等。

授课目的：学员在模拟实战对抗的环境下，通过教学与训练，明确个体在小组战术中的作用和地位，提高组织指挥和沟通协调能力，强化服从配合和战术安全意识，提高紧张状态下合法、安全、有效的处突能力。

目标设置：红、蓝方对抗。红方为 5 人（扮演警察），蓝方为 3 人（扮演歹徒）。红方攻，蓝方守。

射击距离：战术运动。

时间设定：计时读秒。

指定用弹：每名队员 15 发彩弹。

实施场地：彩弹射击场。

一、安全守则

1. 射击场内严禁取下防护面罩，指导员有权请违反者出场。

2. 10m 内严禁蓄意射击其他人的头部和颈部及从背后射击。

3. 严禁对参观区或场外盲目射击，严禁对裁判员及投降者射击。

4. 严禁与对反抗双方有肢体行为的冲突。

5. 严禁携带危险物品入场，任何人进入运动场，除了个人保护装备外，禁止携带如爆炸物、五金工具、绳索等危险物品。

6. 严禁对场内的动物射击。场内如有小鸟飞入，禁止对其射击。

7. 禁止在射击场内拆卸枪支任何组件。

8. 射击场内绝对服从裁判员的判决，若对判决有争议应于场外再反映，严禁攀登或移动掩体，小心避开可能有危险的地形地物。

二、训练重点及方法

1. 在模拟实战环境下的小组对抗过程中，首要的是小组的意图、决定；任务分工、通信联络及战术协同。小组长在展开对抗之前应该组织队员进行任务部署。

2. 小组对抗战术队形。战术队形是体现小组分工是否明确、战术意图是否清晰、战术素养是否具备的重要体现。通常第一名为盾牌手，为小组成员提供有效的安全防护；第二名为组长，便于对对抗攻坚的组织指挥；其余队员按照组长意图，配合作战；最后一名队员还应负责侧后方的控制和警戒。

3. 在建筑物内一定的区域、空间展开搜索控制时，首先要求逐一搜索，排除危险。但小组成员难免会进一步分组展开搜索控制。此时，每一小组成员应不少于两名，确保相互协同配合；小组之间应保持不间断通信联络，进行信息沟通，确保相互接应。

4. 训练时设置一个模拟人偶充当人质。

单元思考

1. 个人战术射击的特点是什么？

2. 个人战术射击长短枪如何配合使用？

3. 突入射击队员间如何配合和走位？

—————单元十二—————

警用手枪 PPC 射击训练和 IPSC 射击训练

📝 **知识目标**

1. PPC 训练的内容。

2. PPC 训练的规则。

3. IPSC 训练的形式。

4. IPSC 训练的竞赛规程的内容，违规处理方式。

📝 **能力目标**

1. 掌握 PPC 训练的几种射击姿势。

2. 掌握 PPC 训练的速射带换弹匣。

3. 掌握立姿左手有依托射击的动作要领。

4. 掌握 IPSC 训练的多靶位射击的要领。

【案例 12 –1】广东射击场上将诞生最强中国队（图 12 –1）

2018 年 08 月 09 日参赛选手进行射击训练：

8 月 10 日至 13 日，全国公安系统第 24 届手枪实用射击比赛暨世界警察手枪射击选拔赛（以下简称"全国赛"）将在广东省公安厅民警培训中心举行（图 12 –2）。此次全国赛，共有来自全国各省区市、港澳地区、行业公安的 38 支代表队参赛。本次比赛共 400 多名运动员、裁判员参加，最终将选拔出优秀选手并组成最强中国队，以备战第二届世界警察手枪射击赛。

接轨国际：模拟 10 个执法实战场景

记者了解到，此次比赛与以往国内公安系统射击比赛相比，赛制有了很大变化——由以往的精度射击改为向国际接轨的场景式比赛（图 12 –3）。

按照新规则，此次比赛主要以公共场所遇袭处置、突入房间救援及抓捕处置、夜间弱光条件下执法处置为主题，设置 10 个真实执法中可能遇到的模拟场景（图 12 –4、图 12 –5），包括模拟银行、医院、学校、机场等公共场所，设置不同的射击目标和禁射障碍，重点检验比赛选手和团队在模拟实战情景下的射击技能、战术应用、临场应变和心理承压等综合能力素质（图 12 –6、图 12 –7），不断提高公安民警实战化应用射击能力和水平。每个选手进入的场景是完全不同的，场景内的障碍物、目标靶等的设置也是随机的，与日常执法非常接近。

图 12 - 2　射击运动员训练场景 1

图 12 - 3　射击运动员训练场景 2

图 12 - 4　模拟执法实战场景射击比赛 1

图 12 – 5　模拟执法实战场景射击比赛 2

图 12 – 6　模拟执法实战场景射击比赛 3

图 12 – 7　模拟执法实战场景射击比赛 4

双龙出海：广东两支队伍参加角逐

　　记者了解到，此次比赛主要由全国各省公安厅组队参加，一般每个省只有一支代表队。作为东道主的广东派出两支代表队参加比赛，分别由广州、深圳警方选拔"神枪手"组成广东 1 队、2 队。

深圳市特警支队教官大队副大队长汤强告诉记者，今年 3 月，深圳特警组成广东 2 队开展训练，组队至今，队员们在 105 个训练日内，已经消耗了 13 万余发子弹，从 14 名受训者中最终选拔出 6 名参加全国比赛。

赛场上，广州警方组成的广东 1 队也在如火如荼的训练中。队员不仅有特警，还有来自白云等区公安分局的民警。参赛女警中，有一名女特警曾是海军陆战队员，打靶稳、准、狠，丝毫不逊于男队员。

场地探营：全国首个 270°运动射击场（图 12 - 8）

7 日下午，羊城晚报记者来到此次比赛的核心比赛区域探营。靶场上，10 个代表不同场景的赛场已经搭建完毕，不少选手正开展适应性训练。

图 12 - 8　270°运动射击场 1

赛事筹备组介绍，这是全国首个可 270°射击的专业射击场（图 12 - 9）。"传统射击只能 180°，我们根据执法实践，设计了这个可 270°运动射击的专业场地。"

图 12 - 9　270°运动射击场 2

记者留意到，每个赛场如同一个个小房间，三面用墙相隔，除选手背后外，270°都有目标靶，而每个房间内，场景的设置，目标靶的数量、种类均不同。赛场内，不仅有油桶、橡胶轮胎等掩体，还有纸靶、钢板靶、运动靶、红白相间的人质靶等，他们根据银行、车站等不同的实战场景设置，随机分布。

主办方介绍："民警面对陌生环境，出现紧急情况时，如何迅速控制嫌疑人？怎么拔枪？怎么射击？在什么角度？利用什么掩体？这次比赛都会对我们的实战进行一次检验。"

项目一　警用手枪 PPC 射击训练

警察实用射击（PPC）概念：PPC 是 Police（警察）、Pistol（手枪）、Combat（战斗）的英文缩写，可直译为"警察战斗射击"，也可译为"警察实用射击"。

警用手枪实用射击可根据不同情况、不同距离，科学、规范、实用地制订射击训练科目和比赛项目。

"PPC"比赛采用的是两只手：强手和弱手；三个射击距离：7 米、15 米、25 米；四种身体姿态：立姿、跪姿、坐姿和卧姿，结合隐蔽物进行射击。在这些训练、比赛科目中，根据姿势、时间和距离的不同，可分为十几个项目，按总得分一般有：1500 分、900 分、600 分和 480 分等几种形式，现在国内采用比较多的是 600 分的形式。

一、警用手枪实用射击安全技术守则

1. 警用手枪实用射击课目训练、考核和比赛必须严格遵守和执行本规定。

2. 必须用原装军、警用枪支，构造上不得有任何改变，扳机引力不得小于 1.5 公斤。

3. 手枪放在枪套内，子弹不上膛，射击信号发出，必须先拔枪才允许做其他射击动作。

4. 在更换弹匣及进行变换射击动作时，枪口指向目标方向，扣动扳机的手指必须放在扳机护圈外。

5. 射击时，脚不能踩上或超出射击地线，可以踩在掩护物左右两边的安全线上，但不能超出线外。

6. 用右手持枪时，可以用左手支撑射击，但必须用右手扣扳机；用左手持枪时，可以用右手支撑射击，而必须用左手扣扳机。

7. 只准携带该阶段规定的用弹数量，每个射击动作规定打 6 发，射手可以少打弹，但不准把子弹带入下一个动作进行射击。

8. 每个射击阶段，必须将预备弹匣放在弹匣套内（每个弹匣只准装弹 6 发），掉在地上的子弹，不准继续使用。

9. 每个射击阶段，必须按规定的动作顺序进行，不准用单手装退子弹，只能用一只手握枪，另一只手推拉套筒送子弹上膛。

10. 双手应利用掩护物的左右侧射击，但不能把枪支贴靠在掩护物上，持枪的手不准超出到掩护物前。

11. 允许佩戴眼和耳的保护用具。

12. 每个射击阶段完成后，必须将枪上的弹匣取出及打开枪膛，并经指挥员或裁判员检验后方可将枪装入套内。

13. 所有训练、考核和比赛环节，必须从枪套拔枪开始。

二、警用手枪实用射击实施方法

警用手枪实用射击训练、考核和比赛时，警察（学员）统一扎腰带，佩带手枪 1 支，另带弹匣、弹匣套（12 发射击带 2 个弹匣、18 发射击带 3 个弹匣、24 发射击带 4 个弹匣；弹匣各装子弹 6 发，弹匣入套）。

（一）7m 站姿射击

目标：国际统一标准靶标。

距离：7m。

姿势：站姿双手无支撑射击。

时限：20 秒。

使用弹数：12 发（每个弹匣 6 发）。

实施方法：在 20 秒时间内，采用站姿无支撑射击姿势，持枪双手射击 12 发子弹。把装好子弹的手枪放入枪套，待射击信号发出，开始拔枪射击，重装第二个弹匣，射击连贯进行。

（二）15m 站姿和跪姿射击

目标：国际统一标准（PPC）靶标（图 12 – 10）。

图 12 – 10

距离：15m。

姿势：

1. 用强手持枪，可双手跪姿射击 6 发，重装弹 6 发。

2. 用掩护物后左方，用左手持枪可双手立姿有支撑射击 6 发，重装弹 6 发。

3. 利用掩护物后右方，用右手持枪可双手立姿有支撑射击 6 发。

时限：90 秒。

使用弹数：18 发（每个弹匣 6 发）。

实施方法：在 90 秒时间内，采用不同射击姿势，双手持枪射击 18 发子弹，把装好子弹的手枪放入枪套，待射击信号发出，开始拔枪射击，重装第二、三个弹匣，分 3 种姿势射击，连贯进行。

（三）25m 站姿、坐姿和卧姿射击

目标：国际统一标准靶标。

距离：25m。

姿势：

1. 用强手持枪，双手坐姿射击 6 发，重装弹 6 发。

2. 用强手持枪，双手卧姿射击 6 发，重装弹 6 发。

3. 利用掩护物后左方，用左手持枪可双手立姿有支撑射击 6 发，重装弹 6 发。

4. 利用掩护物后右方，用右手持枪可双手立姿有支撑射击 6 发。

时限：165 秒。

使用弹数：24 发。

实施方法：在 165 秒时间内，采用不同射击姿势，双手持枪射击 24 发子弹，把装好子弹的手枪放入枪套，待射击信号发出，开始拔枪射击，重装第二、三、四个弹匣，分 4 种姿势射击，连贯进行。

（四）15m 站姿射击

目标：国际统一标准（PPC）靶标。

距离：15m。

姿势：站姿双手无支撑射击。

时限：12 秒。

使用弹数：6 发（每个弹匣 6 发）。

实施方法：在 12 秒时间内，采用站姿无支撑射击姿势，用强手持枪双手射击 6 发子弹。把装好子弹的手枪放入枪套，待射击信号发出，开始拔枪射击，连贯进行。

三、警用手枪实用射击的计分方法

1. 按 X、10、9 环等顺序计分。

2. 当考核或比赛环数相同时，按 X、10、9 环等前后顺序，内环高者名次列前。

3. 弹着点压环线按内环计算。

4. 个人成绩为各阶段成绩之和，环数高者名次列前。

5. 团体成绩，为个人、小组成绩之和，环数高者名次列前。

四、实用射击违规不计分或扣分

1. 在考核或比赛中，当警察（学员）违规时，裁判应让警察（学员）继续射击，待该阶段射击结束后，应当场指出违规者的违规动作，并按违规打出的子弹数扣除最高环的弹数。

2. 在没有发出射击信号前，警察（学员）枪响，此时给予一次警告，发射出去的子弹不能再补上，并不予计分。若警察（学员）第二次违规，将取消考核或参赛资格。

3. 在射击时如发生枪械故障，无论是技术或枪支原因，一律由个人负责。

4. 考核或比赛中规定，每个动作只准发射 6 发子弹，警察（学员）可以少打，但不准把子弹带入下一个动作进行射击。若违规，每打出 1 发子弹，则扣除靶上一个最高环。

5. 各阶段必须在规定的时间内发射完子弹数，如未能在规定时间内发射完所有子弹，则必须停止射击，剩余的子弹按脱靶处理。

五、射击标准

必须使用国际统一标准靶标。射击距离为 25m、15m、7m，弹数为 60 发，分数为 600 分，全部射击过程分四个阶段限时速射进行。

六、比赛时的射击口令

射击前口令："装子弹准备!""准备好了吗?"
射击后下口令："退子弹!""验枪!"

七、训练方法

1. 空枪换弹匣的练习。每位学员两个空弹匣，枪指向靶位，当右手按弹匣卡榫退出空弹匣时，左手迅速拍新弹匣入枪身。每位学员练习 60 次。

2. 心里默念每隔 4 秒，完成一次空枪射击。练习在规定时间内的射击。

3. 立姿左手实弹 6 发子弹 25 米距离有依托射击，左手握枪，右手包夹。平均 4 秒完成一次击发，射击时间 30 秒。

4. 跪姿有依托射击，实弹 6 发子弹 25 米距离有依托射击，右手握枪，左手包夹后拇指和掌背轻靠掩体。平均 4 秒完成一次击发，射击时间 30 秒。

5. 坐姿有依托射击，实弹 6 发子弹 25 米距离有依托射击，右手握枪，左手包夹固于右膝，枪手身体后仰，右脚勾左膝窝。平均 4 秒完成一次击发，射击时间 30 秒。

6. 坐姿有依托射击，实弹 6 发子弹 25 米距离有依托射击，身体坐地，左膝在前，右手握枪，左手下托方式，左手大臂依靠在左膝上进行有依托射击。平均 4 秒完成一次击发，射击时间 30 秒。

八、易犯错误与纠正方法

1. 在计时训练规定时间没有完成射击，时间没有把控好。

纠正方法：射手在射击时心里默念 4 秒，平均 4 秒一发。

2. 左手握枪在左侧射击时用左眼瞄准很不习惯，影响射击命中率。

纠正方法：左手握枪射击也可采用主动眼也就是右眼进行瞄准。

3. 换射姿后的弹着点偏低或偏高。

纠正方法：不同射击姿势的瞄准点是有差异的，个人要找出自己不同射姿的射击规律，找准不同的瞄准点进行修正。比如卧姿的瞄准点在哪，立姿的瞄准点在哪。

问题思考

1. PPC 训练都有哪些射击姿势？

2. 立姿左手射击的动作要领是什么？

项目二　警用手枪 IPSC 射击训练

一、IPSC 的概念

IPSC，全名为 International Practical Shooting Confederation ，中文译为国际实用射击协会。一般取其简称为 IPSC，也可以称实用射击（Practical Shooting）运动为 IPSC 运动。

实用射击源于军、警特种部队的动态射击训练，在不同的训练需求目的下，设置不同的布景来模拟实战的状况，如街道、银行、办公室、学校等。由于必须依照不同的目的来设计不同的场景，因此 IPSC 的布景多为虚拟性质的，例如搭设一处没顶的屋舍空壳，里面摆设桌、椅、凳等家具，这些家具有可能不是实物，而是简易型摆设来替代以达到模拟的效果。

而实用射击的主旨，就是希望安全地用手枪作为自卫武器，训练射手以最短的时间，准确的射击，作为模拟训练。

二、警用手枪互动战术射击的射击要领

（一）安全

当使用手枪时，安全必须为最优先之考虑。手枪必须指向安全方向。在未瞄准目标之前，不要将手指放置于扳机护圈内。在预备射击后，枪支方可上膛。必须佩带适当的护目镜与耳罩。清楚自己的射击目标及目标后的东西。清楚自己的缓冲区域，手枪子弹可穿过标靶后再飞行超过 1000m。记住，对于自己在靶场内的举止都是有责任的，因为有可能因自己不经意的错误举止而产生意外。

（二）站姿

站姿是射击的基础。这些年，少数学者在靶场内使用正确的站姿。在使用各种枪支时，双脚必须比平时的站姿还要宽，才可控制平衡与后坐力。双脚所站的宽度必须与肩膀一样宽，使其成一直线，而身体正面朝向射击的方向。脚力较强的脚尖必须面向射击标靶之方向（多数人是左脚），弱脚（多数人是右脚）向后与肩宽，使其可在

自然的状态下瞄准并射击目标。

（三）平衡

膝盖应微弯曲，挺胸，头部保持自然。手臂与手肘应固定住，但不可过度平直，试着保持手枪的稳固和使用适当的握力。伸出手臂时，让手肘弯曲大约 25.4mm，以一致的力量和平衡放置双脚。将约 75% 的身体重量转至脚部，但不得将过度的重量放置于脚跟而导致身体向后倾。面对标靶时，双脚不可站平行，头部应对准于脚部膝盖的中央。当力量转至脚跟时，试着注意重量转移。勤于练习站姿和平衡将会是一个很好的开始。在竞赛中，有时会用到钢板障碍物，而参赛者将会在不常使用的姿势下进行射击，这也就是使用适当的站姿与平衡的时候，以此来控制射击准确度与后坐力。记得，平衡是后坐力管理的关键。

（四）握把

射击与其他运动是非常相似的。为什么枪械握法要保持一致是那么的重要？因为手枪在所有的枪支种类中，属于最难控制的枪支。对于如何使用双手握枪法，首先，先使用未上膛枪械做训练，将手枪放置于强手中，以虎口为中央，手指必须放置于扳机护圈外。而在保持稳固的握枪当中，于扳机护圈的下方手指必须使用适当的力量贴紧。拇指必须在保险按钮之上或在枪身的上方（因有些小型枪支不一定有保险按钮）。由前方看，握枪之手指必须是呈方形的，而弱手的手掌必须要紧贴于握把的上下空隙。拇指应是指向标靶，不可用拇指移动手枪。强手拇指将会在辅助手的上方，记得不可以用手的任何一部分触碰滑套，因为这会影响到射击过程。在双手都放置于手枪上后，应要使用相同的力量环绕枪支握把。扳机手指放置在枪身时，可以看到弱手的拇指与扳机手指是平行的。现在将手枪面向下方，如果在握住手枪的情况下将辅助手的手指放开时，手指将会是向下 45°角。辅助手的食指应与强手的中指接触，而辅助手其余的三只手指应放置在拳股中，现在你的强手与辅助手应有很好的接触，并稳固地放置于扳机护圈下方，也让你能有双手各一半的稳固力量握住手枪。再让我们查看从肩膀到手枪的手臂，手肘应向下弯曲约 2.5cm，这可以让手枪快速回到标靶，并保持一致性。再来查看辅助手指是否放置在正确位置，当我们放开手指后，它应是向下 45°角。

（五）扳机

手指在扣扳机发出子弹后，每扣动一次扳机都应恢复到原本的机械位置。一个简单的扣放扳机，所施放的压力应是一样并一致的。扣扳机时应用指腹，不应用指甲扣动扳机。当然有些扳机重大约 7 斤，你会觉得你必须使力扣下扳机，但这样将会移动到原本的枪支握法。扳机手指应是松动的并容易弯曲。第二关节以上手指应和手是一体不动的，如果移动将会影响到握枪方式和导致子弹射发至错误的方向。练习的话，可以用橡皮筋来做扣放的动作。

（六）呼吸

控制呼吸是很重要的一个关键，不正确的呼吸可能会造成压力或紧张，并影响到竞赛中的表现。一个人可以维持住大约 10 ~ 15 秒不呼吸。当进行射击的时候，你绝对不想要有无法呼吸的感觉，你应在不感觉到压力或紧张的情况下，感觉放松或注意到在这时候你的身体在告诉你什么。注意自己现在在做什么，当听到开始讯号时，先维持住一半的呼吸。

（七）全神贯注

射手在靶场上必须全神贯注。当你的视线停在标靶上后，击出了一发子弹，你的视线将会离开标靶，而你必须在每发出一发子弹后，一定要恢复到原本的位置。射击的子弹数越多，你需要的注意力就越多。现在并没有任何手枪是无任何后坐力的，每支枪的枪口在击发出子弹后，都一定会离开目标再回到原点。记得的，最主要关键是一定要对自己的视线有耐心。试着对 7～10m 距离远的标靶射击 6 发子弹，用清楚的焦距看着目标，而标靶会有一点的偏出你的焦距。

（八）瞄准

在现今的市场里有很多不同的瞄准器，而已被使用将近数百年的普通金属瞄准器已慢慢地消失了。现在也慢慢地被夜视镜、鬼环式瞄准器、内红点和外红点瞄准器所取代。比起旧式金属瞄准器，有很多瞄准器可以帮你很快并清楚地看到和集中到要射击的目标。瞄准器分成三种不同的种类，固定式瞄准器，属于不可调整（可见此类瞄准器于左轮手枪），但有些固定式瞄准器可为了修正弹着点水平方向的偏移，而做风偏修正。可调整式照门是最好的，因为它可调整风偏修正和修正弹着点，大部分瞄准器的上方有向上和下的箭头可做调整。手枪上方的内红点，让竞赛的世界做了一个很大的转变。内红点在刚开始瞄准时，让你可以快速集中焦距，当在不同的位置射击不同的标靶时，可以帮助你快速找到目标。最主要的好处是可以看到圆形红点于标靶上，而金属瞄准器则会盖住目标的一半。射手们也体会到了这个新系统的益处。首先你必须先知道要由哪一只眼睛来做控制，你可以先用双手来作测试。先用双手做一个小洞，手臂向前伸出，双眼张开在墙上找个小点，再将手上的小洞拉回至眼前，这可以让你找出容易作主控的眼睛。不过记得，如使用两眼来瞄准的话，你将会有较好的射击表现。但当两眼看标靶时，如果出现两个景象，必须先做调适。贴一张小张的透明胶带在视力较弱的护目镜上，这会帮助你不会再看到两个景象，也可以训练眼睛的控制，亦可让你同时使用双眼时减少压力，而在靶场内，大约50%的枪支拥有者都曾经有过此类的经验。准星和照门必须是在红心的周边，而准星、照门也需成为一条并行线。对一个射击新手来说，与其先在距离25m的标靶进行射击，应先试着在15m的距离开始练习射击，在多次的练习后，就可以试着长距离练习。

（九）未上膛的枪支练习

做未上膛的枪支练习对速度来说是一个很重要的基本练习。学员可用镜子来帮助对自身拔枪、上弹匣、双脚弯曲和基本站姿动作做修改，使其更完美。而录像，也是一个可以帮助和矫正基本动作的工具之一。在做未上膛的枪支练习最重要的问题是培养自己以安全为前提使用枪支。每天练习 15～20 分钟可以帮你保持你的射击水平，如使用定时器也可以帮你训练你的反应技巧。记得，未上膛的枪支练习以安全性为最主要的目的。

（十）拔枪

拔枪是射击中最为重要的一个部分，因为正确拔枪可以给你自信来完成剩下的赛程。而错误的拔枪动作则会混淆你的注意力，让你感觉落后了一步，而你就会觉得应快速地进行射击来补过这些时间。记得，在射击中有可能会在许多不一样的位置或姿势开始射击，所以枪套可以改变很多且影响到竞赛的开始。枪套应稳固地固定在腰上，而在皮带和枪套之间不应有任何移动。枪套是让你可以快速准确做拔枪动作的关键。拔枪时，弱手不得移动直至枪口指向安全的方向（注：在这当下安全原则还是持续在应用的，扳机手指应在枪身上方，当拔枪时，如辅助手盖过枪口，安全问题还是可能会发生的。所以不要犯这个错误，不要放置手指至扳机护圈里，而导致枪支走火的意外）。弱手移至手枪时要确定有正确的握法，枪口必须指向标靶的方向，手枪必须以身体为中央。手臂稳固在射击位置，好让你可以安全并顺利地发出具有重要性的第一发子弹。要开始一个赛程时，不论什么时候你都应注意看着标靶。记得，你看着哪里枪就会指向那里，所以如果你看着整个标靶而不是标靶的一小部分，你的枪就会如你所愿，瞄准并击中标靶。这也是很多射手击不中标靶的主要原因，因为他们想着只需要打中标靶，使它们向后倒即可，这是一个现在很多射手都会犯的普遍错误。射手们应试着专注在前方的视线。

（十一）上弹匣和卸弹匣

知道如何上、卸弹匣对操纵手枪技巧是一个具有决定性的因素，将枪拉回到还未准备要射击的位置，也就是胸口前，枪口指向安全的方向，手指放置于扳机护圈外，放入弹匣，稳固地握住手枪，辅助手放置于滑套后方，将滑套向后拉再放开滑套让枪可上膛。如此一来，这些动作才能产生多一点的力量，而让子弹可以脱出弹匣。应将滑套往后拉大约 7 厘米来查看子弹是否有上膛。卸弹匣，将手枪放回不准备发射的位置，让手枪指向安全的方向，手指放置扳机护圈外，卸下弹匣后再放置好，用弱手拉套筒后，稳固地将套筒往后拉到尽头两次，确定枪膛为清除安全的、放下套筒，枪口向靶的方向击发。当上、卸弹匣时，不可让自己的手盖住抛壳口。如违反这项程序，对手可能会造成枪支走火，从而严重地伤害自己或他人。

比赛应遵循的规则：

1. 必须用原装军、警用枪支，构造上不得有任何改变。

2. 在更换弹匣及进入下一个射击位置时，枪口指向目标方向，扣动扳机的手指必须放在扳机护圈外。

3. 射击时，脚不能踩上或超出射击地线；卧姿射击时，着地的手不能压在线上或超出线外。可以踩在掩护物左右两边的安全线上，但不能超出线外。

4. 手枪必须放在枪套内，子弹不上膛，当射击信号发出，必须先拔枪才允许做其他射击动作。

5. 射击口令下达前，射手不能身体移动，双手不可有掏枪动作。

6. 在射击过程中，射手可根据情况更换弹匣，但在规定的位置必须更换一次弹匣。

7. 双手应利用掩护物的左右侧射击，但不能把枪支贴靠在掩护物上，持枪的手不准超出到掩护物前。

8. 用右手持枪时可以用左手支撑射击，但必须用右手扣扳机；用左手持枪时可以用右手支撑射击，而必须用左手扣扳机。

9. 射击时，脚不能踩上或超出射击地线；卧姿射击时，着地的手不能压在线上或超出线外。可以踩在掩护物左右两边的安全线上，但不能超出线外。

10. 在射击过程中，必须按规定的顺序递进，不准单手装退子弹，只能用一只手握枪，另一只手推拉套筒送弹上膛。

11. 允许佩戴眼和耳的保护用具。

12. 每次射击程序完成后，必须将枪上的弹匣取出及打开枪膛，并经指挥员或裁判员检验后方可将枪装入枪套内。

三、IPSC 靶场口令

1. 你是否明白比赛的指定程序——（Do you know the course of fire）。

2. 入弹匣，上膛，开安全制，放回枪套——（Load and make ready）。

3. 是否已预备好——（Are you ready）。如未预备好，可举手示意，如已预备好，就保持预备好的姿势，靶场教官就会继续下一个口令。

4. 准备——（Stand by）。在发出这口令后的 5 秒内，靶场主任就会发出信号，着令开始比赛及计时。

5. 如射击完毕退弹展示空枪——（If you are finished，unload and show clear）。如你已完成射击，将枪口向靶方向，取出弹匣，退弹，打开枪膛，锁保险，让靶场工作人员检查枪膛是否已空。

6. 枪膛已空，放下击锤，放回枪套——（Gun clear，hammer down，holster）。靶场工作人员叫出"枪膛已空"时就可将击锤放下，放回枪套。

7. 靶场解封——（Range is clear）。

8. 放下击锤——（Hammer down）。

9. 停止所有射击，枪口保持向前，等靶场工作人员前来再退出弹匣及展示已退弹之空枪膛——（STOP STOP STOP）。

10. 计分——（Check score）。当计分员写下得分后，射手及计分员都必须签名作实。

四、IPSC 计分方法

1. 实用射击纸靶（计分方法如下）：

	Major	Minor
A 区	5	5
B 区	4	3
C 区	4	3
D 区	2	1

新制度纸靶 ACD 区（图 12 – 11、12、13）。

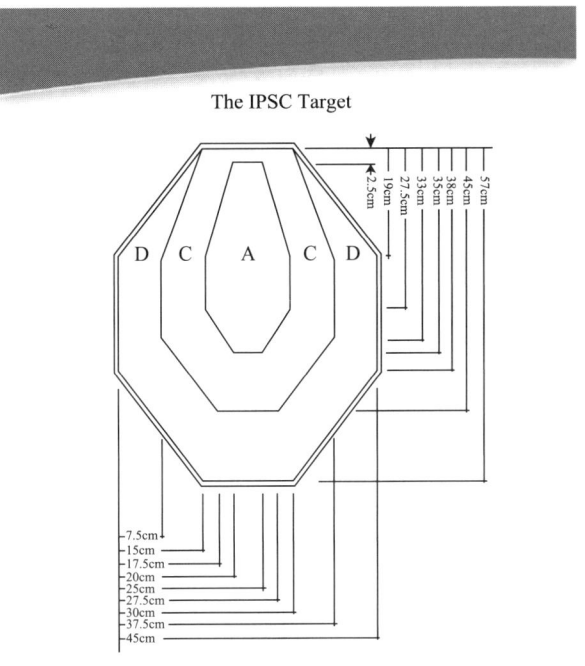

图 12 – 11　IPSC 射击纸靶

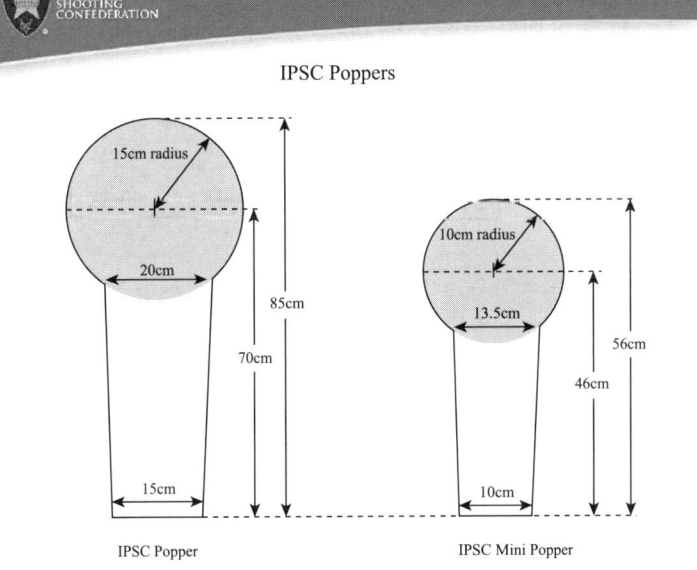

图 12 – 12　IPSC 射击钢靶

（1）金属靶跌动胶靶及圆碟形胶靶指定分数为 5 分或 10 分。

（2）击中纸靶连接两区的将计高分的分数。

（3）射活动转靶如弹孔形成放射形大过弹的直径就当失分计算。

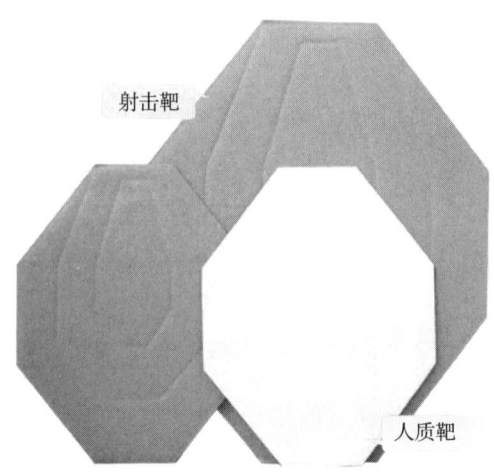

射击靶

人质靶

图 12 – 13   IPSC 射击靶和人质靶

（4）射中人质靶（NO SHOOT）扣 10 分。

（5）射中掩护区（HARD COVER）没有分但也不扣分。

（6）射失扣 10 分。

（7）活动转靶射失不扣分。

当计分员未完成计分前，射击手必须距离纸靶至少 1m，射击手不能接触纸靶，否则将被算作 0 分，如对分数不满，可以上诉。

2. 程序错误。每犯一个程序错误，射手将被扣两个最高分，即 10 分。

（1）如每发一枪都令射手得益，例如超越地下、两旁或四边的射击起点、界线，每发都被算一个程序犯错。

（2）但如没有令射手每一枪都得益，则只算一个程序犯错。射手整理靶场地面，或移动任何已搁放好定位的靶都犯程序错误。

3. 重射程序。如觉得有任何不公平或被打扰的情况，可要求重射，但是否获批准，则视个案情况而定。

4. 计分公式。（得分 – 罚分）/时间 = 射击分数。最低为零分。

五、程序性犯规

当选手未依照关卡演示文稿的竞赛程序进行比赛时，是为程序性犯规。当场监判定选手犯规时，必须判别选手犯规次数，并明示犯规之理由。相关信息必须清楚地记载于计分表上。程序性犯规扣分，为 IPSC 纸靶最高分区域分数之两倍。若该区域得分为 5 分，则程序性犯规扣为 10 分。若选手对犯规判决有疑义，可依序向总场监即靶场总监申请裁决。若无法裁决，选手可向仲裁委员会提出裁决申请。

下列为程序性犯规之可能情况：

1. 若选手身体的任何一部分碰触障碍界线或接战界线以外的地面并开火射击时，则判定该选手一次程序性犯规。然而，若现场监认为该选手因此犯规行为而使自己获得显著的竞赛优势时，则可判定选手踩线所进行的每一次射击皆为一次程序性犯规。

当选手以俯卧姿射击时，只有在手肘以下的手臂可以超出界线。若违反此项规定，则此时选手进行的每一次射击皆为一次程序性犯规。若踩线时并无进行射击，则不判定犯规。

2. 当如上述重复犯规的情形发生时，扣其总分。例如，当选手接战视线范围内有 4 个金属靶，同时该选手踩线犯规，并因此获得竞赛优势，此时，可判定该选手程序犯规，但次数不得超过 4 次。

3. 若选手无法遵从关卡所提示的竞赛程序时，每违反一次程序，便判定一次程序性犯规。例如，某关卡规定选手以强手开门，而选手以弱手开门，此时便判定该选手一次程序性犯规。

4. 选手于标准程序操练竞赛的任何一个操练串行中未能遵守强制更换弹匣规定时，自原定的弹匣更换点之后所进行的每一次射击，皆判定为程序性犯规，直至选手更换子弹匣为止。

5. 若选手因伤残之故而无法完成比赛时，可自请犯规处分。在此种情况下，可将选手于该关卡射击所得之总分减除 20%。此种罚则需于比赛开始前告知选手，并可由靶场总监自由决定是否采用。

6. 在「矿工隧道」中，若隧道上方横置木条因选手碰撞而掉落，则每掉落一条横木，即判定一次程序性犯规。若木条不是因选手碰撞隧道木架，而是因为枪口喷出之气体，或枪支后坐力而掉落，则不予判定犯规。

7. 选手以闻「待命」口令，且比赛开始信号尚未明示时，若双手向枪支移动，或将身体移至较为有利的位置，即判定一次程序性犯规。

8. 若选手射击标靶发生失误（应该击中的而未击中），则所有未击中的误发数即为程序性犯规次数。

9. 若选手于限定强弱手射击关卡中，利用双手进行故障排除（包含更换弹匣以排除故障），不予判定程序性犯规。但若下列情形发生，即判定一次程序性犯规：用另一只手碰触枪支。用另一只手（或手腕）支撑枪支进行射击。此时每射击一发，即判定一次程序性犯规。用另一只手支撑靶场障碍物、支架或其他设施，以求射击稳固时，此时每射击一发，即判定一次程序性犯规。用另一只手更换弹匣，或开启保险。

10. 若选手于某赛程关卡内，在指定区域进行枪套测试，而枪支掉落地面时，射击裁判需命令选手停止动作，并代为取回枪支，并置回枪套。该选手可继续进行比赛，但该关卡的分数以零分计算。若选手于指定区域内进行枪套测试时碰触枪支，即判定一次程序性犯规，此时靶场工作人员无需进行更进一步之动作。（并不适用于「未上膛枪支于指定区域内进行的枪套测试掉落」的情形。）

11. 当标准程序操练分级赛，第一级和第二级竞赛使用射击区以规范选手射击位置时，在符合安全条件的情况下，选手可重新回到射击区并进行射击（但不可于射击区外射击）。然而，主办单位可规定选手不得回到射击区重新射击。若选手违反该项规定，每进行一次射击，即判定一次程序性犯规。

六、违反安全原则之剥夺资格（DQ）

DQ 是 Disqualification 的缩写，是剥夺资格的意思。

若下列情形发生，即判定选手 DQ：

1. 枪支意外发射（以下称为走火）。发射定义为子弹通过枪支枪管。若枪支射击方向超过靶场底缘及边缘挡弹坡范围，选手四周以 3m 为半径之范围，或主办单位认定（并记录于关卡演示文稿中）之安全范围时，即被认定为枪支走火。

若枪支发生走火，靶场工作人员必须尽快制止选手。

2. 不安全之枪支持法。下列情形被定义为不安全之枪支持法：

（1）在上弹匣、更换弹匣、卸除弹匣或故障排除时所发生之走火。

（2）选手移动（且非射击标靶）时所发生之走火。

如上述情形发生，射击裁判必须尽快制止选手行动。

当大会以确认枪支走火起因于枪支零件破损，且选手已达成所有一般比赛安全规定时，该选手将不被判定 DQ。选手于该关卡所得之分数以零分计算，发生故障之枪支走火是否确实因于枪支本身零件之破损，选手可对此提出抗议。若选手于离开赛场前，未能实时将故障枪支呈上检视，并因而被判定 DQ，将不得提出抗议。

3. 当射击裁判已下达「清枪完毕」口令后发生枪支走火情形，射击裁判需命令选手「卸除弹匣，进行清枪」，以确保枪支为安全状态。此时不需更进一步之行动。选手于指定安全区外，或未于射击在线受射击裁判监督而持枪者，判定 DQ。在比赛进行时，将枪口向后指向超过靶场挡弹坡中线左右各 90°之范围，或于未设立挡弹坡之靶场，将枪口指向上，即判定 DQ，不论枪支是否上膛。在比赛进行中，将枪支上膛或退膛时，若枪支掉落，不论上膛与否，即判定 DQ。

4. 当选手排除枪支故障，且明显地将枪支放低离开标靶时，若手指仍在护圈内，则判定 DQ。

5. 当选手有明显或不断重复之缺乏运动家精神行为发生时，可予以判定 DQ。工作人员必须尽快通知靶场总监该项判决。

（1）不断地违反规则或靶场演示文稿所提示之原则者，即被视为缺乏运动家精神之行为。

（2）若选手故意脱下（或掉落）护目镜或耳罩，以设法获得竞赛优势，即可因其缺乏运动家精神为由判定 DQ。

6. 靶场内所有人员皆需服从靶场工作人员之绝对权威。若选手不遵守工作人员指示，或做出玷污比赛之行为时，可予以判定 DQ，并将选手逐出赛场。

7. 凡酗酒，服用非医师处方或不必要之药物，服用禁药或体能增强药物者，皆被 IPSC 视为严重违规之行为，可判定 DQ。

8. 在竞赛期间，除非因医药用途，不论选手及工作人员皆不得受到任何一种药物（包含酒精制品）影响。若靶场总监认为某人员明显地受到上述物品影响，即可取消其资格并将之逐出赛场。

七、训练方法

训练场景一：（图 12 - 14）

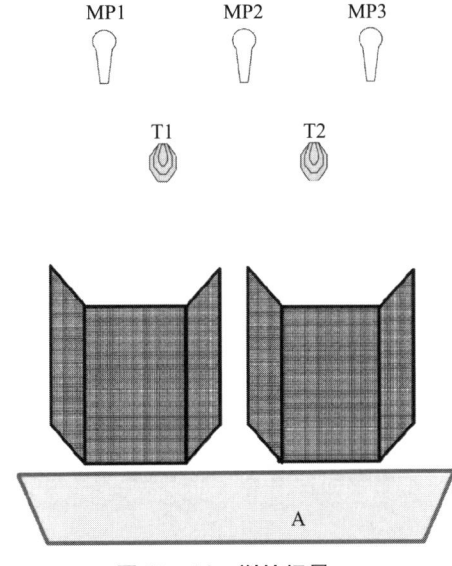

图 12 - 14　训练场景一

从 A 点开始：

1. 在位置 20m 站姿射击。射击信号发出，警察（学员）从 A 点出发，用最快的速度在左边位置利用掩护物后方立射 MP1 号靶标，把钢靶打倒后，向中间位置快速转移。

2. 在中间位置站姿内立射 MP2 号靶标，把钢靶打倒后，向 T1 号靶标射击两发后，向右边快速转移。

3. 在掩护物右边位置 15m 立姿射击 MP3 号靶标，把钢靶打倒后，向 T2 号靶标射击两发，射击程序结束。

训练场景二：（图 12 - 15）

从 A 点开始，先从掩护物左边向 P1 靶标射击，把钢靶打倒后射击 T2 和 T1 各两发，然后到掩护物右边向 T4、T3 各射击两发，最后射击 P2 靶标，待钢靶打倒后该射击程序结束。

训练场景三：（图 12 - 16）

射手听到开始比赛的口令后，入红线内，从左边开始射击，先拔枪上膛，向移动靶 T1、T2 射击，再向 MP1、MP2 各射击两发，靶倒地后，最后向 PL1、PL2 射击，PL1、PL2 射倒后，比赛结束。

训练场景四：（图 12 - 17）

1. 听到比赛开始的口令后，射手进入到 A 区红线内，从左边开始射击，打 T1 移动靶。

2. 射击 T2 带人质靶两发子弹。

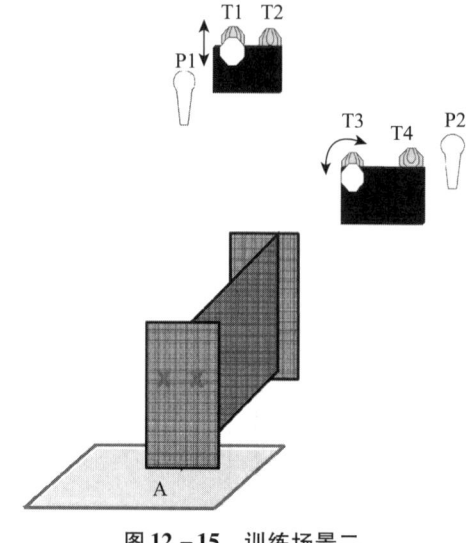

图 12 – 15   训练场景二

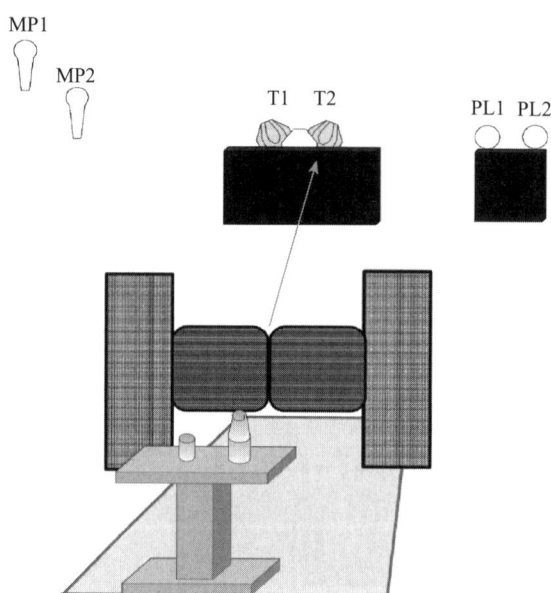

图 12 – 16   训练场景三

3. 射击 MP1、MP2、MP3 靶，直至倒地。

4. 射击 T3 带人质靶。

5. 射击 T4 移动靶两发，射击结束。

训练场景五：（图 12 – 18）

1. 枪在桌上，两个弹匣共 16 发子弹，射击途中换一次弹匣。射手听到射击口令后拿枪上膛，在 A 区内从左侧开始射击 T1 靶两发。

2. 射倒 MP1、MP2 靶。

3. 射击 T2、T3 靶。

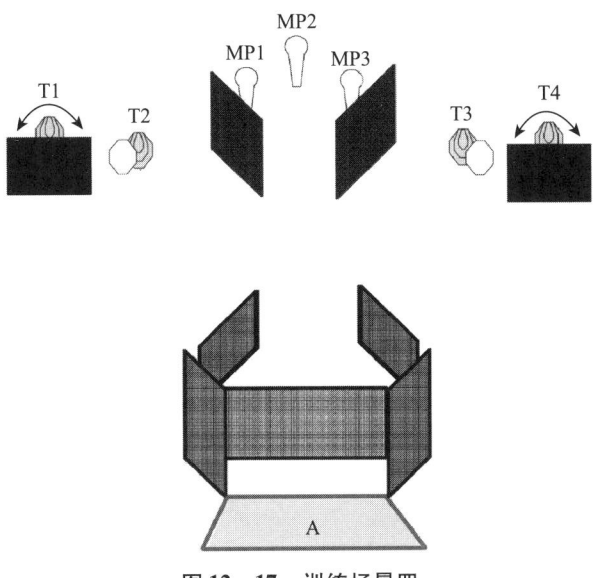

图 12-17　训练场景四

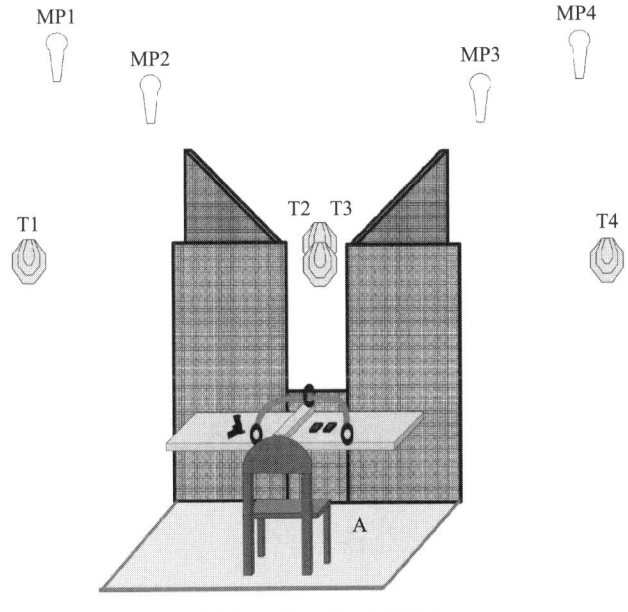

图 12-18　训练场景五

4. 射击 T4 靶两发。

5. 射倒 MP3、MP4 靶，比赛结束。

训练场景六：（图 12-19）

1. 射手听到射击口令后，拔枪上膛，在 A 区红线内射击 T2 带人质靶。

2. 射击 T1 靶两发。

3. 继续射击 T3 移动靶两发。

4. 继续射击 T4 移动靶两发，换弹匣。

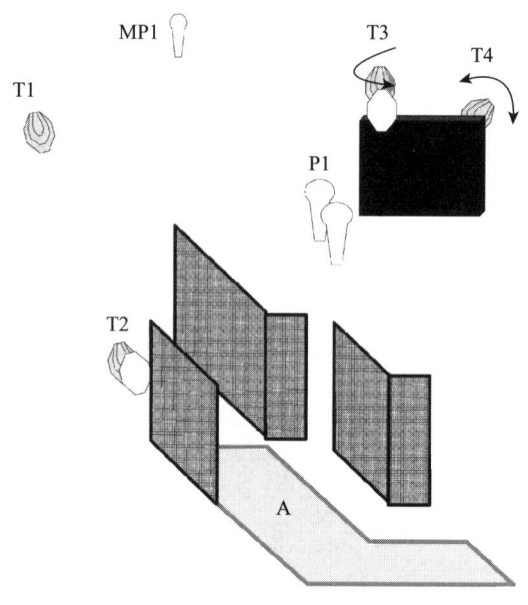

图 12 - 19　训练场景六

5. 射倒 P1 靶、MP1 靶，射击结束。

训练场景七：（图 12 - 20）

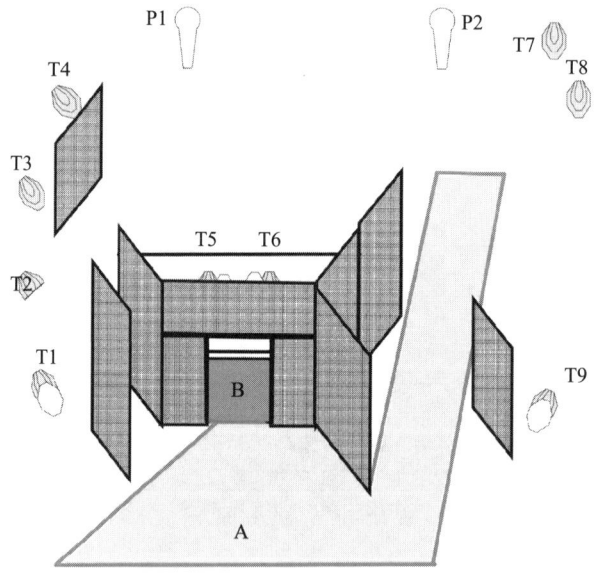

图 12 - 20　训练场景七

1. 三个弹匣 24 发子弹，在射击中自己根据子弹的多少自主更换弹匣。射手听到射击口令下达后，进入 A 区红线内从左开始射击 T1 带人质靶两发。

2. 射击 T2 靶两发。

3. 在屏障中缝射击 T3 靶两发。

4. 在 B 口射击 T5、T6 靶两发。

5. 在 B 口射击 T4 靶两发。

6. 在 B 口射倒 P1、P2 靶。

7. 移动回 A 区，射击 T9 靶两发。

射击 T7、T8 各两发，射击结束。

训练场景八：（图 12 – 21）

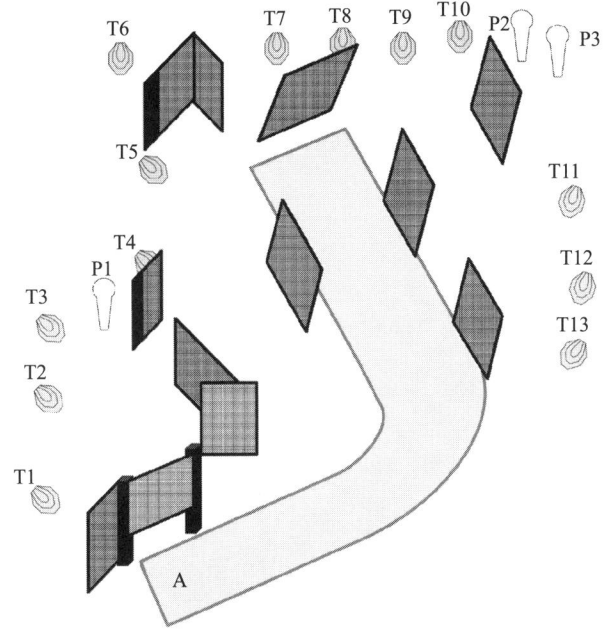

图 12 – 21　训练场景八

1. 四个弹匣 32 发子弹，射手在射击途中根据子弹的多少自主更换弹匣。射手听到口令后进入到 A 区红线内，射击 T1、T2、T3 靶各两发，射倒 P1 靶。

2. 进入下一射击位继续射击 T13、T12、T4、T5、T6 靶。

3. 继续前进，射击 T11 靶、射倒 P3 靶。

4. 在 A 区的尽前黑线内，射击 T7、T8、T9、T10 靶，射倒 P2 靶，射击结束。

八、易犯错误与纠正方法

1. IPSC 射击时中靶命中率低。

纠正方法：多练习速射，以提高单靶的上靶率。

2. 射击时间长。

纠正方法：先只要求上靶就行，不过分追求射击到靶心。同时能看到射击靶时就不用再往前走，直接射击，节约时间。

3. 容易射到人质靶。

纠正方法：在射击带有人质的靶时，瞄准区域要稍远离人质靶。

4. 射手空枪换弹匣。

纠正方法：IPSC 的射击训练在换匣时一般弹匣里都会剩下一两发子弹，节约了换弹匣再给手枪上膛的时间。射手在射击时要估算射击了多少发子弹，大约什么时候换弹匣。有规定强制换弹匣地方的项目除外。

单元思考

1. PPC 射击训练与 IPSC 射击训练的区别是什么？

2. IPSC 射击训练与枪械实战训练有哪些相近之处？

3. IPSC 射击训练可以加入哪些训练内容使其更适合实战训练？

单元十三

警察使用武器的心理素质培养

 知识目标

1. 警察使用武器心理素质培养的方法。
2. 心理行为训练的方法。
3. 心理咨询的概念、方法。

能力目标

1. 警察使用枪支心理素质培养的方法。
2. 自我减压的方法。

【案例 13 – 1】

2007 年 1 月中旬，郑汴路东段一建筑工地上，在这里打工的民工周某，向工头索要工资时，被工头陈甲打伤了鼻梁。周某报警后，民警让周某到医院作了鉴定，鉴定结果显示，周某的鼻梁骨骨折，已构成轻伤，属于刑事案件。民警多次通知工头陈甲到派出所处理问题，但是陈甲多次推托。1 月 24 日，受伤者周某在施工工地看到了打伤他的工头陈甲，并立即赶到派出所报警，接警的派出所民警小崔携带一支未上膛的六四式手枪和 10 发子弹（其中弹夹内有 5 发），与另一民警一起，赶到了这家建筑工地，找到了工头陈甲。就在民警准备将其带回派出所进行讯问时，陈甲突然大声叫喊，他手下的民工赶来将民警围住，不让民警把陈甲带走。民警上前制止，遭到众民工的围堵推搡，民警小崔被推倒在地。这时，有人大喊："警察手里有枪，他掏枪了。"刚喝了酒在工地打工的新乡人郝某（工头陈甲的老乡）赶了过来，嚷道："把他的枪弄过来。"随后，便冲上去夺枪。见此情景，小崔一只手护枪，另一只手顺势把弹夹退了出来，但郝某乘机把枪夺走。然后郝某用枪指着小崔的头示威，并做射击状。当民警小崔上前夺枪时，郝某顺手把枪交给了另一名民工陈乙。小崔立即报警，同时紧紧盯住郝某，也盯着拿枪的陈乙。随后，赶到的民警对现场的民工展开调查。民警以最快的速度抓获了夺枪的郝某，3 个多小时后，终于找到了拿走枪的民工陈乙，在陈乙的带领下，民警在工地找到了那把枪（六四式，枪号为 I ×××××9），正是小崔从派出所带出的执法枪支。至此，小崔终于放下了那颗悬着的心。

【案例 13 - 2】

某市交巡警二大队民警小杜两年前在纠正一起路面违章时，被处罚的违章司机不服，突然冲上来，双手伸向小杜腰间，小杜下意识地按住腰间的枪。另一个男人从背后用力推了小杜一把，小杜倒在地上，违章司机又冲了上来，两人在地上滚打成一团。这时，小杜的同伴掏出枪喊道："不准动！再动我就开枪了！"夺枪的行为这才终于停止。小杜的手因此次夺枪受了伤，枪挂也被拽断了。从此，上夜班的时候，小杜总是把枪紧紧压在屁股底下；睡觉时，手也习惯性地放在腰上。

📝 **问题思考**

1. 如何消除厌枪情绪？
2. 如何缓解和调节用枪的心理负担？

项目一　心理素质概述

一、心理素质概述

心理素质是在遗传基础之上，在教育与环境影响下，经过主体实践训练所形成的性格品质与心理能力的综合体现。其中的心理能力包括认知能力、心理适应能力与内在动力。对内制约着主体的心理健康状况，对外与其他素质一起共同影响主体的行为表现。

心理素质由如下五个方面组成：

（一）心理潜能

国内外的一般共识是，每个人生来都具有一定的潜能，特别是现代人本主义心理学家还肯定，每个人生来都具有优秀的潜能；每个人都亟欲把自己的潜能发挥出来或得到实现；每个人只要自己努力都可以充分发挥或实现自己的潜能。潜能并不神秘，它是人的心理素质乃至社会素质赖以形成与发展的前提条件或某种可能性。或者说，正因为人具有一定的潜能，所以就能把他们培养成为真正的人，而动物没有此种潜能，所以虽然花费九牛二虎之力，也不能使它们向着人的方向发展。

（二）心理能量

心理能量，亦称心理力量或心理能力，也可简称为能或力。世界上的万事万物（包括精神）都有一定的能量，即都是有"力"的。人也是如此，"人生莫不有力"（《论衡·效力》），可称之为人力。人是一个系统，是由身体系统与心理系统构成的，而这两个子系统也是有力（能量）的，前者为体力即身体之能力，后者为心力即精神之能力。这种心理能量乃是人的心理素质的体现，也是用意识来调节的能量作用，其大小强弱也能够反映出一个人的心理素质水平。

（三）心理特点

特点、特性、特征、属性等是一回事，都是指"统一"事物本身所固有的某种东西。人的心理活动总具有自己的特点，可以把它归结为六对"统一"：客观性与主观性的统一、受动性与能动性的统一。自然性与社会性的统一、共同性与差别性的统一、质量与数量的统一、时空性与超时空性的统一。人的各种心理现象也具有各自的特点，如感知的直接性与具体性，思维的间接性与概括性，情感的波动性与感染性，意志的目的性与调控性，等等。心理特点也是心理素质的具体标志。

（四）心理品质

心理品质与心理特点有联系，但二者也有区别，不能混为一谈。它并非心理活动本身所固有的，而是后天习得的。品质有两个方面的涵义：一是个别差异，即人与人之间各具有不同水平的心理品质；二是培养标准，即要求人们的心理所应当达到的水平。几乎每一种心理现象都具有一定的品质，如记忆的敏捷性、持久性、准确性、备用性，思维的灵活性、深刻性、独立性、批判性，情感的倾向性、多样性、固定性、功效性，意志的自觉性、果断性、坚持性、自制性，等等。心理品质的优劣最能表现出人的心理素质的水平。

（五）心理行为

人们无论简单的行为还是复杂的行为，归根结底都受人的心理的支配，都是人的心理的外部表现。因此，从这个意义上说，人的一切行为都可以称为心理行为。这种心理行为是心理素质的标志，通过它可以检验心理素质水平的高低。而且，前述心理素质的四个组成因素如心理潜能、能量、特点、品质等，也都会明显地或不明显地在行为上反映出来。可见，心理行为是构成心理素质的一个重要成分。

由上所述，心理潜能、心理能量、心理特点、心理品质与心理行为的有机结合，称为心理素质。而这五个方面又都蕴含在智力因素与非智力因素之中。也就是说，所谓培养心理素质，就是要发挥、发展、培养、提高、训练智力与非智力因素的潜能、能量、特点、品质与行为。一个人的心理素质是在先天素质的基础上，经过后天的环境与教育的影响而逐步形成的。心理素质包括人的认识能力、情绪和情感品质、意志品质、气质和性格等个性品质诸方面。心理是人的生理结构特别是大脑结构的特殊机能，是对客观现实的反映。

心理素质水平的高低应该从以下方面进行衡量：性格品质的优劣、认知潜能的大小、心理适应能力的强弱、内在动力的大小及指向。对内体现为心理健康状况的好坏，对外影响行为表现的优劣。

良好的个性：自知、自信、自强、自律、乐观、开朗、坚强、冷静、善良、合群、热情、敬业、负责、认真、勤奋等。

正常的智力：感觉、知觉、记忆、思维、想象、注意力正常。

较强的心理适应能力：自我意识、人际交往、心理应变、竞争协作、承受挫折、调适情绪、控制行为的能力。

积极而强烈的内在动力：合理的需要、适度的动机、广泛的兴趣、适当的理想、科学的信念。

健康的心态：智力正常、情绪积极、个性良好、人际和谐、行为适当、社会适应良好。

适当的行为表现：符合角色、群体、社会规范、道德和法规。

心理素质训练是提高人们心理素质重要而有效的环节，是在心理学原理和方法的基础上，通过有意识、有目的的心理素质练习和调整，对训练对象进行有意识的影响，使其心理与行为发生积极而持久的改变，从而获得整体上的成长。

警察使用武器的心理素质培养，是指针对使用武器的主体，通过有计划、有目的、有步骤的心理素质训练，提升其在武器使用中的心理强度、承受能力和应激反应能力的过程，包括智力训练、情绪情感调控、自我管理训练和意志培养等方面。

二、警察射击心理学的研究范围

警察射击心理学是军事心理学的一个分支，属于应用心理学范畴。主要研究下述内容：

研究学员的智力因素（如观察力、判断力、思维能力、想象能力、操作能力）在射击训练中的作用，探讨如何根据学员的智力因素进行教学训练，如何培养学员的创造心理，使射手在各种紧张、危险、复杂的条件下，正确使用武器装备，充分发挥武器的战斗效率进行准确射击的问题。

研究学员在不同光强度条件下的视觉现象，探讨如何提高视觉效果，减少误差，保证射击精度的问题。

研究学员意志行动的过程和特点，树立正确的训练目的，培养和锻炼不怕艰苦、不怕困难，迎难而上的顽强意志精神。

研究学员的气质类型、表现及一般特点，探讨不同气质类型射手在射击训练中应注意的问题。

研究学员在各训练阶段的心理特征及射击训练的一般规律，探讨训练过程中如何应用技能的迁移，防止技能干扰，提高训练效果。

研究学员心理作用对射击的影响过程，探讨对学员心理预测的方法，启迪射手提高自我意识，克服抵触，达到自我控制的途径和方法。

研究学员如何有针对性地做好赛前准备工作，分析赛场的一般阵势，研究竞赛过程中射击运动员的心理状态，探讨如何把握射姿、调节心理的方法。

研究干警使用武器后的心理变化和心理承受能力，出现应急障碍后的心理治疗解决方案。

研究创造仿真射击环境，培养干警正确行使枪械的心理调控能力和常态心理。

研究警察在使用武器后出现抑郁、焦虑、敏感、愤怒等情绪后的心理疏导方法和心理治疗方案。

项目二 我国警察心理素质现状及意志力的培养

【案例 13 - 3】

1999 年初春，成都市公安局某分局两位青年民警执行完任务时已是华灯初上，河堤上散步的人们正快乐地享受着一天中最悠闲的时光。他俩在一家小饭馆坐下，要了几样小菜下酒。他们谈起工作、谈起家庭、谈起因突发事件失约而惹恼女友、谈起积在心中的不快和郁闷，越说越觉得心灰意冷，于是相互约定同时开枪打死对方。"嘣"一声枪响，一位民警应声倒下，另一位在枪响的同时突然惊醒，看见倒在血泊中的战友，他意识到自己闯下大祸，于是赶紧拨打了急救电话。在把战友送往医院的途中，他也开枪自杀。他们其中一位的女朋友（一个不到20岁的女孩）闻讯后从七楼跳下，导致终身残疾。

✎ **问题思考**

1. 如何提高青年干警的心理素质？
2. 警察队伍能否定期开展心理咨询？

一、我国警察心理素质现状

近年来，随着社会治安形势的日益严峻和复杂化，公安工作压力不断增大。作为长期处于高风险、高负荷、高应急状态的"三高"人员，我国民警心理素质现状不容乐观。

四川省公安厅对全省各警种、各年龄层次两万余名警察抽样调查，发现四川省警察中有心理障碍的占5.07%。对江西、江苏、黑龙江三省160名警察进行的抽样调查表明，警察个体中对抑郁、焦虑、敏感、愤怒紧张四项有特殊感受的个体分别占总数的15%、21%和34.3%。根据对广州市警察群体的抽样测量，约10.6%的警察存在不同种类、不同程度的心理障碍，约2.11%的警察存在严重的心理障碍。

南京市人民警察训练学校民警心理健康中心采用公安部和北京阳光易德有限公司联合开发的权威测评软件对民警进行了网上测试，结果表明民警确实存有不同程度的精神紧张、易疲劳、抑郁、焦虑等亚健康状态。心理咨询工作中，也多次遇到民警出现社交恐惧、疑病、惧怕使用枪支等心理及接处警后出现创伤后应激障碍的状况。

二、警察意志的基本品质

（一）意志的基本品质

意志品质是意志的具体表现，一个人意志是不是坚强可以根据意志品质来判定。反过来说，一个具有良好意志品质的人，意志也一定是坚强的，评价一个人的意志品质，应以人的行动目的、动机和社会价值予以评价。例如，一个人为了人民的利益，表现出勇敢顽强的意志品质，这是崇高的；反之，为了个人名利地位和金钱，表现得勇敢顽强，这种意志品质则是卑下的。

良好的意志品质表现在以下几个方面：

1. 自觉性。自觉性是指人对于自由意志行动的目的，有明确而深刻的认识。有自觉性的射手，对自己所确立的行动目的是否正确和重要，总是了解得十分清楚。当他认识到并且相信自己的目的正确，就能主动地、积极地采取行动，促使其目的得以实现。

与自觉性相反的是盲目性，它表现为易受暗示性和独断性，易受暗示性指的是盲目地、毫无批判地接受别人的暗示和影响，对别人的意志或主张，不能判断是非，不能分析正误，只要别人稍加影响就轻易地改变自己的决定和行动；独断性指的是盲目地、毫无理由地拒绝别人的意见和劝告，别人的任何意见一点都听不进去，不管自己的行动目的是否正确，方法是否有效，计划是否合理，固执己见、顽固地坚持并执行自己的决定，有时甚至明知是不正确的决定。盲目性的人不是意志坚强的人，而是意志薄弱者。因为他对自己的目的和行动缺乏明确而深刻的认识，从而不能清楚认识别人的意见是否有助于自己正确目的的实现；或者不能清楚地认识自己的目的是否正确，方法是否有效，计划是否合理。这些人或则轻易地放弃自己的决定，或则轻易地拒绝别人的意见。

一个真正具有自觉性的人，既不轻易地改变自己的决定，也不随便忽视别人的意见，而是认真虚心地考虑别人的意见，随时接受正确意见。

2. 果断性。果断性是指一个人能适时地采取决定并执行决定。有果断性的人，在需要立即行动时，能当机立断，毫不犹豫，迅速决定。

果断性与一个人的思维的敏捷性和灵敏性等有关。因为果断性是以深思熟虑为前提的，当在紧急情况下需要作出决定时，也必须分析各种因素和各方面的条件，经过深刻考虑才作出决定，只不过考虑的过程要进行得十分迅速而已。射击动作的果断性还与技术熟练程度有关，俗话说，"艺高人胆大"，技术动作熟练了，射击时击发的动作就自然果断。

果断性与不怕困难的勇敢精神相联系。经过深思熟虑认清了情况，还要不怕困难，敢于决定，只有这样才能及时作出决定，并执行决定。如果畏惧困难，缺乏勇气，即使深思熟虑，还是不能果决行动。一个人的果断性是在复杂困难的条件下表现出来的。

与果断性相反的是优柔寡断和草率武断。优柔寡断是指当需要立即行动时，不能及时作出决定，有的作出了决定，又不能及时执行。一事当前，总是诸多顾虑，犹豫不决。好不容易决定了，又举棋不定，徘徊观望，迟迟不敢举步，以至于"坐失良机"。在射击过程中经常出现这种情况，如对运动目标和隐显目标射击，这两种目标射击有严格的时间限制，当需要射手果断击发的时候，他又担心瞄准点不准确，或其他动作不准确，迟迟不敢击发，当他作出决定想击发的时候，目标又不见了。射击中凡是出现这种情况的人，大多是优柔寡断的人。草率武断的人，事无大小，一律不加以认真考虑，即使还有充分时间，甚至不应该立即行动，他也马上行动。执行决定不问时机是否成熟，鲁莽冲动，这种人表面上很果断，实际上是轻举妄动。

优柔寡断和草率武断都是意志薄弱的表现。两者表面上像是相反的，实际上都是缺乏克服困难的精神，或者不敢正视问题的复杂性，对问题多加思索，不敢面对行动中的种种困难并加以克服。

果断性，对于射击意义非常重大，无论哪一个练习的射击，都要求完成最佳瞄准境况时果断击发，这样才能取得好的射击效果。由于武器是靠射手操作的，存在一定的不稳定性，最佳瞄准境况很难保持，特别是无依托射击和手枪射击更难保持，优柔寡断者往往容易失去击发时机，草率武断者或者提前击发，或者错过时机，均不能取得最好效果。

3. 自制性。大家都知道邱少云的故事吧？邱少云是抗美援朝志愿军的某部战士，在一次战役中，他随部执行伏击任务，因伏击地点就在敌人的眼皮底下，要求担任伏击任务的志愿军战士要有高度的组织纪律性，不能发出声音，不能有任何动静，否则就会被敌人发现。他们要在伏击地点隐蔽 20 多个小时，这本身就是意志的考验。一个小时过去了，两个小时过去了，……他们战胜了干渴、饥饿，也战胜了蚊子、毒虫的侵扰。就在即将要发起攻击时，敌人的一颗照明弹落在邱少云同志的身边，并点燃了草木，熊熊火焰威胁着他的生命，此时，在他不远的身边就有一个水坑，他只要就近爬几步就可以脱离危险，但这样做就有可能被敌人发现，为了保证战斗的胜利，他以革命战士大无畏的英雄气概，忍受着巨大痛苦，坚持着、克制着，始终没有动一动，直至壮烈牺牲。邱少云同志就是具有高度自制性的光辉典范。

有自制性的人，既能在应该行动的时候，迫使自己勇敢地去执行所采取的决定，坚决而顽强地克服一切困难，以实现一定的目的；又能在行动的时候，控制那些不符合预定目的的情绪和愿望，忍耐和克制自己的冲动行为。一个有高度自制性的人，不但能够根据客观实际的要求忍受任何痛苦，而且能够在必要的时候作出自我牺牲。

自制性是以组织性、纪律性和情感的稳定性为前提的。射击训练要求射手心、神、形合一，注意力要高度集中，缺乏组织纪律性的人是很难达到这一要求的，当然也就不能成为一名优秀的射手。

自制性的反面是任性，任性对射击训练危害极深。有的射手，明知自己射击动作要领不正确，由于形成了痼癖毛病，就是不想纠正，当教练员给他指出后，也喜欢强调客观原因，我行我素，意气用事，任由这种不正确的情绪支配下去，最后带来严重后果。

任性是一种内部心理障碍，是意志薄弱的表现，但只要注意心理情绪调整就可以克服。

4. 顽强性。顽强性是指一个人为了达到既定目的，不屈不挠，坚持不懈地克服困难的一种精神。它是在与困难作斗争，在克服困难的过程中表现出来的。在意志行动过程中，遇到的困难愈多，克服的困难愈大，意志愈顽强。意志的顽强性与一个人充分认识自己的行动目的，意义及其效果的社会价值是密切联系的，社会目的愈明确，社会意义愈重大，愈能激励人的顽强精神。

顽强性对射击训练意义十分重大。射击训练是技能训练，形成熟练的技能，须经过三个阶段，即基础训练阶段，技能形成阶段和巩固熟练阶段，但要真正打好基础并非易事，基础训练是十分艰苦的，如基础定型训练，要求单一姿势长时间动作定型。长枪无依托训练时还要挂上书本、水壶、砖块等，没有顽强的吃苦精神，很难练到真功夫。实弹射击时，射手顽强拼搏的精神也有重要意义。因射击受外界因素的影响大，射击中难免出现意外情况，如出现意外弹（低环数或脱靶），射手一旦出现紧张、慌乱、胆怯、恐惧等消极情绪，就会更加不可收拾。相反，如射手意志顽强，丢了一发，还有多发，认真地打好其余的每一发子弹，就可能反败为胜，取得好成绩。

人的意志品质是多种多样的，而且是互相联系的，对射手应该要全面发展，但主要的是加强以上几个方面的锻炼。

（二）意志品质的培养

培养警察的意志品质要从多方面进行。

1. 要培养警察具有献身祖国的共产主义理想。共产主义理想是一种信仰、信念，具有坚定信念的人，意志也一定是坚强的。所以应运用共产主义理想来激发警察为保卫地方的安定而练好射击技能的责任感。但应搞清以下两个关系：其一，搞好射击技能训练与履行警察职责的关系，警察的职责就是维护一方地区的安全稳定，要做到这一点就要有制敌本领，否则警察职责就成了一句空话。应自觉地积极地投入训练，苦练克敌制胜的本领，在训练中锻炼自己克服困难、不达目的不罢休的坚韧毅力。其二，搞好射击训练与加强警队建设，提高警队战斗力的关系。射击技术是警察制敌重要手段之一，提高警队射击训练水平，对提高警队战斗力有直接的关系。对此，射击训练要从难从严，从实战需要出发，把实战作为检验训练的标准。

2. 要加强纪律教育。纪律部队有严格地纪律和各种规章制度，要求警察严格地遵守各项纪律和规章，以条令条例作为自己的行动准则，这样就可以使射手的自觉性得以提高。在训练中，要严格地遵守训练场的纪律和规定，按时完成训练指标。在技术动作方面，学员要严格按照教练员讲解的动作要领去领会掌握，不能各行其是。由于这些行动要符合纪律和规定的要求，就要坚持正确的行动，抑制错误的行动，良好的意志品质就可以逐渐形成起来。

3. 要利用榜样的教育作用。干部或教员在射手面前应该经常表现具有良好意志品质的行动。如行动中碰到困难，要表现出坚强的意志和坚定的毅力；在训练的要求上，要表现出严格求实，一丝不苟的作风等。这些行为对提高学员的意志品质是很有效的。

4. 要培养和激发学员的荣誉感。年轻人荣誉感一般是很强的，只要引导得当，不仅对增强意志品质有效，对于提高训练质量也是有效的。如学员在训练中碰到困难时，他想到集体的荣誉，想到他的困难不克服，他的班就不能在全系考核中争到第一，这时他所表现出来的勇气会是十分坚定的。另外，在训练中适时开展一些群众性评比竞赛活动，是激发射手荣誉感的有效手段之一，在评比竞赛过程中，学员会产生高度的好胜心和荣誉感，在你追我赶的情况下，训练兴趣和克服困难的毅力都大大增强。

📖 问题思考

1. 如何培养警察坚强的意志力？

2. 为什么先烈们有如此坚强的意志品质，这对 21 世纪的警察有什么良好的启迪？

项目三　警察使用武器心理素质培养的理论基础

一、精神分析理论

精神分析理论由弗洛伊德创立，是心理学中体系庞大、影响深远的一个学派，它将人类的意识分成了潜意识、前意识与意识三个层次。潜意识又称为无意识，常指人

类自己察觉不到的那些动机与能量，其心理活动是人心理活动的绝大部分。

在警察使用武器心理素质培养中，个体恐惧感是能够被感知和认识的，但其背后的潜意识才是需要被研究的根源。通过开设系列自我认识与成长的体验课程，提升民警内在心理素质，修复其恐惧感，形成强大自我，完成心灵成长，为使用武器训练奠定基础。

二、新行为主义理论

新行为主义理论的代表人物班杜拉提出了自我效能，它是指对于自己是否有能力完成某种活动的主观判断和预期。惧怕用枪的民警即表现为枪支使用自我效能感低。

（一）影响自我效能形成的五种因素

1. 情绪的唤起。当心情愉悦时，个体更倾向于对自己做出积极的评价，而在抑郁、焦虑等消极情绪状态下，易认为自己无法胜任具体任务。

2. 言语劝说。言语劝说用来说服个体相信自己的能力，确立行动目标，尝试做某件事情。

3. 替代性经验。当一个观察者看到与自己水平相当的示范者获得成功时，会预测自己的行为也能获得成功，从而提高其自我效能。

4. 结果和体验。个体行为的结果是成功还是失败，以及通过行为获得的信息和间接经验，对自我效能的形成影响最大。

5. 情境条件。个体对某些情境更熟悉，更具有控制力，在其中的自我效能感会增强。

（二）提升警察使用武器自我效能的对应举措

1. 通过实弹射击前的理论介绍和组队安排，唤起学员的积极情绪，引导其更加愉悦、向上、有力量。

2. 言语引导。引导民警通过积极语言暗示、自我规划等方式说服自己相信自己的能力。

3. 通过观察学习建立替代性经验。当少数民警恐惧枪支时，让其观察别人，当他看到与自己水平相当的民警获得成功时，会预测自己的行为也能获得成功，从而提高枪支使用效能。

4. 通过科学的课程设计和有效的安全保障，指导学员顺利完成实弹射击，正向体验会使其对自己使用武器的能力做出更积极的评价。

5. 熟悉靶场训练环境，反复练习，形成对枪支的掌控感，积淀心理品质。

三、人本主义理论

人本主义关注个人实现，相信人性完美，强调当下，对个体发展持有积极乐观的态度。代表人物罗杰斯通过从事心理咨询和治疗的实践研究，提出了心理咨询中的来访者中心疗法。

在警察使用武器心理素质培养中，针对个体的心理咨询以来访者中心疗法为基础，通过构建真诚一致的咨访关系，对来访者予以无条件积极关注和共情式理解，以实现良好的咨询效果。

项目四　警察使用武器心理素质培养的方法

【案例13-4】

一个星期天的晚上，警官斯潘诺思正在巴尔的摩的一个警站执勤，突然，电话铃响，说话的是位名叫玛莎的妇女，她报告说她的女儿凯丽失踪了。

玛莎说，星期天早晨7:30，凯丽的男友艾克用车带她去上班，可她的老板说她根本就没有来，而艾克也未上班，他的同室伙伴说他早晨出去后就再没回来。

作为一名恪尽职守的警察，斯潘诺思在听完电话后不禁担忧起来，尤其是当他知道凯丽从未不打招呼就外出不归后。"这看起来不像是俩人一时兴起上哪玩去了"，斯潘诺思心里琢磨着，"一定是出什么事了"。

艾克的室友提供了他的信用卡号码，斯潘诺思很快从信用卡公司了解到，仅在几小时前那张信用卡支出了37.5美元，只知道这笔钱是用来付旅馆住宿费的，"什么样的房间只需37.5美元呢"，斯潘诺思颇觉蹊跷。

斯潘诺思蓦然意识到那个旅馆一定在巴尔的摩南郊的贫民区，可凯丽和艾克为什么会待在如此简陋的地方呢？他猜测一定有第三者在使用那张信用卡，尽管按警局规定，失踪者要超过24小时才采取搜救行动，但直觉告诉他，情况危急，不可迟疑，应立即行动。

斯潘诺思开着车在市区南郊破败的街道上逡巡，突然，他看到一座汽车旅馆前停着艾克的车，斯潘诺思走了进去。

果然，在旅馆的一个房间，警察找到了艾克和凯丽，同时还有那个绑架他们的嫌疑犯，翌日，斯潘诺思就确知那家伙是个杀人嫌疑犯，"假如我不听从我的预感采取行动的话"，斯潘诺思说，"也许艾克和凯丽就没命了"。

斯潘诺思所说的"预感"有些人称为"第六感觉"，另一些人则名之"内感"，研究者更愿叫它"直觉"。

美国警方十分注重警察的直觉思维素质养成，警察通过严格的训练形成在1~3秒中准确判断是否应当依法使用武器、如何有效制止犯罪的行动方案。警察应变能力的增强，强有力地打击了暴力犯罪，也保护了自身的安全。

【案例13-5】

1987年3月24日晚8时许，山东邹县张某某携雷管炸药闯入范某某家中，威胁其女与之恢复恋爱关系。警察迅速抵达现场，当有人报告见到张某某点火吸烟时，在场的邹县公安局刘副局长经"烟—火—导火索"这一短暂的思维过程，凭直觉洞察到张某某可能要孤注一掷，点燃引爆炸药，便果断下令出击，警察破窗入室。此时导火索已经点燃，警察在冲上去制服张犯的同时，飞速将即将燃尽的3根导火索和雷管拨出，抛于空中爆炸，避免了一起楼毁人亡的恶性事件。

 **问题思考**

1. 警察的职业敏感能力是否可以通过训练来提高？
2. 警察如何培养"直觉"能力？

一、警察使用武器训练前

（一）心理测量

1. 心理测量的概念。心理测量，是指依据一定的心理学理论，使用一定的操作程序，对贯穿在人的全部行为活动中的心理特点做出推论和数量化分析的一种科学手段。由于民警心理素质存在差异，以及训练前期生活、工作、学习中可能发生的刺激性事件影响心理指标，累计负面情绪，在使用武器训练中会产生潜在危险和安全隐患，所以，训前需要对民警进行心理测量。

2. 心理测量的方法。心理测量由专业的心理咨询师组织开展，主要通过 90 项症状清单（SCL－90）和生活事件量表（LES）等对民警最近的心理与行为问题、生活中出现的应急事件及相关问题进行筛查，对测试结果中出现明显焦虑、抑郁、强迫症状或最近工作、学习、生活中出现重大应急事件的民警，由咨询师把握，在后续的心理素质培训中重点关注、辅导。

（二）心理行为训练

对同样的枪、靶场、实弹射击构成的挑战，民警反应各有不同，有的能冷静、专注、投入、自信驾驭，有的表现出过分的恐惧、焦虑、不知所措。个体恐惧感跟一个人成长中内在自我的形成有很大关系，其背后往往是成长中的消极情绪体验。正如美国心理学家罗杰斯所说，"自我是一切体验的总和"。实践表明，仅仅通过认知上的调整，人到一定熟悉情境中仍会不同程度地启动"旧程序"，即重复过去的行为。所以，要培养心理素质，只有意识中的认知调整还不够，对个体潜意识中体验、情绪和感受的调适更为关键，心理行为训练正是有效解决此类问题的方法之一。

1. 心理行为训练的概念。心理行为训练是以行为心理学、认知心理学等学科的基本原理和心理素质模型为基础，运用行为训练作为手段，通过对受训人员有针对性地培养，提高其心理素质和心理健康水平，增强整体战斗力的一种培训方式。

2. 心理行为训练的方法。教官通过挑战性科目，如尖峰时刻、急速追捕、信任背摔等的训练，引导民警逐渐在行为中改变认知、在情绪中激发体验、在习惯中积淀品质，慢慢体会并改变原来不自信的认知。民警通过刻骨铭心的情绪记忆，体验到"我行，我可以"，更加相信自己而不是担心，从而逐步减少对枪械的恐惧心理，增进教与练之间的信任关系。通过多次训练形成习惯，积淀出良好的心理品质，为使用武器训练奠定坚实的心理基础。

（1）放松训练法。放松训练是指有意识地、专心致志地使自己身心放松的训练方法。它一方面以积极肯定的自我暗示套语，配合放松情景的表象，体会自身四肢的沉重和温暖，使肌肉得到充分放松，同时由于呼吸频率放慢和加深，可以增加血液中的含氧量，减轻心肺压力，对心率、血压等产生良好的影响；另一方面，当身体的局部肌肉群率先处于放松状态后，这种放松可以依一定顺序向全身扩散，而原来已经放松了的肌肉群仍可保持放松状态或继续加深放松，进而使大脑皮层的兴奋度降低，使意念更为集中到镇定、平静的感觉上，有效地缓解精神的过度紧张和焦虑状态。

第一，舒尔茨放松法。练习姿势可自选坐、躺、站立，以全身放松舒适为原则，轻闭双眼。

Ⅰ．调节呼吸。采用慢而深的腹式呼吸，并暗示自己"我非常安静"。

Ⅱ．四肢产生沉重和温暖的感觉。暗示自己"我的右（左）手或脚感到很沉重"，"我的右（左）手或脚感到很暖和"，可从右臂开始体会沉重和放松感，然后是左臂→右腿→左腿。

Ⅲ．调节心率。暗示自己"我的心跳平稳和有力"。

Ⅳ．调节呼吸节奏。暗示自己"我的呼吸安静而有节奏"。

Ⅴ．腹部产生温暖感。将注意力移到腹腔，暗示自己"我的腹部很暖和"。

Ⅵ．入静。全身放松、温暖和舒服。暗示自己"我很安静，很放松，我的前额感到凉丝丝的，很舒服"。

第二，渐进放松法。渐进放松法是通过紧张和放松两种不同状态的对比体验，达到全身放松的目的。欲放松某部位肌肉，先让该部位肌肉紧张起来。例如，先用力将手腕屈曲，由于部分肌肉收缩，便能产生紧张感。然后，将手腕恢复到自然状态，肌肉放松，逐步体会到放松的感觉。通过不断的肌肉放松与紧张的变化，比较动态感觉过程，体会肌肉紧张与放松的差别。

Ⅰ．自选舒适的姿势，深吸一口气，并随着呼出的同时，慢慢闭上眼睛。

Ⅱ．将注意力转移到双脚上，拉紧脚上的肌肉，弯曲脚趾，拱起双脚。注意此时的张力感觉，然后放松。

Ⅲ．紧缩双腿与臀部所有的肌肉，然后完全放松，缓慢而深沉地做一次呼吸，使自己感到进入了更深的松弛状态之中。

Ⅳ．紧缩腹部与胸腔，停止片刻，然后放松。

Ⅴ．紧握双拳，拉紧二头肌与前臂，将双臂从坐着或躺卧的平面上略微提高，停止片刻，然后放松。

Ⅵ．皱起额头，撅起嘴巴，咬紧颚，让整个面孔紧缩一团。耸肩与拉紧颈部肌肉，停止片刻，体会其张力，然后放松。

Ⅶ．同时拉紧全身的肌肉，停止片刻，体会其紧张感，然后放松。待完全放松后，呼吸平稳，休息1~2分钟。

应该注意的是，放松训练要达到的效果是使人入静，这时人的大脑处于抑制或半抑制状态。在这种状态下，学生不宜立即投入实弹射击，因为此时大脑的激活水平较低，不利于技战术的发挥。所以，还必须对大脑有个发动和动员过程，使其振奋。发动可以是语言刺激或暗示，也可以通过身体活动来进行。

（2）自我催眠训练。自我催眠训练是一种心理训练的有效方法，它是使射手进入催眠状态后，在自己的大脑中想象可能遇到的枪战情形并设定相应的行动方案。在催眠状态下设定自己行动方案的训练，可使警察的潜意识能够在真正遇到险境时自动地以设定的行动方案作出反应。

在临战状态和面对潜在危险时，警察可能表现出下列心理状态中的某一种：

第一，白色。白色表示没有专注于处置危险的心理状态。这是心理上的极度放松状态。在家看乏味的电视节目时就是处于这种状态。警察以这种心理状态参与执法行动对其自身安全很不利。

第二，黄色。表示一般放松的心理状态，但能警觉周围所发生的事情。这是警察在日常例行公务中应保持的心理状态。

第三，橙色。橙色表示临战心理。警察一旦发觉有情况，就应立即转入这种心理。此时，警察应能在进入实战前的短暂过程中对现场情况作出判断并据此作出相应的决策。

第四，红色。表示实战心理。这是警察对威胁自身安全的行为作出语言的或行动的反应的时候。

第五，黑色。黑色表示不能正常观察和思考的心理状态。处于这种心理状态的人，因为头脑中一片空白而无法客观地思索问题。在这种心理状态下的人，也许只会睁着眼看，但大脑却没有反应；也许会僵立着无所举措，或者虽有举措，但很盲目。

黑色心理状态对警察是最有害的，要尽力避免。警察在日常执勤中应保持黄色心理状态，到临战时必须迅速地转入橙色和红色的心理状态。自我催眠训练可以缩短警察从白色心理状态转入红色心理状态的时间，达成快速有效的思考和行动，从而能够沉着果断地处置突发事件。

（3）思维调控训练。有人说，单纯肌肉训练和技术训练的时代行将结束，心理训练将成为获胜的重要手段。美国心理学会主席 L. BasshamI 根据个人比赛经验和对百名射手的调查后认为："射击比赛40%～80%是心理因素的较量。"可见，心理素质对射击成绩具有重要的影响。

思维调控训练就是要转变射手的思维误区，培养正确的思维方式，学会自我控制，养成处变不惊的心理品质，以"平常心"对待紧张激烈的射击对抗，将临战心理优势转变为胜势。

思维调控可以通过自我对话对自身心理施加影响进行训练。用语言思想或表现对心理活动施加影响，利用第二信号系统的作用来调节大脑的兴奋水平，目的在于调整自己的心境、情绪、意志，有针对性的诱导式暗示已成为自我调节心理的有效方法。暗示是通过多次重复词句或口诀来安慰鼓舞自己，抑制紧张情绪。暗示语不应采用否定的语气，如不能说："不要惊慌。"更不能考虑失误的后果。如果有"我尚未准备好，今天可能会脱靶""我手太酸，心里有些发慌"等想法，肯定会影响技术水平的发挥。因此，最好默念："我非常镇定，一定能稳住阵脚。""我完全相信自己，今天感觉很好，一定能赢，能做好下面的动作。"以此来增强自己的意志力和情绪稳定性。

训练中要注意下列环节：

第一，要善于激发射手良好的动机。心理学告诉我们，动机是推动人行动的内在力量，良好的动机能给行动以强大的助力。美国心理学家迈尔认为一个人储存的工作能量并不像水库的水一样打开闸门就可以释放出来，人只有在达到一定的动机水平时，其工作能量才能最大限度地发挥出来。射击是一项特殊的活动，各种刺激对射手的影响强度与个体的动机和动机水平有很大关系。射手具有良好的动机和高动机水平，感受紧张程度低；反之，则高。

第二，树立必胜的信心和勇气。信心是发挥能力的重要条件之一。具有良好信心的射手，在射击场上就能全神贯注、形神合一，处于一种"惟我独尊"的状态。无信心会导致射手心理过程的混乱。只有充满信心，才能避免产生焦虑，保持情绪稳定；才能想方设法地挖掘自己的潜能，发挥出应有的水平。

勇气和斗志，实质上就是心理状态和精神状态，因此，我们应该十分注意并下功夫去提高自己的心理素质，培养良好的心理状态。

第三，锻炼意志。用坚强的意志控制自己的情绪，有意识地支配、调节自己的行为，培养克服困难、超越自我、挑战极限的勇气，是极其重要的。绝境，是最能体现意志的时刻。1993 年春天，在珠穆朗玛峰，我国登山者王勇峰在登顶后下撤时，于海拔八千多米的第二台阶翻下，一只脚踩空，身体倒栽葱一样被吊在铁梯上，只靠身上的保护绳维系生命。他已近 3 天没有吃什么东西，哪有体力让身体回到铁梯上来呢？绝境之中，只有一条路，拼死也要自救。他终于设法抓住了梯子，救出了自己。

二战时，大西洋商务船队屡遭德国人袭击，许多年轻海员葬身海底。人们从生还者身上发现，他们并不一定都是体能最好的人，但却都是求生意志最顽强的人。

可以用"空中单杠"来锻炼勇气和意志。在 10 米高的空中，一根细小的单杠横亘着，似秋千一般在风中摇晃。距单杠 1 米多远，一根七八米高的圆柱拔地而起。训练者要爬上铁柱，并站在仅能容下双脚的柱顶，然后纵身跃起，力争抓住单杠。爬到柱顶再站起来，在高空没有依靠的感觉作用下，胆子再大的人到此双腿也要"发抖"。

（4）聚焦训练。集中注意力（即专注）对射手技术水平的充分发挥是十分重要的。各种干扰因素都可能引起射手认识和情感的变化。干扰有外部刺激和内部刺激，常见的外部刺激包括：现场噪音、枪声、某些教练的叫声、对手的一些异常行为等；内部刺激包括：使射手分心的身体感觉和想法，如"我真的很累""别紧张""我可能会脱靶"等。

注意，作为意识心理的一种机能，人们每时每刻都在运用它去观察、了解事物，调节自己的行动，做出相应决策。警察正是由于职业的需要，更须认真注意现场的各种动态，不断获取信息。引起注意的原因是多方面的，但主要是由于外界刺激物的作用。外界刺激物作用于大脑，使大脑皮层产生相应的兴奋灶，并形成兴奋中心。在临战状态下，警察的注意应该是：一要有所侧重。要选择可能会产生严重后果的刺激物进行注意，抑制和排除那些无关紧要或后果不很严重的刺激；二要保持注意。对一定刺激物的活动内容在意识中尽可能地保持注意，直到彻底认识或完成自己所实施的行为动作，达到目的为止。

专注是一种引导人的全部注意力聚焦于手头任务的恰当暗示上，而不被一些无关的内外刺激所控制的能力。这种能力不是天生的，而是通过系统的注意力控制练习等心理训练获得的一种技能。运用语言和动觉的暗示，可以帮助射手避免精神分散和感觉减弱，使其注意力专注在所做的技术动作上。一般来说，最好是能找到专注于积极的，而不是消极的；现在的，而不是过去或将来的；关于过程的，而不是环数或结果的暗示。奥林匹克跳水冠军洛加尼斯在他做向前翻腾三周半时，其暗示语为："放松，看跳台，对准水，对准水，起跳，再对准水"，这样的暗示帮助他专注于跳水动作，对成绩考虑不多，反而获得了好名次。

聚焦训练要求射手柔和地将注意力集中于预先规定的目标上，当注意力分散时，柔和地把注意力引回来。这与意念练习（如印度的瑜伽、我国的气功）相似。

第一，静坐聚焦法。让射手静坐，闭上眼睛，考查他们能聚焦在单一想法上的时间有多久。也可以让射手记忆歹徒的头像、现场街景、车牌号码等，然后考核其记忆情况。

第二，集中想象法。让射手看一张自己进行射击的照片或一件有关射击的物品（如靶子、枪），在聚焦过程中，要是有分心的想法进入大脑，必须将注意力带回到聚焦物上。

第三，快速找数法。用一张 10×10 格的方格表，每个格里有一个从 00 到 99 的两位数。让射手仔细观察方格，并在给定时间内（通常为 1 分钟）按照从 00、01、02……99 的顺序找出尽可能多的数字。同样的表格能通过以上一次练习所能达到的最高数字为起点被使用多次，新的表格可通过简单的调整数字的位置而制作。根据试验，精神集中能力强的射手在这种练习中成绩较好，而精神集中能力差的则成绩较差。开始练习一段时间后，可人为制造某些使人分心的事情（如强烈的噪音和令人烦恼的语言）来增加练习难度，考察射手是否能够排除干扰，专心致志于练习中。促进和发展专门化注意记忆思维等心理品质的训练，是心理训练必不可少的内容。

例如，日本警察曾经进行过这样的训练：教师在讲课中会突然插上一次临时测验，如：请写出上次教师的服饰。又如：将射击目标的相片让学生看 2~3 秒后，将这张相片混入 10 张相片中，要求学生迅速准确地从中辨认出来。当情况突变、心理紧张时，一是有意识地改变和调节注意的指向性，使注意力集中到具有积极情绪作用的事物上。例如，当学生面临实弹射击而害怕怯场时，自画自己调整注意力集中于以前某次成功的实践经历，回忆自己在获得成功时技术战术发挥得心应手的过程，尽力体会当时情绪兴奋状态，以增强自信心，稳定情绪。二将注意力指向技术动作，排除外界干扰，不看环数、不算环数，对周围的议论嘲讽和催促尽量不去想，把思想从外界干扰和压力中转移开。射击，不可能永远不脱靶，失误，往往是你越怕它越来，打了脱靶，悔、急都没用，最好的办法是，集中精力打好下一发。

二、警察使用武器训练中

（一）加压训练

为使武器使用训练更贴近实战，教官在实弹射击课目训练中增加了"加压训练"。在民警使用枪支实弹射击前，模拟实战情境，设计一些挑战民警心理素质的环节，如如雷贯耳的背景声，教官发出急促有力的催促，或让民警带枪奔跑、短时间内连续做 30 个高抬腿、俯卧撑等，使民警心跳加速、呼吸急促，各项生理指标发生变化，然后迅速跑到靶位前，调整心理状态，冷静出枪射击。

（二）针对性调适

实弹射击训练前，由心理咨询师对靶位安全员进行常规的心理调适技巧培训，包括积极的语言暗示、"四步"呼吸放松法，把注意力引导到"枪口向前、食指放护圈外、准星与缺口平正"等具体动作上；训练中，由安全员针对民警出现的不同状况，在负责民警射击安全的同时，"一对一"地关注他们在射击训练中的心理表象，引导民警调适心理状态，迅速恢复平静，并学会实战用枪中快速的自我调适，以锤炼个体在重大警务活动中过硬的心理品质。

（三）仿真训练

仿真训练是根据心理学原理和规律，在尽可能酷似公安实战的环境中进行心理训练，让射手身临其境丰富临战经验，提高射手心理超负荷工作的能力。

在射击仿真训练中，要突出"练为战"的思想，始终把"实"字作为突破口，加强训练的真实性和可操作性。否则，当遇上真正的"对手"时，就可能束手无策，付出血的代价。据《解放军报》报道，美军在1992年前后的4年多时间内，死于战斗的人员共170名，这其中还包括海湾战争在内的121人；同期，因训练死亡的则高达4666人，训练死亡是战争死亡的27倍之多。

造成这种平时训练伤亡人数明显多于作战伤亡人数的原因是多方面的，但一个重要原因就在于美军平时训练与实际作战十分接近。海湾战争结束后，一位美国军人深有感触地说，这次行动比平时的演习还要轻松。可见，美军平时训练与实战接近的程度。

心理训练的仿真程度越高，越接近实战，训练效果就越好。反观目前的警察射击训练，训练的难度、强度上不去，这对摔打和锻炼心理素质十分不利，拉大了训练与实战的距离，降低了警察的实战能力。

利用各类仿真靶进行模拟速射，是心理训练的重点。常用的有：

1. 影像靶。按1∶1比例制作，能充分体现持枪歹徒在各种场合下的多种姿态。

2. 部位靶。突出了人体的不同部位，便于射手结合案情进行选择射击。

3. 识别靶。可提高射手识别敌我、快速判断真伪的能力，也是一种避免误伤的辅助训练手段。

4. 实景靶。用现场实地照片制作，上面有若干个歹徒，其中有的歹徒带有武器并附有"射击"或"不射击"标志，体现了枪案现场的动态情景。

（四）抗干扰训练

射击是技术动作高度集中、协调、准确的专项运动，射手的精力消耗要比体力消耗大得多。高度集中、兴奋、抑制极为协调化的大负荷重复性训练，给射手在神经系统方面带来巨大、沉重的负担，使射手大脑皮层神经细胞处于长期紧张的工作状态，容易产生超限抑制，造成兴奋与抑制过程的紊乱，抗干扰能力降低。

抗干扰能力是射手具有抵抗内、外界刺激因素的干扰影响，保持相对稳定的心理状态的能力。这一能力主要表现在注意力的集中程度、情绪的稳定性和意志力的自我控制水平上。抗干扰能力与射击成绩有着很大的相关性，提高射手的抗干扰能力不能单纯依靠在技术和身体素质训练中自然形成，必须有意识地运用专门性心理训练来培养。

当外界因素变化引起干扰时，射手可以像佛教中参禅打坐那样入静，使脑波平缓，心率降低，进入沉静状态。同时用积极的鼓励性语言（如：我喜欢在大风中射击，我喜欢在枪声中射击）来增强自信心，使思维集中在想象动作上。例如，射手这时可以想象自己的持枪手一直延伸到靶上十环处，靶离自己越来越近且变得越来越大，不知不觉中枪响了。

还可以让两个射手结成对进行练习，当一个射手放松并放电影似地在脑海中演练其射击动作时，另一个射手则试图干扰他，这种干扰可以是除接触以外的一切方法。演练完后，要让射手对专注的程度进行自我评价，然后两人交换角色继续练习。

视觉诱导性原理告知我们，人的注意力很大程度上受到视觉的支配和约束。一般来说，人的眼睛看到那里，注意力也就跟到那里。初训射手对技术要求的内涵理解还不多不深，动作的形成还缺乏自觉性。只能依靠视觉监督引导注意力放在盯死外在动作的全过程上。为此，应引导射手学会逐步放弃视觉的监督，把更多的注意力放在体会运枪和完成动作时肌肉运动的内在感觉上。在完成举枪到击发这一动作过程中，视觉不必从开始盯到结束，而是应在相应的时间内关闭视觉，好让注意力真正不受干扰，放到体会完成各动作环节的过程上，从而逐步增强对肌肉运动觉的记忆力，加强标准动作概念，实现注意力的合理分配，达到动作自动化和"泰山崩于前而色不变，麋鹿兴于左而目不瞬"的忘我境界，进一步增强射手的抗干扰能力。

1. 心理演练。心理学家说过："无论什么样的见解、计划、目的，只要以强烈的信念和期待进行多次反复的思考，那么它就必然会被培植于潜意识中，成为积极行动的源泉。"这句话的含义就是，观念、行动不断地反复，就会深入于潜意识，并成为人的信念固定下来，而信念推动了人的活动。心理演练正是依据这个原则，通过设定目标和暗示语句来并发潜意识的力量，释放潜意识的巨人能量。

潜意识存在于人的本能意识中，它能意识到个人的许多欲望，并能上升为意识。潜意识不仅是一个记忆库，还妥善保存着意识无数次传递给它的事实和经验。潜意识不仅是一个随时取用的巨大贮藏室，也是一个能量的贮藏室。通过它，自我得以充实，并得以恢复力量、勇气及信念。对自己进行心理演练以及训练预想能力，就要像在屏幕前观看自身的电影一样进行种种想象，而且要使想象尽量贴近现实的体验，尽量生动具体。或许开始您对暗示的内容会产生抵触心理，但是，您现在已经意识到了，它可以积极促进我们快速达成目标，就请马上行动起来，在反复、持续的练习过程中，不知不觉地让潜意识接受并固定我们给它的积极信念吧！

心理演练分为心理预演和心理复演两种形式。

心理预演即预习的过程，应将目标确立好之后，按照既定目标预想即将进行的追求目标的实践过程，在这个设想中，我们应该尽可能地将自己可能产生的感觉，以及事件发展的整个经过细致入微地表现出来，越生动越好。例如预想一下自己下次上课时的景象，按可能上课的顺序将学习过程想象一遍，想象老师的形象、语言，想象自己的投入、体验，想象大脑轻松的领略信息、记忆知识的过程。在这个过程中，力求越细致、逼真越好，以发现问题，并为解决问题做好各种准备，防止出现错误。同时也可以预想一下训练完毕取得的良好成绩，起到激励自己的作用。

心理复演即复习的过程，应该将已经发生过的事件在头脑中进行回想，例如针对全脑训练过程，可以将练习内容按训练顺序回忆一遍，找出训练中自己存在的不足，即把握不好的环节，找出重点和难点，各个击破。通过预演和复演，我们可以有效地总结经验教训，提高自我认识、自我分析和自我革新等能力，提高对事件的预见和应对能力。

近年来，心理演练开始发挥越来越重要的作用，成为顶尖高手决定胜负的关键。斯蒂夫·贝克利就是非常典型的例子。这位英国标枪运动员曾在 1992 年巴塞罗那奥运会上获得铜牌，1996 年亚特兰大奥运会上获得银牌。两年前他在一次意外中扭伤了脚踝，无法走路，更不要说训练了，这时他就在教练的指导下开始了心理演练。贝克利坐在椅子上，想象自己在世界上每一座著名田径馆里扔标枪，这种凭空想象进行了1000 次左右。几个星期后他脚伤痊愈，参加了国内的一场比赛，结果投出了本人最好成绩，让人大吃一惊。要知道在通常情况下，几个星期没有进行身体训练可以使运动员的成绩下降几英寸。

积极想象就是要在脑海中使你的目标形象化。想象越具体越好——不仅想象像什么，而且要想象感觉是什么样的。因为身体去完成心理已经历过的事情更容易一些。

把梦想图像化，想象成功的情景，像一部电视片一样，每天对自己播放，不断表达对自己梦想的信心。一遍又一遍地想，加深印象，默默地对自己讲，同时向别人讲。如果连做梦都不敢，那梦想真的永远不能成真。

想象的心理暗示作用和内心塑造功能效果是十分明显的。很多宗教或各家各派修炼方法中，都有"冥想"的内容——处于放松状态，充分发挥想象，进行积极暗示。

美国的一些心理教育家曾作过这样的实验，把某高中篮球队一群球技不相上下的年轻人分为三组。第一组规定一月内不得在球场练习投篮；第二组一个月内每天在球场练习投篮 1 小时；而第三组一个月内每天想象练习投篮 1 小时。

一月后，对三组球员进行同场测试。结果，第一组的投篮平均成绩退步了；第二组的平均成绩进步了 2%；以上两组的结果均在意料之中。出人意料的是第三组（想象练习组），平均成绩也一样进步了 2%。

世界上很多武术中都有一种训练方法，就是想象自己突然受到各种攻击时的应变方式，天长日久，这项训练会大大提高修炼者的反应速度和抗暴能力。

"想象"是最理想的训练场，那里有你所需要的一切设备设施、环境条件（而不用花一分钱）；在那里，你不会有任何失误，你总是胜利者。经常想象成功的景象，必然养成积极的思维方式，同时，使自己的目标更清晰，并在心里固定下来。

科学家经过研究发现，想象可以刺激大脑中的神经电路，这些电路与你真实看到某一物体时所受刺激的电路是一样的。例如你在心中想象一把竖琴，大脑中的视觉皮层就会受到刺激，就像你真正看到这把竖琴时受到的刺激一样。如果视觉想象可以刺激大脑的视觉皮层，那么可不可以进一步假设想象运动过程也同样可以刺激大脑的运动皮层呢？哈佛大学的斯蒂芬·科斯林教授在这一方面进行了研究，并初步证实了这一推测。他让一组试验对象想象收缩和放松自己的右手食指肌肉，每天进行几分钟这样的练习，4 个星期后，测量结果发现食指的力量增加了 20 %（这对提高射手击发速度有很大帮助）。进一步研究发现，其实手指的肌肉并没有发生任何变化，但是大脑中控制肌肉的神经电路得到了加强。

想象能刺激大脑运动皮层。另外两项研究也证实了科斯林教授的假设。波士顿的研究人员将一个音班的学生分成两组，一组进行钢琴指法练习，另一组只是想象这种练习。过了一段时间对两组对象的大脑进行扫描，结果发现他们大脑中负责指挥手指运动的区域都有所增大，而且对手指控制的精确性也有提高。伦敦的神经学家也发现，那些想象操纵游戏机手柄的人受到刺激的大脑部位和那些真正操纵游机手柄的人是相同的。美国奥林匹克委员会运动心理顾问彼得·哈伯尔说："运动员的心理演练就是为了不断刺激他们大脑中控制某项运动的神经，从而使这种神经 – 运动联系得到强化并固定下来，使他们在赛场上的表现发挥到最佳。"

心理演练可以大大缩短运动员大脑在紧张激烈的比赛中作出正确决定的时间，从而抢占先机，奠定获胜的基础。26 岁的林肯·麦克拉维是美国 69 公斤级最好的摔跤手，他经常在脑海中模拟比赛的片断，所以在比赛中他能够不假思索地作出反应，就像"下意识"一样。

心理演练要求精神高度集中。你不要以为心理演练很轻松，它一样可以使你筋疲力尽。美国跳水运动员米歇尔·戴维森对此深有体会。每天晚饭后她都会在漫步时进行"头脑训练"，"反复想象我最完美的一跳……半个小时后我会感到很疲劳，就像上了一节训练课一样"。

这说明心理演练有一个十分关键的因素，那就是精神高度集中，心理演练要想取得预期效果，这一点是必不可少的。科学研究发现，受过训练的大脑可以增强或减弱特定神经键的联系，所以训练有素的运动员在比赛中可以增强运动兴奋点，而对外界干扰无动于衷。举重运动员塔拉·诺特就能很好地做到这一点。"出场时我把一切都抛到了脑后，站在那里闭上眼睛，深吸一口气，看不到眼前的任何东西，我能听到有人喊'塔拉，加油'，但声音听起来既遥远又模糊。"心理学家认为，运动员感受不到观众以及现场的声音，大脑就能把更多的能量集中到比赛上。

"心理迎着困难上，智慧才会打胜仗。"心理演练是让射手把实战射击中所有能想象到的困难情况一遍又一遍地在脑海中展现，直至他能熟练地运用。大多数射手的应激源是对失败和批评的恐惧。因此，成功的认知重构要求不要只注重结果，而是要注重做好每一个动作。在射击训练中，当射手打出脱靶时，要避免自我惩罚和过多的指责，因为自我惩罚和自责会破坏精神的集中。要养成心理演练成功动作的认知习惯，使射手失误后尽快地在心理上演练着完美的技术动作，而不是总想着错误的动作。

射击心理演练可采取这种办法：向射手提供一个实弹射击或枪战条件下可能出现的各种不利和危险情况，设置对抗与竞争性强、情况复杂多变、胜势败势兼容的作战情况，造成紧张激烈、艰难危险的战斗背景。如：实弹射击中突然起风，卡壳，臭弹，枪战中敌众我寡，我方处于不利地形、无障碍物可利用，罪犯突然使用霰弹枪（猎枪）或炸药、手榴弹，我方背后突然出现持刀歹徒等。训练射手对各种不利情形的条件反射能力，实战中一旦出现类似的情况，就能处变不惊，快速反应，化险为夷。

据《解放军报》报道，1995年12月5日，世界金融市场纽约华尔街商品交易所，随着铃声的响起，24名佩带军衔的美国海军陆战队的高级将领依次登场，拍板叫价。美军高级将领取经金融街，不是让他们在此学习交易而是让他们在这种风云变幻莫测、风险与机遇同在的、与战场情形相似的市场中进行思维灵活、快速决断能力的训练。对于指挥员来说战场上最难对付的是情况突变，打乱了原有的作战方案，指挥员要在强大的心理压力下做出正确决断，迅速调整部署。指挥员的反应迟钝，心理脆弱都将造成被动。因此，美军将领取经华尔街，标志着美军对指挥员的心理训练特别是对战争中突发情况的快速反应能力和心理承受能力方面的训练给予了高度重视。这也给我们以启迪：通过训练不断提高思维灵活性和敏捷性，就会增强对应危急状态的心理储备，立于不败。

心理学研究表明在突发情况下，人的激活状态并非越高越好。它有一个最佳程度。如达到这个程度，则会顺利完成各种复杂的动作，提高活动的有效性。如果激发状况超过了最理想的界限，那么，行为效果则会变坏。

干警在执法工作中，警察和罪犯都有一个激活状态的问题。谁能率先控制自己的心理状态，使其达到最佳程度，谁将会在心理上占据主动。通过心理训练，使学生掌握并控制自己激活状态的活动强度，就能克服应激状态下的超限抑制反应，提高行为的有效性。这对一名合格的警察来说是十分重要的。

2. 呼吸训练法。射手在实弹考核或临战状态时，强烈的情绪变化易使大脑皮层的控制系统陷入混乱状态，打乱了神经系统对各机能的控制，表现出喉咙发堵、胸闷气短等症状。许多射手试图通过深呼吸或长叹气来缓解上述不良反应。但在情绪没调整前，这种症状很难消除。此时，可让射手放慢呼吸节奏，把注意力引向呼气过程，进行呼吸调节，先用鼻子慢慢地吸气，边吸边数数，从1数到6为止；再屏住呼吸2秒；然后边用嘴呼气，边计数，从1计到6时再停止呼气。这样轮番做几分钟后，就会摆脱紧张情绪而变得冷静。整个呼吸过程可对射手暗示：呼气时，想象全身的紧张和杂念随呼气离开身体，这时，所有的紧张和不适感就像穿着的一件厚皮大衣滑落到地上一样。通过这种暗示，把思想引向身体内部的感觉，可阻断外界信息的干扰，使情绪逐渐趋于平静。这样，不仅能使呼吸变得轻松自如，同时，副交感神经的兴奋性提高并伴有胰岛素分泌增加，使神经紧张度下降，心率减缓，机能恢复加快，全身也有一种轻松、有力的感觉。

通过有节奏的深呼吸可以稳定情绪。当情绪紧张时，呼吸快而浅，吸气不足，造成二氧化碳呼出过多，血液中的二氧化碳平衡失调，中枢神经会迅速作出具有抑制作用的保护性反应。有针对性的呼吸训练，可使血液中二氧化碳重新恢复动态平衡，若此时配以一些强度小，幅度大，速度和节奏慢的肌肉动作练习，则放松身体，消除紧张情绪的效果更好。

当射手在实弹考核前大脑皮层高度兴奋，消耗能量过多，可能会出现保护性抑制。

这时，射手会浑身无力、腿发软、有"身体在空中飘浮"的感觉。有些射手运用拍打肌肉、加速跑、纵跳、俯卧撑等手段刺激肌肉，以试图找回肌力。由于没有解决根本问题（即大脑皮质的抑制状态），效果不明显。此时，可采用"吸入能量"的心理暗示方法，即让射手有意识地放慢呼吸节奏，将意识引向吸气过程，每次吸气时，想象自己全身汗毛孔张开，吸气的同时通过全身汗毛孔将外界的能量吸入。这样，每次吸气时都有一种"充电"的感觉，顿时会感到力量倍增。运用这种暗示主要能提高射手大脑皮质的兴奋性，使其产生一种积极的心理定势，体力自然会恢复甚至超过原有水平。

3. 直觉训练。直觉是指人具有某种洞察力能够直接看到事物的本质。直觉思维有四个基本特点：一是认识上的突破性，二是思维中的跳跃性，三是快速预感性，四是理解的直接性。直觉能敏锐地发觉掩藏在背景中易被忽视的细节，它可以"用极少的信息达到某种正确的结论"。难怪有人形容说，直觉思维就像一个勇敢而迅猛前进中的骑兵。

在执法行动中，警察往往会遭遇一些突如其来、偶然性的情境，出于情势急迫、难以预料，必须在瞬间作出决策并迅速采取相应行动。现代心理学认为，理智要通过费时的分析，会拖延时间，而直觉思维会在若干分之一秒内对情势或对手的态度——哪怕是极微小的变化作出瞬间反应。在当今的暴力犯罪中，歹徒常常可能拥有比警察更优越的物质基础和作案条件，若临战处置不当，反应迟滞，不仅可能随时危及人民的生命财产安全，也足以使警察陷入难于自保的危险境地。在危急关头，直觉思维素质优秀的警察，就可以显示出思维快速的优势，几乎省略逻辑过程般地极速从众多思路和方案中选择出可行性的方案，采取果断行动，更快更有力地打击犯罪。

怎样捕捉直觉呢？可以从下列方面入手：

（1）要凝神贯注。犯罪信息进入大脑后，必须集中精力，超境入化，大胆思考，深钻细研。只有这样，才能为捕捉直觉思维铺平道路。

（2）要质疑善问。凡事要多问儿个为什么。勇于从传统的思维模式和陈旧的经验中解脱出来，大胆设疑，敢于提出问题。

（3）要转变思路。对需要解决的问题，只有进行"千百度"的寻求，展开丰富的联想，把思维向广度和深度推进，才能收到"蓦然回首"大彻大悟的奇功。倘若只拘泥于一种思路，固定于一种见解，就容易钻进死胡同。

（4）要保持乐观。开朗、积极向上的朝气和镇定的情绪，加上永不满足的求索精神，也是促使直觉思维产生的重要因素。

4. 枪感训练。枪感，就是射手对手中武器状态、重量、重心、后坐等性能特点在操作过程中的心理、生理反应。对自己经常使用的武器，一握在手，一种自然舒适的感觉便会油然而生，拥有这种良好枪感时，射手的自信心会增强，射击成绩也相对理想；如果对枪的感觉处于模糊的、无意识的、不恒定的状态（较少接触武器或间隔一段时间后再用武器），其射击成绩可能不佳，原因是枪感不好。

怎样提高枪感呢？可以从下列几个方面入手：

（1）熟悉武器、准确理解动作。知识是形成能力的基础，也是提高枪感的条件。

在其他条件（能力、经验、智能、身体、心理）相同的情况下，射手的知识水平与训练成绩成正比。这里所讲的知识主要是指射手的文化基础、射击专业知识武器常识、射击学理、动作要领及射击相关知识（力学、气象学、运动生理学、心理学等）。一些射手对武器的认识只限于大部件名称、分解结合、弹道高等，对射击学理只是了解，还谈不出缘由，对动作要领只会简单模仿，生搬硬套训练方法，结果成绩不理想。

射击技能的形成，不仅仅是动作模仿和机械练习，更需要射手运用所学知识，通过形象思维，理性分析，把技能本身的内涵弄通搞透，将要领的关节点准确地把握住。射击训练大约经历三个阶段：第一阶段，是初始期，教练怎么教，就怎么练，这时比较容易学到很多基础东西，但练习多建立在动作表象的模仿上；第二阶段，在取得一定成绩后，原来教练教的东西要变成自己的东西，要根据自己的实际情况来转变，在这个阶段，射手处在转型的迷茫期，自己的特点好像还没确定，但教练原来所教的又要改变，有时成绩老是提不上去，这就是所谓的"高原现象"；第三个阶段，对自身特点的认识进一步深化，能结合自身的实际把握训练规律，有效克服了"高原现象"，训练水平和成绩出现飞跃。

因此，要熟悉武器的工作原理、工作方式，加强对射击相关学科知识的学习，

全面掌握射击基础理论，彻底消除对武器的顾虑，提高对枪的理性认识，准确理解动作要领，学会克服各种不良因素的影响：疲劳、自满、自卑、烦躁、分心等探索适合自身的训练方法。

（2）加深对武器的感性认识。在正确据枪的基础上，体会枪的形状、重心、重量及重量变化、空枪与装满子弹的枪扳机引力大小等，培养对枪细腻的感觉。在实弹训练中，专心感受枪响瞬间后坐的撞击力度、枪口的摆动方向及持枪手的变化等。

（3）加强盲训，提高自身感觉。盲训是一种排除视力参与，喧宾夺主，突出身体感受的特殊训练方法。它凭借肌肉的感受对目标射击，能有效促进肌肉感觉、协调平衡和空间记忆。

空间记忆仿位、距离感在射击中起很大的作用，射手每次举起枪来，他的脑海里一定会闪现出平时训练的场景，凭他的记忆就能感觉到哪个姿势和哪个方位是最好的，哪个动作打十环的概率最高。射手举枪后还会左右地晃动一下，那就是在找感觉，即一种命中率高的感觉。

打靶不看靶，全靠感觉。射手眼望前方，然后举起枪对准靶心，发射。外行人往往以为他们是在瞄准靶子。其实，射手在射击场是看不到靶心的，他们看到的只是一个区域，至于是几环就不得而知，发射时全凭一种感觉和平时训练的动作的精细。在打靶时，只是瞄准了一个区域。射手目光往前看，实际上他们的目光是收回来的，看的是枪的准星和缺口。神枪手们的视力都不会太好，例如，许海峰视力只有0.4，老将王义夫视力也只有1.0。虽然他们的视力不太好，但并不影响他们的比赛。射击并不是说瞄准了就能打出好的环数，关键是枪感。

（4）重扳机训练。在训练中，人为加大扳机引力，使射手在扣压时，需要加大力

量击发，同时又要保持握枪力量不变，以促进射手肌肉感觉的精确分化，有利于培养枪感。

（5）培养反馈矫正能力。优秀的射手，在每打出一发子弹后，基本上能感知弹着点的位置。原因是他们的直觉能够清晰地感受到实际动作与标准动作间细小的差异，并能迅速进行矫正。

一般射手可以通过有意识地进行反馈矫正能力的锻炼以培养枪感。在每发射一发子弹后，根据枪响前瞬间瞄准的景况，对实际动作与标准动作的差异进行理性分析（并非揣摸、猜测），对弹着作出判断，再与实际弹着进行验证，这样反复坚持，不断总结，就能减少失误，提高命中率。

总之，枪感是融合视觉、位觉、触觉、听觉等一系列感觉的复合体。对枪感的训练必须将技术训练与心理训练相结合，使意识与动作同步，让射手达到"射击时枪就像自己身体的一部分，指挥枪如同指挥自己的一个器官"那样的感觉。

三、警察使用武器（训练）后

使用武器训练尤其是实战用枪后，少数民警听到震耳的枪声或看到血淋淋的现场，内心会感到恐惧和不安，场景在头脑中不自觉地回放，甚至形成创伤后应激障碍，造成心理问题，甚至影响学习、工作和生活。2015年5月1日施行的《公安机关人民警察佩带使用枪支规范》中明确规定，警察使用枪支后，所属公安机关应当及时对其进行心理辅导，缓解心理压力。

（一）心理减压

1. 概念。心理减压是指通过专业引导和专用软件，使参与者呈现出良好的心理弹性和积极的生活态度，以达成身心平衡以及生活、工作、家庭和谐的过程。

2. 方法。民警到心理减压室，在轻松、舒适的环境内，由专业的心理咨询师引导，利用科学的软件，按照操作程序，体验音乐放松、冥想放松、肌肉放松、深呼吸放松等，逐渐平复使用武器训练及实战用枪后出现的紧张、焦虑、抑郁等负面情绪，放松心情，缓解压力。

（二）心理咨询

1. 心理咨询概念。心理咨询是指心理咨询师运用心理学的原理和方法，帮助求助者发现自身问题和根源，挖掘潜力，以改变原有的认知结构和行为模式，提高生活适应性和环境调节能力。

2. 心理咨询的方法。民警经心理减压后，如果个别仍有需求，可以到心理咨询室，由咨询师采用求助者中心、系统脱敏等方法，对其进行面对面咨询。通过咨询，了解引起民警焦虑的武器使用情境，在倾听与支持中引导民警由轻到重划分等级，从最低等级开始，体会冥想、放松，当每一级刺激因素引起的焦虑，都能被全身松弛所拮抗，再逐级提高焦虑情景等级，直到最高等级都不再引起焦虑，从而慢慢调适到最佳状态，回归到正常的学习、工作和生活中。

单元思考

1. 警察如何培养坚强的心理素质?

2. 什么是心理咨询?

3. 警察心理健康的标准是什么?

附 录 一

常见轻武器基本诸元表

一、手枪

区分	54 式	59 式	64 式	77 式	92 式
口径/毫米	7.62	9	7.62	7.62	9
枪全长/毫米	195	161	155	148.5	190
枪全重/千克	0.85	0.73	0.56	0.5	0.76
瞄准基线长/毫米	156	129	117.2	127	152
初速/（米/秒）	420	315	305	310	350
弹头最大飞行距离/米	1630	1094	800	800	
子弹重/克	10	10	7.5	7.5	
弹头重/克	5.5	6.1	4.8	4.8	
装满子弹弹匣重/千克	0.16	0.12	0.09	0.09	

枪型	口径	重量（g）	枪长 mm	子弹型号	弹夹容量	射击初速 m/s	有效射程（m）	最大杀伤距离（m）	战斗射速发/分	全枪寿命（发）	射击精度（25m）
五四式	7.62mm	800	196	51式手枪弹	8	420	50	500	30	3000	10cm/d
六四式	7.62mm	560	155	六四式手枪弹	7	320	50	305	30	3000	16cm/d
七七式	7.62mm	540	148	六四式手枪弹	7	318	50	305	30	3000	12cm/d
九二式	9mm	750	190	九二手枪弹，巴弹	15	350	50	400	45	3000	8cm/d

二、步枪

区分	81-1式步枪	95式步枪	85式、79式狙击步枪	88式狙击步枪
口径/毫米	7.62	5.8	7.62	5.8
枪全长/毫米	1.105（不装刺刀0.95）	0.746（不装刺刀）	1.22	0.920
枪全重/千克	3.5	3.3（含空弹夹）	3.8	4.2
瞄准基线长/毫米	315	325	585	394
初速/（米/秒）	710	920	830	910
弹头最大飞行距离/米	约2000		约3000	
子弹重/克	16.4	12.6	22.9	12.6
弹头重/克	7.9	4.2	9.6	4.8
装满子弹弹匣重/千克	0.92	0.54	0.458	0.33
表尺距离/米	500	500 白光瞄准镜600	1200 光学瞄准镜1300	800

三、班用轻机枪、冲锋枪

区分	81-1式班用轻机枪	95式班用轻机枪	79式冲锋枪	85式轻型冲锋枪	85式微声冲锋枪
口径/毫米	7.62	5.8	7.62	7.62	7.62
枪全长/米	1.004	0.84	0.740	0.682	0.869
枪全重/千克	4.35	3.95	2.11	1.9	2.8
瞄准基线长/毫米	490	362	215	295	319
初速/（米/秒）	735	970	515	500	300
弹头最大飞行距离/米	约2000				
子弹重/克	16.4	12.6	10	10	12.5
弹头重/克	7.9	4.2	5.5	5.5	
装满子弹弹匣重/千克	2.15	1.86	0.35	0.49	0.49
表尺距离/米	700	600 白光瞄准镜800	200	200	200

附 录 二

常见武器瞄准线上的弹道高表

一、手枪　弹道高（厘米）

枪种\\ 类别\\ 距离（米）	54 式手枪		64 式、77 式手枪	92 式手枪
	在 25 米距离上弹道高为 12.5 厘米时	在 25 米距离上弹道高为 0 时	在 25 米距离上弹道高为 12.5 厘米时	在 25 米距离上弹道高为 10 厘米时
10	5.4	0.4	5.8	4.2
15	8.0	0.5	8.3	6.2
20	10.4	0.3	10.5	8.1
25	12.5	0	12.5	10.0
30	14.7	−0.3	14.3	11.7
40	18.7	−1.3	16.9	14.5
50	21.8	−3.2	18.4	16.8

注：使用手枪弹道高表时，应先对手中武器进行 25 米距离的验证射击，以求证该枪实际弹道高，并算出与表中 25 米距离数值的差。在此基础上用表中数值加上或减去该差值即为手中枪不同距离实际弹道高。

54 式手枪缺口钣上不同的阿拉伯数字，为该枪 25 米距离上实际弹道高超出设计弹道高的数值。如刻有 "5"，则表示该枪 25 米瞄准线上弹道高为 12.5 + 5 = 17.5 厘米。

二、81 式、81 −1 式自动步枪（弹头重量 7.9 克，初速度 710 米/秒）

弹道高/厘米	50	100	150	200	250	300	350	400	450	500	550	700	800
表尺 1	1	0	−7	−22	−46								
表尺 2	6	11	9	0	−18	−47	−88						
表尺 3	14	27	33	31	21	0	−33	−81	−147				
表尺 4	24	47	63	72	72	61	38	0	55	−131	−231		
表尺 5	38	73	71	103	125	138	140	130	105	63	0	−199	−399

三、95 式自动步枪（弹头重量 4.2 克，初速度 920 米/秒）

	50	100	150	200	250	300	350	400	450	500	550	600
表尺 1	−29	0	−9	−50								
表尺 2	−15	28	34	0	−80	−212						
表尺 3	20	98	139	140	94	0	−157	−377				
表尺 4	67	192	280	328	330	281	173	0	−248	−581		
表尺 5	125	308	455	561	621	629	580	465	275	0	−373	−858

四、95 −1 式自动步枪（弹头重量 4.2 克，初速度 920 米/秒）

	50	100	150	200	250	300	350	400	450	500	550	600
表尺 3	29	110	152	151	102	0	−162	−392				
表尺 4	79	208	299	347	347	294	181	0	−257	−601		
表尺 5	139	328	479	588	648	655	601	481	284	0	−382	−876

主 要 参 考 文 献

1. 王镭：《警察手枪射击教程》，中国人民公安大学出版社 2009 年版。

2. 方传新主编：《警用手枪"四位一体"实战化训练教材》，群众出版社 2015 年版。

3. 王镭、丁峰：《武器使用》，中国人民公安大学出版社 2015 年版。

4. 刘志勇：《人民警察盘查缉捕战术技巧与实战技能全书》，北京科大电子出版社 2012 年版。

5. 公安部治安管理局编：《枪支管理使用教程》，中国人民公安大学出版社 2008 年版。

6. 邹继京：《警用射击教程》，中国人民公安大学出版社 2009 年版。

7. 薛宝利：《警务实战战术行动与案例教程》，中国人民公安大学出版社 2006 年版。

8. 石斌：《警务战术案例教程》，中国人民公安大学出版社 2007 年版。

9. 刘海萍：《警察手枪射击训练新论》，吉林人民出版社 2012 年版。

10. 吴辉阳：《警察轻武器射击实训研究》，中国人民公安大学出版社 2014 年版。

11. 杜桥省：《轻武器操作及应用》，国防工业出版社 2016 年版。

12. 黄伟强：《警察手枪使用实训指南》，中国人民公安大学出版社 2017 年版。

13. 顾明：《警务实战技能与战术教学研究》，知识产权出版社 2016 年版。

14. 路伟志：《特警狙击手训练手册》，中国人民公安大学出版社 2012 年版。

15. 何平：《轻武器射击训练指南》，国防大学出版社 2001 年版。

图书在版编目（ＣＩＰ）数据

警用枪械教程/陈忠旭，林柔伟主编. —北京：中国政法大学出版社,2019.2（2025.7重印）
ISBN 978-7-5620-8825-7

Ⅰ. ①警… Ⅱ. ①陈… ②林… Ⅲ. ①警察－枪械－中国－教材 Ⅳ. ①D631.15

中国版本图书馆CIP数据核字(2019)第036116号

出 版 者　　中国政法大学出版社

地　　址　　北京市海淀区西土城路 25 号

邮　　箱　　fadapress@163.com

网　　址　　http://www.cuplpress.com (网络实名：中国政法大学出版社)

电　　话　　010-58908435(第一编辑部) 58908334(邮购部)

承　　印　　北京鑫海金澳胶印有限公司

开　　本　　787mm×1092mm　1/16

印　　张　　25

字　　数　　562 千字

版　　次　　2019 年 2 月第 1 版

印　　次　　2025 年 7 月第 2 次印刷

印　　数　　5001~7000 册

定　　价　　59.00 元